国家社科基金
后期资助项目
GUOJIA SHEKE JIJIN HOUQI ZIZHU XIANGMU

城市营销研究

Research on City Marketing

牛永革 著

四川大学出版社
SICHUAN UNIVERSITY PRESS

图书在版编目（CIP）数据

城市营销研究 / 牛永革著 . — 成都：四川大学出
版社，2022.6
　　ISBN 978-7-5690-5454-5

　　Ⅰ．①城… Ⅱ．①牛… Ⅲ．①城市管理－市场营销学
－研究 Ⅳ．① F293

中国版本图书馆 CIP 数据核字（2022）第 080735 号

书　　名：城市营销研究
　　　　　Chengshi Yingxiao Yanjiu
著　　者：牛永革

出 版 人：侯宏虹
总 策 划：张宏辉
选题策划：毕　潜
责任编辑：杨　果　毕　潜
责任校对：王　睿
装帧设计：墨创文化
责任印制：王　炜

出版发行：四川大学出版社有限责任公司
　　　　　地址：成都市一环路南一段 24 号（610065）
　　　　　电话：（028）85408311（发行部）、85400276（总编室）
　　　　　电子邮箱：scupress@vip.163.com
　　　　　网址：https://press.scu.edu.cn
印前制作：四川胜翔数码印务设计有限公司
印刷装订：四川盛图彩色印刷有限公司

成品尺寸：165 mm×238 mm
印　　张：25.5
字　　数：465 千字

版　　次：2022 年 7 月 第 1 版
印　　次：2022 年 7 月 第 1 次印刷
定　　价：98.00 元

本社图书如有印装质量问题，请联系发行部调换

四川大学出版社
微信公众号

国家社科基金后期资助项目
出版说明

后期资助项目是国家社科基金设立的一类重要项目，旨在鼓励广大社科研究者潜心治学，支持基础研究多出优秀成果。它是经过严格评审，从接近完成的科研成果中遴选立项的。为扩大后期资助项目的影响，更好地推动学术发展，促进成果转化，全国哲学社会科学工作办公室按照"统一设计、统一标识、统一版式、形成系列"的总体要求，组织出版国家社科基金后期资助项目成果。

全国哲学社会科学工作办公室

前　言

  城市化是我国在国家层面推动经济发展和实现社会进步的重大战略选择。提升城市的竞争力是把这个国策落到实处的必由之路。在每个城市都在奋力提升其在全球流动空间位势的角逐中，城市营销是重要利器。然而，城市营销是一个理论非常薄弱的学科，远远落后于实践的探索。缺乏概念、理论机理、目标、范围等基础理论的研究是阻碍城市营销理论发展的桎梏。

  笔者在城市营销领域沉淀九年时间，阅读了大量的多学科知识交融下的城市治理理论，走访了中国绝大部分一、二线城市和一定数量的三、四线城市，同时也走访了美国多个城市，加之从小在农村长大，深刻感受到城乡之间的差异和各自的变化，在此基础上开展典型案例城市研究以及城市之间的对比分析和城乡之间的对比分析，提炼出本课题的核心命题，即城市面向个人顾客营销存在什么样的理论机理，并以此为中心，将核心命题分解为八个研究问题。这些研究问题为破解核心命题提供了方向。

  本书以核心研究命题为主线，将其分解为八个富有逻辑关系的研究问题，从城市演进和三类个人城市顾客多个角度运用多种规范的方法开展实证研究。全书构念定义清晰，测量恰当，理论推导缜密，数据处理正确，形成的研究结论和管理建议具有丰富的理论价值和广泛的现实意义。本书是中国城市营销领域的第一本学术专著，标志着城市营销基础理论研究的开始。整个研究思想性强、理论融合性高、方法科学、工作量大、理论贡献度高，为中国未来的城市营销实践提供了正确的发展方向，同时，也为城市营销理论体系的完善提供了基础性的支持。

  本书采取如下逻辑线路研究城市营销的理论机理。首先，通过现实生活体验、代表性案例研究和文献研究确定本书的科学研究命题。其次，通过比较历史法研究城市首发产品形成的原因、城市首发产品的表现形式和共同特性，进而确定城市的发展阶段以及城市的演进规律。目的是确定城市存在的意义和认清城市的本质（研究一）。再次，定义城市和城市的个人顾客，对个人顾客进行分类，把面向城市现在顾客、城市未来顾客和城市访客的城市营销的理论机理作为研究任务。在研究一的基础上，本项目又设计了七个具有逻辑递进关系的实证研究，具体包括基于营销战略导向构建城市形象、城市产品感知质量测量、城市社会管理综合治理体系的作用机理、城市产品和组织管理质量对潜在人才根植意愿的影响、城市近郊农民市民身份认同、城市周边游憩动机、城市再访问意愿的影响机理。然后汇总上述八个实证研究的结论，系统解答了本书提出的科学命题，即面向个人顾客的城市营销理论机理，由此提出城市营销实践中的管理建议。此建议包括面向城市现在顾客、城市未来顾客和城市访客的营销管理建议。最后，指出本书的研究局限和未来的研究方向。

本书存在如下三个方面的学术创新：

（1）思想创新。本书的思想创新主要体现在两个方面：①将城市化视为"双刃剑"——它既能推进人类文明的进步和社会财富的增长，也能产生负面作用即城市病。本书反对对城市化认知的简单化、单方面化和不切实际。②关切民生问题，触碰敏感问题。老百姓的家庭是否和睦，经济上是否过得去，对所生活的社区是否满意，在街道上行走和开车是否安全，对孩子的教育是否放心，对食品、药品是否放心，到医院看病是否满意，对城市的管理者是否满意，安全政策宣传是否有效，对城市的民主化进程是否有意见，这些问题都是老百姓关心的问题，同时也是一些敏感性话题。本书从城市社会管理综合治理体系角度切入，解决老百姓和政府双方都极为感兴趣的问题。

（2）研究视角创新。既定的三种城市阶段演进理论（Sjoberg，1960；山鹿诚次，1986；Knox and Pinch，2005）均以宏大叙事的方式界定城市的演进轨迹，忽视了城市演进的服务对象，即满足城市顾客的利益需求，于是产生了很多弊病，如环境恶化、社会剥夺、人的压力和焦虑等。本书以城市演进的服务对象，即满足城市顾客的利益需求作为城市存在的意义，剖析满足城市顾客利益需求的城市产品的形成原因、表现形式和共同特点，最终确定城市的发展阶段和演化规律。本书从"城市为谁服务"这个基本问题出发形成的城市演进阶段理论为认识城市的本质提供了新的理论诠释。

（3）研究对象创新。本书从城市个人顾客角度研究城市营销的理论运行机理。将个人顾客分解为城市现在顾客、城市未来顾客（潜在人才和城郊农民）和城市访客（城市内部访客和城市外部访客）三类顾客群体，分别剖析三类顾客群体的营销理论机理。个人顾客划分具有全面性、可识别性和可到达性。围绕核心命题分解的八类科学问题，都是城市现在居民、潜在人才、城郊农民、城市内部访客和城市外部访客分别关注的亟须解决的重要问题。在此基础上，设计的八个研究均实现了既定的研究目标和研究任务。

著　者

2021 年 10 月

目　录

第 1 章　研究概述

1.1　研究背景

党的十八大以来，习近平总书记始终把民生放在心上，抓在手上，着力解决好人民群众普遍关心的突出问题，让老百姓过上更好日子。在党的十九大报告中，习近平总书记指出，全面建成小康社会，最重要的是落实以人民为中心的发展思想，不断增强人民群众的获得感和幸福感。习近平总书记强调："人民对美好生活的向往就是我们的奋斗目标。"

目前，我国正处于一个经济转型并寻求持续稳定发展的时期，城市化（urbanization）是我国经济发展和让人民群众过上美好生活的重要推进器，借助城市化推动整个国家的经济发展和社会进步已成为我国的重要国策。2019 年统计公报显示，我国城镇常住人口 84843 万人，常住人口城市化率为 60.6％。当前，中国常住人口城市化率距离发达国家 80％的平均水平还有很大差距。国家统计局副局长认为，城市化率由 30％上升到 70％的过程为经济快速发展的黄金时期[①]。城市化是现代化的必由之路，是我国最大的内需潜力和发展动能所在，对全面建设社会主义现代化强盛国家意义重大。同时，我们已经清醒地认识到，城市化在拉动投资和促进消费方面产生了正向推动作用，但是，城市化也产生了一些社会和环境问题，如不可持续地使用能源、温室气体排放、不可遏制的空气污染和水污染、土地利用不科学、城市风格和城市特色体现不足、中低收入人群在城市谋生困难、交通堵塞、公共安全降低、居民身体健康受到威胁、种族隔离、邻里关系恶化、社会福利和卫生保健不平等等等

---

① 《城镇化率数字折射巨大经济增长潜力》，http://cpc. people. com. cn/19th/n1/2017/1021/c414305-29600807. html。

（Buettner，2008；Bibri and Krogstie，2017）。这也就是讲，城市化是把"双刃剑"，具有正负双向效应。城市化是实现中华民族伟大复兴的重要举措，我们既要利用和发挥它的正向作用，也要规避和治理它的负向效应，充分提高我国政府在城市治理方面的现代化和科学化水平。

城市化是我国在国家层面推动经济发展和实现社会进步的重大战略选择，然而，当我们把目光聚焦到一个具体的城市时，我们关注的焦点就需要发生变化。这种变化主要体现在用什么样的理念治理城市。一方面，城市管理者需要界定城市服务的对象，建立顾客导向理念，通过向各类顾客提供卓越的价值，确保顾客满意，最终确定城市存在的意义。另一方面，城市管理者维持城市存在的意义，就需要清晰地界定城市拥有哪些资源和能力，这些资源和能力能否为城市提供持续的竞争优势，这就要求城市管理者站在全球竞争的视野中规划城市的经营战略，向潜在的投资者和潜在的人才展开营销，吸引其入驻和到本地来工作，成为城市经济和社会建设的组成部分；同时也要向访客营销，吸引其消费，放大城市的经济产出。这就意味着城市管理者应该具备竞争导向的理念。顾客导向和竞争导向是市场营销战略的两个基本理念。在城市生存条件发生变化的 21 世纪（Anttiroiko，2015），城市管理者就应该运用市场营销的理念和体系向城市的各类核心顾客开展有效的营销活动。

城市是一个庞大的系统，包含着人类各种复杂的活动，如经济、社会、教育、技术创新，其要素、结构、层次、功能的复杂性和形式的多样性决定了城市定义和内涵的多样性。基于社会学视角，城市是一个面积相对较大，人口密集，居住着各种各样的社会群体的永久居住地（Maunier，1910；Wirth，1938）。基于经济学视角，城市是一个坐落在有限空间地区内的各种经济市场，如住房、劳动力、土地、运输等，并由各类供应和需求相互交织在一起的网络系统（Molotch，1976；Button，2002）。基于地理学视角，城市是一种特殊的地理空间，在这个空间里居住着密集型的人口，他们从事着各种高级的社会经济文化活动，它以第二、第三产业为主并与之相依存，是周边环境的人类活动的中心，是具有复杂利益目标的各种各样组织交织在一起的地方（山鹿诚次，1986；周一星，1997）。基于生态学视角，城市是一种人口高度集中，物质、能量和信息高度密集，自我稳定性差、自我调节能力弱的社会—经济—自然复合循环生态系统（吴志强和李德华，2010）。基于历史学视角，城市是一个开放、动态的相互依赖的变体（Jansen，1996）。可见，不同的学科对城市的定义深深地打上了本学科的烙印。城市营销就是在充分把握上述各学科对城市特性界定的基础上向它的核心顾客提供卓越价值并使其满意的社会管理过程。

城市营销是一门由市场营销、旅游营销、饭店营销、城市规划、城市景观设计、景区管理、区域经济、环境心理、社区管理、产业集群、城市交通、安全管理、公共管理、人口统计、政治制度、国际战略、文化社会、体育运动、历史发展、基础教育和专业教育 21 个不同知识板块融合在一起的交叉学科。毫不夸张地说，城市营销是几乎融合了人类所有知识的高度交叉学科。另外，从全球范围内的城市治理来看，目前，政府还未就城市营销活动的管理设置一个专门的职能机构，对整个城市的营销活动进行统筹、规划、领导、组织、监督和协调，城市营销的各类活动分散在不同的政府职能部门、民间团体和个人，形成了城市营销主体界定模糊、缺失和散乱的状态。城市的高度复杂性（各学科对其的定义表现出巨大的差异），多种知识的融合性，以及从全球范围来看，营销主体存在含糊性、缺失性和散乱性，使得城市营销的理论体系一直处于简单照搬传统市场营销理论，对客观世界的指导存在扭曲和残缺的状态。究其原因，主要是城市营销理论体系尚未在运行机理（如对市民而言，目前还未识别出不同类型的城市产品和居民满意感之间的关系）、定义、范围、目标和概念发展方面建立充分的理论基础（Braun，2008；Niu et al.，2017）。

营销学者缺乏对城市复杂性应有的思想准备，以及缺乏城市营销对多学科的融合性的知识储备，导致其在理论建构上把城市等同于一个产品，简单套用普通商品市场营销和服务市场营销的理论体系（Kotler et al.，1999）。除了促销策略有一定的适应性，对城市而言，经典的营销战略和营销策略的适用性确实很低。比如，产品策略关联的内容与城市的差距就非常大。对一个城市而言，哪些产品应该归到一个产品线？如何在复杂众多的城市产品中界定产品项目？一个具体的城市产品如标志性建筑，它的包装是什么样子的？一个城市产品如街道，它的生命周期与普通商品的生命周期一样吗？一个城市产品如社区服务，它的开发过程与普通商品的开发过程一样吗？社会秩序与安全这样的城市产品能品牌化吗？显然，笔者提出的这些问题，现有的营销学者都回避了。然而，回避这些必然问题，简单套用普通商品的市场营销理论中的产品策略，导致经典的产品策略对城市产品的解释力非常低。除此之外，经典的价格策略和渠道策略对城市营销方案的指导性也非常低。因此，本书并不是致力于为城市营销提出合理的战略和策略，而是为将来学者能提出合理的战略和策略提供基石，即回答城市向顾客开展营销活动的理论机理。

本书运用规范的实证研究方法层层递进，以宏大的叙事方式展开一幅城市营销理论研究的生动画卷。本书对城市营销进行了开创性研究，是我国第一本关于城市营销的系统化理论研究的学术专著。它通过规范的研究，以城市个人顾客为研究对象，把城市面向个人顾客营销存在什么样的理论机理作为核心科学命题，将个人顾客分解为城市现在居民、城市未来居民和城市访客三类顾客群体，分别剖析三类顾客群体的营销理论机理，开展具有相互关联而又独立的系列研究，形成的理论体系既有全球城市营销的普适性规律，也有中国社会主义城市建设的基本特色。

笔者在山西南部黄河岸边的小村庄长大，1982年实行包产到户后，在农闲季节，偶尔清晨跟着父亲乘坐村里的木船渡过黄河到三门峡的集市上摆摊卖自家的鸡蛋，以及兜售那些靠我们走村串户在偏远的山区收购来的农民家的水果。卖完之后，到了下午两三点，我们把本钱小心翼翼地放在衣服内层的口袋里，把赚来的微薄利润放在衣服的外边口袋，到街边的小饭店吃碗面，有的时候赚得多一点就喊老板加个鸡蛋或者炒一盘土豆丝。吃完饭，就拽着父亲去书店看书，或者到百货商场看看琳琅满目的商品，仅是看看，舍不得买。然后，傍晚快要来临的时候，我们赶快跑到渡口，随村民一起坐船回到对岸的家乡。从初中开始一直到高中结束，笔者经历了四五年这种小商小贩的生涯，笔者所感受到的城市，它充满了神奇，有着人们想要的各种商品；它也充满了恐惧，高耸的建筑和狭长的街道让人们迷失方向，在和陌生人打交道的过程中还会遇到骗子。1986年笔者上了大学，来到比三门峡更大的城市——西安，但这种神奇和恐惧一直交织在笔者的潜意识里。20世纪80年代的西安，有着比三门峡更丰富的商品，有着更大的书店，还有着更多的饭店。大学毕业后，由于工作的原因，笔者几乎走遍了中国的一、二线城市，每到一个城市就要到这个城市的标志性建筑、代表性景点看一看，会尝一尝这个城市的特色美食，同时也会不自觉地比较各个城市之间的相同之处和差异之处。在这之后，笔者也去了美国的几个城市，感受了美国城市的魅力，真心为中国城市的快速崛起和现代化而感到骄傲。现在，笔者进入知天命之年，在城市里学习、生活和工作持续了35年，但小时候对城市留下的神奇和恐惧这两个印象一直缠绕在笔者的脑海里。为了解析笔者对城市的这种感受，笔者2012年去美国学习的时候就开始通过案例对东西方城市进行比较，阅读城市关联的文献和著作，又把现实中观察的现象联系在一起，确立了有价值的科学命题，并进行了相互关联的独立研究。尤其在 2017 年笔者以第一作者兼通讯作者的身份在城市研究领域的顶级学术期刊 *Landscape and Urban Planning*（SSCI，5-year impact factor：5.023）发表关于城市产品关联的文章，才认识到城市营销领域缺乏最基础的概念和机理研究，阻碍了这个领域理论体系的完备性和科学性。于是，笔者坚定了继续开展城市营销系统化理论研究的决心。在九年多的时间里，笔者反复查阅和更新文献，反复考证本书提出的科学命题、逻辑线路、研究目的、研究内容、研究方法和研究结论。在此过程中，笔者又和一些营销学者、城市的高层管理者进行了充分交流和论证，听取他们的意见和建议，最终形成了呈现在您面前的专著。它是笔者严谨治学和精益求精的成果，相信本书的出版会对我国的城市营销的理论完善和现实实践提供一些意见。

1.2　研究的科学命题

根据城市营销理论发展所面临的现状，本书确定的核心科学问题是面向个人顾客的城市营销存在什么样的理论机理。围绕这个核心命题，可以将本书需要解决的科学命题分解为如下八个方面：

（1）要完善城市营销的理论，就必须清楚城市的本质，即城市是怎么诞生的？又是怎么演进的？最终的城市将会发展成什么样的模式？由此解析城市存在的意义。本书以城市服务的对象，即城市顾客的利益诉求为基础，运用比较历史分析方法，通过对中西方城市的横向比较，确立人类历史上第一次诞生的具体的城市产品，即首发产品是什么；接着按照案例内分析法剖析每个城市首发产品形成的原因，遵循证伪的逻辑，证明因果关系的假设是否得到支持。在此基础上，建立城市演进的阶段理论。本书将在每个阶段描述城市首发产品的形成原因、表现形式和共同特点。从历史演进的视角，剖析城市以何种具体的形式发展和城市存在的意义，建立城市演进的阶段理论。站在现在的时点，城市为顾客创造某种价值的城市产品所呈现的形态，它一定是人类经过无数次的再创造而形成的结果。它不是一蹴而就的，而是凝练了人类的共同智慧，是智慧在时间轴上的积累而形成的结果。这些城市产品刚开始产权可能具有排他性，但随着时间推移，这些产品逐渐具有公共产品的特性。

（2）证明营销战略导向对城市形象是否存在贡献。简单地把经典的商品市场营销理论和服务营销理论套用到城市营销上来显然是不妥的，但借此否定城市营销理论的存在又显得十分粗暴和无理,解决这个问题最简捷的办法就是证明市场营销核心的理论即营销战略导向对城市形象存在正向贡献。如果这个判断得到证明,那么城市营销就可在此基础上将理论系统化。

营销战略存在两种基本的战略导向,即顾客导向和竞争导向。本书在这里把核心顾客聚焦于城市居民,也就是一个城市存在的核心意义就是为它的居民服务,为城市居民提供价值,创造和维持城市居民的满意。因为如果一个城市首先不能保证它的居民满意,而试图把其他个人顾客如潜在游客放在首要位置,就可能导致本地居民的利益得不到满足而心生抱怨,最终在不同的服务接触点把这种不满情绪发泄出来,从而导致游客的不满意。因此,本书把顾客聚焦于城市居民,验证居民导向对城市形象的效应具有现实的合理性和可行性。另外,本书还要验证竞争导向对城市形象的作用。也就是讲,一个城市要向它的居民提供相比其他竞争城市独特的卓越的价值,要在全球范围内汇集和连通更优质的资源从而保证价值链的竞争优势。在此基础上,本书还要研究营销战略导向将通过什么样的机理对城市形象发生作用,以及城市形象是否对居民的自豪感产生正向作用。如果后者的效应存在,自豪的居民会主动承担起城市形象大使的角色,在不同的服务接触点向外来顾客传递城市形象,进而形成城市形象的口碑传播效应。

(3)界定一个城市应该向它的居民提供什么样的公共产品,验证这些公共产品的绩效表现是否对居民的态度和城市形象产生贡献。到目前为止,城市营销理论发展迟缓的主要原因就是没有解答一个城市应该向它的居民提供什么样的产品这样一个核心命题。城市营销离开了对城市提供物的识别和界定,是没法建立关联的战略和策略的。本书继续以城市居民为核心顾客,按照规范的构念测量程序识别城市产品包含的领域(domain),以及这些领域包含的详细内容,在此基础上选择中国有代表性的城市,从这些城市中抽选合适的居民,通过探索性因子分析和验证性因子分析确定城市产品构成要素和测量量表。最后,验证城市产品感知质量对居民态度和城市形象的贡献。通过此项研究可以帮助我们发现城市产品的定义、包含的内容、测量的量表,以及界定的城市产品在理论上存在的意义。

(4)界定城市社会管理综合治理体系应该包含哪些服务项目,检验这些服务项目对居民安全感、居民主观幸福感和地方依恋是否存在正向贡献。中国城市和西方城市最大的差异就是中国城市是在中国共产党领导下所建立的治理结构。为了确保每一位市民的生命财产安全，维护政治稳定、社会稳定和经济繁荣，在中国共产党的领导下，结合中国国情，中国的各级城市已经建立起完备的社会管理综合治理管理机构和运行制度。城市社会管理综合治理体系是城市治理的重要组成部分，站在城市居民的角度看，它的核心目的是为城市居民提供足够的安全感，确保每一位市民和他的家庭成员不是在恐惧的状态下生活。这样，就产生了如下科学命题：城市社会管理综合治理体系应该包含哪些项目？这些项目对居民的生活质量是否存在正向贡献？本书将此作为一个研究领域，是要从理论上确定城市社会管理综合治理体系的工作内容和运行目标，验证它和城市居民导向战略之间的一致性，由此，从理论建构来看，可以将社会管理综合治理体系纳入城市营销的理论体系。

（5）证明城市产品对潜在人才的根植意愿存在正向影响。这个研究主题进一步分解为如下科学命题：对潜在人才而言，城市和就业单位各自被赋予的权重是多少？哪个大？潜在人才关注的城市产品有哪些？各自的相对重要性是多少？潜在人才关注的就业单位的组织管理质量要素有哪些？各自的相对重要性是多少？当前，我国城市核心区域的房租和办公成本越来越高，人员和货物的空间移动成本也越来越高，在此情况下，为了应对企业降低运营成本和管理成本的利益诉求，很多城市在现有城市的郊区开发一个新的城市，引导一些企业实现城市空间位置转移，那么，潜在人才会关注新城哪些城市产品以及各自的相对重要性是多少？验证城市产品以及各类城市产品相比就业单位组织管理质量要素对潜在人才的根植意愿的效应，就是从最基础的层面回答潜在人才是否是城市营销的核心顾客之一，以及城市和就业单位对潜在人才的根植意愿影响的相对权重。在此基础上，识别出潜在人才最关注的城市产品和组织质量要素，然后以此为依托构建有效的人才营销方案。

（6）识别城郊农民对市民身份认同的影响因素以及市民身份认同的作用机理。中国城市化的一个显著表现是城市地表面积的扩张强制性地把城郊的农民纳入城市的市民群体。这些农民的身份转换存在准备不充分的现实情境，如农村中绝大多数老年人文化程度低，没有职业技能；一些留守在农村的年轻人文化程度也不高，也没有职业技能；更有些人愿意成为一名农民而不是市民。然而，城市的规模扩张在现实上却让其成了一名市民。在这样的背景下，什么样的因素才能促使其成为真正意义上的自食其力的市民？另外还有一个问题就是，实现市民身份认同后可产生哪些积极的作用？对上述这些问题的解析，让我们知道城郊农民和潜在人才一样，可以归属到城市的未来居民范畴。城市营销也应该把城郊农民视为核心顾客之一，识别他们的需求，设计合适的城市产品满足其需求。遵循我们党的基本思想，即"人民对美好生活的向往就是我们的奋斗目标"，构建城市营销的理论机理，绝对不能遗弃城郊农民这类城市未来顾客。

（7）从城市内部访客角度，构建城市周边游憩（leisure travel）推和拉动机的理论关系。当前，为了解决城市病，许多城市采取"城市＋乡村"的思路构建田园城市，在城市的拓展过程中，由里及外建立环城游憩带，走逆城市化发展模式。环城游憩带是城市居民排除城市病的重要途径。本地居民到城市环城游憩带游玩，变成了城市周边游憩的访客，本书将其命名为城市内部访客。如此，就产生了如下几个科学命题：人们喜欢这种逆城市化模式吗？这种态度倾向可以解析为访客对城市周边各类游憩项目的偏好程度和依赖程度。城市内部访客对城市周边游憩存在哪些动机（推力）？这些动机可以提炼为几个因子？这些因子在理论上是否合理？根据这些因子可以将城市内部访客划分为几个市场？这些市场有什么样的特点？推力的对立面是拉力，也就是需要确认城市内部访客关注的城市周边游憩项目质量特性有哪些？这些游憩项目质量特性是否可以识别和到达访客市场？通过对此主题的研究，可建立城市周边游憩推和拉动机的理论关系。

（8）从城市外部访客角度，建立城市再访问意愿的影响机理。人们可能出于不同的目的访问一座城市，在城市基础设施可接纳的人数范围内，到访的人数越多，越能给所到访的城市产生经济拉动效应。控制访问的目的之后，本书致力于从时空行为理论、场理论和顾客满意理论回答哪些共同因素可促使人们再一次访问这座城市。

1.3 研究意义

城市是一个充满神奇而又让人恐惧的复杂的综合体。各种资源、组织、机构和个人汇集在有限的地理空间里，每天按照紧张而有序的规律运转，创造出让人惊讶的社会财富，同时也会排出一些副产品，如道路拥堵、环境污染、社会剥夺等，甚至在某个时候突然打破平衡，出现社会骚乱和严重的群体伤害事件。一个具体的商品，如电脑，把它拆开，我们可以看到各种各样的部件，这些部件按照特有的工作原理组合在一起；一个具体的服务，如看病，医生按照医院规定的流程和疾病的特征制定治疗方案。相比电脑而言，构成城市的有形物件远比一台电脑复杂；相比患者看病而言，构成城市的无形服务远比患者看病复杂。这种复杂性决定了城市营销理论建设的难度。这样，就不难理解全球学者在此领域的研究成果远远少于对普通商品和一般性服务的研究成果。这也就是讲，城市营销的很多基础工作还未起步，这预示着巨大的挑战性和艰巨的工作量。本书把面向个人顾客的城市营销的运行机理作为科学命题，从基本概念、概念包含的内容、概念的作用、概念之间的关系入手，试图探寻城市现在居民、城市未来居民（潜在人才和城郊农民）和城市访客（城市内部访客和城市外部访客）三类顾客的营销运行机理，为构建系统完备的城市营销理论体系开展实质性的基础研究工作。因此，本书在理论和现实两个方面存在重要意义。本书的理论价值体现如下：

（1）以城市产品为基础构建城市演进阶段理论。建立城市营销的理论体系最重要的途径是认识城市产品的表现形式和它们的特性，然而，当前呈现在我们面前的城市产品都是经历了漫长的历史演进过程和融入先辈的智慧不断对先前的产品进行改造和升级而形成的。所以，从历史的长河中去辨识当前城市产品形成的原因、最初的形态以及不同阶段的变化，有助于我们深刻理解当前的城市产品。也就是说，了解过去才有助于认识现在和规划未来。同时，为了剖析城市这个复杂的综合体，就非常有必要了解它过去是什么样子，又通过什么样的过程演化成现在这个样子，以及评判它未来可能成为什么样子。沿着这个逻辑线条，本书把某个时间段内人类首次开发的城市产品集合在一起评判它们形成原因（即宏观事件）的共性，宏观事件和城市产品的因果联系，以及东西方城市之间的相互印证，确定城市演进的阶段以及每个阶段的特性。本书从历史演进的角度把人类首次开发的城市产品作为研究对象，可更加清晰地识别和界定当前的城市产品，掌控城市的发展规律。本书将城市演进阶段划分为远古村落期（大约公元前 13000 年至公元前 2113 年）、萌芽期（大约公元前 2113 年至公元 900 年）、成长期（大约公元 900 年至18 世纪）、成熟期（18 世纪初至 19 世纪末）以及田园城市期（19 世纪末至现在）五个阶段。城市经过这五个阶段的演进，城市产品的类型逐渐丰富，呈现出了人本化的发展规律，并逐渐表现出顾客导向的基本理念。

（2）从城市现在居民视角构建城市营销的理论机理。这个方面的理论意义主要体现在如下三个方面：第一，证明营销战略导向，即居民导向和竞争导向各自通过生态和谐和全球连通性对城市形象存在显著贡献，这种贡献又会激发居民的自豪感。由此证明市场营销的基本理念和营销战略导向适合城市这个复杂的综合体。同时可以看到，生态和谐和全球连通性是营销战略导向落到实处的重要策略和手段。生态和谐是城市可持续发展的基本精神和指导原则，致力于构建人类活动与城市环境两者之间友好互助的平衡稳定关系（曹先磊等，2017；Bibri and Krogstie，2017；Jordan and Kristjánsson，2017）。全球连通性是在开放包容的基础上把城市构建为全球资源流动空间中的一个节点，通过物理性连接和非物理性连接实现资源的自由流动，进而培育城市的核心竞争力（Beaverstock，2002；Robertson and Buhari-Gulmez，2017）。第二，定义城市产品，界定城市产品包含的内容，构建具有可靠性和有效性的城市产品感知质量测量体系。本书定义的城市产品具有可测量性，提升了城市产品这个构念的解释力。这为居民导向的营销战略理念识别顾客需求、传递顾客价值、创造顾客满意提供了理论基础。第三，从理论上证明了城市社会管理综合治理体系包含的领域以及这些服务项目存在的意义。城市社会管理综合治理体系的核心目的是维护政治稳定、社会稳定和经济繁荣。现有的学者聚焦于证明它在现实中的合法性，却忽视了它的合理性，即忽略了从城市居民角度识别它应该包含哪些内容以及这些内容对居民的安全感和生活质量是否存在贡献。本书从城市居民导向视角证明了社会管理综合治理体系的理论价值，证明了它是城市治理过程中应该向居民提供的重要服务项目。

（3）从城市未来居民视角构建城市营销的理论机理。中国城市的未来居民包含将来就业的人才和城郊农民转化过来的市民。吸引各类人才源源不断地到城市就业，关系到城市各企事业单位的运行活力、产业结构升级以及城市各个产业在全球产业链条中的竞争地位，即优质的人才可以提升城市的竞争力。本书在此领域的研究可以剖析城市和就业单位的相对权重、城市各种产品的相对重要性、就业单位组织管理质量各要素的相对重要性，以及新城各类城市产品的相对重要性，这些因素的识别和重要性的确立可为构建面向潜在人才的城市营销理论建设提供基础性支持。在城市不断扩张的过程中，被纳入城市运行体系中的城郊农民存在着身份认同的障碍。本书通过扎根理论可以识别哪些因素可能促进市民身份认同，哪些因素可能阻碍市民身份认同。通过此主题的研究，可以为构建面向城郊农民的城市营销理论提供基础性支持。

（4）从城市访客视角构建城市营销的理论机理。城市的访客可以分为两类：一类是城市现在的居民到城市周边景点开展游憩活动，即城市居民在本地实现了身份转换，变成了城市周边游憩的访客；另一类是城市之外其他区域的人到本城市进行特定目的的访问。对前者访客而言，本书可以从推的动机和拉的动机两个对立而又联系的角度，识别城市访客存在什么样的推的动机以及可以划分的顾客群体，识别都市游憩项目对顾客群体的可到达性。这样，可为城市周边景点游憩的理论建设提供基础性支持。对后者访客而言，本书的研究结果发现城市服务基础设施、社会接触和支持性环境因素将对城市感知质量产生显著的影响，如此，再通过访客感知价值和访客满意感对城市再访问意愿产生显著的效应。由此可知，需要从时空行为理论、场理论和顾客满意理论三个理论相结合的角度出发建立面向外部访客的城市营销理论。

本书的现实意义体现如下：

（1）本书在实践中将促使城市管理者按照顾客导向的理念开发和管理城市产品。本书构建的八个研究分别从不同的角度佐证了这个主张的正确性。这里所指的城市产品，不同类型的城市顾客，其含义是不同的。对城市居民而言，城市产品是有形和无形的产品属性的混合物，以满足人们对舒适的公共生活环境的愿望和需要（Niu et al.，2017）。对潜在人才而言，城市产品是指城市向潜在人才提供的各类福利元素的总和。这些福利元素包括如下四个方面：①城市公共生活环境的物理特征对应的福利元素；②潜在人才空间行为关联的设施和服务对应的福利元素；③对潜在人才空间行为存在显著影响的利益相关者对应的福利元素；④城市针对潜在人才所制定的福利政策以及这些政策的兑现程度。对城市访客而言，城市产品是城市满足访客核心访问目的关联的空间行为要素。这些要素包括城市服务设施（餐饮服务、住宿服务、交通服务、旅游服务、娱乐服务和购物服务）、社会接触（当地居民素质）和支持性环境因素（社会秩序与安全、环境卫生、空气质量、天气和独特性）。也就是说，城市管理者在设计城市产品之前，首先要考虑这个产品为哪类顾客服务。也许这个产品专门为城市居民、潜在人才或者城市访客三类核心顾客中的一类顾客服务，如引进高端人才的福利政策专门为潜在人才服务；这个产品为三类核心顾客交叉的顾客服务，如城市交通系统。其次要明确和细化顾客需求，尤其是未满足的需求，根据顾客的需求设计对应的城市产品，这种产品可能是一个，也可能是几种产品的组合。最后根据顾客需求的变化，定期维护和修改城市产品。

（2）本书在实践中将促使城市管理者建立营销战略导向的城市治理

理念。本书形成的理论成果将促使城市管理者认识到居民导向和竞争导向两种营销战略导向的重要性，并把这两种战略导向置于所有理念的统领性地位，确保所有的城市治理决策都是从这两种战略导向出发去思考和解决问题的。同时，本书将会让城市管理者认识到，把这两种战略导向落到实处的重要途径是生态和谐和全球连通性。

（3）城市管理者可以通过管理城市产品质量提升居民满意感和城市形象。从城市居民角度看，城市产品包含如下三个领域的内容：①城市公共生活环境的物理特征对应的两个福利要素：宏观环境、城市设计和标志性建筑；②当地居民空间行为关联的设施和服务对应的七个福利要素：社区基础设施、社区管理与服务、交通系统、休闲和娱乐、购物和餐饮、公共事件、个人职业发展；③对居民空间行为存在显著影响的利益相关者对应的六个福利要素：市政管理和服务、空气质量、政府官员勤政、社会秩序与安全、周围居民的素养、本地企业的社会责任。城市管理者可以确定上述每类城市产品的质量管理目标，实施目标管理、过程监督和结果考评，促进城市产品质量的提升。

（4）本书证实了社会管理综合治理体系的合理性和可行性。本书将我国的城市社会管理综合治理划分为十个领域：家庭平安（包含家庭和睦和家庭经济状况）、社区平安（社区管理与服务）、街道平安（街道管理）、校园平安、食品安全、药品安全、医院安全（医院就诊服务）、对城市管理者的满意感、政府安全政策宣传、城市的民主化水平（官员倾听民意和市民参与社会管理）共12个维度。不管城市级别的高低和规模的大小，各个城市社会管理综合治理管理机构均可在这十个领域开展工作，向本地居民提供12个服务项目。完备的和高质量的服务项目，可以提升城市居民的安全感、居民主观幸福感和地方依恋。

（5）城市管理者可根据本书确立的潜在人才就业意愿的影响因素设计对应的营销方案；可根据潜在人才关注的城市产品各个项目的重要性，建立系统化的营销方案。对于权重高的城市产品，应加大资源投入，确保关联产品的绩效表现，达到潜在人才的期望和要求；对于不太重要的城市产品，可以不必投入过多的资源。同时，在此基础上制定整合营销传播方案，吸引潜在人才的注意和兴趣。

（6）关于城郊农民的农民身份向市民身份的转化问题，本书为农民走出身份困境提供了重要的解决思路。最重要的工作方向是在加大宣传与政策解释力度的基础上，把工作的重心放在对城郊农民的价值观引导和建立城郊农民市民身份认同的自我说服机制，使其认识到城市各类产品所产生的福利可满足他们爱和归属的需要、自尊的需要和自我实现的需要，由此认识到城市产品给他们带来的实际利益和未来可期望的利益，促使城郊农民实现市民身份认同。

（7）城市管理者可以根据本书的结论构建合理的环城游憩带，为城市内部访客创造半日游、一日游和过夜游的旅游休闲空间。首先，按照城市居民的休闲偏好，在城市周边区域合理规划一定数量和规模的自然观光、民俗体验、人文观光、运动休闲、人工娱乐五种游憩类型项目。其次，游憩项目的质量特性要素要和城市访客的游憩推力建立对应关系，即在访客推力的作用下，可以找到恰当的游憩地；在游憩地拉力的作用下，能刺激访客的需求；在推拉互动的状态下，访客能释放自己的需求。城市周边游憩地在此基础上根据本书的结论可以设计恰当的营销方案。

（8）面对城市的外部访客，城市管理者可通过管理和强化城市服务基础设施、社会接触和支持性环境因素的质量体系，提升城市整体的感知质量，创造卓越的顾客价值和访客满意感，进而维持访客的持续访问意愿和行为。本书为提升城市外部访客的再访问意愿提供了全面系统化的解决方案。

1.4　研究的逻辑线路和内容

笔者基于三十多年的城市生活体验，中美城市之间的生活观察，东西方城市案例的深入探讨，结合丰富的文献研究，认为城市营销是一个比较稚嫩的学科，另外，城市存在的核心目的是改善人们的生活质量，故而把城市营销面向个人顾客的理论机理作为本书的核心科学命题。通过把个人顾客分解为城市现在顾客、城市未来顾客和城市访客三类群体，分别探索面向三类顾客的城市营销理论机理，这是城市营销理论体系建设的基础工作。只有把这些基础工作做好了，才能在此基础上构建系统化的理论体系。因此，本书所做的研究是基础性理论研究。

本书采取图 1.1 所示的逻辑线路研究城市营销的理论机理。首先，通过现实生活体验、代表性案例研究和文献研究确定本书的科学研究命题。其次，通过比较历史法研究城市产品形成的原因、城市产品的表现形式和共同特性，进而确定城市的发展阶段以及城市的演进规律（研究一）。再次，定义城市和城市的个人顾客，对个人顾客进行分类，把面向城市现在顾客、城市未来顾客和城市访客的城市营销的理论机理作为研究任务。在研究一的基础上，本书设计了七个具有逻辑递进关系的实证研究，具体包括基于营销战略导向构建城市形象、城市产品感知质量测量、城市社会管理综合治理体系的作用机理、城市产品和组织管理质量对潜在人才根植意愿的影响、城市近郊农民市民身份认同、城市周边游憩动机、城市再访问意愿的影响机理。然后汇总上述八个实证研究的结论，解答本书提出的科学命题，即面向个人顾客的城市营销理论机理。由此提出城市营销实践中的管理建议，此建议包括面向城市现在顾客的营销管理建议，面向城市未来顾客的营销管理建议，以及面向城市访客的营销管理建议。最后，指出本书的研究局限和未来的研究方向。

1.5 研究思路和研究方法

本书的研究思路和各阶段对应的研究方法如图 1.2 所示。

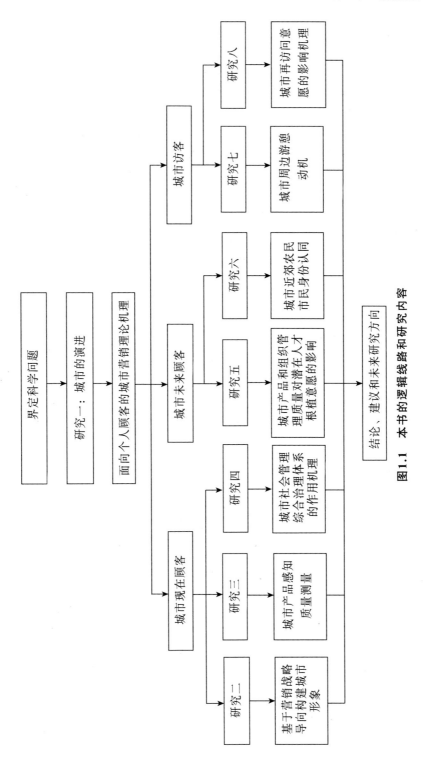

图 1.1　本书的逻辑线路和研究内容

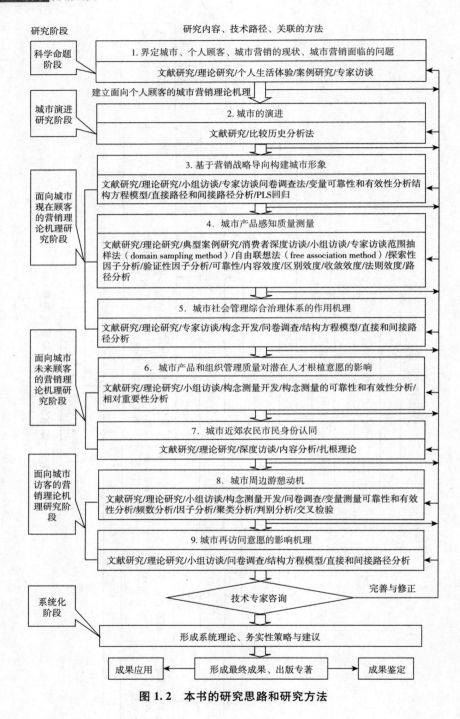

图 1.2　本书的研究思路和研究方法

第 2 章　城市的演进

2.1　引言

　　城市演进阶段理论始于 20 世纪初，英国生物学家盖德斯将进化论、生态学原理与城市研究相结合，开创了城市生命周期及城市进化的概念（郑国，2010）。目前，有三种代表性的城市演进阶段理论。第一种按照城市出现的时代进行划分。这种划分方式以山鹿诚次的理论为代表，他提出城市有两种演进路径：一种是村落逐步城市化，另一种是从一开始起步就是新建城市。在后一种情况下，城市可以按照其建立年代划分为古代城市、中世纪城市、近世纪城市、近代城市（山鹿诚次，1986）。第二种是按照城市社会结构的变化进行划分的。以 Sjoberg（1960）为代表的学者认为，在 18 世纪资本主义完全形成以前的城市，是基于封建制度的社会和经济基础上所建立的小规模居民定居点，这种城市的主要特征是少数精英和多数低阶层人群对城市地理环境的占有上存在显著差异。在社会阶层金字塔顶端的精英居住在城市的中央，社会的低阶层人群居住在第二圈层，社会的遗弃者居住在第三圈层。随着工业化的到来，这种社会结构和对应的居住方式显然不适应生产经营型企业和商业服务型企业的系统化的组织运行模式。企业在城市空间中的落位，意味着在其中就业的市民的居住方式要以企业为轴心，这样才能降低市民的通勤成本和不耽误企业的日常生产经营活动，于是，工业化推动了城市社会结构的巨大变化。因此，Sjoberg（1960）认为城市的发展阶段可以划分为前工业化城市和后工业化城市两个阶段。第三种划分方式是对第二种城市演进阶段理论的修正。基于 Sjoberg（1960）的城市阶段演进理论，Knox and Pinch（2005）将其改进为前工业化城市、工业城市、现代城市。其中，现代城市的评判标准是以全球化、知识经济、信息技术在某个城市的实施程度和发展水平作为依据。

上述三种城市阶段演进理论均以宏大叙事的方式界定城市的演进轨迹，忽视了城市演进的服务对象，即满足城市顾客的利益需求，产生了很多弊病，如承载高密度的人口、环境恶化、污染、人的压力和焦虑等。我们知道，满足城市顾客需求和期望的东西是城市产品，每一种由量变到质变的城市产品的出现，可极大地改善城市核心顾客（如居民、访客、潜在人才）的生活质量（quality of life），也可满足本地企业和潜在投资者的经济利益期望，尤其是首发产品的开发，可推进城市的进步。

不容置疑，从营销学角度看，城市产品的开发推动了城市的演化。城市产品本质上是城市向它的核心顾客提供的关于生活环境的福利元素（welfare elements）（Braun，2008；Niu et al.，2017），它是有形和无形产品的混合物，以满足各类城市顾客的期望和需求（Niu et al.，2017）。这些产品是顾客能感受到的提供物。在历史演进的长河中，某个城市产品的开发能直接促进城市的发展，但以往的城市演进阶段理论均没有考虑城市产品的开发以及城市产品的丰富性问题，城市的演化不知道为何而发生。因此，从城市产品开发的视角出发识别和界定城市的演化，即运用城市顾客导向的理念解析城市的变化和发展，才能明白城市演化的真实驱动力。本书的城市首发产品是人类在城市的演进历程中首次开发的城市产品。

2.2　研究方法

比较历史分析方法（comparative historical analysis），就是通过将现象放在不同历史切面中加以比较分析，可以提供因果机制的解释，并从历史事件中提炼和建构理论（Mahoney and Rueschemeyer，2003）。比较历史分析特别适合本书基于城市顾客视角对现有的城市演进阶段理论进行变异的理论研究，它是解释长期存在的、实质性的重要结果的最好选择（Porta，2014）。比较历史分析法包括比较法和案例内分析法（within-case methods）。比较法是通过对案例的相同点和差异性的比较来凸显因果关系，案例内分析法致力于获得特定现象的洞察力。最常见的案例内分析法有因果叙述（causal narrative）、过程追踪（process tracing）和模式匹配（mode matching）。案例内分析法构成了比较历史分析法中的"历史"，分析的过程随着时间的推移而展开（管辉和谷峪，2018）。

　　比较历史分析法强调因果关系，重视历史顺序和时间过程。本书使用比较历史分析法的具体程序如下：（1）将中国和西方的城市放在同一个时间轴上进行横向比较，由此来观察中国出现的城市首发产品是否在同一时间段的西方也出现了。尤其是欧洲各国完成资产阶级革命的 18 世纪往上追溯到上古石器时代晚期，以及中国 2001 年正式加入世界贸易组织（WTO）后城市化的快速推进到当前这个时间段，本书强调横向相同点的比较。通过这种比较，确立人类历史上第一次诞生的具体的城市产品，即首发产品是什么。同时，在中国和欧洲两个区域进行横向差异点比较，这种差异点比较的主要目的是分析两个区域文化和历史事件的差异所导致的城市产品的差异，由此描述出具有差异特性的城市首发产品。（2）案例内分析。重点分析代表性城市，主要是指古代王朝的国都及其首发产品形成的原因，如果某个阶段开发的所有的首发产品的影响因素都归结到几个共同的因素上，本书就假定这些共同因素是某个阶段的影响因素，由此形成宏观事件和整体结构的因果解释的假设。接着，分析这些宏观事件与城市首发产品发生的过程和时间顺序。如果宏观事件发生在前，首发产品发生在后，并没有出现任何时间颠倒的情况，按照证伪的逻辑，则可证明因果关系的假设是成立的。（3）建立城市演进的阶段。在某时间内，共同宏观事件促成了一组城市产品的形成。如果增加一个下一个时间段出现的城市首发产品，就会发现先前确定的共同宏观事件不是这个新增城市首发产品的形成原因；或者删除某个时间段内的一个宏观事件，城市首发产品就需要删除。通过这两种原则的饱和度检验，确定城市发展的阶段。在此基础上，我们把第一个城市首发产品出现的时间称为这个阶段的起始时间，把最后一个城市首发产品出现的时间称为这个阶段的结束时间。各个阶段皆是如此。

　　通过比较历史分析法，本书将城市演进划分为如下五个阶段：远古村落期、萌芽期、成长期、成熟期以及田园城市期。

2.3　远古村落期

　　远古村落期是城市演进的第一个阶段，时间从大约公元前 13000 年开始，至公元前 2113 年结束。公元前 13000—公元前 10200 年，处于上古石器时代晚期。在这个时间段，人类经历了新石器革命，形成了历史上最初的永久性聚落（Watkins，2010）。这种永久性聚落适合人类长期定居，是远古村落的最初形式。远古村落期的结束标志，是人类创造出历史上第一座城市"乌尔"（Ur），时间大约在公元前 2113 年（Stone and Bajjaly，2009）。乌尔的建立，代表着城市演进进入下一阶段。

村落，是在特定的地理位置中，以土地为载体，居住在此的人们通过种植、养殖等生产活动获得食物或者在此基础上交换剩余食物获得家庭成员所需要的物品，社会成员多以血缘关系为纽带形成空间经济结构和社会关系。对希腊村落和中国村落的横向对比研究显示，村落对人性的积极影响如下：人与人之间的温情和关爱、成员之间的信任和协作、晚辈对长辈的尊重和孝顺、长辈对晚辈的支持和帮助、保护族群的繁衍；村落对人性的消极影响如下：封闭性、嫉妒心理、狭隘的地方观念和对陌生人的疑心。

2.3.1　远古村落及其首发产品形成的原因

远古村落是人类形成的第一个聚落形式，其出现得益于新石器时代的人类产生的定居需求。在远古时期，人类的生存方式与食物的获取方式显著相关。比如游牧民族通过驯化牛羊这类温顺的动物和放牧获取食物，其生存方式是不断迁徙；农耕民族通过驯化和种植植物获取食物，其生存方式则是寻找定居点长期生存。18000 年前，冰河时期结束，全球气候变暖，降雨量增加，这种气候非常适合植物的生长。利用这一有利条件，人类采摘植物上的果实维持生命。直到上古石器时代中期（公元前 15000—公元前 13000 年），人类学会了驯化和耕作植物来养活自己（Allaby et al.，2008）。据考证，人类最早驯化农作物的时间大约在公元前 8800 年（Willcox and Herveux，2008）。由于田地是固定的，通过耕种植物来获取食物的生存方式促使人类长期居住在开垦的土地和播种的植物附近，以期减少漂泊不定的迁徙所产生的不确定性和风险。通过比较历史分析法，本书发现形成永久性村落存在三个条件。

（1）农业的发展。旧石器时代生存下来的人们开始永久性的聚落，形成了繁多的定居点，完成这种改变最重要的因素是人类实现了对部分植物的驯化。例如，一个游牧民族一开始种植野水稻时可能需要在一个居住点停留半个月才能收获，但随着水稻逐步被驯化，他们需要在这个居住点停留一个月甚至更长的时间，这样，不断扩大农作物的耕种面积，粮食总产量随之增加，进而富足到可以维持所有人的生命时，人们才会在此定居下来。在一种作物驯化上所积累的经验，会激发人类驯化其他野生植物的信心。在这个时期，人类开始系统地采集并播种某些禾本科植物的种子，同时驯化其他一些种子植物，如瓜类、豆类。这一时期的村落出现了作物酿制的酒类饮品，这足以说明获取的粮食已经比较丰裕，可以将多余的粮食用于酿酒（Dietrich et al.，2012）。

（2）畜牧业的发展。畜牧业的发展同样会促进人们长期定居。驯化牲畜，如牛、羊、驴、马，不仅可以将这些动物作为肉类食物，还可驱使这些动物代替人从事一些繁重的体力劳动，如物资的运输、土地的耕种，这样可极大地提高农业的生产效率（Mumford，1961）。随着生产效率的提高，食物就会变得更加充裕。当人类在一个地方能够获得赖以生存的食物时，迁徙的可能性也就减少了。没有农业和畜牧业的长足发展，就不可能产生剩余的粮食和剩余的人力，这两个因素是建立永久性的聚落的先决条件。

（3）手工业的发展。手工业的发展主要体现在农具、石器和陶器三种工具的制造上。农具的发明和生产提高了人类播种和收割农作物的效率（游修龄，1976）；石器的发明提高了人类对抗凶猛的野兽和建造房屋的能力；陶器的发明则极大地提高了人类储存粮食的时间（戴尔俭，1988），也为来年预留种子提供了容器。总之，手工业的发展强化了人类对生产工具和设备的信念，提高了人类征服和改造自然环境的能力，坚定了人类长期定居的信心。

2.3.2 远古村落期首发产品的表现形式

由于种植业、畜牧业、手工业的发展，远古村落已经形成了很多为满足长期定居服务的初级的物质形态，如房屋、墓穴等。这个时期，村落的居民基本上是以血缘关系为纽带所构成的群体。通常对村落实施管理的是这个群体中辈分最高的人，或者是在征服自然环境和对抗猛兽的过程中具有丰富成功经验并给这个村落带来实际利益的人。远古村落期的首发产品见表 2.1。

表 2.1 远古村落期的首发产品

产品类型	具体表现的产品形态	例证
居住产品	房屋	河姆渡遗址
公共设施产品	供水系统：蓄水池	福建南山遗址
	墓地	半坡遗址
	集会广场	约旦南部遗址

续表2.1

产品类型	具体表现的产品形态	例证
生产工作产品	农业生产工具	河姆渡遗址
	手工业作坊	半坡遗址
公共交通产品	公共道路	
宗教产品	神龛	约旦南部遗址

（1）房屋。

房屋是新石器时代人类定居后发明的永久性居住场所。它一般是指具有固定基础，上有屋顶，周围有墙，能防风避雨，御寒保温，供一个家庭成员在其中居住、生活和储藏物资的封闭性场所。但是，根据我国北方山区村民的生活习惯，可供人们常年居住的窑洞也应包括其中。在这个时期，房屋可以让人睡觉、休息恢复体力，养育幼儿，保护人的身体健康，使人免遭猛兽的伤害，同时还可以起到分割不同家庭的作用。在我国浙江余姚市发现的河姆渡遗址处于典型的远古村落期，其遗址中存在木制的房屋建筑（王海明，2000）。大河村遗址发现的母系隔居房屋，也说明住房在这一时期已经出现了（沈聿之，1999）。

（2）供水系统：蓄水池。

蓄水池是在远古村落期人类用一些防渗材料修建的蓄水设施，供家庭生活用水和牲畜饮水之用。村落期的供水设施非常简单，只有简单的公用蓄水池。在福建明溪县南山遗址中，发现了村民使用的储水器以及配套的蓄水池（周振宇等，2017）。

（3）墓地。

人类敬重死去的同类，这本身即表明人类很困惑死去的人为什么会经常浮现在他们的脑海之中。这种对死去同类的敬重心理，大约要比实际的生活需要更有力地促使古人去寻求一个固定的聚汇地点，并最终促使他们形成连续性的聚落。在旧石器时代人类不安定的游走生涯中，首先获得永久性固定居住地的是死去的人：一个墓穴，或者以石冢为标记的坟丘，或者是集体安葬的古冢。这些东西显而易见成为地面上的人工目标，活着的人可时常回到安葬的地点来表达对祖先的怀念，或者安抚死者的灵魂。很久以前，犹太民族要求把埋葬他们祖先的土地作为他们的家产归还给他们，这看起来很有道理的要求是有历史渊源的。总之，远在活人形成聚落之前，死人就先有了聚落。古埃及文明最早形成于约公元前5450年，它以法尤姆地区为中心开始出现聚落组织，随后演变成城邦进而形成国家。虽然这里曾经有过伟大的发明，社会生活的各个方面都曾有过极度繁荣和欢快的景象，但留存至今的也多是些庙宇和陵墓。

在远古村落，墓穴已经与居住区分离开来。半坡遗址、姜寨遗址、河姆渡遗址中出现的墓葬区域与居住区已经完全分离，半坡遗址、姜寨遗址中的墓葬区甚至根据死者生前的血缘辈分确定墓穴的位置和区域。

（4）农业生产工具。

在种植作物和收割成果的过程中，由于徒手劳作太过艰辛，生产效率极其低下，于是关于如何用工具代替徒手劳作就成了人们思考的重心。河姆渡遗址出土的骨耜就被证明是那个时期发明的农具。骨耜是用偶蹄类动物（如鹿、水牛）的肩胛骨制成的。其上端厚而窄，是柄部；下端薄而宽，是刃部。柄部凿一横孔，刃部凿两竖孔。横孔插入一根横木，用藤条捆绑固定。两竖孔中间插上木柄（即耒），再用藤条捆绑固定。使用时，手持骨耜上的木柄，用脚踏插入横孔的木棍，推耜入土，然后手腕一翻，就能掀起土来。骨耜比石器轻便灵巧，而且表面光滑，不容易沾泥，适宜在江南水田里使用。骨耜的使用，充分地展示了河姆渡人的聪明才智。

河姆渡遗址位于浙江杭州湾南岸一条狭长的河谷平原上，是 1973 年在农田水利建设中发现的。遗址中出土的骨器中，其种类有耜、镰、凿、针、匕等。其中，骨耜是河姆渡人从事水稻种植的主要生产工具。

（5）手工业作坊。

手工业作坊是人们生产农具、生活用具的工作场所。在半坡遗址、姜寨遗址里，考古学家发现了与居住区域分离的制陶区域，这说明制陶业已经独立于农业和畜牧业成为新的产业。手工业作坊的诞生标志着社会分工时代的到来。

（6）神龛。

在这个时期，人类对于自然环境和一切自然现象都感到神秘而恐惧。天上的风云变幻、日月运行，地上的山石树木、飞禽走兽，都被视为有神灵主宰，于是人类产生了万物有灵的观念。这些神灵既哺育了人类成长，又给人类的生存带来威胁；人类感激这些神灵，同时也对它们产生了畏惧，因而对这众多的神灵顶礼膜拜，求其降福免灾。同时，人们也感念先辈为宗族繁衍所做出的贡献，希望祖先保佑宗族的延续和繁荣。

祭祀，是一种信仰活动，源于天地和谐共生的信仰理念。现代人类学、考古学的研究成果表明，人类最原始的两种信仰，一是天地信仰，二是祖先信仰。天地信仰和祖先信仰产生于人类初期对自然界以及祖先的崇拜，由此产生了各种祭祀活动。这样就诞生了祭祀用的神龛。

神龛，是放置神仙塑像和祖宗灵牌的小阁。神龛大小规格不一，依祠庙厅堂宽狭和神的多少而定。大的神龛均有底座，上置龛，敞开式。祖宗龛无垂帘，有龛门。神佛龛座位不分台阶，依神佛主次，依照前中后和左中右设位；祖宗龛分台阶依辈序自上而下设位。少数多姓合祠者也分龛或座依各姓辈序设位。祖宗龛多为竖长方形，神佛龛多为横长方形。龛均为木材制作，雕刻吉祥如意图案、帝王将相、英雄人物、神仙故事图像，呈现金碧辉煌的态势。

西亚的约旦南部遗址证明，11600 年前的远古村落就存在着拥有简单雕刻的神龛、聚集用的公共建筑物，并在其周围扩建了集会场所（Makarewicz and Finlayson，2018）。

2.3.3 远古村落期首发产品的共同特点

远古村落作为城市最初的聚落形态，是为满足人们的定居需求而产生的。村落是为了方便人类种植粮食作物，圈养或者放牧牲畜，保护人类的生命和财产安全而建立起来的。这一时期人类聚落及其首发产品存在如下两个共同特点：

（1）公共产品受母系社会理念影响。母系社会理念影响了这一时期公共产品的诞生和发展。由于新石器时代犁耕农业尚未出现，人类仍然处于母系社会，这一时期的村落建设都遵循母系氏族社会关于庇护、包容、养育的理念（Mumford，1961）。这些理念在远古村落表现为不同的物质形态，促进了初始村落产品的产生。比如，为了保护家庭成员，远古人类发明了房屋，大河村遗址中发现的隔居连间式房屋就是一个非常明显的例子（沈聿之，1999）。

（2）社会分工逐渐形成。这一时期人类初步建立起初级的农业、畜牧业和手工业，特别是制陶业的出现促进了社会分工。社会分工形成的前提条件是出现了满足粮食生产以外多余的人力。远古村落时期诞生的制陶业极大地促进了纺织业、丝绸业、染整业、酿酒业、制药业的诞生（陈明远，2012）。同时，社会分工推动了物物交换，这一时期，约旦东部阿兹拉克盆地的古人已开始交换石器工具。

2.4 萌芽期

萌芽期是城市演进的第二个阶段，时间从大约公元前 2113 年开始，至公元 900 年结束。在萌芽期，城市产品开发及演进的影响力量主要集中在王权统治阶层的手中。标志萌芽期开始的事件是历史上第一座城市——乌尔的诞生，时间大约是公元前 2113 年。标志萌芽期结束的事件是东西方社会在中世纪出现的城市革命，大约在公元 900 年前后。

2.4.1 萌芽期及其城市首发产品的形成因素

城市的胚胎存在于远古村落之中（Mumford，1961），萌芽期的城市由成熟的远古村落转变而来。当远古村落满足不了人类社会对安全的高度需要时，城市便诞生了。诞生城市的主要原因有以下四个方面的因素：

（1）安全需要。建立城市首要的目的是保护人们的生命和财产安全。随着人类对狩猎工具的开发，人类发动战争的能力不断增强，越来越多的战争导致人类对防御工事的需求随之增加。在人类社会演进的过程中，战争一直与人类如影相随。两个聚落发生战争的原因很多，可能是为了抢夺某种公共资源，如处于两个聚落中间的河流；也可能遭遇自然灾害后某个聚落的人无法维持生计，于是抢夺那些收成较好的聚落。总之，原因多种多样，不一而足。于是，为了保护族群的人身和生命财产安全，修建城墙以期产生抵御列强的作用。杨超（1995）认为，城市是最早修建有城墙等防御工事的聚落。身在城外的人，看到有城墙的聚落，能越发唤醒自己的安全意识，于是就向城市聚集，到城里生活，增加自己的安全感。城市出现一千多年后，在战国时期的中国已经形成了"城者，所以自守也"（《墨子·七患》）的基本意识，其含义就是城市是用于防御的，可见，城市满足了人类最重要的需要，即安全需要。

（2）社会分工和阶级分化。恩格斯提出，社会分工分为三次，其中促进城市产生的是后两次社会大分工。第二次社会大分工将手工业从农业中剥离出来，然后随着手工业的发展，人们产生了物质交换，在这个过程中，商业逐渐产生，于是形成了第三次社会大分工。恩格斯认为这两次分工都对城市的产生起到了推动作用，尤其是第三次社会大分工产生的商业活动加速了城市的产生，这是目前学界的共识，甚至国内许多学者都认为是先有"市"后有"城"。

阶级分化也是城市产生的重要原因。随着社会分工和社会生产力的不断发展，新的社会阶级诞生了。何一民（2014）提出，城市的建设是由于脑力劳动者与体力劳动者的分工，脑力劳动者逐渐成为社会的王权统治阶层，体力劳动者成为被统治阶层。在城市及其产品演化的萌芽期，王权统治阶层的力量不断壮大，决定整个人类社会发展的走向，成为影响这一阶段城市产品的核心力量。

通过社会分工和阶级分化诞生的新行业和新阶级都需要新的城市产品。在萌芽期，这些城市产品不断产生和发展，最后形成了满足王权统治阶层和普通民众共同需求的城市形态。

（3）社会权力的聚合。人类文明第一次大发展中，社会权力不是向外扩散，而是向内聚合（implosion）（Mumford，1961），具体体现为社会权力聚合到王权统治者手上。成千上万的人被统一指挥，去开凿运河，开挖灌溉渠道，构筑城墙、宫殿、庙宇和金字塔。在权力的驱使下，社会动员能力相比远古村落期大大增强。从分散的村落经济向高度组织化的城市经济进化过程中，最重要的因素是王权制度。统治、管辖和征服成为这个时期的新主题，远古村落期的保护主义、勤俭谨慎、墨守成规、消极忍让被这个时期的新主题取代。

（4）宗教祭祀活动。宗教祭祀活动往往也是萌生城市的驱动力量，这是因为在城市起源早期，城市的首领往往是宗教领袖。比如阿卡德帝国的第四任统治者纳拉姆辛便自封为神，苏美尔文明的历代国王也都以神明自居。张南和周义保（1991）认为在古城之中，政治中心和宗教中心往往是一致的，如西亚苏美尔早期城市的神庙便有着处理政治和宗教事务的双重作用。这些宗教祭祀活动和关联的建筑是城市的重要组成部分，如欧洲克里特文明中的首都，王宫的部分厅堂和广场就是举行宗教祭礼的场所（Burn，1951）。

2.4.2 萌芽期城市首发产品的表现形式

在萌芽期，城市的基本特征逐渐形成，在相对比较成熟的城市规划的引导下，强调各类城市顾客的共生和合作关系，城市产品的种类和数量显著增加，彰显了城市的繁荣。这个时期，城市的核心顾客由本地居民和城市访客两类顾客组成。本书对萌芽期的城市首发产品的总结见表2.2。

表 2.2　萌芽期的城市首发产品

产品类型	具体表现的产品形态	例证
居住产品	城堡/宫殿	夏朝宫殿
商业及金融产品	市场	商朝
	钱庄/飞钱	雅典/唐朝
政府管理产品	司法机关	西周
	行政机关	东周
	安保机关	西周
公共设施产品	城墙	平粮台
	供水系统：蓄水池/喷泉/供水管	古罗马城
	体育场	古希腊
	公园/花园	古罗马城
	公共厕所/浴室	古罗马城
	排水系统：排水沟/排水陶管	平粮台
公共交通产品	水上交通	埃及/商朝
宗教产品	庙宇	罗马
	教堂	罗马
医疗福利产品	医院	长安城
生活服务产品	饮品店	长安城
	餐饮店	长安城
	邸店/旅店	长安城
娱乐休闲产品	剧场/戏场	狄奥尼索斯
科教产品	图书馆	长安城
	天文台	丰邑
	出版印刷机构	长安城
	学校	乌尔/长安城
旅游产品	标志性建筑	埃及
	旅游景点	长安城

（1）城堡/宫殿。

城堡，一般指中世纪欧洲可自卫的防御建筑物。城堡通常建在乡村间的一些战略要塞，如山路、河口，或是利用地形上的优势建在悬崖、峭壁上或山丘等地。除了城墙，城堡的其他防御设施还包括塔、护城河、开合桥、城垛、升降闸门（城门属）等。

宫殿是君王或一些为王权服务的重要官员居住的房屋。在国家首都建立的宫殿是全国权力的中心和象征。其规模宏大，外观壮丽，格局严谨，给人强烈的精神感染，突显王权的尊严和高贵。中国传统文化注重巩固人道间秩序，中国建筑成就最高、规模最大的就是宫殿。

总之，城堡或者宫殿是王权统治阶层居住的场所，承担城市政治中心、首领居住、宗教祭祀等多种功能。我国自夏朝开始就修筑宫殿，在河南偃师二里头遗址中，夏朝宫殿遗迹不仅有廊庑、殿宇等建筑结构，同时也拥有祭祀类宗祠（余琳，2012）。

（2）市场。

市场是出售货物并同他人进行自由交易的场所，它是社会分工和专业化的结果。不同行业的分工必然催生相互交易，承载这种交易的场所便是市场。这个时期存在两种典型的市场类型：开放式（open place）和有顶盖式（covered bazaar）。它们至少在公元前2000年便诞生在城市当中了。西方市场一开始由神职人员管理，他们向货物出售者收取税金，并维护市场的秩序，后来随着商业活动复杂化逐渐向民用的购物中心转变（Mumford，1961）。我国最初的市场基本由王权统治阶层设置，比如《周易·系辞》记载神农氏"日中为市"，《周礼》也有一章司市，专门讲述统治阶层对市场的设立和管理。《诗经·商颂·殷武》中描述了商朝国都西亳的商业繁荣景象（约公元前1600年—约公元前1046年）："商邑翼翼，四方之极。赫赫厥声，濯濯厥灵。"

（3）钱庄/飞钱。

钱庄是银行的前身，是提供存款、放贷、兑换货币、保存贵重物品等服务的城市产品。公元前5世纪末，雅典钱庄就开始向商人和本地居民提供信贷服务，并且投资海上贸易业务（陈思伟，2015）。在萌芽期，我国的钱庄还未诞生，但出现了以飞钱为代表的特殊货币服务方式。飞钱类似现在的汇票业务，唐代经济发展迅速，商人在开展贸易活动时通常出现银钱携带不便的现象，便诞生了飞钱这种货币兑换方式（高春平，2007）。

（4）司法机关。

司法机关是行使司法权的国家机关，是国家机构的重要组成部分。在萌芽期，西方的司法体系建立不够完善，审判以"神释法"为主（何家弘，1994）。东方社会的司法体系建立较早，在萌芽期已经形成了相对成熟的司法机关和律法。比如，在中国夏商时期产生了监狱，到了西周时期就有了明确的从事司法审判的司寇。西周时的最高审判权在周王手里，他统辖的中央地区的具体司法官是士师和眚史。西周时的案件区域管辖还没有明确区分，不过审级已经有了王、三公、司寇、乡、遂、县六级。秦朝建立后，中央司法机关是廷尉府，最高司法官是廷尉。秦朝的地方官吏采取郡县制，地方的司法机关由地方的最高行政长官郡守和县令兼任。疑难案件上报到中央，一般的案件则由地方自己处理。秦朝的司法机关体制奠定了中国历代王朝司法机关的基础。公元 763 年，唐朝进行司法改革，形成了大理寺审判、刑部司法、御史台监察的中央司法体系，地方司法主要由行政机关代理（张雨，2016）。

（5）行政机关。

城市的行政机关是从事国家政务、机关内部事务和社会公共事务管理的政府机关及其工作部门。我国在东周时期便出现了地方的行政机关，如李冰便是蜀地太守，在其执政时期建立了闻名天下的都江堰水利工程。这一工程将岷江的水引入成都平原，并平衡岷江枯水期和丰水期引入成都平原的水量，直至现在都在造福成都人民。汉末时期，行政机关被称为衙门，"衙"字本写作"牙"，指的是古代的军队。汉代王莽执政时期，由于叛乱频发，王莽为镇压叛乱并且拉拢州牧，便给予了州牧兵权，使得军政一体化，从此以后衙门便逐渐成了地方行政机关的名称（汪清，2000）。

（6）安保机关。

在萌芽期，安保机构的主要职责是保护人们的生命财产安全，并且承担一些简单的执法工作，正式的警察局等机构还未出现。这一时期，西方城市形成的安保体系以古罗马帝国和英格兰为代表，古罗马设置了官方的"城市管理队"和"消防大队"，用于逮捕罪犯和扑灭火灾；英格兰则采用十户长、百户长这种居民自主的管理方式来代替（Lundman，1980）。我国的城市安保工作前期由军队承担，最早始于西周，发展到唐朝时，长安形成了以武将为中心的安保官职——左右金吾卫，负责宫中及京城日夜巡查警戒（胡建刚，2016）。

（7）城墙。

城墙是伴随萌芽期城市出现的标志性防御公共产品。城墙由壕沟、石块等防御设施发展而来，距今 4300 年左右的平粮台古城拥有 720 米长的城墙，遗迹残存宽 13 米，高 3 米。我国早期城市丰镐遗址（西周都城），已经拥有周长 13 公里的城墙。苏美尔古城巴比伦，在遭受波斯人毀坏之前，城墙长度也达 11 英里（Mumford，1961）。

（8）供水系统：蓄水池/喷泉/供水管。

在这一时期，城市的供水系统主要由蓄水池、喷泉、供水管等组成。Kamash（2010）研究发现罗马帝国在晚期利用铅管在相对贫穷的城市如安提俄克、贝鲁特都建设了公用和私用的供水管以满足居民用水需求，一些富庶的地区如帕尔米拉则使用陶管。蓄水池和喷泉同样体现了城市的贫富差别，一些贫穷的城市如安提俄克只能使用蓄水池（如水井），而富裕的城市则拥有公用和私用的喷泉。

（9）体育场。

体育场是承载人们体育运动、体育教育和体育观赏需求的城市产品。最早的体育运动起源于古希腊和古罗马的青年接受的各种体育教育。随后，由于古奥运会的兴起，各类体育运动趋于专业化，由此建立了不同的活动场所和运动设施（Brohm，1981）。古希腊人在公元前 500 年就已经设计出具有曲线特点的赛马场，这种场地同时包含了运动和观赏的功能（Rorres and Romano，1997）。这个时期的体育场一般都设在城市的郊区，这里有闲置的土地，可以进行充分的户外活动（Mumford，1961）。体育运动不仅锻炼了人的身体，增强了体质，同时在一定程度上补偿了家庭中居住条件的狭窄和憋闷，尤其对社区居住的男性成员更是如此。

（10）公园/花园。

公园和花园起源于王权统治阶层和富家私人享用的休闲区域。最具有代表性的是古罗马城，其拥有 30 处公园和花园，且不包括公共池塘和喷泉等其他类似的休闲场所（Mumford，1961）。公园在城市的演进过程中非常曲折，最初只是为王权统治阶层享用，随后逐步对公众开放，但到了工业革命时期这些公共用地又被资本家收购作为商业用地，直至城市演进的最后阶段，公园的地位才再度恢复并成为重要的城市产品之一。目前最具代表性的公园是纽约中央公园这类城市公园。城市公园是对农村景观和荒地的想象性重构，在这里综合了人类实践、空间、主题和象征（embodiment）的社会性建构（social construction）（Wearing and Wearing，1996）。不同意义的休闲活动在公园里共存，所以，公园管理运用兼容性理念把不同的景观设置在一个空间中，至少让游客和附近的居民能够和谐共处（Price and Clay，1980）。

（11）公共厕所/浴室。

罗马率先产生了成熟的公共厕所及公共浴室。城市出现公共厕所和公共浴室的主要原因是预防疾病。Kamash（2010）的研究表明，几乎所有的罗马城市都发现了公共厕所和公共浴室，其数量要比私人的厕所和浴室多，这是罗马政府基于防止人们使用后的水经私人的水管流入到公用水管而形成的结果。

（12）排水系统：排水沟/排水陶管。

城市排水系统是处理和排除城市污水和雨水的工程设施系统。萌芽期的排水系统比较简单，主要由排水沟和排水陶管组成。目前最早的排水系统是在平粮台遗址中发现的利用道路路基下方陶制管道从城内进行排水的简单装置（马正林，1993）。罗马帝国出现的大排水沟是城市下水道排污排水系统的雏形。

（13）水上交通。

在萌芽期，那些靠近河流或者湖泊布局和建设的城市，随着城市规模的扩展，河流的两边或者湖泊的周边都成了城市辖区中的组成部分，于是，城市管理者设立水上交通工具，承载送往目的地的人和货物。萌芽期城市的水上交通主要运用于政治、商业、军事等领域，短途涉江的水上舟楫供普通人使用。大约公元前4000年，埃及在地中海利用船只与克里特岛进行贸易。公元前2500年，埃及人便开始运用航运采集岩石、铜矿等资源。我国到商朝时已经建立了比较成熟的水上交通系统，以涉江渡河、黄河航运、人工水系航运三种方式运输铜矿、锡矿等资源，或者进行军事讨伐（张兴照，2013）。

（14）庙宇。

大型庙宇以其庞大的建筑体量以及象征意义所产生的威慑感，完成了神权与世俗权力的联合。人类在从分散的村落经济向高度组织化的城市经济的进化过程中，王权制度是重要的驱动因素（Mumford，1961）。在这个时期，国王努力让人们知晓他已经得到超自然的认可，即神灵授意其统治人世，凭借神威实行有效统治。古代苏美尔国家的皇室族谱就曾记载王权"由上天授予"的文字。配合这一统治思想就产生了僧侣阶级。僧侣通过宗教活动和祭祀活动传递神的旨意，由于人们对神的信仰和崇拜，僧侣在这个时期的地位比较高。庙宇就是将神权领袖和世俗权力领袖两者合二为一。国王要行使自己的权力须有僧侣阶级以及神灵的同意；反过来，僧侣阶层为了强化自身的地位和权力，同样也需要国王掌握武装力量，并对广大人民群众进行无情的统治。

（15）教堂。

教堂是基督教三大流派（天主教、基督新教、东正教）举行弥撒、礼拜等宗教活动的场所，按照级别分类有主教坐堂、大教堂（大殿）、教堂、礼拜堂等。宗教信徒到教堂一般从事弥撒、祈祷和忏悔的活动。

（16）医院。

医院是城市提供给居民、访客以治病救人、赈灾救助服务的城市产品。我国最初的医院出现在南北朝，被称为病坊，是收养贫病平民的机构。南北朝时期，南齐、南梁、北魏的君主都设立过以照顾孤寡、医治病人为目的的救治机构，但主要集中在京城，并不普及。唐代以后，政府开始出资在各州郡内建设病坊，并由州郡管理。此外，各地寺院或独立或与政府合作，也会办理病坊、悲田坊（盛会莲，2009）。《太平广记》（卷九十五）引用唐朝牛肃《纪闻·洪昉禅师》描述的景象是："昉於陕城中，选空旷地造龙光寺。又建病坊，常养病者数百人。"西方的医院出现于中世纪，主要起源于基督教的援助活动。西方最初的医院是修道院直接提供的，设立在市中心，向一切需要医疗服务的人提供帮助（Mumford，1961）。

（17）饮品店。

饮品店是向城市居民或者城市访客提供饮水、休息、休闲和娱乐服务的城市产品，包括茶馆、酒肆、咖啡店、冷饮店等。最早的茶馆出现于唐朝北方城市，主要是建立在集市周边，向过往的商人和旅客提供歇脚和解渴服务。随后，长安等城市出现了类似的店铺。酒也是长安人民喜爱的饮品，酒肆一般分布在各坊之中，曲江池一带的坊中甚至有很多胡人酒肆（傅崇兰等，2009）。

（18）餐饮店。

餐饮店是向城市居民和访客提供饮食服务的城市产品。我国的餐饮店从唐朝开始发端，各种餐饮店在相互学习和模仿中在城市的各个角落应运而生，人们在这里可以充饥，或者招待亲朋好友，饮酒行乐。在唐代中晚期，长安城东西两市以及附近的坊中出现了饼铺、馄饨店、酒楼（何一民，1994）。

（19）邸店/旅馆。

旅馆是城市向异地访客提供的暂时居住休息的场所。"邸"在汉代是官办的机构，用于官员异地办公以及存储货物。在唐朝，邸店则发展为异地商人买卖货物和暂居的场所，具有仓库、旅舍、商店多种功能（侯旭东，2011）。我国唐代鼎盛时期，长安城的手工业已经形成官营和私营并存，世界各地各具特色的手工业品在此频繁交易的盛况。市场交易吸引了来自不同地方的人流，于是，长安城就涌现了供人租居的酒馆、旅店、旅邸等，甚至拥有专门面向外国人开设的酒店（傅崇兰等，2009）。

（20）剧场/戏场。

剧场/戏场是城市中诞生最早的休闲娱乐类公共产品。在这里表演的戏剧、戏曲诞生于城市发展的早期萌芽阶段。戏剧是从古代村落的祭祀活动中演化而来的。原始仪式褪却了巫术的魔力和宗教的庄严之后就演变为戏剧。我国的戏曲起源于村落的狩猎歌舞和巫术文化，《山海经》中记载的许多巫术舞蹈含有戏剧的性质，《诗经》中的"颂"就是当时歌舞的唱词。这类表演在唐朝则由戏场承载。目前保留下来的最古老的剧场，是公元前 6 世纪古希腊的狄奥尼索斯剧场，可容纳 17000 余人。公元 90 年，拥有 20000 个座位的罗马圆形剧场建于法国普罗旺斯地区的阿尔勒小镇，该镇当时是罗马帝国鼎盛时期的繁荣城市。罗马圆形剧场有 120 多个拱门，一系列的画廊和楼梯以及两个水平的座位。在超过四个世纪的时间里，圆形剧场为人们提供了各种娱乐活动，包括角斗战、战车比赛和戏剧表演。

（21）图书馆。

图书馆最早是为王权统治阶层提供知识和决策支持的城市产品。随着城市的发展，图书馆使用权限逐渐下放和扩大，最终成了向更广泛社会阶层提供知识学习、知识查询和知识交流的公共场所。目前已知最大的楔形文字图书馆建于公元前 7 世纪，位于亚述帝国首都尼尼微（Nineveh），馆中保存着神话、史诗、传说、哲学和宗教等书籍。另外，誊写这些知识的石碑后来被用于建设巴比伦的神庙。我国在周朝时也有政府设置的藏书室，《史记》中曾记载，老子当时便是周朝藏书室的守藏官吏。到了唐朝，其都城长安的图书馆的规模和藏书量远远超过以前的朝代，长安图书馆弘文殿收藏图书达 20 万余卷。同时，唐朝的官吏在图书馆对以前朝代的历史书籍也进行了大量的整理和修订。

（22）天文台。

在城市萌芽期，天文台建立之初的目的是便于王权统治者观测天象、预测凶吉。随着人类认识天体能力的提高，天文台逐步演变为专业人士研究天体变化的科学机构。远古人类因为生存需要，很注意对天体的观测。在这个时期，许多国家的天文台不仅是天文观测的场所，还是运用占星学的场所，因此天文台一般都为统治者所控制。据记载，周文王在都城丰邑东面筑了一座天文台，叫作灵台。《孟子·梁惠王章句上》中记载："文王以民力为台为沼，而民欢乐之，谓其台曰灵台。"按郑玄笺云："天子有灵台者，所以观祲象，察气之妖祥也。"由此可见，灵台的主要作用便是观测天象、预测凶吉。

（23）出版印刷机构。

出版印刷机构，指收集专门知识，并对其进行编纂和发行的机构。出版业对城市的影响主要体现在把图书销售给普通民众，民众的传阅形成了知识的扩散。我国自西汉起，政府开始设立"槐市"作为官方组织的图书市场，民间在此基础上也产生了书肆。大约在 7 世纪的唐代，中国发明了雕版印刷术，开始刻印佛学典籍和知识图书（吴永贵，2008）。

（24）学校。

学校是城市为了满足居民对儿童和青少年的文化教育、道德教育和能力培养的需求而提供的公共产品。Kramer（1958）描述了苏美尔（Sumer）城中的一所学校，它以劳动和教育为主的方式培养孩子。萌芽期最成熟的教育体系应属唐代长安城，其教育机构国子监下设立七学馆，有国学、太学、广文、四门、律、书、算等馆。在国子监，中国学生和外国留学生在一起学习，在鼎盛时期，仅在国学馆就读的学生就达到八千多人（傅崇兰等，2009）。

（25）标志性建筑。

标志性建筑是指具有代表和象征意义，反映特定精神品质或文化概念的被公众所熟知并被广泛认可的建筑（李佳蔚，2016）。城市的标志性建筑反映了该城市的精神内涵和价值追求。世界上最早的大型标志性建筑是金字塔，其中最早的是卓瑟王和斯奈夫鲁建设的金字塔，时间在公元前 2526 年左右。

（26）旅游景点。

旅游景点是萌芽期晚期才逐渐出现的城市产品，一般是一些宗教、文化建筑的附属品，满足了城市居民和访客增长知识的休闲需求。这一时期对旅游景点记载最多的是我国的唐朝，其代表性的景点是玄奘用于翻译经文的大雁塔，后来成为游人和居民的咸集之地，被后世文人广为记载（傅崇兰等，2009）。

2.4.3 萌芽期城市及其首发产品的共同特点

萌芽期的城市受王权统治阶层的意志支配，发展速度缓慢，但人类首次出现的城市产品被开发的种类多，虽然这些首发产品技术含量不高，但却作为基础产品为城市的建设搭建起相对完备的框架。当代的城市产品基本上都是由萌芽期城市产品演化而来的。从中西方城市横向对比来看，城市产品的开发在这个阶段具有高度的相似性。萌芽期城市的首发产品由成熟的村落发展而成，拥有特别鲜明的特点。

（1）注重城市防御。在这个阶段，世界各地的王权统治者带领民众投入巨大的人力、物力、财力和创造力去建造更大、更不容易攻击的城市。比如，城墙就是萌芽期产生的最具特色的防御型产品。我国发现最早的城墙应是夏朝古都王城岗古城的城墙，由东西南北四面组成，其中北城墙还残存 370 米。

（2）单个城市容纳人口的数量远高于最大的远古村落。远古村落一般都不大，往往每村仅数十到数百人，到城市建立时，其人口往往在万户以上。例如，克里特文明时期，其居民可达 10 万。在我国唐朝，经过百余年的持续稳定发展，城市人口已经增长到 800 万左右，占全国总人口的 10％（何一民，1994）。在萌芽期，世界上人口规模最大的城市是唐朝的洛阳，其人口最多时达到 140 万。城市人口的持续增长与两个因素有关：第一是农业的发展。随着土地开垦量的增加，水利灌溉工程的建设，以及农业种植技术的发展和工具的不断完善，农产品总的收成随之增加，这样农业养育人口数量的能力就会增加，一部分人就可以从土地中分离出来从事非农业生产的工作。第二是城市的聚集效应。古代的城市开始于一些神圣的地点，周围的人定期会到这个地点进行祭祀活动，因而古代的城市首先是一些永久性的聚会地点。美索不达米亚城市建立在地势较高的地方，可以避免周期性洪水的袭击，较周围广大的乡村地区处于优势地位。因此，城市具有动员融合和扩大的功能。不同族群、不同文化、不同的技术、不同的语言都聚集到一起，并相互融合，这样的流动和融合甚至还可消除近亲繁殖的危险，有利于人种的优化。

（3）社会分工不断提高。城市起源的初期便产生了许多生产类职业，从事专门化的劳动，如樵夫、金属采集业者、手工艺者、食物加工业者、金属加工业者等，在此基础上还产生了为生产型行业提供服务的职业，如钱庄经营者、四处寻找地区需求缺口并进行信息传递和商品买卖的商人等（Mumford，1961）。这些不同职业的人聚集在一起衍生了对应的行业。横向对比来看，我国春秋时期，城市手工业在原有的铸铜业、漆器业、木器业、制陶业、纺织业的基础上发展出了冶铁业、制盐业、车船制造业、制钱业、矿冶业、玻璃烧制业、纺织业、砖瓦制造业、武器制造业（何一民，1994）。在同一行业里存在着不同的经营主体，彼此之间展开竞争或合作。为完成一种产品的生产任务，同一个经营主体按照生产流程进一步在组织内部形成岗位专业化，通过强化个人在某个岗位上的专业技能和各个岗位之间的协作，进而提升整个经营主体的生产效率。

于是，在分工和协作的推动下作坊的面积不断增加，如燕下都遗址的三处铸铁作坊总面积达 26 万平方米，兵器作坊达 14 万平方米（何一民，1994）。

（4）城市面积扩张。城市天然的汇聚特性吸引形形色色的人聚集到城市里从事着各类有意义的工作。例如，在公元前二千纪埃及的所谓"行业讽刺文学"中，作者列举了大约 18 种不同的行业，如僧侣、武士、医生、建筑师、书记官等。人口的增加自然推动城市的扩张。亚述王国于公元前 2000 年建造的都城尼尼微（Nineveh）占地约达 728 万平方米（Mumford，1961）。我国商代晚期约公元前 1200 年建造的古城殷墟，其功能分区已初步形成，分为宫城区、居民区、作坊区、墓葬区，总遗址面积已经达到了 2400 万平方米（傅崇兰等，2009）。

（5）王权统治阶层是城市产品开发的主要推动者。在萌芽期，王权统治阶层对城市产品的影响力主要表现在拥有专门的城市产品以及对城市产品规划和控制的权力上。在城市中，许多重要的城市产品（如宫殿、花园）只有王权统治阶层才能享有，大多数情况下平民只能充当建造宫殿的劳动力，对宫殿没有任何决策权和使用权。如汉代初期，长安城的建设顺序是先修建长乐宫和未央宫两座皇室宫殿（公元前 202 年—公元前 200 年），再修筑长安周围的城墙（公元前 194 年—公元前 188 年），并且宫殿的总面积占据了长安城内一半的面积（傅崇兰等，2009）。除此之外，其他服务于手工业、商业、教育、生活的城市产品也大多数由政府机构建造和控制。

（6）王权统治阶层掌控城市规划。城市规划的理念，对城市产品的开发和演进起到指导性的作用。在萌芽期，城市已经形成了以王权统治阶层意志为引导的城市规划，主要体现为棋盘式规划模式。棋盘式规划的特点是：街道笔直、宽度一致并且相互垂直，同时，城区街坊、房屋也基本大小一致。这种建设方式的优点在于易于王权统治阶层对城市进行扩展和管控。我国西周时期开始实施城市规划。《周礼·考工记》中记载，周朝对各级城市的面积大小、道路配置，以及城中行政、经济区的划分都有严格的规定。在春秋时期，城市布局逐渐形成棋盘式格局（何一民，1994）。进入唐朝，棋盘式规划模式几乎贯彻所有城市，棋盘式格局被发挥到极致，城市中几乎所有的建筑都形成了以"坊"为单位的方形结构。坊是被矩形墙壁环绕，不同功能的建筑都建造在其中的规划单位里。唐朝统治者不允许三品以下的官员和百姓私自在坊的墙壁上修建门，并设有宵禁，只允许居民白天在坊外自由活动（董鉴泓，2009）。萌芽期末期，坊成为组成城市的最小基本单位，这种城市规划理念充分说明了王权统治阶层对城市产品的开发和管理具有绝对的控制力。

棋盘式格局的城市规划形态在同一时期中西方交流并不通畅的背景下存在异曲同工之妙。公元前 2000 年—公元前 1700 年埃及建立的卡洪城（Kahun），便具有巨型的棋盘式布局的雏形。到公元前 6 世纪，希腊在意大利的殖民城市那不勒斯和帕埃斯图姆，全城都呈棋盘式规划模式（Mumford，1961）。

2.5　成长期

成长期是城市演化的第三个阶段，时间从大约公元 900 年开始至 18 世纪结束。通过比较历史分析，我们发现，决定城市进入成长期的权力因素发生了结构性的变化，即影响城市产品开发和建设的决定力量由单一的王权统治阶层转变为由王权统治阶层、行业工会和资本团体共同作用，或者由王权统治阶层之外的其他团体起决定性的主导作用。

城市成长期开始的标志性事件是中世纪城市革命以及以快速崛起的行业工会为代表的社会组织，时间大约是公元 900 年。这些标志性事件在这一时期的东西方城市都体现得十分明显。对于东方城市而言，Skinner（2000）认为大约从中国的唐末宋初开始，政府开始减少商贸干预，全国各地的商业经济随之萌芽，这使得影响城市产品开发和建设的力量变得多元化，城市产品开始更多地服务平民。对于西方城市而言，在大约中世纪（892 年），欧洲城市出现了行业工会这种新兴的力量。Mumford（1961）认为在这一时期，以行业工会、商业团体为代表的社会组织主导了一些城市产品的开发和建设，如行会建筑和大学都是在这种情况下诞生的。东西方城市在这一阶段开发的城市产品在时间上很接近，在性质上也具有相似性，基于此，本书将公元 900 年这一时间节点作为成长期的开始。城市成长期结束的标志性事件是西方各国完成资产阶级革命，时间大约是 18 世纪。当人类社会完成了资产阶级革命，过去的王权统治阶层逐步退出了权力舞台，新型的资产阶级取而代之成为城市的领导者，城市产品因此出现了非常大的改变，因而资产阶级革命的完成是成长期结束的标志。

2.5.1 成长期及其城市首发产品的形成因素

城市成长期及其产品形成的主要原因是社会结构的改变。当王权统治阶层的力量满足不了人类社会出现的经济和贸易活动的新需求时，影响城市及其产品的新力量便产生了。城市演化到成长期的主要原因有以下三个方面：

（1）工商业力量发展壮大。在成长期，随着工商业的蓬勃发展，王权统治阶层囿于农耕文明缺乏经济活动管理的理念、知识和技能，无法继续保持对商业活动实施严苛的控制，出现了对市场管控严重不足的情况，比如在我国明朝时因政府对商业活动管理不力就出现了混乱景象，不能采取有效公正的措施调整经济活动中的纠纷。在这种情况下，过去完全由王权统治阶层严格限制的城市规划和城市产品开发逐渐加入了其他社会组织。

我国在宋朝初期，政府实施了许多保护工商业者的政策，并在市场发展后制定了新的市场管理法律以保障公平交易，城市经济快速发展壮大（柴荣和郭理蓉，2008）。在这个过程中，商业和行业工会逐渐形成，最后成为一个拥有一定影响力的组织。比如，行业工会可以辅助政府差派徭役、缴纳赋税、管理市场、控制物价、监督产品质量、组织宗教祭祀及娱乐活动等，这些行业工会种类非常丰富，据统计共有 414 行（何一民，1994）。

这一时期的欧洲也出现了商业协会和行业协会。Mumford（1961）认为，在欧洲封建社会中出现的商业协会是一种保护性团体，负责控制城市经济生活、调整商品销售，并承担保护消费者、工匠及商人的工作；行业协会是在宗教和师徒文化影响下形成的社会团体，他们组织生产不同的产品并且规定各个行业的工艺标准。这两种协会都对城市及其产品产生了巨大的影响，如商业协会一般会在各大城市建立市政厅或者市场大厅，行业协会则会修建自己的标志性建筑或者公会大厅。

（2）平民自主性提高。商业活动在城市成长期得到了长足的发展，人的空间流动性相比完全依附于土地的萌芽期而言得到了极大的改善，人们在流动中开阔了视野、增长了见识，开始审视和重视自身的权利，于是，在和王权阶层的博弈过程中主张自主性。

东方以我国宋代开封为代表，政府对平民的控制力较唐朝有了显著下降。在时间控制方面，开封府取消了警卫的夜巡工作，居民可以在夜晚合法出门，甚至进出城门监管也不再严苛（何一民，1994）。在空间控制方面，城市的一些重要产品如住房、市场也逐渐摆脱了王权统治阶层的严格控制，宋王权统治阶层开始允许居民对建筑自由开门、破墙，从而打破了唐代以前建立的严格棋盘式结构——坊，形成了更加自由的街道。著名的《清明上河图》中所描绘的开放自由的街道及丰富繁荣的市场交易景象正是这种统治放松之后，城市及其产品呈现的新景象。

在这一时期，西方城市的社会机构则发生了本质性的变化。10 世纪，欧洲出现了"千年之变"，君主的权力在变革中逐渐衰微，地方领主成了取代国王的统治者，奴隶阶级消失，社会逐渐分成了两大阶级：贵族和平民（黄艳红，2018）。Mumford（1961）认为，如果一座城市的大多数市民都是平等条件下的自由公民，君王就不得不重视平民的政治诉求，这就标志着城市发展进入了新的阶段。于是，城市产品的开发和管理就会体现平民的利益。

（3）技术和教育进步。商业活动激活了农业和手工业，也激发了人们的创造力，于是涌现出了不少新技术和新材料，从而极大地推进了城市产品形态的变革。比如在宋代，我国发明了印刷术、指南针、火药等新技术，造纸业、印刷业、炼铁业、纺织业、瓷器业、造船业等行业也在劳动专门化和分工协作的过程中涌现出一些可以改变生产的技术变革，这些技术催生出新的建筑材料，驱动城市按照工商业发展的需求规划城市。于是，诞生了公共交通、各类商铺酒楼、娱乐和商贸场所等城市产品。

对于欧洲城市，上述观点同样成立。比如城市基础设施建设方面，欧洲城市在这一时期已经开始铺砌路面，带轮子的车辆成为主要的交通工具。由于各项技术的发展及行业工会的普及，大学这种对城市乃至人类社会影响深远的城市产品也随之诞生了。

2.5.2　成长期城市首发产品的表现形式

在成长期，由于城市工商业力量的发展壮大、平民自主性的提高、技术和教育的进步，城市及其首发产品出现了非常显著的变化。在这个阶段，城市的核心顾客由本地居民、城市访客、本地企业、潜在投资者四类顾客组成，即在萌芽期的基础上增加了本地企业、潜在投资者两类顾客。在这个阶段，城市初步实现了对这四类顾客的初级服务。本书对成长期的城市首发产品的总结见表 2.3。

表 2.3　成长期的城市首发产品

产品类型	具体表现的产品形态	例证
商业及金融产品	街边商铺	南宋临安城
	银行	威尼斯
	商业/行业协会	中世纪欧洲城市
生产工作产品	资本主义萌芽工场	明朝苏州城
公共交通产品	公交车辆	南宋临安城
医疗福利产品	救济/养老院	布吕赫
生活服务产品	小吃/摊卖	宋朝开封城
娱乐休闲产品	文娱场所	宋朝开封城
	街头表演	宋朝开封城
	游乐园	伦敦
科教产品	博物馆	伦敦
	中小学	中世纪欧洲城市
	大学	中世纪欧洲城市
传媒通信产品	城市传媒	伦敦

（1）街边商铺。

街边商铺是指由普通市民、工商业经营者在街道两旁、商业娱乐中心、居民区等区域开设的商业店铺，是对城市正规交易市场的补充。街边商铺在南宋时期非常繁荣。南宋都城临安（今杭州），由于御街南段、御街北段、棚桥这三个商业中心的交互联动作用，出现了大街小巷都是商铺的繁华景象（林正秋，1997）。宋朝城市实施宽松的管理制度，为街边商铺的涌现创造了条件。一是居民日常生活不再受到坊的限制，人们可以打开墙壁，自由改造房屋；二是城市工商业的繁荣为市民的日常生活提供了各种便利，满足了人们的各类需求，同时，也为街边商铺的业主创造了收入，这是一件多方受益的交易行为。

（2）银行。

银行是从钱庄演进而来的，它是商品货币经济发展到一定阶段的产物。它的产生大体经历了三个阶段：出现了货币兑换业和兑换商；增加了货币保管和收付业务，即由货币兑换业演变成货币经营业；兼营货币保管、收付、结算、放贷等业务，这时货币兑换业便发展为银行业。银行是通过存款、放款、汇兑、储蓄等业务，承担信用中介任务的信用机构。换言之，它是经营货币信贷业务的金融机构。一般认为最早的银行是意大利1407年在威尼斯成立的银行。其后，荷兰在阿姆斯特丹、德国在汉堡、英国在伦敦也相继设立了银行。1694年成立的英格兰银行承担了铸造货币、储蓄和贷款的基本商业职能，现代银行业就是在此基础上衍生出来的（黄鉴晖，2014）。

（3）商业/行业协会。

商业协会和行业协会是工商业者组织开发的城市产品，它辅助当地政府对经济实施管理，保护了工商从业者和消费者双方的利益。欧洲的商业公会起源于9世纪，在手工业加入后，商业公会逐渐强大，各个行业逐渐建立起自己的行业协会（以下简称行会）。行会通过建立组织架构、制定顾及多方利益关联者的规章制度，以及公正有效的行动，树立社会声望进而提升对城市建设的影响力。例如1149年，科隆（Cologne）的纺织业主共同购置了一块土地，并说服城市管理者规定城市里所有的纺织业主必须加入他们的行会，在那块土地上售卖纺织品（Kieser，1989）。欧洲行会负责制定行业技术标准和质量标准，以限制劣质产品在市场上流通，打击低价恶意倾销行为，维护了行业的健康发展。同时，还为行业的未来从业者提供职业培训，传授知识和技能，向纺织业主提供训练有素的工人。一般来说，欧洲的城市中各个大型的行业基本上都有自己的行会建筑和管辖区域。比如在中世纪的威尼斯，便是以六个行会为中心将城市划分为六个区域（Mumford，1961）。

相比而言，东方城市行会的功能就比较弱，只能在政府许可的范围内建立一定的自主影响力。我国的行会最早是在唐宋时期政府为加强对工商业的管制而引导平民建立的。在明清时期，随着城市经济的进一步发展和政府控制力的减弱，行会才形成了更强的影响力（张平宇，1986）。在明朝，成功的手工业乡绅为了自治管理和交流合作，自发组成了民间商业协会，并且在各大城市建立了自己的会馆。会馆在这一时期为商人提供了借宿居住、共同办公、信息交流的环境，在城市中起到了调整市场秩序、平抑物价、促进商业活动等作用。除此之外，会馆还能吸引本城市之外的优质资源到本城市投资新的项目（赵鹏和李刚，2014）。

（4）资本主义萌芽工场。

在成长期，东西方都不约而同地产生了带有资本主义萌芽性质的工作场所，其主要特征是工厂主通过雇佣工人有组织的开展大规模带有流水线特性的生产活动。我国明朝时期的江南纺织业出现了以雇佣劳动工人为特点的手工业作坊——机坊，其中最大的机坊雇佣的工人有数千人之多。在这一时期，江南纺织业不仅促进了本地区经济的发展，也为明朝中央政府上缴了可观的税金。数据显示，仅苏州府向明朝中央政府上缴的税金就占到全国总税收的10%（武志，2017）。欧洲具有资本主义萌芽性质的工作场所比同时期的中国城市要多得多。中世纪晚期，工业化的纺织业、金属冶炼业率先在城市建立起雇佣工作制度（Wilson，2010）。16世纪，欧洲各个城市普遍实行了雇佣制，政府甚至会在就业率下降时推出一些强制性措施，如英国在1575年颁布的法令规定工场必须雇佣穷人并且对年轻人进行工艺操作培训（Bland et al.，1915）。

（5）公交车辆。

公交车辆是为满足本地居民外出工作或者其他空间移动行为，以及城市访客来访和到景点游览需求的公共通勤工具。世界上最早的公交车辆出现在南宋的临安城（今杭州），这种公交车辆发端于唐代的油壁车，设有窗户，车辆内部备有褥垫，可供六人乘坐（董鉴泓，2009）。

（6）救济/养老院。

救济院、养老院是中世纪欧洲城市开始提供的一种福利性公共产品，起源于基督教赈济穷人和老人的理念。救济院一般收留无依无靠的孤寡老人、无人收养的孤儿、受尽凌辱的妓女、患痴呆傻症的残疾人等。在收留人员中，老者安度晚年，儿童进学堂读书，妇女参加劳动，如打草帘、织布等。照顾老人和极度贫困者的早期福利活动是从中世纪晚期西方城市中兴起的，如布吕赫（Bruges）、阿姆斯特丹、奥格斯堡（Augsburg）等城市中均设有养老院和济贫院（Mumford，1961）。

（7）小吃/摊卖。

小吃和摊卖是指除了正规的档次较高的饭店和商铺，小商贩在街头或者巷尾用比较简陋的方式向市民提供饮食和购物需求。它们最大的特点是价格便宜，不太讲究环境，多数在正规的饭店和商铺正常营业的时间之外营业，促进了城市夜生活的繁荣。最早的小吃和摊卖出现于宋朝的夜市，比如开封的州桥就是当时有名的夜市。在夜市上有熬肉、鸡杂、面条等小吃，辅以各种杂技表演，热闹非凡（袁铭，2009）。除了开封，临安的夜市也比较丰富，不乏如下景象：老妇人装扮成"仙姑"售卖香茶异果，术士看命算卦，文人相字卖文等（何一民，1994）。

（8）文娱场所。

文娱场所是城市中民间艺人表演娱乐节目的场所，通常服务的对象是城市普通的市民。我国北宋时期商业经济比较发达，产生了许多民间艺术团体。为了获得更多的收益，他们纷纷前往开封等大城市表演节目，于是催生出固定的文娱场所——勾栏瓦舍（何一民，1994）。大约至北宋末期，勾栏瓦舍已经非常普遍，比如仅开封城的勾栏瓦舍就有 50 余座。在这些场所经常上演戏曲歌舞、杂技皮影、傀儡说书等我国传统文娱节目，使得宋朝人民的业余生活异常丰富多彩（孙彩霞，2007）。

（9）街头表演。

街头表演，顾名思义，是民间艺人和老百姓在街道上表演才艺。它是文娱场所的一种补充，以才艺、杂技、灯会为主，最早发端于宋代的节日庆典。和纯粹的艺术表演不同，街头表演者不需要太专业的技能，更多地强调观看者的参与性，因此，气氛活跃，场面热闹。宋朝工商经济发展迅速，政府对老百姓不实施宵禁，不使用坊来限制市民的活动空间，官僚和平民的生活相对自由。因此，每到传统节日来临时，街头表演就成了城市绝大多数市民庆祝的公共事件。比如在上元节时，政府每年都会制作"鳌山"，即一种庆典用的彩灯道具，并在鳌山前设置庆典会场，会场中设置音乐、歌舞、纸人、戏剧、杂技等节目和道具。与此同时，政府和百姓还会在街道上悬挂各类形状别致的花灯。在杭州的上元节，主办方将安排文娱舞女组成舞队，辅以傀儡、竹马、杵歌等进行游街表演。这种表演一般分主题形成不同的游行队伍，一支队伍人数可达到千人以上（何一民，1994）。

（10）游乐园。

游乐园是供本地居民和城市访客娱乐玩耍的固定场所。游乐园的前身是贵族享用的宫廷游乐花园，在 17 世纪后，一些游乐园逐渐对普通民众开放。在这个时期，典型的游乐园一般拥有秋千、旋转木马、滑梯等简单的游乐设施，适合大人和小孩在同一个时间玩不同的设施。典型的游乐园有伦敦的兰拉夫花园、德国的露天花园酒店（Mumford，1961）。

（11）博物馆。

博物馆是向城市居民和城市访客提供历史文物、艺术品、科技展品等收藏品参观的场所，以满足他们及其子女获取新知识的兴趣和爱好。博物馆是由宫廷流入民间的城市产品。1759 年，伦敦的不列颠博物馆向普通平民开放，市民可以到博物馆去参观和学习，这标志着博物馆不再单纯为宫廷成员服务（Mumford，1961）。

（12）中小学。

中小学是继承萌芽期那些古老学校的传统和风格，对孩子进行系统性、连续性基础教育的城市产品。欧洲的中学教育在中世纪晚期便开始实施。例如，1552 年，哈普尔信托（The Harpur Trust）便向政府申请在贝德福德（Bedford）建立了一所学校，并在该地区的教育领域进行了连续数百年的投资。直到 1937 年，该公司仍在主导贝德福德地区的中学教育（Thompson，2007）。

（13）大学。

大学起源于中世纪的欧洲，是城市成长期产生的最重要的城市产品。大学是从中世纪古老的行会组织中产生的，它最初的名称采用的就是 12 世纪时行业公会的公用名称：Universitas。大学教育最早始于 1100 年，最初由法学、医学、神学等专业组成，经过大学教育的学生一般都成了各个行业的专业人才。此外，大学形成之后，研究知识和教授知识就成为一种专门的职业（Mumford，1961）。大学使得知识储存、知识传播和交流、知识创造和发展成为城市的三项最基本的功能。大学以超越市场和城市的习惯标准而独立，这种独立性又培养了大学的特殊权威：追求客观真理。

（14）城市传媒。

城市传媒是对城市传播媒体的总称，包括纸质媒体、交通传媒、室外广告等。最先产生的城市传媒是纸质媒体，指使用报纸、杂志等传播媒介向城市居民提供新闻、广告等信息服务。17 世纪初，英国皇室的《每周新闻》、荷兰的《新闻报》等是欧洲早期王权统治者为了控制舆论而设立的报纸。

2.5.3　成长期城市及其首发产品的共同特点

在成长期，行业公会和资本团体成为影响城市产品开发的新生力量，可以发现成长期城市首发产品不再受到王权统治阶层的严苛控制，服务于一般民众的城市新产品开始增多，许多如文娱场所、救济院、街边商铺、游乐园等服务平民的设施开始被开发出来。由于在成长期影响城市及其产品的力量开始多元化，城市的商业氛围空前高涨，城市新增了本地企业和投资者两类核心顾客。为了适应本阶段的这种变化，城市及其产品在成长期表现出了以下三个特点：

（1）贵族专属的产品公共化和平民化。在成长期，皇室对平民阶层的统治能力逐渐下降，主要体现在如下两个方面：一部分皇室权力让渡给经济组织；民间社会组织力量的壮大和增强。在这种变化下，过去专属贵族的城市产品开始流入民间，并通过民间力量对其改造，使之变得更加喜闻乐见。欧洲城市贵族产品公共化这一现象相较于中国而言非常突出，欧洲 17 世纪就出现的伦敦兰拉夫花园后来就把王宫中的娱乐设施提供给一般市民使用。除此之外，君王的收藏品也开始向公众展示，产生了博物馆这类城市产品 (Mumford, 1961)。我国的皇室专属产品也出现一定程度的公共化和平民化。在隋唐两个朝代，最初只有"戏场"这种简单的娱乐产品平民化，到了宋朝，通过大幅度的城市改革，"场"和"市"的关系变得日趋紧密，更多皇室的"场"流入民间的"市"。北宋的皇室定期会向平民开放"金明池""琼林苑"等皇家园林，平民与皇帝同乐在中国封建王朝中也只是昙花一现 (宁欣, 2011)。

(2) 以平民需求为导向的城市新产品开发。在成长期，城市绝大多数新产品都以平民的需求为导向而开发出来，不再像萌芽期那样许多城市产品都由王权统治阶层主导和控制。在这一阶段，产生了许多满足普通百姓需求的城市产品，如提供娱乐休闲的勾栏瓦舍，方便居民购物的街边商铺，以及在夜市中可饱餐的各类小吃 (何一民, 1994)。欧洲城市在这一时期也出现了很多面向平民阶层的城市产品，如博物馆向普通市民开放；行业公会建立了大学，向社会人员提供专业教育和技能培训。

(3) 城市规划变得更加自由。在成长期，城市的整体规划出现了非常大的改变，主要体现在打破了严格的棋盘式规划模式，形成了更加自由的街道、街区布局。北宋时期的首都开封突破棋盘式的格局，打破"坊"的基本规划单位，河流穿过中心城市，街道不再笔直，各类商铺、酒肆、小吃、小商小贩遍布大街小巷，居民可以自由地改造墙壁和房屋结构，城市规划呈现自由化态势。与此类似，欧洲这一时期的城市规划也比较自由化。中世纪的欧洲各个城市的主流规划不是整齐端正的，而是不规则的，呈现出十字形、圆形、放射状等城市街区布局 (Mumford, 1961)。例如，威尼斯、巴黎以行业公会为中心，利用河流等自然分界线进行街区划分。另外，欧洲的城市在这一时期开始注重房屋的外形设计，以及街区布局的艺术性，通过各类艺术元素以及标志性建筑表达城市独特的风格和精神内涵，比如，现在仍深受人们欢迎的巴洛克风格就是在成长期兴起的。

2.6 成熟期

成熟期是城市演化的第四个阶段，时间从 18 世纪初开始至 19 世纪末结束。在成熟期，城市产品开发及演进的影响力量主要集中在资产阶级手中。推动成熟期开始的标志性事件是西方社会完成了资产阶级革命，即 18 世纪初。17 世纪，欧洲各国陆续出现了资产阶级革命和第一次工业革命，这两种革命力量相辅相成，使得人类在思想观念、生产技术和社会结构三个方面发生了巨大变化，进而推进城市产生质的飞跃。在成熟期，城市除了开发首发城市产品，同时对以往的城市产品进行了大幅度的更新和升级，基本上全面覆盖了对居民、访客、本地企业、投资者、潜在人才这五类城市核心顾客的服务。促使成熟期结束的重要事件是田园城市理念的出现，即 19 世纪末。

2.6.1 成熟期及其城市首发产品的形成因素

从 18 世纪初开始至 19 世纪末，欧洲各国完成了资产阶级革命和第一次工业革命，城市产品和城市的形态发生了天翻地覆的变化；而中国却处于清王朝的专制统治时期，闭关锁国，社会愚昧腐朽，城市产品开发停滞，城市的布局和格调处于死气沉沉的状态。所以，欧洲的城市进入了成熟期，而中国的城市仍处于漫长的成长期。因此，本书以这个时期欧洲各国的城市为研究对象，梳理城市首发产品的形态和它们的形成因素。

（1）人们具有了天赋人权的观念和公民意识。在成熟期，人们的思想观念表现出鲜明的进步，具体体现为：一是自由、平等的理念融入人心，二是公民意识的觉醒。自由、平等的观念从中世纪就开始发展，经历了从霍布斯主张的极端君权主义，卢梭主张的公民特权主义，社会逐渐从捍卫贵族的平等自由转变为了捍卫公民的平等自由。在这个时期，市民向政府纳税，唤醒了公民意识，人们不会拒绝思考政府把钱花在什么地方，以及花的钱是否合理这些常识性的问题，由此产生了权利、法制、包容和个人权利至上的信念。在这些思想和观念的引导下，城市居民开始批判宗教并且思考什么才是造福社会最正确的方法，这些思想的碰撞被称为"启蒙运动"（Robertson and Buhari-Gulmez，2017）。启蒙运动让普通大众开始摆脱宗教意识和王权思想的约束，重新思考城市产品应该向居民提供什么样的福利元素。

（2）第一次工业革命推动了城市的进步。第一次工业革命标志着人类进入了蒸汽时代，其发明创造改变了人类的生产方式和生活方式，彻底改变了以前不同阶段城市的治理理念，使城市开始快速走向现代化。第一次工业革命主要通过以下三条途径对成熟期城市及其首发产品产生了推动作用：

　　第一是冶金工业的新技术。贝塞麦、托马斯、西门子等材料和工程学家先后对炼钢法进行了改进，将工业炼钢的效率提升了数百倍。19 世纪中叶，世界钢产量仅 8 万吨，60 年之后，欧洲工业国家钢产量已实现质的飞跃，其中法国、英国、德国的钢产量分别达到了 340 万吨、650 万吨、1370 万吨（Clark，1979）。钢材的广泛运用是成熟期城市及其产品进步的基础。这一时期大量的城市产品如用于交通的汽车、城市之间运行的火车和轮船、城市建筑物所使用的钢筋混凝土等都是基于炼钢技术的改进而诞生的。

　　第二是机械工程的新技术。为了提高生产效率，工程学家开始利用机械来代替人力。首先出现的是经过机械改良后的水力纺织机，能够运用水力工作原理将纺织效率提高百倍（Musson，1978）。其次出现的是蒸汽机，1705 年，纽科门设计出了第一台用于抽水的蒸汽机，随后蒸汽机经过瓦特的改良被大量运用于工业生产。机械替代了手工劳动，生产效率大大提高，随之，城市出现了许多运用机械工程技术的规模化生产的工厂。

　　第三是交通运输系统的发展。发展交通运输系统的核心目的是降低企业获取原材料和将产品送达市场的单位成本，以及提高货物的空间转移运行效率。在蒸汽机提升制造业劳动生产效率之后，煤由于其低成本和储量丰富成为工业中使用的主要能源（Stone，2010）。但在工业革命前，煤的运输成本比购买成本要高出许多，资本家不得不考虑如何提高运输效率。为了改善路面交通，英国工程师发明了碎石公路。19 世纪初，英国率先完成了国家公路网的建设，随后被其他欧洲国家学习（刘宏谊，1990）。把蒸汽机作为火车的动力系统，火车的运输能力和运输效率得到了极大的提高，于是推动了铁路系统的快速发展。以英国为例，1810 年左右，英国全国铁路长度仅 300 英里（Mumford，1961），至 1870 年，英国铁路已长达 15500 英里（Hawke and Gourvish，1980）。除铁路和公路外，航运也成为交通运输业发展的一个新方向。工业革命开始后，开凿运河成了欧洲各国发展航运的主要手段，这些国家纷纷展开运河开凿工程，造就了 18 世纪的运河热（刘宏谊，1990）。

　　（3）资产阶级革命。17 世纪开始，资产阶级革命改变了城市的社会结构，此后城市产品开发的主要影响力从王权统治阶层变成了商人、金融家和土地所有者（Mumford，1961）。这些群体正式形成了新的阶级，并在成熟期运用商业、政治等多种手段影响着城市首发产品的开发和城市整体产品的改进。资产阶级革命的影响主要集中于以下三个方面：

第一是社会结构。在利益的驱动下，资本家纷纷联合起来形成了新的社会阶层，即资产阶级。韦伯将社会力量划分为三种：经济权力、社会权力和所有其他类型权力的剩余类别。阶级形成的依据是某一类社会群体是否能依靠自身某些社会力量的优势来换取相应的其他权力，并且通过这种方法将自身与其他社会群体明显区别开来（Clark，1979）。在成熟期以前，城市主要由王权统治阶层和平民阶层构成，王权统治阶层通过社会地位换取其他两种权力进而形成对城市产品的掌控。从成熟期开始，经济权力在整个社会中的影响力逐渐增大，资产阶级通过经济权力换取其他两种权力的能力增强，因此，成熟期的城市及其产品都深深地打上了经济效益的烙印。

第二是城市结构。资产阶级革命后，资本力量正式主导城市规划、布局和建设。在这个时期，资产阶级把街道、街区抽象为可以交易的物品，这就导致了不规则和弯曲的规划不被接受，因为不规则和弯曲的规划会影响土地面积计算以及交易的公平性（Mumford，1961）。于是在成熟期的城市平面图中，成长期那些自由的规划曲线减少了很多，城市的街区变得越来越规整。

第三是商业。资产阶级革命后，资本家的经济权利得到了更多的保障，他们把余下的精力投入城市产品的创意，于是，城市产品变得越来越丰富和现代化。在这个时期，为了获得更多的利润，资本家把城市改造为巨大的市场，设计出许多可以产生经济收益的城市产品，催生出各种各样的商业模式，如百货商场、连锁超市和各类生活服务设施。

2.6.2　成熟期城市首发产品的表现形式

在这个阶段，由于只有欧洲和北美各国的城市比较显著地进入了成熟期，因此，本书聚焦于欧洲和北美各个城市产品，根据案例内分析法梳理出成熟期的城市首发产品清单，汇总如表 2.4 所示。

表 2.4　成熟期的城市首发产品

产品类型	具体表现的产品形态	例证
居住产品	公寓	纽约
商业及金融产品	商业街	伦敦
	百货商店	巴黎博马尔谢
	连锁商店	纽约

产品类型	具体表现的产品形态	例证
政府管理产品	城市卫生	英国
	空气质量	英国
公共设施产品	能源基础设施	德国
	供水系统：自来水	纽约
生产工作产品	公司及工厂	英国
公共交通产品	出租车	纽约
	城市轨道交通	伦敦
生活服务产品	社区生活服务类店铺	伦敦
娱乐休闲产品	动物园	巴黎
传媒通信产品	电报	英国/美国

（1）公寓。

公寓，即公共寓所，是商业房地产投资中最为广泛的一种地产形式。相对于独院独户的别墅而言，公寓更为经济实用。这种高楼大厦每一层内有若干单户独用的套房，包括卧室、起居室、客厅、浴室、厕所、厨房等。第一座供出租的多户合住经济公寓出现在纽约，建于 1835 年，修建的目的是为低收入人群提供居住服务，随后流行起来（Mumford，1961）。

（2）商业街。

商业街是因商业规划而修建在商业用地上，为满足城市居民和城市访客休闲娱乐、餐饮购物需求，由众多商店、餐饮店、服务体验店、休闲娱乐设施共同组成，并按一定结构和规律布置的商业交易场所。成熟期的商业街和成长期由店铺组成的街道的区别在于，后者是个体商户受利益驱动自发形成的，前者则是市场经营主体或者政府从城市的整体布局出发规划和建设出来的。商业街道最初的模式是商业拱廊，由顶棚玻璃和街旁商店构成。这种商业模式最初出现在那不勒斯、伦敦等商业发达的城市，最后演化成了今天的商业街（Mumford，1961）。

（3）百货商店。

百货商店是指经营包括服装、鞋帽、首饰、化妆品、装饰品、家电、家庭用品等满足个人和家庭长期生活需求的众多种类选购品（choice goods）的大型零售商店。它是在一个大建筑物内，根据不同商品类别设销售区，采取柜台销售和开架面售的方式，注重服务功能，满足目标顾客追求生活时尚和品位需求的零售业态。百货商店是从农贸市场、集市、街边商店、博览会等业态中发展而来的。历史上第一家百货商店是1852年巴黎出现的博马尔谢商店。百货商店在经营方式上较传统商店有了非常大的改变，经营的商品种类多，注重室内装饰和环境布置，强调优质的员工服务，允许顾客浏览，不强买强卖，积极采用广告创建百货商店形象（Benson，1997）。

（4）连锁商店。

连锁商店是隶属于同一大型零售企业并由其进行统一经营管理的零售经营方式。所有这些零售商店均为此大型零售企业建立的分店，使用同一店名，分布在不同的城市以及同一个城市的不同位置。连锁商店的经营管理高度集中，由其中心组织即集团总公司统一管理，统一进货，统一筹划资金周转，统一制定各个分店的商品定价和销售促进等经营策略。所有分店内外设备、装潢模式、色彩基调以及产品陈列和服务方式采取统一的管理模式。连锁商店兴起于美国，第一家连锁商店是1859年纽约的大西洋和太平洋茶叶公司，仅在20年的时间里这家公司就开设了100家分店。由于经营管理理念的创新，连锁商店被各个行业学习，在20世纪上半叶得到了飞速的发展和扩张并延展到各个城市，成为城市中不可或缺的零售业态（Perkins and Freedman，1999）。

（5）城市卫生。

城市卫生是城市范围内个人和群体的生活卫生、生产卫生及环境卫生的总称，它关系到城市个人顾客的身体健康。个人的卫生状况总会通过各种途径影响某些群体，反之亦然。在城市中，群体卫生比个人卫生更重要，如社区中存在某种传染病毒，将会影响整个城市的正常生活秩序和城市居民的生命安全。

在成熟期初期，城市就像一台致力于赚钱的机器，城市的各个角落都充满了追求金钱的商业味道，资产阶级和政府官员对平民的卫生条件重视程度普遍不高，城市卫生变得非常恶劣。打破这种麻木观念的是流行疾病的爆发，在1830—1850年，英国爆发了两次严重的霍乱，意识到疾病源自城市卫生问题的上流社会开始关注公共卫生（Mumford，1961）。以查德威克为代表的卫生改革家的出现让社会各界都了解到城市中卫生状况的恶劣程度，公共卫生从此成为政府的重要服务内容（Finer，1952）。

（6）空气质量。

空气质量反映了城市上空空气的污染程度，它是依据空气中污染物浓度的高低来判断的。空气污染是一个复杂的现象，在特定时间和地点空气污染物浓度受到许多因素影响。来自固定和流动污染源的人为污染物的排放数量是影响空气质量最主要的因素之一，其中包括车辆、船舶、飞机的尾气，工业废气，居民取暖，饭店和居民家庭厨房排放的烟气、垃圾焚烧等。城市的发展密度、地形地貌和气象等也是影响空气质量的重要因素。

在成熟期的早期，城市的空气质量没有受到太多的关注，直到工厂的废气和烟尘破坏了整个城市的空气质量之后，许多老人和儿童患上了严重的呼吸道疾病，甚至身体好的年轻人也不能幸免于难。于是，空气质量才引起城市管理者的重视，将其作为重要的城市产品。对城市空气质量的重视必须从法律上体现出来，以期限制污染源。以英国为例，1843 年开始，英国议会出台了第一部控制蒸汽机和炉灶排放烟尘的法案，至 19 世纪结束，英国就出台了不少于七部法律以控制空气污染（赵承杰，1989）。

（7）能源基础设施。

能源基础设施是为城市提供能源转化、传输以及使用支持的城市产品。目前支持转化和利用的主要能源包括电能、风能、水能、化学能、核能等。能源基础设施诞生的标志是电能的开发和利用。1831 年，第一台利用电磁感应产生电能的发电机被法拉第发明。随后，工业用和民用发电设施逐渐被发明出来。德国首先将电能运用于工业，这标志着人类社会进入了可以将电能转化为能量的时代。能源基础设施目前是城市基础设施建设的重要组成部分，是人类社会进入现代化阶段的重要保障，尤其对工业企业来讲，能源是保证其机器和设备正常运转的唯一来源。没有能源，就没有现代化的企业。

（8）供水系统：自来水。

供水系统是指按一定质量要求供给不同的用水部门所需的蓄水库、水泵、管道和其他工程的综合体。自来水是指通过系统净化、消毒后生产出来的符合相应标准的供人们生活、生产使用的水。生活用水主要通过水厂的取水泵站汲取江河湖泊、地下水和地表水，由自来水厂按照国家相关卫生标准，经过沉淀、消毒、过滤等工艺流程的处理，最后通过城市供水系统输送到城市的各个用户。成熟期城市的供水系统相比成长期已经得到了巨大改善，这些都得益于压力系统可以将自来水输送到更高的位置，以及合格的材料做成的管道可以传输自来水。在成熟期，由供水管、水龙头组成的自来水供水系统已经可以供应中产阶级和上层阶级的生活了，然而，城市底层的百姓却因为居住区的简陋而无法享用自来水（Mumford，1961）。纽约在1842年启用了克罗顿蓄水库和供水管网后成为第一个能传送干净自来水的城市。

（9）公司及工厂。

公司法人制度和公司制工厂是成熟期城市出现的生产型城市产品。它们对当地居民、企业以及投资者都有非常大的影响。资产阶级革命成功后，公司法人制度和有限责任制受法律保护，标志着现代公司制度的诞生。阿克莱特创建了第一家运用公司制经营的水力纺织厂，这家纺织厂被誉为是工业革命的第一步（Fitton and Wadsworth，1958）。随后，阿克莱特逐渐使用蒸汽机生产商品，其公司制工厂模式受到了资本家的青睐和采纳。这个时期，公司制工厂主要被推广到了纺织印染、蒸汽动力、交通运输、机械加工、冶金采矿等相关用品的加工和生产行业。

（10）出租车。

出租车是满足城市居民和城市访客临时或者短期租借车辆进行便捷出行需求的城市公共交通工具。出租车的发展与汽车工业密不可分。最初的出租车使用马作为牵引力，1885年德国人卡尔制造了第一辆汽车，随后福特公司率先实现了汽车的批量生产。汽车作为交通工具在城市中的广泛使用为出租车行业的诞生打下了基础。1907年，亚伦在乘坐马车后产生灵感，设计了以汽车为交通工具并用计程仪表计算里程价格的出租车。

（11）城市轨道交通。

轨道交通是城市提供给城市顾客低成本、高速度的专线交通城市产品，包括地铁、有轨电车、轻轨、市郊列车以及其他轨道式交通工具。启动轨道交通，需要城市在经济实力和人口密度这两个方面都达到要求，因此，大城市才有条件发展和建设轨道交通系统。城市内的专线交通服务系统是城市轨道交通的主要表现形式。伦敦铁路规划委员会于1863年起就在伦敦的各个区域批准修建铁路，大都会区域铁路公司投资修建的铁路，以及地铁线从各区域汇集到主干道形成了伦敦市环线互联系统（Galviz，2013）。人们将城市内轨道交通的理念和技术推广到城市和城市之间的联系上，架设铁轨，在铁轨上行驶的火车可以承载物资和人员，这样就提升了人和物的空间移动能力和移动效率。第一条正式启用的铁路是利物浦—曼彻斯特铁路，这条铁路主要被用于三个方面：货物运输、商业载客以及社会福利（Freem and Aldcroft，1985）。英国率先发展铁路运输，极大地提高了经济和社会运转的效率，于是，欧美国家纷纷效仿，也在自己的国家发展铁路基础设施和交通工具（Mumford，1961）。

（12）社区生活服务类店铺。

社区生活服务类店铺是指向居民提供的单独依靠市民自己或者家庭成员无法完成的个人和家庭日常生活料理的服务项目。在这个时期出现的服务项目主要有理发店、洗衣店等。这些店铺，有的是宫廷服务扩散到民间而形成的，有的是因为蒸汽机动力系统、能源、城市交通系统等基础设施的改进而节约了大量的人力从而使得富余的人员可以从事生活服务行业。例如，世界上第一家理发店（Truefitt and Hill）就是在这一时期的伦敦诞生的。随着生活服务主体的增加，行业的竞争随之出现，于是产生了很多品类的社区生活服务类项目。

（13）动物园。

动物园是搜集、饲养各种动物，进行科学研究和迁地保护，供公众观赏并进行科学普及和宣传保护教育的公共场所。收集和饲养动物是古代贵族的爱好之一，资产阶级革命成功后，动物园开始向民众开放，比较具有代表性的是巴黎动物园，其中收集了法国革命后各个地方贵族所饲养的动物。一般情况下，动物园除了拥有各类动物，还种植了一些有特色的植物和花草，是人们工作之余休闲的重要场所，尤其可以给孩子带来无穷的好奇、有趣的猜想和家庭的温馨（Mumford，1961）。

（14）电报。

电报是一种可靠的，用摩尔斯编码代替文字和数字，通过专用的交换线路，以电信号的方式发送信息，即时远距离的通信方式。电报诞生于 1837 年，首先在英国和美国发展起来。1840 年后其他欧洲国家也纷纷采用，到 1846 年，美国实现了电报系统的商业运用，电报成为城市中的必备通信工具（Boff and Richard，1980）。在电报未发明之前，人类一般通过驿送、信鸽、信狗和烽烟等方式进行长途通信。驿送是由专门的人员乘坐马匹或其他交通工具，接力将书信送到目的地，成本十分昂贵，无法到达交通不方便的地区。信鸽通信可靠性非常低，受天气的影响比较大，无法企及更长的距离。使用烽烟或摆臂式信号机（Semaphores）、灯号等肉眼可见的讯号以接力方法传递信息，这种方式容易受天气和地形地貌的影响。在战争年代，家书抵万金。在电报被发明之前，只有重要的信息才会被传递，其速度在今天看来是难以忍受的。电报的诞生标志着人类进入了即时远距离通信时代。

2.6.3　成熟期城市及其首发产品的共同特点

在成熟期，城市成为社会变革的中心，城市产品摆脱了王权统治阶层的完全掌控，逐渐为社会公众服务。这一时期的城市产品大多具有资本主义色彩，特别是在前期许多城市规则都是为商业运作服务。由于经济、技术和人们思想观念的进步，成熟期城市及其首发产品较前几个阶段出现了巨大的变化。综合来说，表现出了以下四个共同特点：

（1）城市规模显著扩大。成熟期城市规模的扩大主要体现在地面面积的增加和垂直高度的增加。城市地面面积增加的主要原因是城市人口的不断增长、公司法人制度的完善和交通系统的改进。从 18 世纪开始，世界人口增速加快，1700 年时，世界人口约为 6.03 亿，到 1820 年时，世界人口已增至 10.41 亿，工业革命百年来的人口增量几乎与之前 700 年的增量持平（Braudel，1992）。这种人口增长现象更多地体现在城市，因为在此期间工商企业的经营规模得到了前所未有的发展，尤其是公司法人法律体系的建设，使得企业的财产权和经营权分离，企业所有者不再惧怕因为外部不可抗力导致企业破产而承担无限连带责任，企业所有者如不能在家族成员中选择适合的人才，则可以从广泛的渠道选择优秀的专业人才帮助其进行管理，这样使得企业的经营规模得到了快速扩张。因此，企业的各类岗位出现了对潜在工作人员的需求，城市再次展现出了强大的人口聚集能力。面对人口的增长，城市需要建造更多的居民区、商业服务设施、学校和培训机构，于是，约束城市面积的城墙也逐步被拆除。在城市地面面积增加的过程中，交通工具推陈出新式的发明和筑路技术的不断提高起到了助推作用。

城市垂直高度的增加主要体现在楼层的增高。19 世纪后，商业发达的城市已经不满足于水平面积的增加。比如在一个商贸中心，每天的人流量是固定的，人们愿意购物的街区也是固定的，在固定的区域内提升商业利润，就是增加本区域内商店的数量和产品服务的种类，在这种情况下只能增加楼房的高度。到了 19 世纪中叶，人类发明的电梯，为提升楼房的高度提供了保障。

（2）城市环境恶化。这一时期城市及其产品受到了资产阶级逐利行为的巨大影响，以经济利益为导向的城市产品开发和建设理念对城市环境造成了严重的破坏，其中影响最大的就是居住环境、设施环境和卫生环境。

居住环境的恶化主要是对普通公众和穷人而言的。居住环境恶劣的主要表现是居住空间拥挤程度过高。在英国的伯明翰和布雷福德，工人的住房往往是背靠背建设的，每四间房都有两间不能直接通气和照到阳光。在 1843 年的曼彻斯特，平均每 212 人使用一个厕所。利物浦的情况更加恶劣，平均每 6 人就有一人没有住所，需要住到地下室，就算其余 5 人拥有住所，大多也是 10 人以上共住一个房间。这种恶劣的居住条件在当时的西方国家普遍存在（Mumford，1961）。

设施环境的恶化主要体现在工业设施、交通设施两个方面。在工业设施方面，成熟期的城市出现了大量的工厂。以曼彻斯特为例，1780 年左右，曼彻斯特出现了第一家棉纺织厂，到 1830 年，曼彻斯特的棉纺织厂就已达 99 家。这些工厂往往在"自由竞争"的保护下建造得非常集中，并且位于河流的周围，机器噪声，工业排放的废水、废气和废渣严重侵害整个城市居民的身体健康，也给人们带来了焦虑和不安。交通设施的恶化并不是由于交通设施的不足，而是由于城市管理者过于注重经济效益而带来的规划不合理，这种弊端主要体现在铁路交通方面。以英国为例，至 1870 年，英国建造了总长 24944 公里的铁路，而现在英国铁路的总长也才 16116 公里，故成熟期的英国铁路大概要减少 50% 才算合理。这些密集的铁路连接着各大城市，但因为城市管理者过于注重经济诉求而忽略了城市应具有的合理规划。

卫生环境的恶化是城市成熟期最直观的表现。工厂排放的废水、废气和废渣，汽车排放的尾气，使得整个城市笼罩在有毒气体弥漫的氛围之中，加之居住环境设计不合理，以及居住空间的过度拥挤，导致人们无暇顾及个人卫生、家庭环境卫生和社区环境卫生。

（3）城市首发产品的创造性和平民化特征增强。在这一时期，思想启蒙运动激发了人们的自由平等意识和公民意识，加之资本的趋利特性，人们把自己的想象力和创造力发挥在城市产品的开发和改进上，于是城市产品比以往各个时期表现出更强的多样性、创造性和平民化特征。这些特征主要来源于两个因素：商业制度创新和商业模式创新。一是商业制度创新。15 世纪，修道院、行会等组织中诞生了法人制度和有限责任制（Scott，1912；Dine，2001）。资产阶级革命成功后，公司法人制度和有限责任制开始受法律保护，前瞻性、创新、风险承担等企业家精神在法律体系的保障下逐步形成，从而激发了企业家拓展新的市场机会的勇气和信心。二是商业模式创新。成熟期的城市中，商人为了迎合顾客需求和获得更高的投资回报率，创造出了非常多样的城市产品。比如，开发出百货商店和专门的商业街区以满足市民的购物和休闲需求，开发出拥有仪表的计程车以满足市民的快捷交通需求，开发出动物园以满足人们的休闲娱乐需求，开发出洗衣店、理发店等社区生活服务项目以满足人们不能自主完成任务的日常生活需求。

（4）重新注重棋盘式城市规划理念。城市的规划理念在成熟期再次转变，满足资本的逐利需求成为这一阶段城市规划的主要标准。成熟期城市规划的突出特点就是再次注重棋盘式规划模式，目的并不是加强各级政府的管制，而是棋盘式的规划更加适应于商业运作行为。以前成长期那种自由曲线式的城市规划模式在资产阶级革命后被更加严格的商业规划所取代（Mumford，1961）。垂直相交的棋盘式城市规划的好处就在于能更加方便地进行商业价值估算，也更适合形成交通网络和建设公共设施。随着城市人口密度的增加，土地的价值也就提高了。于是，在成熟期的城市中，资本家为了提升自己土地的溢价能力，纷纷在自己控制的区域内建设各种形态的城市产品，这就形成了高楼林立的城市景象。

2.7 田园城市期

田园城市期是城市演进的第五个阶段，时间从 19 世纪末开始，到目前正在进行之中。标志着田园城市期开始的重要事件是 19 世纪末田园城市这种新理念出现后，城市及其产品迎来的变革。时至今日，这种变革仍在运用和实施当中。

田园城市（garden city）是由 Howard（1898）提出的城市发展理念，其目的是解决成熟期城市出现的人口拥挤、环境恶化、市民幸福感下降等城市病。Howard（1898）认为应当把自然生态看作是城市结构中的重要内容，可以将乡村的自然环境优势与城市的工业现代化优势融合在一起，构成一种城乡一体化的新型社会结构。

将田园城市期作为城市演进的新阶段，是由于本时期影响城市产品开发和城市演进的主体再次发生了变化，即从资产阶级逐渐转变为代表普通民众的政府和普通民众。在成熟期，城市产品的开发和演进主要受资产阶级革命和第一次工业革命的影响，在这两种革命的推进下，城市的工业化和现代化得到了极大的发展，但由于城市管理者过度追求经济利益导致城市发展失衡。这种失衡主要表现为经济的高速发展与人们的幸福感没有得到显著提升之间的不平衡，密集高耸的建筑与环境质量感知之间的不平衡，科技的大幅度进步与人们的控制感下降之间的不平衡。

这些不平衡导致市民的生活质量受到了侵蚀。恰在这个阶段，人类完成了第三次工业革命，又称为第三次科技革命，它是发生在第二次世界大战后科技领域的重大革命。它以原子能、电子计算机、空间技术和生物工程的发明和应用为主要标志，是人类文明史上继蒸汽技术革命和电力技术革命之后科技领域里的又一次重大飞跃。第三次工业革命引发了物质的现代化，实现了劳动方式和生活方式的变革，促进了人们的观念、思维和行为的现代化。第三次工业革命深刻地影响了城市首发产品的开发和城市的演进，使得城市产品发生了质的变化。基于此，本书将田园城市期列为城市演进的新阶段。

在此需要说明的是，19 世纪末至今，中国经历了清政府的覆灭、中华民国的建立以及衰败、新中国的建设和发展三个阶段。尤其是我国自改革开放以来高度重视城市规划和发展，我国城市在四十多年的时间里快速经历了成熟期，绝大多数城市进入了田园城市期。本书梳理了西方发达国家和中国城市在这个时期城市首发产品的开发和城市的变化规律，运用比较历史分析法进行案例研究形成如下结论。

2.7.1 田园城市期及其城市首发产品形成的原因

（1）田园城市理念。田园城市是 Howard（1898）提出的城市规划理念，他认为城市应该在中心的行政商业区外，不断地环绕以林荫道为间隔的扇形城区，越往城市外侧扩展，农业和绿化用地所占的比例则越大。这种理想中的田园城市可以理解为一种城乡结合的圆环形城市形态，圆心是环绕城市公园的商业和政治建筑，圆周是乡村环境，通过一圈圈圆环向圆周扩散，聚落从城市逐渐演变为乡村。

受田园城市理念的影响，一些新的城市规划理念逐渐产生。这些理论中目前影响力较大的有泰勒提出的"卫星城"（satellite city）和 Saarinen（1943）提出的"有机疏散"（organic decentralization）。这两种理论有一定的相似性，也有各自的特点。泰勒提出的"卫星城"是对 Howard（1898）田园城市理论的简单概括，他认为工业设施不应该出现在城市内，并且提出了将工业从大都市迁出到周围的小城镇以解决城市的人口压力和环境污染问题。这种卫星城规划模式在中西方已经得到广泛的认可和应用。Saarinen（1943）在卫星城理念的基础上认为城市应该是多中心化的协调整体，城市规划应该将自然与建筑相互协调，构建成为一种有机的秩序。他认为在进行城市产品开发时要重视精神内涵和公众生活，在此基础上实现城市有机秩序的方法便是进行城市功能的合理分散和集中，从而达到将"日常活动"类城市产品集中与"偶然活动"类城市产品分散。Saarinen（1943）的理论比卫星城更进一步，比如基于有机疏散理论的卫星城不仅需要实现产业转移，而且要实现卫星城自身的环境平衡，居住和工作的平衡。

我国现在很多城市比如北京、上海、成都等都采用了卫星城、有机疏散等理论作为城市规划的方法。例如，北京目前拥有雄安、大兴等十余个卫星城；成都除了建设卫星城，还通过实施区域住房限购政策将居民生活、工作等"日常活动"类城市产品集中，从而实现城市整体的有机疏散。

（2）第三次工业革命。第三次工业革命对本阶段城市及其产品的影响具有划时代的意义。第三次工业革命是以计算机的出现为触发点，引领信息技术、能源技术、材料技术、生物技术、空间技术等多个行业实现技术突破的科技革命。另外，第三次工业革命也引发了建筑和土木工程技术的革新。这种革新主要体现在道路桥梁建设、给排水工程建设、铁路隧道建设、城市建筑建设以及建筑艺术相关的工程技术上的突破。第三次工业革命所带来的科学技术突破和工程技术突破推动着城市及其产品在新阶段的不断进步。前者创造了城市新兴科技类产品和服务，后者创造了城市容纳这些产品和服务的载体。比如，城市地铁需要能源技术、材料技术、机械工程技术等技术的进步制造优质的火车和铁轨，同样也需要土木工程技术的进步去建造更加先进的隧道和站台。

（3）民众的利益诉求。田园城市有力地彰显了普通民众的利益诉求，主要表现为社会主义和自由主义这两种思想在这个阶段的诞生、碰撞和局部融合。这两种思想的共同特点都是强调普通群众的权利应该得到保障，只是实现的方式不同。社会主义思想起源于马克思、恩格斯的社会主义理论和工人阶级革命过程中产生的思想体系。这种思想体系产生于一般民众的生产生活实践，保障民众的权利，并全心全意为人民服务。自由主义起源于资产阶级革命前期的思想运动，主张捍卫个人的权利平等和自由，推崇市场自由、反对国家干预。虽然自由主义强调所有公民的平等权利，但推崇的政策实际上具有更多的资产阶级色彩，因而具有一定程度的局限性（高放，2010）。为克服这一局限，自由主义也在之后进行了发展并在欧洲国家形成了新自由主义的观念（Brown，2003）。这两种社会思想都以各自的方式关注民众的利益诉求，从而使田园城市期城市产品的开发和演进产生了本质性变化。

2.7.2　田园城市期城市首发产品的表现形式

田园城市期，在田园城市理念、第三次工业革命和民众的利益诉求的推进下，城市产品的品类和形态发生了巨大变化。在这个时期，城市的核心顾客由本地居民、城市访客、潜在人才、本地企业和潜在投资者五类组成，这个阶段开发的城市产品较好地覆盖了这五类核心顾客的利益需求。田园城市期的城市首发产品总结如表 2.5 所示。

表 2.5　田园城市期的城市首发产品

产品类型	具体表现的产品形态
居住产品	居住区
公共设施产品	停车设施
	信息基础设施
	城市绿地
生产工作产品	开发区
公共交通产品	航空运输
医疗福利产品	动物救助机构
生活服务产品	网络/游戏服务营业场所
传媒通信产品	公共通信设备

（1）居住区。

居住区（Housing Estate）是现代城市向市民提供的以家庭为基本居住单位的隐私空间和社区公共活动空间。国外的居住区一般以邻里社区为主，而我国则以居住小区为主。把现代的居住区归纳为一种城市产品的原因是其具有规范性、完整性的设施和服务。另外，相比成长期和成熟期两个阶段的城市居住区，田园城市期的居住区变化甚大。比如，我国的小区是指修建在被交通干道或自然分界线围合的区域，以住宅楼房为主体并在步行范围内配备商业、教育、娱乐、绿化等一系列满足居民基本物质与文化需要，并形成一定规模的居民生活区（李飞，2011）。在成熟期，城市人口密度失衡，城市只能提供破败的居住环境，特别是对收入低下的平民来说，其居住环境是非常恶劣的。进入田园城市期，普通人的居住环境得到了巨大改善。比如，社区的基础设施和服务，采取在街道办事处行政指导下由小区居民管理委员会监督物业公司全面负责的服务体系，如停车管理、环境卫生、小区安全等，通过这种服务体系，居民可得到完备和卓越的服务。

（2）停车设施。

停车设施是指向城市居民驾驶的车辆提供停放位置并进行看护，确保车辆财产不遭受破坏和盗窃的城市产品，包括停车场、沿街车位等设施。停车场的需求源于私人汽车保有量的增加和空间移动活动的频繁。欧美国家开始出现地面停车场和投币沿街车位是在 20 世纪 40 年代。我国停车设施建设和管理起步稍晚，到 20 世纪末才出现停车场设备的研发和生产企业（王朝忠，2017）。我国城市的停车设施主要有道路边划定的停车位、地面停车场、建筑物内的地下停车场、建筑物内的地上停车场、立体停车场。同时，为了保障车辆安全行驶与停放，也配套生产了停车场的配备材料，如护角、减速带、标志标牌、智能道闸等。

（3）信息基础设施。

信息基础设施是指用于实现计算机、移动端用户网络连接的网络硬件设备设施，由传送媒体、路由器、阅读器、中继器和其他控制传输途径的设备组成。信息基础设施已经成为现代城市传递信息的重要城市产品。以北京为例，其基站保有量达 14.6 万个，运营级 WLAN 热点已达 22.5 万个。中国互联网络信息中心 2020 年 4 月发布的第 45 次《中国互联网络发展状况统计报告》显示，我国网络普及率达 64.5%。

（4）城市绿地。

城市绿地是指在城市内部以自然植被和人工植被为主要存在形态的区域。城市绿地由五种类型组成，主要包括公园绿地、居住区绿地、生产绿地、防护绿地、其他绿地。公园绿地是指面向公众开放，以游憩为主要功能，兼具生态、美化等作用，可以开展各类户外活动的、规模较大的绿地，包括城市公园、风景名胜区公园、主题公园、社区公园、广场绿地、动植物园林、森林公园、带状公园和街旁游园等。居住区绿地是在居民居住区域内栽培养护绿色植物和花草的绿地，具体体现为居住区公共绿地、居住区道路绿地和宅旁绿地等。生产绿地是指为城市绿化提供苗木、花草、种子的苗圃、花圃、草圃等圃地。它是城市绿化材料的重要来源。防护绿地是指对城市具有隔离和安全防护功能的绿地，包括城市卫生隔离带、道路防护绿地、城市高压线走廊绿带、防风林等。其他绿地是指对城市生态环境质量、居民休闲生活、城市景观和生物多样性保护有直接影响的绿地，包括风景名胜区、水源保护区、自然保护区、风景林地、城市绿化隔离带、湿地、垃圾填埋场恢复绿地等。Oimsted 是率先进行城市绿地规划的城市设计师，在他的主持下，纽约、布法罗、底特律、芝加哥、波士顿等城市纷纷修建了城市公园。克里夫兰德和埃利奥特在此基础上提出用林荫道构建城市绿地的想法。Saarinen（1943）则基于有机疏散理论对芬兰首都赫尔辛基（Helsinki）进行了规划，城市的绿地体系在此之后逐步完善起来。第二次世界大战之后，绿地成为世界各国城市规划和建设的重要项目。1971 年，联合国召开了人类与生物圈计划国际协调会，城市绿地建设进一步成为城市规划的重点（吴人韦，1998）。

（5）开发区。

开发区是指由政府规划，在城市内特定的区域设立的经济技术开发区、保税区、高新技术产业开发区、国家旅游度假区等实行国家特定优惠政策的区域，目的是利用产业集群效应，促进产业提升和经济发展。例如高新技术产业开发区，是指城市将知识与技术密集型产业集中在一起，以重点发展高新技术、促进区域经济增长的产业开发区。世界上率先出现的成功的高新技术产业开发区是美国硅谷，该产业区是在第二次世界大战之后由斯坦福大学提供最初的土地和人才而建立的，后来在政府的扶持和资本的加盟下成立了一批以仙童半导体公司为代表的高新技术企业集群（唐俊德，1983）。在美国，关于高新技术产业开发区的行政管理体制的设置分为二级：一级为联邦政府以及全国性的管理机构，包括美国高新技术产业园区委员会、海关总署以及全国高新技术产业开发区协会；另一级则是州和地方政府经营和管理高新技术产业开发区的管理机构，包括承办高新技术产业开发区的州政府、市政府，及其下属的公共机构或法人团体，或是承办高新技术产业开发区的私人公司或法人团体，以及由这些承办人共同组建的具体经营和管理高新技术产业开发区招商业务、基础设施和公共服务的部门。1988 年，我国实施"火炬计划"，在各大城市设立高新技术产业开发区。截至 2019 年，我国已经拥有 169 个国家级高新技术产业开发区，实现生产总值 12.2 万亿元，上缴税费 1.9 万亿元，分别占国内生产总值的 12.3％、税收收入的 11.8％[①]。设立开发区是城市促进经济增长的有效手段，对吸引潜在投资者和潜在人才都有着巨大推动作用。

（6）航空运输。

航空运输是指跨区域之间利用飞行器对人或者物品进行空间移动的

---

① 《2019 年 169 家国家高新区 GDP 占全国总量的 12.3％》，http://www.xinhuanet.com/fortune/2020－07/23/c＿1126277983.htm?baike。

行为。飞机是 20 世纪初最重要的发明之一，公认由美国人莱特兄弟发明。1918 年 5 月 5 日，飞机被首次用于航空交通运输，航线为纽约—华盛顿—芝加哥。同年 6 月 8 日，伦敦与巴黎之间也开始定期邮政航班飞行。自飞机发明以后，城市顾客跨区域旅行变得非常快捷和方便。

（7）动物救助机构。

动物救助机构是城市中用于收容、帮助、安置和处理流浪动物的专门管理机构。在城市里，很多市民有养宠物的习惯，但是，这些宠物难免有丢失的情况发生。在很多情况下，主人找不到宠物，宠物也找不到回家的路，于是，大街上就出现了一些流浪的小动物。当生活水平达到较高的状态，人们不再为一日三餐发愁的情况下，少部分市民为了排泄生活的烦闷和乏味，便通过饲养和亲近小动物的方式让自己的业余生活过得充实一些。小动物的丢失和流浪，是具有同理心的人不愿意看到的景象。另外，流浪的小动物在不卫生的环境里生活容易感染传染性疾病，这些疾病可能通过各种方式传染到人身上，于是，有爱心的人就成立了动物救助中心。英国是最早出台保护动物法令的国家，至今全球已有 100 多个国家和地区出台了动物保护及管理的相关法律。目前，动物救助机构在城市中变得越来越普遍。

（8）网络/游戏服务营业场所。

网络/游戏服务营业场所是指为城市顾客提供上网和电动游戏设备及相关服务的城市产品。本书将这两种城市产品合并在一起，是因为满足两种功能的设备现在融为一体了。1940 年 Standard Games 开始生产游戏机，向美军基地提供娱乐服务。20 世纪 70 年代，电子游戏机开始在日本、美国的城市流行，成为城市的娱乐服务产品。相比游戏机而言，网络营业场所则出现得更晚。20 世纪末，为了满足部分市民节约上网成本的需求，网吧在城市里应运而生。随后游戏机企业开发出多人联机的游戏模式，增加了游戏者的合作感和对抗感，于是，网吧除了保留上网功能，开始转行从事游戏娱乐服务。

（9）公共通信设备。

公共通信设备是指城市向居民和访客提供临时信息通信服务的城市产品，主要是指公共电话和电脑。电话亭在 1910 年于当时的工业国家开始普及。早期的室外电话亭采用木材或金属制造，设有玻璃窗。一些较新设计的，则采用塑胶或玻璃纤维，简单耐用之余也可降低成本。我国的公共通信设备从 20 世纪 80 年代就开始普及，目前公共电话已经遍布各大城市的街道、交通枢纽、商业中心、高校、酒店等场所；公共电脑在学校、图书馆等科教机构则提供得比较多。随着移动通信工具的普及，街头公用电话亭一度被人遗忘，但由于公用电话采取有线传输，当地震等自然灾害突发引发移动通信失效时，街头的公用电话的信号传输作用就发挥出来了。

2.7.3　田园城市期城市及其首发产品的共同特点

田园城市期是城市演进截至目前的最终阶段。相比以往不同的城市发展阶段而言，在田园城市期，城市规划体现了以人为本的精神和理念，这种城市规划理念逐步解决了成熟期城市出现的各种城市病。在这个时期，在以人为本导向的城市规划的驱动下，城市产品开始以满足普通民众的需求为开发目标，出现了宜人的城市绿地、宜居的居住区等对普通民众十分友好的设施和服务。总结而言，田园城市期城市及其首发产品存在如下三个方面的特点：

（1）城市内部呈现多中心化分布格局。自以 Howard（1898）为代表的学者和建筑学家提出田园城市这一理论模型后，城市多中心化发展理论不断丰富和升级，在这些理念和理论的驱使下，东西方城市开始呈现出趋同的变化方向。

英国和美国是西方国家中城市内部多中心化表现突出的两个国家。英国于 1944 年开始实施大伦敦规划，以疏解人口压力和提升经济活力为目的，建设了伦敦一至三代共 22 个新城（布鲁顿和布鲁顿，2003）。美国的大都市在第二次世界大战后也出现了商业、娱乐、工作中心增多的多中心化景象。这些中心分布在美国大都市区的郊区，形成了以城市为中心、郊区环绕城市的新型大都市结构。以 Brian Berry 为代表的学者将这种现象称为"逆城市化"（counter urbanization）。

我国基于田园城市发展理论也实施了多中心化的城市规划。比如北京、上海、广州、深圳、成都从 2003 年左右就纷纷开展多中心化的新城建设工作，缓解了城市的人口压力，驱动了城乡一体化发展。具体规划的新城如表 2.6 所示。

表 2.6　我国各大城市规划的新城

城市	新城数	已建设或正在规划中的新城
北京	11	通州、顺义、亦庄、大兴、房山、昌平、怀柔、密云、平谷、延庆、门头沟
成都	7	新都、青白江、龙泉驿、华阳、东升、温江、郫都

城市	新城数	已建设或正在规划中的新城
深圳	5	龙岗、龙华、光明、坪山、盐田
广州	5	南沙、山水、花都、从化、增城
上海	5	嘉定、松江、青浦、奉贤、南汇

数据来源：相关政府网站。

（2）城市现代化及产品科技化。现代化的概念是 17 世纪开始被提出来的，其特征体现在社会经济的进步和政治的民主化（Limongi，1997）。城市现代化的指标包括经济现代化水平指标、基础设施现代化水平指标、人的现代化水平指标三个方面（叶裕民，2001）。在田园城市期，城市及其产品的现代化非常明显。在本阶段，城市经济快速发展，基础设施得到了巨大改善和提高。以我国道路工程建设为例，截至 2017 年 12 月，我国城市道路总面积为 788853 万平方米，而改革开放之初我国城市道路总面积仅为 22539 万平方米，相比 1978 年增长了近 35 倍。科技进步也是现代化的标志。城市产品在田园城市期表现出了科技快速进步的特点，主要使用了信息技术、航空技术、海洋技术、能源技术、材料技术等新科技。

（3）城市规划强调以人为本的理念。人类社会经过长期发展，城市产品从最初反映王权统治阶层的利益逐渐转变为表达普通民众的利益。在田园城市期，许多城市开始以满足多数民众的需求为目标进行城市规划，在这些规划和建设中最能反映人本精神的就是城市绿地环境的改善。

从 19 世纪中叶开始，以英国、法国为代表的国家开始建设城市公园，引领了西方国家这一时期的"公园运动"。以伯肯海德公园为代表的城市公园重新成为城市产品的重要组成部分。1880 年，美国设计师奥姆斯特以绿地、河流等自然地貌为界对波士顿进行规划，重新打破了成熟期城市棋盘式布局，其城市规划强调自由性和人本化（吴人韦，1998）。随后，Howard（1898）提出了田园城市理论，并推进和指导了英国早期田园城市的建设。随后，泰勒、沙里宁等著名城市建筑师和学者提出了卫星城、有机疏散等概念和理论。在这些理论的指导下，城市规划体现了以协调各类顾客群体的需求为主要目标的以人为本的精神。

2.8　结论和讨论

本书基于城市顾客导向的理念，使用了比较历史分析法，描述了中西方城市在时间演进过程中城市首发产品的类型和特征，并通过历史文献和实物证据佐证了这些城市首发产品的存在。在此基础上，分析了这些城市首发产品的形成原因，并和某个历史节点出现的城市首发产品建立因果关系，加之对中西方城市首发产品的形态和特征横向相同点和差异点的比较，评判案例内分析法中的原因事件和城市首发产品之间的时间顺序，利用证伪的逻辑，证实这种因果关系的存在，进而确定某个时间段内一组城市首发产品的共同影响因素。然后，确定这个时间段第一个城市首发产品出现的时间和最后一个城市首发产品出现的时间，由此确定它就是城市演进的某个阶段。接着，按照正向逻辑分析的思路，检验这些原因事件只会导致本阶段的这一组首发产品产生而不会导致这一组之外的其他城市首发产品诞生这样的判断是否成立，如果成立，本书即可确定这个时间段就是城市演进的某个阶段。最后，根据这个阶段和其他阶段原因事件和城市首发产品的差异性，确定这个阶段在城市演进中的性质。基于上述研究思路，本书将城市演进阶段划分为远古村落期（大约公元前 13000 年至公元前 2113 年）、萌芽期（大约公元前 2113 年至公元 900 年）、成长期（大约公元 900 年至 18 世纪）、成熟期（18 世纪初至 19 世纪末）以及田园城市期（19 世纪末至今）五个阶段。城市经过这五个阶段的演进，城市产品的类型逐渐丰富，并且呈现出了人本化的发展规律。

通过对城市演进各个阶段诞生的首发产品的对比和汇总，本书发现，人类社会赖以生存的城市首发产品可以归到 13 个维度上，共产生了 67 种城市产品。在远古村落期诞生了 8 种城市首发产品，在萌芽期诞生了 25 种城市首发产品，在成长期诞生了 12 种城市首发产品，在成熟期诞生了 13 种城市首发产品，在田园城市期诞生了 9 种城市首发产品。具体情况见表 2.7。

在此需要强调的是，随着时间的推移，人类社会在城市演进的某个阶段诞生的城市首发产品，其形态、特征和功能虽然在本阶段或者下个阶段被抛弃，但是这种产品形成的理念却在随后不同的阶段得以继承。比如，远古村落期诞生的隔居房屋，具有木质和土质混合而建的风格，到了萌芽期，人类形成了木质和砖块混合而建的风格。虽然旧的建筑材料被新的建筑材料所替代，但是大人和孩子在同一个房屋里分开居住的习惯则被继承了下来。再比如，远古村落期诞生的骨耜是耕地用的农具，虽然随着冶炼技术的诞生人类发明了铁制农具，原有的农具被丢弃，但是铁制农具是在骨耜工作的原理基础上诞生的更先进的农具。也就是说，没有人类早期发明的骨耜，也就没有后来的铁制农具。进一步而言，人类在不同阶段诞生的城市首发产品都是有意义的。另外，对不同阶段的首发产品的完善和升级，同样也具有伟大的现实意义。这样，首发产品和在此基础上的不断升级和改造，使得城市产品变得越来越丰富，同时也更能满足城市各类核心顾客的利益诉求。但是，本书只研究城市首发产品的主要原因在于，只有这些首发产品的诞生才形成了某个阶段城市的特点，进而形成了城市演进的实质性内容。

在城市演进的萌芽期和成长期两个阶段，城市产品的开发明显受王权统治阶层的控制，侧重于满足少数精英的需求。发展至目前，城市首发产品已经完全摆脱了只为某个社会阶级服务的现象，侧重于满足一般民众的需求。这种规律体现在城市首发产品的演进历史中。本书在表2.7汇总了五个演进阶段出现的城市首发产品，发现越在后期开发的城市首发产品越能代表多数民众的需求。比如从成长期开始，城市中出现了不完全受王权统治阶层掌控的城市产品，这些城市产品通常服务于一般民众的生活，如文娱场所、养老院等。到田园城市期时，绝大部分城市产品的开发都是为了满足普通民众的需求，如城市绿地、居住区等。由此可见，城市的演进规律符合顾客导向的理念。

本书揭示了城市演进的一般规律，而不是一种必然规律。需要指出的是，并不是所有的城市都必须经历远古村落期、萌芽期、成长期、成熟期和田园城市期五个演进阶段。有些城市在演进过程中可能会受到一些不可抗拒因素的影响而使其发展终止，如城市所在地理区域海拔比较低，海水把城市淹没了，或者由于周围的水源枯竭或者地下水枯竭，生活用水无力为继，或者出现了核辐射，如切尔诺贝利事故，人们只能迁徙他处。也就是讲，城市可能会在某个阶段因为不可抗拒的力量致使城市发展终结，不会再发展到下一个阶段。还有一种特殊情况，一些国家已经认识到田园城市期是城市演进的高级阶段，更适合人类追求高福利元素的梦想，于是，在一些大型城市周边规划新兴城市之初，就以田园城市为蓝图，以城市各类顾客导向为理念，建设具有现代化特征的完备的各类城市产品。换言之，我们已经清楚了人类居住的城市的一般演进规律，就没有必要在新兴的城市规划和建设过程中重复人类曾经走过的道路。

表 2.7 城市演进和城市首发产品进程表

城市产品类型		远古村落期	萌芽期	成长期	成熟期	田园城市期
居住产品		房屋	住房（居住条件改善）	住房（居住条件改善）	住房（居住条件改善）	住房（别墅）
			城堡/宫殿	城堡/宫殿	城堡/宫殿	城堡/宫殿
					公寓	公寓
						居住区
商业及金融产品			市场	市场	市场	市场
			钱庄/飞钱	银行	银行	银行
				街边商铺	街边店铺	街边店铺
			商业/行业协会	商业/行业协会	商业/行业协会	商业/行业协会
					商业街	商业街
					百货商店	百货商店
					连锁商店	连锁商店
政府管理产品			司法机关	司法机关	司法机关	司法机关
			行政机关	行政机关	行政机关	行政机关
			安保机关	安保机关	安保机关	安保机关
					城市卫生	城市卫生
					空气质量	空气质量

续表2.7

城市产品类型		远古村落期	萌芽期	成长期	成熟期	田园城市期
公共设施产品		供水系统:蓄水池	供水系统:蓄水池/喷泉/供水管	供水系统:蓄水池/喷泉/供水管	供水系统:自来水	供水系统:自来水
		墓地	墓地	墓地	墓地	墓地
		集会广场	集会场地	集会场地	集会场地	集会场地
			城墙	城墙	城墙	城墙
			体育场	体育场	体育场	体育场
			公园/花园	公园/花园	公园/花园	公园/花园
			公共厕所/浴室	公共厕所/浴室	公共厕所/浴室	公共厕所/浴室
			排水系统:排水沟/排水陶管	排水系统:排水沟/排水陶管	排水系统:下水道	排水系统:下水道
					能源基础设施	能源基础设施
						停车设施
						信息基础设施
						城市绿地
生产工作产品		农业生产工具	农业生产工具	农业生产工具	农业生产工具	农业生产工具
		手工业作坊	手工业作坊	手工业作坊	手工业作坊	手工业作坊
				资本主义萌芽工场	资本主义萌芽工场	资本主义萌芽工场
					公司及工厂	公司及工厂
						开发区

续表2.7

城市产品类型		远古村落期	萌芽期	成长期	成熟期	田园城市期
公共交通产品		公共道路	公共道路	公共道路	公共道路	公共道路
			水上交通	水上交通	水上交通	水上交通
				公交车辆	公交车辆	公交车辆
					出租车	出租车
					城市轨道交通	城市轨道交通
						航空运输
宗教产品		神龛	神龛	神龛	神龛	神龛
			庙宇	修道院/庙宇	修道院/庙宇	修道院/庙宇
			教堂	教堂	教堂	教堂
医疗福利产品			医院	医院	医院	医院
				救济/养老院	救济/养老院	救济/养老院
						动物救助机构
生活服务产品			饮品店	饮品店	饮品店	饮品店
			餐饮店	餐饮店	餐饮店	餐饮店
			邸店/旅店	邸店/旅店	邸店/旅店	邸店/旅店
				小吃/摊卖	小吃/摊卖	小吃/摊卖
					社区生活服务类店铺	社区生活服务类店铺
						网络/游戏服务营业场所

续表2.7

城市产品类型	远古村落期	萌芽期	成长期	成熟期	田园城市期
娱乐休闲产品		剧场/戏场	剧场/戏场	剧场/戏场	剧场/戏场
			文娱场所	文娱场所	文娱场所
			街头表演	街头表演	街头表演
			游乐园	游乐园	游乐园
				动物园	动物园
科教产品		图书馆	图书馆	图书馆	图书馆
		天文台	天文台	天文台	天文台
		出版印刷机构	出版印刷机构	出版印刷机构	出版印刷机构
		学校	中小学	中小学	中小学
			博物馆	博物馆	博物馆
			大学	大学	大学
旅游产品		标志性建筑	标志性建筑	标志性建筑	标志性建筑
		旅游景点	旅游景点	旅游景点	旅游景点
			城市传媒	城市传媒	城市传媒
传媒通信产品				电报	电报
					公共通信设备

第3章 基于营销战略导向构建城市形象

3.1 引言

虽然 2019 年末开始的新型冠状病毒肺炎疫情在全球范围内的蔓延和肆虐一度阻碍了各国之间的人员交往和贸易往来，但是它压制不了人类对世界和平和经济发展的永恒愿望。在城市全球化和国际化的历程中，许多城市通过城市再定位、城市空间的重组和转型（Sassen，2016），在吸引投资、项目、技术、访客和人才等领域展开了激烈的竞争。在国际化和全球化不可阻挡的趋势下，保持竞争优势一直是城市管理者长期关注的问题。20 世纪末，城市生存竞争条件变化所产生的危机，迫使城市管理者努力在全球等级鲜明的网络中获得更高的位势（Klijn and Koppenjan，2012）。因此，为了在资源、人力和资本的国际竞争中取得成功，城市管理者应该逐步采纳企业家精神，即像经营企业一样治理城市和营销城市（e.g.，Anttiroiko，2015）。Harvey（1989）关于城市治理从"管理主义向创业主义"转变的文章揭示，当治理承担了促进创新和承担风险以追求增长的重任时，它就变成了创业型治理。因此，当城市管理者在促进城市增长方面的作用变得越来越重要时，城市管理者就越来越具有企业家精神（entrepreneurial）（Leitner，1990；Hall and Hubbard，1998）。一般情况下，城市采取市场营销的基本理念创建城市品牌，在城市的治理中引入一些商业运作模式，已经成为一种更广泛的趋势（Klijn et al.，2012）。城市品牌化（city branding）已被具有创业精神的管理者广泛采用，以期强化城市识别，并在城市间竞争加剧之际吸引全球关注。从这个角度来看，城市品牌化被视为一种竞争策略，无论对个人还是对整个社会，它在各类城市顾客的体验中所构建的品牌形象将形成一种强大而又持久的作用（Aitken and Campelo，2011）。也就是说，通过成功的城市品牌化创建正向和差异化的城市形象。

把市场营销理论和城市治理有效地融合在一起，即将市场营销理论体系应用在城市这种复杂的综合体上，形成城市营销这个理论体系，最重要的基础工作是检验营销战略导向是否对构建城市形象存在显著贡献。城市管理者运用营销战略导向，即顾客导向和竞争导向，创建城市形象，其中最重要的是面向它的居民开展营销活动，然后通过本地居民与城市外部访客在各个接触点所表现的素养、语言和行为，进行浸入式的交互营销。我们知道，那些具有居住地自豪感的人才会积极主动地担任城市形象大使的角色，解答访客遇到的问题，帮助访客摆脱困境，用自己的一言一行向访客宣传城市。这样就产生了如下两个问题：正面的城市形象能否提升居民的自豪感？营销战略导向包含的居民导向和竞争导向，它们需要借助什么样的路径才能对城市形象产生正向作用？

3.2 文献回顾

3.2.1 居民导向

在城市营销领域，一个不可争辩的事实是本地居民是城市的核心顾客（Niu et al.，2017）。城市居民是城市发展和繁荣的动力，是城市公共产品、公共服务和公共政策的积极参与者和共同决策者（Braun et al.，2013）。城市居民是指生活在城市中的个人，是城市产品的主要消费群体。以客户为中心的观点认为，居民渴望拥有一个满足自己和他的家庭成员需求的舒适的公共生活环境（a suitable public living environment）（Braun，2008）。城市管理者应该把客户的利益放在第一位，了解他们当前和潜在的需求，然后创造和传递恰当的公共产品以期满足他们的需求。

沿着顾客导向的基本理念（Rindfleisch and Moorman，2003；Reed et al.，2016；Smirnova et al.，2018），本书可以如此界定居民导向（resident orientation），即城市管理者把居民利益放在优先考虑的位置，不断为居民创造卓越的价值，最终目的是提高居民的满意感和生活质量的一系列信念和行为。在当代城市中，居民导向是城市实施营销管理的核心。通过对居民的关注，可以更好地了解居民的需要和欲望，开发出更令人满意的产品和服务，获得更高的居民满意度和居民忠诚度。居民导向可以帮助城市预测客户需求，对城市产品进行差异化处理，从而激发创新，获得新客户（Calantone et al.，2010）。与此同时，城市管理者应该搭建平台，促使各个职能部门、各个单位之间力量的对接和协同，创造和传递卓越的客户价值。同时，同为某一座城市的居民，不同群体的顾客对同一种城市产品存在不同的利益诉求，如在社区公园里，有的人喜欢安静，有的人喜欢热闹；有的人喜欢做一些简单的运动锻炼身体，有的人喜欢坐着静静地发呆。诸如此类的差异不一而足。具有居民导向意识的城市就会在社区公园里设计不同的分割区域以满足不同群体的利益追求。

3.2.2　竞争导向

在这个高度全球化的时代，城市在吸引优质资源、潜在投资和高素质人才方面展开激烈的竞争。为了将本城市与其他城市区分开来，城市管理者越来越注重将城市建立为一个品牌，并采用营销技术来识别竞争对手，分析竞争对手品牌形象的特征和影响力。为了构建城市竞争优势，很多城市采取企业家城市治理理念，这样的政府在追求经济发展和就业增长方面表现出风险承担、广泛推动和有进取心的商业特征（Harvey，1989；Hall and Hubbard，1998）。Narver and Slater（1990）将竞争导向定义为对当前和潜在竞争对手的短期优势和劣势，以及长期能力和战略的深入理解。采取竞争导向的城市，意味着需要建立一个坚实的有关现有的和潜在的竞争对手的情报体系，分析竞争对手的战略、资源、产品、劣势和优势，并在此基础上制定有利于培育本城市持续竞争优势的决策和行动方案，最终在复杂创新、产品/服务范围、市场范围、成本控制和领导力、质量、生产能力和差异化利益等方面产生持续的改进和提升。不能有效识别竞争对手，将导致如下结果：不清楚竞争对手的能力、成功的经验；不清楚竞争对手哪些理念和做法值得学习（Slater and Narver，1998）。一个城市通过全面分析竞争对手，可以借鉴它们先进的经验，确定自己的禀赋资源和相关优势，识别自己在世界上的市场机会，从而规划自己的城市竞争战略。

3.2.3　生态和谐

生态和谐体现了城市可持续发展的基本精神。城市是一个人口密度高，生产活动高度集中，自然、人为、社会经济环境各要素相互融合的综合体（Wu and David，2002）。今天，城市化的步伐正在加快，大约

70％的世界经济活动是在城市里进行的。到2050年，预计将有64亿人（相当于当今世界总人口的88％）居住在城市里。城市一直是经济增长、创造就业、创新和文化交流的中心。城市人口居住集中，人口数量庞大，经济活动和社会活动频繁，这也是许多环境和社会问题产生的根源。这些问题体现如下：不可持续地使用能源、温室气体的排放、不可遏制的空气污染和水污染、环境退化、土地浪费、不恰当的城市设计、社会剥夺、社区混乱、无效的流动性、交通堵塞、公共安全降低、居民身体健康受到威胁等。当前，城市一系列环境和社会问题是在不可持续的世界观主导下形成的，这种世界观以人类为中心，过度追求经济利益，它把自然作为一种资源，作为一种可开发的对象（Bonnett，2007）。这种基于二元论、还原论、机械论的世界观，没有认识到人类显然只是一个相互联系和相互依赖的系统中的一部分（Ehrenfeld，2005）。因此，城市的可持续发展，意味着应该在环境和社会问题之间做出必要的权衡（Molles，2010），需要采取更加整体性和转型性的方法，从根本上改变人与自然的关系（Hopwood et al.，2005）。目前，日益密集、复杂和相互依赖的城市系统使得城市变得异常脆弱。如果城市继续以工业革命以来的方式发展和扩张，毫无疑问，人类文明注定会遭遇灾难。因此，我们迫切需要探寻城市发展的合理路径（Glaeser，2011）。在城市生态系统领域，城市的可持续发展与环境承载能力的概念交织在一起。环境承载能力指的是人类活动对自然资源的利用速度只能以自然资源能够得到补充的速度为基准（Pearce and Redclift，1988）。

城市生态系统是一个复杂系统，它不仅包括自然环境，如地球的生物圈、空气和水，还包括社会制度、文化、行为以及人为环境（Collins et al.，2000）。狭义上的城市生态系统，通常指城市内部及周边能够为人类提供服务的绿色基础设施，主要包括森林、绿地、河流和湖泊、公园和花园、屋顶和墙面绿化等。它们不仅为人类提供木材、花卉、苗木、食物等生产生活物品，还可以满足居民对城市环境的需求，提供非实物型的生态系统服务，诸如降低城市热岛效应、降低二氧化碳排放量、适应气候变化、净化空气、减少噪音、净化水源、减少地表径流、补充地下水、防止城市水灾、维持生物多样性等，并且为居民提供一系列休闲、娱乐等文化服务，如体验自然、娱乐活动、放松身心、户外舞蹈和体育，以及美学体验，特别是有助于城市居民心理和身体的恢复（曹先磊等，2017）。广义上的城市生态系统，基于一个城市未来的远景，就是在人类活动与自然环境之间保持一个动态的平衡。比如，新建一座城市，或者对现有的城市进行扩张，地表上建筑的高度和面积要符合地壳的承受能力；城市建筑群的排列和布局要与一年四季空气的流动方向相一致，以保持城市上空空气的新鲜度；城市社区建设容纳人口的数量要考虑到地下水的容量以及城市河流和水库的容量；人类的各类活动以不破坏生态环境为原则。因此，可以从城市环境和人类活动两个主要变量的相互关系来解释城市生态系统（Grimm et al.，2000）。城市生态和谐是指这两个因素之间的和谐和可持续的关系（Ruano，1999），具体来说，就是发展多维度的可持续城市居住区内的人与城市生态系统的和谐关系。

城市生态系统的和谐直接关联到人与自然的相互联系，具有整体性、系统性和连接性的特点（Jordan and Kristjánsson，2017）。人类和社会的繁荣必须处于自然之中。繁荣，可以理解为良好的生活。人与自然的和谐扩展了繁荣这个概念，良好的生活意味着一个广泛意义上的幸福，包含人与人和人与自然的和谐共处。城市生态系统的和谐可以理解为实现城市可持续发展的哲学、价值和世界观（Jordan and Kristjánsson，2017）。可持续发展是一个变革的过程，其中，资源的开发、投资的方向、技术开发的方向和制度改革都是和谐的，并能提升这些生产要素现在和未来的潜能，以满足人类的需要和期望（WCED，1987）。可持续的概念可以理解为一个城市尊重自然和社会系统。显然，城市的发展不能引发环境危机，不能引发社会衰变，不能引发生态破坏和社会剥夺，更不能危及未来的生活（Bibri and Krogstie，2017）。可持续发展是指在不损害后代满足其自身需要的情况下满足当代人的需要和愿望所产生的发展（WCED，1987）。可持续的城市发展是指促进经济发展的环境变化过程，在这个过程中，保护资源，促进个体、社区和生态系统的持续健康运行（Richardson，1989）。城市的可持续发展维护和改善了城市生态系统，为其居民提供可持续的人类福利。

城市生态和谐（urban ecological harmony）是城市发展的指导原则，它要求城市建设应以可持续发展为重点。同时，作为一种思维范式，它是城市规划和设计（如建筑、土木与环境工程）以及城市治理（城市发展战略、居民教育）专业实践的关键组成部分（Bibri and Krogstie，2017）。在此基础上，城市生态和谐旨在发展多维可持续的人居环境，以及人与城市生态系统的和谐关系。

3.2.4　全球连通性

连通性（connectivity）指的是事物之间连接的性质和连接的程度

（Robertson and Buhari-Gulmez，2017）。基于流动空间（space of flow）的概念，全球连通性是在世界范围内一个城市与其他地域之间在经济、社会、文化、政治、技术等领域所形成的持续稳定的联系、交流和互动。全球连通性作为城市竞争优势的源泉，是经济全球化和国际分工的产物（Kresl，1995）。对于一个城市来说，全球连通性决定了该城市在全球网络系统中的功能、位置、等级、地位和权力（Taylor and Hoyler，2000）。同时，它也决定了城市在全球的竞争力和关键特征（Kresl and Singh，2012）。

城市之所以要突出其外部联系与流动，是因为城市作为全球经济中的一个节点，其在全球经济中的战略重要性是由它的连通性来体现的。从这一角度讲，一个城市只有在世界范围的流动中才能找到自己的位置。在世界城市网络体系中，其联系性的强弱程度决定了不同城市的地位与职能。联系性较弱的城市会在其所在地区形成区域性的地位与职能，联系性较强的城市会超出其所在地区形成全球性的地位与职能。城市对外的连通性，是以城市主动开放的程度为基础的。城市开放程度与现代产业技术进步之间存在正相关作用。Helliwell（1992）的研究发现，经济开放不仅意味着更多的进出口贸易，而且意味着拥有更多的外界技术学习机会与吸收能力。技术进步的"门限效应"（threshold effect）只存在于低收入地区，并且越开放的地区就越有机会和能力去吸收外部世界的新知识，而后发地区必须达到一定的开放程度才能对全要素生产率有促进作用。

相比全球化程度较低的城市，全球性城市被概念化为各种流动空间的中心节点或者枢纽，因为它们提供了资本、商品、知识、劳动力、游客和文化符号在不同国家之间的流动（Smas and Schmitt，2021）。城市之间的联通更多地表现为不同公司之间、同一公司内部、不同分支机构之间以及各种机构之间的联系。全球城市的连通分为两类：物理连接（如金融资本、原材料、人力资源、交通基础设施）和信息/知识/智能连接（如会计服务、咨询服务、法律服务）。对于物理连接而言，电信基础网络所形成的城市之间的数据传输能力、电信在城市中的渗透力、航空乘客流量、海上交通流量，可较好地反映它的连通性。对非物理连接而言，一个城市拥有的跨国公司的数量，决定了该城市跨国网络形成的主要动因，这些网络的地理特征可以用来揭示全球城市网络的空间层次（Taylor et al.，2014）。

城市连通性的决定因素可分为城市内部资源（生产要素、交通系统、地理位置）和战略影响因素（政策和制度设计）。在城市绩效概念模型的研究中，Begg（1999）证实了城市连通性受到了企业的价格和非价格因素、当地环境、城市治理和政策的影响，其中，城市层面政策的影响最为重要。城市是全球互联互通的节点，是经济、社会和政治决策的中心。城市的繁荣取决于城市间的连通性（Beaverstock，2002）。一个与其他城市（在地域和全球程度上）有着高数量和高质量联系的城市，可以凭借其在全球流动空间中的地位，获得其作为全球经济控制和指挥中心的特权（Castells，1996）。从内部资产转移到外部关系，意味着在更广泛的全球城市网络中定位一个城市是经济繁荣的关键。

3.3　理论假设

3.3.1　居民导向和生态和谐

采用居民导向的城市能更好地理解居民当前已表达和潜在的需求，为居民提供渴望的产品和服务，进而获得更高的市民满意感和更忠诚的市民关系（Zenker and Jacobsen，2015）。人类的普遍需求可以分为三种类型：生物有机体的基本需求、人际协调的社会互动需求、群体福利和生存的社会制度需求（e. g.，Parsons，1957）。因此，在居民导向的指导下，城市管理工作将考虑居民的三种普遍需求。目前，城市化是好事也是坏事，因为城市在满足居民需求的同时也损害了他们的利益。城市是社会经济发展的引擎，但也是主要环境污染和疾病的来源（Wu，2014）。快速的城市化和高速的社会经济发展损害了城市居民的利益，并引起了气候变化和环境变化，进而影响粮食、能源和水资源供应，以及公共卫生、金融市场、全球经济等全球性问题。被污染的城市环境威胁着居民的生存，导致了无数的灾难。如果世界上的城市要成为生产力和娱乐的中心，城市管理就应该采取更积极和可持续的城市发展模式。

城市可持续性意味着一组动态条件，这些条件用于满足当前和未来几代人的需要，但它是一个自适应过程，促进和维持人类的经济和社会行为与生态系统服务之间建立一个良性的循环，最终建立人类福祉。第一，生态可持续发展是可持续发展的环境组成部分。城市生态系统可为居民提供如下三点利益：供应服务（如食物和水）；调节服务（如空气和水的净化，对气候、洪水、疾病、危害和噪音的调节）；文化服务（如娱乐、精神、宗教和其他非物质利益）（Grimm et al.，2013）。城市生态系统的这些效益，在生物有机体的基本需求、人际协调的社会互动需求、群体福利和生存的社会制度需求方面，与居民的普遍需求完美契合，是居民福祉和未来发展的基础。第二，生态可持续发展注重长期成果和未来需求。这与代际平等的关键原则交织在一起，为了子孙后代的利益，当代人应确保环境的健康、多样性和生产力，这样，后代的发展才能得到维持和强化。秉持居民导向的城市管理者必然会考虑下一代市民的需要和城市的长期繁荣。城市生态和谐是实现可持续发展的理念、价值和世界观（Jordan and Kristjánsson，2017），同时，作为一种思维范式，它也是城市规划和城市治理专业实践的关键组成部分（Bibri and Krogstie，2017）。因此，秉持居民导向观念的城市必然考虑生活在这个城市的当代居民和未来居民的基本需求，努力减少城市化过程中所产生的环境问题和社会问题，确保人类活动与自然环境两者之间的动态平衡。据此，本书提出如下假设：

H1：居民导向正向影响生态和谐。

3.3.2 居民导向和全球连通性

在居民导向理念的驱使下，城市管理者将居民的利益放在首位，了解居民当前和潜在的需求，以创造满足居民需求的城市公共产品。Zenker et al.（2013）通过居民满意度模型的研究发现，城市居民的总体满意感主要由四个不同的基本因素来解释，即都市风格和多样性，自然和娱乐，就业机会，成本效益。值得注意的是，第一个因素都市风格和多样性解释了居民满意感的绝大部分方差。都市风格和多样性反映了一个城市的大都市特征，如机会的广泛性、文化活动、购物活动、城市的开放性和包容性。

都市的多样性反映了居民对城市全球连通性的需求，比如居民到国外旅行、求学，甚至一些居民到国外投资。作为全球各类资源交换的一个节点，全球连通性高的城市将拥有更多的商品，更广泛的文化活动，城市的开放性和包容性也比较强，能为本地居民创造更多的就业机会（Taylor et al.，2014；Derudder and Taylor，2016）。此外，物理连接是全球城市连通性的一个主要范畴，高全球连通性意味着更便利的交通体系和更完善的基础设施。居民导向的最终目的是满足居民的需求，都市风格和多样化的具体表现形式就是居民需求的真实体现，如城市的开放性和包容性是居民的需求之一，而现实城市的开放性和包容性依赖于城市的全球连通性。因此,本书推断,居民导向的城市将积极与全球的城市建立物理连接和非物理连接,由此把城市的开放性和包容性落到实处。据此,本书提出如下假设:

H2:居民导向正向影响全球连通性。

3.3.3　竞争导向和生态和谐

秉持竞争导向的城市强调对当前和潜在竞争者优势和劣势的分析,以及对竞争对手战略的识别。通过获取竞争对手的情报,对本城市资源和能力关联的优劣势分析,以及对市场机会的识别,制定出有利于提升城市竞争优势的战略(Narver and Slater,1990)。与企业竞争力相比,城市竞争力更加复杂,包含的维度更多。最近的研究对以经济为中心的城市竞争力方法提出了挑战,并寻求一种反映城市经济、环境和社会发展的平衡方法(Jiang and Shen,2010)。可持续的城市发展已经成为一个重要和广泛的概念,包括城市的所有经济、环境、文化和社会目标(Bibri and Krogstie,2017)。全球竞争促使城市在全球化的进程中定义自己的角色,并建立利基市场领域,城市可持续性是竞争优势的来源和城市竞争战略的必然选择(Carrillo et al.,2006)。在此背景下,Lehmann(2010)注意到城市在更多的维度上参与了全球竞争,良好的城市环境就是其中之一。例如,德国城市汉诺威和丹麦首都哥本哈根通过技术进步、提供环境友好的生活方式和提供绿色就业机会成为未来绿色愿景的领导者。因此,基于全球竞争的视角,在全球其他城市的对比中,必然会学习和借鉴持续性发展比较好的城市的经验和做法以促进本城市的生态和谐。也就是讲,秉持竞争导向理念的城市不再把经济利益作为城市发展的唯一目标,必然会在全球的城市竞争中定义自己的身份,其中可持续的城市生态系统就是一个重要的选项。因此,具有竞争导向的城市必然会建立生态和谐,以期实现城市的长远发展。据此,本书提出如下假设:

H3:竞争导向正向影响生态和谐。

3.3.4　竞争导向和全球连通性

世界各地的城市正面临着各种资源的直接竞争,城市的全球连通性是全球竞争力的关键决定因素之一,也是成为世界城市的关键特征(Kresl and Singh,2012)。在竞争导向的指导下,城市管理者应该充分了解当前和潜在竞争对手的优势和劣势、能力和策略,以体现出差异化。

竞争导向为城市管理者的决策建立了竞争对手分析的情报基础。对一个城市而言，为了实现差异化和获得竞争优势，需要对比分析竞争对手的核心资源和技能，据此，建立合理的竞争战略。因此，这样的城市应该具有开放的胸襟，在全球范围内建立信息、知识和情报的连接系统。此外，在世界城市网络中，一个城市的繁荣程度不仅仅取决于它的竞争优势，还要和世界其他城市进行通力合作，吸纳其他城市的优势资源，充分整合自己的优势资源，进行优势叠加；同时，借助全球连通性弥补自己的资源短板，改进自己的价值链体系。因此，具有竞争导向的城市就会强化城市的全球连通性。据此，本书提出如下假设：

H4：竞争导向正向影响全球连通性。

3.3.5　生态和谐和城市形象

一个城市在其居民心智中的形象是由居民在城市生活的体验、对城市各种产品的感知以及媒体对城市建设和发展的报道所形成的。城市形象反映了人们的心理图景和观点，它是基于认知和情感所形成的印象（Anholt，2006）。认知印象来源于居民对城市所提供的服务和设施的客观认识，情感印象则是居民对城市的心理感受（Stylidis et al.，2017）。生态和谐的目的是建立人与外部环境的和谐关系。以城市生态和谐为思维范式的城市将把这一理念运用到城市规划、城市设计和城市治理中。在这种情况下，城市将有更优质的环境，从而使城市产品的质量更好，并使居民受益。城市环境是城市产品的重要组成部分，直接影响城市形象（Niu et al.，2017）。此外，生活在绿色环境中的城市居民的恐惧程度低，压力小，攻击性和暴力行为也比较少，这利于居民对城市有正向的感知（Nassauer and Raskin，2014）。据此，本书提出如下假设：

H5：生态和谐正向影响城市形象。

3.3.6　全球连通性和城市形象

城市形象的产生是由人与环境共同主导的双边过程，城市的心理画面是在居民的头脑中形成的，它依赖于客观知识（如本城市和哪些城市是友好城市，和全球其他城市之间的物理联系），同时也依赖于情感因素（Manyiwa et al.，2018）。城市的全球连通性反映了一个城市与世界其他城市在政治、经济、文化和技术等方面交流和交换的程度，它分为物理连接和非物理连接。物理连接包括各种类型的交通基础设施，如航空、铁路和海上交通；非物理连接包括一个城市拥有跨国企业的数量、资本的流动性等。这些因素对城市形象的形成起着至关重要的作用。更重要的是，非物理连接反映了一个城市在全球价值链中的地位，以及获取和控制金融资本、人力资本、专利技术的能力。所以，高连通性的城市可以获得更广泛的商品，也会举办更多的文化事件。研究显示，更多的商品和丰富多样的文化事件可改善城市形象（Herstein et al.，2014）。据此，本书提出如下假设：

H6：全球连通性正向影响城市形象。

3.3.7　城市形象和居民自豪感

自豪感（sense of pride）是生活在一个特定城市的个人和集体对该城市的情感反应，产生于对一个特定地方的利害关系（Davidson et al.，2007）。它反映了个体对居住城市的积极情感。Morrison（1996）认为有两种自豪感：公民自豪感（civic pride）和城市自豪感（urban pride）。公民自豪感是一个被许多城市领导人和发言人使用的术语，是指由城市领导从上到下构建的自豪感；城市自豪感反映了个体对城市的骄傲情绪，城市居民个体表达的自豪感。

自豪感来自参照物的选择。人在进行自我评价时，首先必须选定一个参照物，通常选定某个最亲近、最现实、具有最大利益相关性的他人或社会平均水平作为参照物，即把自身的中值价值率与他人（或社会一般人）的中值价值率进行比较，从而产生自我情感。两者的差值越大，自我情感的强度就越高，因此一个人自我情感的强度在根本上取决于自我价值的强度。自我价值强度的高低又取决于一个人的自信成分。城市形象根植于居民对城市的认知和情感，如果一个人将过去的城市形象作为参照物，在其对城市有一定的情感卷入的状态下，当前的城市形象明显好于以前的城市形象，他就会形成自豪感。同理，如果这位居民把当前的城市形象作为参照物，相信未来的城市比现在的城市状态有巨大的改善，他的自豪感也会油然而生（Collins，2016）。

一个良好的城市形象能够提升居民的自豪感。Tilson and Stacks（1997）指出，一个良好的城市形象会使得城市居民成为大使，在与其他城市的居民交谈时，他们会讲述这座城市的"奇迹"。Avraham（2004）指出，让城市居民参与城市形象构建的活动，如分发一些"我爱这座城市"的小纸片，让城市居民感知到真实的城市形象，能够培养城市居民的自豪感。另外，对城市推广的过程也能形成自豪感（Anttiroiko，2015）。据此，本书提出如下假设：

H7：城市形象正向影响居民自豪感。

根据上述七个假设构建本研究的概念模型图，具体情况见图 3.1。

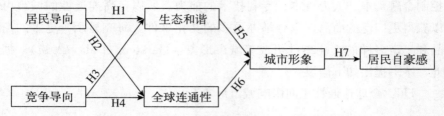

图 3.1 基于战略导向构建城市形象的概念模型

3.4 研究方法

3.4.1 变量测量

居民导向的测量是在 Deshpandé et al.（1993）的基础上根据小组访谈确立的。它由五个题项组成：①我们这座城市的管理者经常测量我们对城市公共产品（服务）质量的评价；②我们这座城市的公共产品开发和建设充分考虑了居民的需要；③我们这座城市的管理者知道我们怎么看待城市的公共产品（服务）；④我们这座城市的管理者将居民利益放在首位，其次才是城市管理者的利益；⑤我们这座城市的管理者认为城市的首要服务对象是城市居民。

竞争导向的测量是在 Narver and Slater（1990）的基础上根据小组访谈确立的。它由四个题项组成：①我们这座城市的管理者会关注有关竞争城市的信息，比如，我们经常在新闻报道中或者通过其他途径了解到我们这座城市的管理者主动去其他城市参观学习；②我们这座城市的管理者会对竞争城市的行为做出迅速反应，比如，我们经常在新闻报道中或者通过其他途径了解到我们这座城市的管理者会主动学习或者改进其他城市的先进经验；③我们这座城市的管理者会讨论竞争城市的战略，比如，我们经常在新闻报道中或者通过其他途径了解到我们这座城市的管理者会聘请专家组织相关的学习会或者研讨会；④我们这座城市的管理者为了城市的竞争优势而寻找各种各样的机会，比如，我们经常在新闻报道中或者通过其他途径了解到我们所在的城市会出台专项政策吸引生产要素的流入。

生态和谐构念的测量，是本书根据文献研究汇总的内涵，在小组访谈的基础上开发出来的。为了让受访者明白这个构念的含义，本书是这样提问的：您是否感受到您所居住的城市人与自然的和谐？（人与自然的和谐：人类活动必须顺应自然发展规律，与自然协调平衡、和谐共处，不应该试图伤害、掌握它，以免因破坏自然而造成灾难）。它由如下三个题项组成：①我们这座城市的规划和发展符合自然发展的规律；②我们这座城市的管理者的决策行为符合自然发展的规律；③我所接触到的这座城市的公共产品（服务）符合自然发展的规律。

全球连通性构念的测量，是本书根据文献研究汇总的内涵，在小组访谈的基础上开发出来的。它由如下六个题项组成：①我们这座城市到达全球的任何地方，有方便的交通工具；②我在我所居住的城市里，可以轻松地买到国际企业生产的产品或服务；③我所在的城市经常举行国际性的文化活动或者体育赛事；④我可以经常看到留学生在我们这座城市访问留学；⑤我们这座城市的行政首脑经常接待其他国家的政府官员；⑥国际企业经常会选择在我们这座城市投资或建立企业。

城市形象测量来源于 Niu et al.（2017）。它由如下四个题项组成：①我认为我所在的城市的城市形象比以前好得多；②我认为我所在的城市的城市形象比其他城市要好得多；③我认为我所在的城市的城市形象非常好；④我认为我所在的城市的城市形象在未来将变得更加好。

居民自豪感测量来源于 Smith（2006）和小组访谈。它由如下四个题项组成：①比起其他城市，我更愿意成为我所在的城市的居民；②我所知道的很多人都希望成为我所在的城市的居民；③总体而言，相比其他更多的城市而言，我们这座城市是个好地方；④即使这座城市有问题，我们城市的居民依旧会支持它。

上述各个变量测量均采用李克特量表，答题的选项设计为完全不同意、比较不同意、中立、比较同意、完全同意，并分别将选项赋值为 1～5 分。

3.4.2 试调查和数据收集

问卷包含两个部分：第一部分是主体调查；第二部分是收集受访者的人文统计特征变量。为了评估问卷中各个构念测量的文字表述是否恰当，本书于 2019 年 4 月中旬通过问卷星进行了试调查，调查对象主要是城市的官员和学者，收集他们对各个题项表述的意见和建议，根据反馈信息，对问卷中各个题项不恰当的措辞进行了修改和完善，在此基础上确立了最终调查使用的正式问卷。正式调查的时间开始于 2019 年 4 月下旬。本书把成都市居民作为受访对象，收集他们对成都市战略导向、生态和谐、全球连通性、城市形象和居民自豪感的评价。本书通过方便抽样和判断抽样两种抽样方法相结合的方式，借助问卷星和委派访问员进入社区两种方法获取受访对象。甄别合格受访对象的条件是，大于18岁，在成都市连续居住三年以上的非学生身份的居民。共有504位受访者接受了调查，剔除矛盾性的问卷，余留有效问卷408份，有效回收率为81.0%。

3.4.3 样本概况

根据有效问卷对应的受访者的人文统计特征，汇总整理的样本概况见表3.1。

表 3.1 样本概况

		人数（人）	百分比（%）
性别	男	207	50.7
	女	201	49.3
年龄	18～30岁	103	25.2
	31～40岁	100	24.5
	41～50岁	99	24.3
	51～60岁	82	20.1
	60岁以上	24	5.9
受教育程度	大专以下	199	48.8
	大专	103	25.2
	本科	66	16.2
	硕士	31	7.6
	博士	9	2.2
居住时长	3～5年	108	26.5
	6～8年	75	18.4
	9～15年	105	25.7
	16～20年	41	10.0
	21～25年	25	6.1
	25年以上	54	13.2

3.5　数据分析和结果

3.5.1　变量的测量、可靠性和有效性分析

本书使用 SmartPLS 3.0 检验构建的理论结构模型。数据分析发现，概念模型关联的六个变量测量的克隆巴赫系数（Cronbach's Alpha）分布在 0.823～0.895，均大于阈值 0.700；综合信度（Composite Reliability）分布在 0.876～0.935，均大于阈值 0.700；平均提炼方差（Average Variance Extracted，AVE）分布在 0.585～0.827，均大于阈值 0.500。三个指标均大于规定的阈值，说明本书构建的概念模型关联的六个变量的测量具有较高的可靠性，测量题项充分代表了六个构念。各个变量测量的可靠性指标的数值见表 3.2。

表 3.2　各个变量测量的可靠性

	克隆巴赫系数	综合信度	平均提炼方差
居民导向	0.823	0.876	0.585
竞争导向	0.848	0.898	0.688
生态和谐	0.895	0.935	0.827
全球连通性	0.879	0.908	0.622
城市形象	0.844	0.895	0.681
居民自豪感	0.863	0.906	0.708

区别效度的检验是通过比较一个构念 AVE 的平方根与该构念与其他构念之间的相关系数的大小来实现的。表 3.3 呈现了城市形象、竞争导向、全球连通性、居民导向、居民自豪感、生态和谐六个变量的 AVE 的平方根以及它们之间的相关系数。对角线上的数值是变量的 AVE 的平方根，非对角线上的数值是这些变量之间的相关系数。通过表 3.2 可以看到，每个变量的 AVE 的平方根均大于它和任何变量之间的相关系数，由此证实了本书建构的六个构念具有较好的区别效度（Fornell and Larcker，1981）。

表 3.3 各个构念平均提炼方差的平方根和相关系数

	1	2	3	4	5	6
城市形象	0.825					
竞争导向	0.364	0.829				
全球连通性	0.472	0.353	0.789			
居民导向	0.412	0.595	0.304	0.765		
居民自豪感	0.615	0.367	0.450	0.318	0.841	
生态和谐	0.434	0.479	0.281	0.619	0.381	0.910

注：对角元素是各个潜变量平均提炼方差的平方根，非对角线元素是潜在变量之间的相关性。

变量测量的会聚效度是通过检验各个指标在对应潜变量上的因子载荷的显著性来评判的。表 3.4 呈现的各个指标即题项在对应潜变量上的因子载荷分布在 $0.721 \sim 0.935$，大于推荐值 0.500，且高度显著（T 大于 2.0），支持每个构念测量的会聚效度。

表 3.4 各个测量题项的因子载荷、T 值和 VIF 值

变量	测量题项	因子载荷 Bootstrap	T 值	共线性诊断（方差膨胀系数，VIF）
居民导向	我们这座城市的管理者经常测量我们对城市公共产品（服务）质量的评价	0.721	22.376	1.565
	我们这座城市的公共产品开发和建设充分考虑了居民的需要	0.761	23.580	1.653
	我们这座城市的管理者知道我们怎么看待城市的公共产品（服务）	0.739	25.202	1.605
	我们这座城市的管理者将居民利益放在首位，其次才是城市管理者的利益	0.807	37.031	1.928
	我们这座城市的管理者认为城市的首要服务对象是城市居民	0.794	37.490	1.778

续表3.4

变量	测量题项	因子载荷 Bootstrap	T 值	共线性诊断（方差膨胀系数，VIF）
竞争导向	我们这座城市的管理者会关注有关竞争城市的信息，比如，我们经常在新闻报道中或者通过其他途径了解到我们这座城市的管理者主动去其他城市参观学习	0.808	35.898	1.852
	我们这座城市的管理者会对竞争城市的行为做出迅速反应，比如，我们经常在新闻报道中或者通过其他途径了解到我们这座城市的管理者会主动学习或者改进其他城市的先进经验	0.856	45.181	2.285
	我们这座城市的管理者会讨论竞争城市的战略，比如，我们经常在新闻报道中或者通过其他途径了解到我们这座城市的管理者会聘请专家组织相关的学习会或者研讨会	0.860	53.167	2.273
	我们这座城市的管理者为了城市的竞争优势而寻找各种各样的机会，比如，我们经常在新闻报道中或者通过其他途径了解到我们所在的城市会出台专项政策吸引生产要素的流入	0.792	29.278	1.872
生态和谐	我们这座城市的规划和发展符合自然发展的规律	0.874	53.130	2.151
	我们这座城市的管理者的决策行为符合自然发展的规律	0.935	121.938	3.748
	我所接触到的这座城市的公共产品（服务）符合自然发展的规律	0.919	73.004	3.332
全球连通性	我们这座城市到达全球的任何地方，有方便的交通工具	0.743	24.165	1.708
	我在我所居住的城市里，可以轻松地买到国际企业生产的产品或服务	0.826	36.859	2.180
	我所在的城市经常举行国际性的文化活动或者体育赛事	0.842	43.757	2.366
	我可以经常看到留学生在我们这座城市访问留学	0.794	32.677	2.040
	我们这座城市的行政首脑经常接待其他国家的政府官员	0.723	22.886	1.883
	国际企业经常会选择在我们这座城市投资或建立企业	0.798	33.943	2.020

变量	测量题项	因子载荷 Bootstrap	T 值	共线性诊断（方差膨胀系数，VIF）
城市形象	我认为我所在的城市的城市形象比以前好得多	0.792	33.169	1.851
	我认为我所在的城市的城市形象比其他城市要好得多	0.858	50.114	2.392
	我认为我所在的城市的城市形象非常好	0.853	53.206	2.323
	我认为我所在的城市的城市形象在未来将变得更加好	0.795	30.050	1.873
居民自豪感	比起其他城市，我更愿意成为我所在的城市的居民	0.858	56.350	2.042
	我所知道的很多人都希望成为我所在城市的居民	0.782	23.682	1.773
	总体而言，相比其他更多的城市而言，我们这座城市是个好地方	0.897	79.645	2.671
	即使这座城市有问题，我们城市的居民依旧会支持它	0.824	32.776	2.041

3.5.2 结构模型分析

本书使用 SmartPLS 中的回归方法评估每个题项的多重共线性（Hair et al.，2013）。各个变量关联的题项的 VIF 值分布在 1.565～3.748，所有变量的题项的 VIF 值均小于阈值 5.000（Hair et al.，2013），说明方差膨胀因子普遍比较小，题项的共线性不是很明显。

R^2 值可以反映模型解释内生变量方差的比例。数据分析显示，预测变量解释了生态和谐 40.2% 的方差，解释了全球连通性 13.8% 的方差，解释了城市形象 34.1% 的方差，解释了居民自豪感 37.8% 的方差。根据 Chin（1998）的建议，当 R^2 值分别为 0.67、0.33 和 0.19 时，可以理解为可观的、中等的和虚弱的。在本模型中，生态和谐、城市形象和居民自豪感三个内生变量的 R^2 值均居于中等和可观之间；全球连通性的 R^2 值略小于 0.19，但大于最低阈值 0.10。说明模型对内生变量的解释能力还是可以得到认可的。另外，本书还计算了标准化均方根残差（Standardized Root Mean Square Residual，SRMR）。Henseler et al.

（2015）将 SRMR 描述为 PLS 路径建模中实现的近似模型拟合准则，可用于避免模型错误设定。结果表明，估计模型的 SRMR 为 0.078，结构模型的 SRMR 为 0.060，均小于 0.080 的阈值，说明估计模型和结构模型都具有良好的拟合性。

　　本书把受访者的性别（1＝男；2＝女）、年龄（1＝18～30 岁；2＝31～40 岁；3＝41～50 岁；4＝51～60 岁；5＝60 岁以上）、受教育程度（1＝大专以下；2＝大专；3＝本科；4＝硕士；5＝博士）、居住时长（1＝3～5 年；2＝6～8 年；3＝9～15 年；4＝16～20 年；5＝21～25 年；6＝25 年以上）四个人文统计变量作为控制变量评判它们对城市形象的影响。在此基础上，本书使用 Bootstrap 再抽样（n＝5000）程序产生标准误和 T 值（Chin，1998；Hair et al.，2013），同时，通过模型假定路径系数的大小和符号评估潜变量之间的因果关系，表 3.5 报告了结构模型的估计，包括路径系数、T 值和显著水平。

表 3.5　结构方程模型结果

	标准化路径系数	F 检验	p 值	是否支持假设
H1：居民导向→生态和谐	0.517***	11.282	0.000	Y
H2：居民导向→全球连通性	0.146*	2.522	0.012	Y
H3：竞争导向→生态和谐	0.171***	3.658	0.000	Y
H4：竞争导向→全球连通性	0.267***	4.583	0.000	Y
H5：生态和谐→城市形象	0.336***	6.718	0.000	Y
H6：全球连通性→城市形象	0.376***	8.429	0.000	Y
H7：城市形象→居民自豪感	0.615***	14.668	0.000	Y
控制变量				
性别→城市形象	−0.029	0.672	0.502	
年龄→城市形象	0.062	1.535	0.125	
受教育程度→城市形象	−0.053	1.072	0.284	
居住时长→城市形象	0.105*	2.388	0.017	

　　注：*** $p<0.001$，** $p<0.01$，* $p<0.05$（基于双尾检验）。

3.6 结论和讨论

3.6.1 结论

本书以居民导向和竞争导向两种战略导向是否对构建城市形象存在贡献这样一个核心命题，通过借鉴企业战略导向理念和关联的文献研究建立理论假设，把成都市居民对成都市的感知和体验作为数据来源，运用结构方程模型进行关联的数据分析。研究发现：居民导向显著正向影响生态和谐和全球连通性；竞争导向显著正向影响生态和谐和全球连通性；生态和谐和全球连通性分别显著正向影响城市形象；城市形象显著正向影响居民自豪感。本书提出的所有假设都得到了有效验证。

3.6.2 讨论

本书证实了居民导向正向影响生态和谐（$\beta=0.517$，$p<0.001$）和全球连通性（$\beta=0.146$，$p<0.050$）；生态和谐（$\beta=0.336$，$p<0.001$）和全球连通性（$\beta=0.376$，$p<0.001$）分别正向影响城市形象；城市形象正向影响居民自豪感（$\beta=0.615$，$p<0.001$）。同时，通过总的间接效应分析，本书发现，居民导向通过生态和谐和全球连通性两个平行中介变量对城市形象存在显著的间接效应（$\beta=0.228$，$p<0.001$）。另外，居民导向通过生态和谐和全球连通性两个平行中介变量以及第二级中介变量城市形象对居民自豪感也存在显著的间接效应（$\beta=0.141$，$p<0.001$）。

本书证实了竞争导向正向影响生态和谐（$\beta=0.171$，$p<0.001$）和全球连通性（$\beta=0.267$，$p<0.001$）。同时，通过总的间接效应分析，本书发现，竞争导向通过生态和谐和全球连通性两个平行中介变量对城市形象存在显著的间接效应（$\beta=0.158$，$p<0.001$）。另外，竞争导向通过生态和谐和全球连通性两个平行中介变量以及第二级中介变量城市形象对居民自豪感也存在显著的间接效应（$\beta=0.097$，$p<0.001$）。

通过上面的路径系数，我们可以得出如下重要结论：①居民导向对生态和谐的作用显著大于对全球连通性的作用，前者的效应是后者的3.5倍。也就是说，居民导向战略更可能产生生态和谐。②竞争导向对全球连通性的作用显著大于对生态和谐的作用，前者的效应是后者的

1.5 倍，说明竞争导向更可能产生全球连通性。③生态和谐和全球连通性对城市形象的直接效应相差不大，说明对构建城市形象来说，两者的作用相当。相比竞争导向而言，居民导向通过生态和谐和全球连通性对城市形象产生较高的间接效应。④城市形象对居民自豪感产生显著的正向贡献，城市形象每增加一个单位，居民自豪感将增加 0.615 个单位。⑤居民导向通过生态和谐、全球连通性和城市形象对居民自豪感的总的间接效应显著高于竞争导向的总的间接效应。

3.6.3　研究局限

本研究存在如下三个研究局限：

第一，本书仅把成都市战略导向对城市形象的影响作为研究对象，研究的城市单一，未来可以在中国各个等级的城市群体中选取有代表性的城市作为研究对象，分别验证本书提出的假设和概念模型的普适性。

第二，本书在战略导向中选取了两种战略导向作为自变量，研究它们各自对城市形象的影响，未来的研究可以把创业家导向和关系导向纳入自变量体系中，分析它们对生态和谐和全球连通性的作用，进而分析对城市形象的影响。

第三，本书从城市核心顾客视角研究战略导向的作用机理，未来的研究可以将城市访客、潜在人才、本地企业和潜在投资者作为访问对象，收集关联数据，检验本书构建的理论假设是否在上述四类顾客群体中得到支持，以及这些假设在不同顾客群体间的差异性。

第4章 城市产品感知质量测量

4.1 研究背景

在过去的十年中，城市营销文献的数量稳步增长，但总体规模仍然相对偏小。当前的城市营销理论体系尚未在运行机理（如对市民和本地企业而言，缺乏什么样的城市公共产品可能引发他们的不满意感）、定义、范围、目标和概念发展方面建立充分的理论基础（Braun，2008）。具体来说，关于城市产品的分类和定义（或组成部分）缺乏共识，制约了城市营销的理论发展。产品是能够满足顾客需求的产品，这是市场营销组合中最重要的因素（Kotler and Keller，2011）。大多数研究者从城市治理和城市功能的视角界定城市产品的类别和内容，由于评估的城市对象存在显著差异，对城市管理者的目的界定存在显著差异，由此产生了各有特色且无法彼此相通的产品概念（Kotler et al.，1999；Rainisto，2003）。也有人从顾客导向的视角识别城市产品概念，但却忽略了城市产品本身的属性（如城市的设计与建筑特征）（Braun，2008）。目前，不同学派的研究人员对城市产品有着截然不同的定义，然而，这些定义都没有从可操作性的测量角度去识别城市产品包含的内容和关键特征。

城市管理最终的目标是改善本地居民的生活质量。大量有关目的地管理组织的研究显示，仅聚焦于旅游者而忽略本地居民的经典战略是有风险的（García et al.，2012）。作为城市居民，它既有顾客的身份特征，也有城市主人的身份特征；作为城市发展的利益相关者，他们既会影响城市战略发展目标的实现，也会被城市的战略发展目标所影响（García et al.，2012）。因此，在构建城市产品构念的时候，城市居民是首先必须被考虑的对象（Freire，2009）。本书运用营销、组织和心理三个学科领域倡导的发展构念测量的心理程序（e.g.，Churchill，1979；Hinkin，

1995），以中国具有代表性的城市及其居民为研究对象，试图实现如下三个目标：①基于可操作的测量属性，在当代营销的理论背景下界定城市产品的构念及其包含的内容；②根据城市产品的构成维度建立具有可靠性和有效性的测量体系；③分析城市产品感知质量与居民满意感、地方依恋、主观幸福感和城市形象四个结果变量的理论关系。

4.2　城市产品：构念的定义

当前关于城市产品的定义有五个版本。第一个版本指出一个城市等同于一个产品。换言之，城市作为一个整体而存在的时候才是产品。由于把城市顾客需求过分简单化，这个观点受到了很多学者的批判（e. g.，Rainisto，2003；Braun，2008；Ashworth and Goodall，2012）。对一个城市居民而言，需要多种产品和项目才能满足其多样化的需求。第二个版本是第一个版本的拓展。Rainisto（2003）注意到城市不再是常规意义上的产品和服务，它是产品、服务、顾客感知以及这些要素混合而形成的复杂的综合体。遗憾的是，Rainisto（2003）并没有进一步细化他的描述，但是，他注意到了城市顾客的分类以及不同顾客需求的差异性。第三个版本是 Kotler et al.（1999）提出来的，但他们并没有超越城市等同于产品的概念范畴。他们主要从如下四个要素上改善了城市等同于产品的内涵：①城市是一种特征（character），即一个城市的设计和建筑创造了城市感觉；②城市是一个固定的环境（fixed environment），包括基础设施和自然环境；③城市是一个服务提供者（service provider），即提供诸如安全、垃圾收集、教育等公共服务；④城市是娱乐和休闲（entertainment and recreation）的地方，提供各类娱乐和休闲设施及服务。第四个版本是从战略角度界定的。它认为城市是影响企业进行位置选择的因素，如包括劳动力供给、运输成本、原材料的获得性、市场的获得性等（Braun，2008）。对居民而言，选择一个城市或者城市中的某个社区生活的标准具有更多的个人特性，包括交通通畅性、公园获得性、基础设施的限制、公共交通线路、文化和休闲设施、想和哪些人群生活在一起等（Bluestone，2014）。值得注意的是，位置因素对需要进行位置选择决策的人很重要，但对另外一部分人而言却没有关联。第五个版本是 Braun（2008）提出来的，他摒弃了城市等同于产品的概念，提出了城市产品（city's products）。他假定人们的目的是最大化自己的福利，或者最大化整体关联环境的提供物。Braun（2008）将可控制的产品范围作为定义城市产品的相关维度。根据他的解释，城市产品是不同供应商向顾客提供的核心产品和基于它们的控制力所提供的补充性产品的总和。例如，一个地产商出售写字楼作为核心产品，对写字楼具有高水平的控制力。毗邻的停车场位于第二圈层，地产商对它的控制力就弱于核心层。社区医院位于第三圈层，地产商对它的控制力随之衰减。第四圈层的产品包括各类条件和预期。对这个地产商而言，条件可能是城市的高速公路，由此形成这个城市与其他城市之间的连接。在写字楼工作的经理的预期可能是未来写字楼某些办公室的潜在购买者。基于上述解释，城市产品关联的所有公司均提供四个水平的产品。于是，城市产品变成了不同供应商提供的所有属性和利益的总和。然而，这个版本的定义显然存在四个方面的弱点：①城市产品被过度拓展，包含了一个供应商与它的顾客之间交易的具体产品。如根据这个定义，超市里的一瓶可口可乐也成为城市产品的构成部分，导致了城市产品概念扭曲，这样，一个城市居民会把一次交易中的愉快或者愤怒转移到城市产品上。②对城市管理者而言，难以在具体的工作环境中确定一个具体的供应商的产品圈层。③Braun（2008）从居民的空间行为界定城市产品范围，但是忽略了城市产品的物理特征，如宏观环境、城市设计、建筑特征等。④这个概念忽略了其他利益相关者对居民空间行为的影响，如本地政府和本地企业等。

Merrilees et al.（2009）聚焦于居民对一个城市的品牌态度，探索城市属性是如何影响品牌态度的命题。他们发现城市属性包括如下十个要素：自然、文化活动、购物环境、阳光海滩般的品牌个性、社会联系（social bonding）、企业创造力、交通设施、清洁的环境、安全和政府服务。虽然他们没有提出城市产品的概念，但是他们提出的城市属性和本书计划研究的构念城市产品存在一定的交叉关系。

在此，我们需要纠正两个观念。第一，城市产品质量无法测量。持这种观念的人认为，城市产品是城市不断发展的结果，城市产品处于不断的变化当中。城市演化会导致一个城市在不同的时间段产生物质形态和服务意识的显著差异。然而，不管城市产品的形态如何变化，居民的核心利益诉求仍是可以把握的。这也就是讲，核心利益所反映的基本产品的可获得性和绩效，我们是可以识别的。第二，不能用同一个测量工具测试不同城市产品的质量。持这种观念的人认为，地理位置的独特性和特有的历史演进导致两个城市在布局、形状、居民的价值观等方面存在显著差异。然而，身处不同城市的居民，他们对舒适的公共生活环境的期望和感知的方向是一致的，由此对应的城市产品质量在不同城市之间呈现出可识别的特性。

在城市营销领域，一个特别没有争议的观点是城市居民是城市的核心顾客（Berg，1987；Ashworth and Voogd，1990；Kotler et al.，1999；Kotler and Gertner，2002；Rainisto，2003；Braun，2008；Braun et al.，2013）。生活在一个城市里的每一个个体组成了一个城市的居民，不容置疑，他们是这个城市产品的核心顾客。顾客导向观念（customer-centric view）认为城市居民渴望有一个舒适的公共生活环境，以满足自己及其家庭成员的需要和欲望。一般来说，公共生活环境都有自己的物理特征。当一个人计划选择一个城市来生活，或者决定是否对这个城市产生依恋感的时候，不可避免地需要考虑城市的物理特征（如地理位置、一年四季的气候）、个人的空间行为（如上班、购物、娱乐、社交活动等）关联的设施和服务，还要考虑影响其空间行为（spatial behavior）的其他利益相关者对自己的影响。虽然不同的人对上述三个方面的因素赋予了不同的权重，但是我们可以确定绝大多数城市居民最基本的福利元素（welfare elements）。所以，城市居民关于舒适的公共生活环境的核心期望利益包括城市产品的物理特征、固定环境、服务、娱乐和消遣（Kotler et al.，1999），也包括就业、教育、家庭和朋友以及其他设施的可获得性（Braun，2008）。总而言之，从城市居民的角度来看，城市产品可以被认为是有形和无形的产品属性的混合物，以满足人们对舒适的公共生活环境的愿望和需要。一个城市的现代化和文明程度，离不开城市管理者对人的需求和人与环境的和谐发展的高度重视。

4.3　城市产品包含的要素

基于城市居民的视角，本书用演绎方法来描述城市产品包含的领域。首先，本书进行了广泛的文献研究（Kotler et al.，1999；Kotler and Gertner，2002；Braun，2008；Merrilees et al.，2009）。其次，组建了一支由五位营销学教授、一位营销学副教授和一位博士研究生共七人的专家小组，独立发展城市产品构成内容。然后，再分别独立评估汇总后的内容。这个迭代过程经历了五轮。专家小组成员从公共生活环境的物理特征、本地居民空间行为关联的设施和服务、对本地居民空间行为存在显著影响的利益关联者三个方面发展城市产品包含的领域。专家小组共识别出 15 个维度。最后，把详细描述 15 个城市产品维度的清单派发给五位有经验的城市管理者，请他们做进一步的评估。根据反馈结果，本书进行了调整和修改，最终的城市产品包含三个领域的基本的福利元素：①城市公共生活环境的物理特征对应的两个福利要素：宏观环境、城市设计和标志性建筑；②当地居民空间行为关联的设施和服务对应的七个福利要素：社区基础设施、社区管理与服务、交通系统、休闲和娱乐、购物和餐饮、公共事件、个人职业发展；③对居民空间行为存在显著影响的利益相关者对应的六个福利要素：市政管理和服务、空气质量、政府官员勤政、社会秩序与安全、周围居民的素养、本地企业的社会责任。下面分别描述这 15 类城市产品的内涵和意义。

4.3.1 宏观环境

宏观环境（macro environment）是指一个城市的自然、地理、文化、人文景观和它的经济竞争优势。城市是人类伟大的发明和创举。城市彰显着人类的技术创新、文化和社会关系、经济结构等（Boone and Modarres，2006）。一个人生活的宏观环境直接影响他的生活质量和主观幸福感（Zhang et al.，2020）。当外部的力量对生活环境产生潜在的伤害或者负向影响的时候，居民对宏观环境的敏感的意识就会被激活（Hampton，1996）。当人们发现生态环境被破坏的时候，由此换来的经济利益一般不会被人接受。快速的经济增长对城市的自然环境产生了巨大的压力。Cole et al.（2011）汇总早期的研究后发现，收入和污染之间呈现倒 U 字形关系，这就是著名的环境库兹涅茨曲线（Kuznets curve）。所以，宏观环境中的各个要素与其他要素产生交互效应。地理位置和气候对人的性格存在显著影响。有充足水系的城市，空气温暖而潮湿，景色秀美，植被富饶，居住在这里的人们对周围环境的变化比较敏感，人们容易多愁善感，机智灵敏，警觉性也比较高。另外，较大的经济体量和高速的经济发展能给居民创造较多的就业机会。相反，经济高速发展带来的环境破坏将伤害当地居民的身体健康。

4.3.2 城市设计和标志性建筑

城市设计和标志性建筑（urban design and architectural characteristics）是指城市空间结构彰显的独特性和卓越性，它包含城市规划的长远图景、产业结构的合理性、街道和社区设计的科学性、建筑风格和地标性建筑特征。城市的空间结构不仅反映了它的物理特征，而且反映了它的象征性意义。一个居民对城市的知识是主观的，是各类事实的集合体，因为它不仅显著存在于人的大脑中，也会在他生活的社区中得到进一步强化（Bomfim and Urrutia，2005）。

4.3.3　社区基础设施

社区基础设施（community infrastructure）是指满足其个人和家庭成员每天需要的居民生活的社区里面的设施的获得性和质量。这些基础设施包含医疗机构、菜市场、邮政系统、金融服务、超市、幼儿园、路灯设施、视频探头、公共活动空间等。研究显示，社区的基础设施越好，居民感知的生活质量越高（Arnberger and Eder，2012）。

4.3.4　社区管理与服务

社区管理与服务（community management and service）是指生活小区管理机构向小区中的成员提供服务的全面性和质量，这些服务包括驾驶车辆进出小区和停车的方便性、环境的清洁程度、个人和家庭的安全性，以及为居民提供充足的公共活动空间。房地产开发企业建成一组商品房，构成一个居民小区，物业服务可以由地产公司提供，也可以委托给第三方专业的服务机构。汇总而言，物业管理机构主要向小区成员提供如下五个方面的服务：安全保卫、环境清洁、设施管理（如电力、电梯管理、中央空调、自来水供应、污水处理、安全系统等）、停车和交通管理、景观维护和绿化。

4.3.5　交通系统

交通系统（transportation system）是指个体在城市内部各个位置之间空间移动和进出城市关联的交通的方便性和快捷性。它一般包括城市主干道每天交通的通畅性、公共交通体系的成熟性、个人驾车停车的方便性。在交通系统方面的投资和通过块状经济（agglomeration）促使经济发展两个方面存在正向关系。强大和有效的交通系统可以帮助企业获得原材料和市场，促进商品、服务和娱乐的繁荣，也可使得人们之间的交流变得顺畅（Milenković，2012）。公路和铁路的发展是城市化重要的推进器。然而，汽车车辆的过度发展对经济也产生了一些负向效应，如在主城区的公路和停车场挤占了昂贵的土地；交通拥堵，增加了基础设施建设的成本、消费者成本和空间移动成本；交通事故，消耗了大量的非再生资源（non-renewable resources），以及由于原料运输的时间耽搁降低了工厂的生产效率。

4.3.6 休闲和娱乐

休闲和娱乐（leisure and recreation）是指各类休闲和娱乐项目的获得性、环境的舒适性和丰富性。休闲（leisure）是当一个人在做选择的时候，自己可以自由支配的时间，或者就是一种随意的时间。它是没有义务的时间，即摆脱对生理或社会需求的预先承诺。Neulinger（1976）指出休闲有且只有一个本质性的标准，那就是感知自由性（perceived freedom）的条件。对这个定义的理解需要对刺激和情景的解释。Iso-Ahola（1980）认为休闲是基于个人的自我感知而形成的，所以，休闲成为在给定时间内一个人参与一个实际的或者想象的活动的主观感知，客观上表现为用不工作的时间（non-work time）或者自由的时间（free time）。Iso-Ahola（1980）进一步总结休闲是一种主观的精神状态，一段主观被认定的无义务、自由的或者休闲的时间。在生活社区附近存在自己喜欢的地方，提供了锻炼身体和调整情绪的空间（Korpela et al.，2014）。研究发现，在绿化程度高的环境里散步可以放松身体，建立积极的情绪，快速恢复注意认知能力（Korpela et al.，2014）。上述提到的是随意性休闲（casual leisure）。其实，在生活中还存在严肃性休闲（serious leisure），它是指业余爱好者或者志愿者系统化追求，参与者能发现本质的有趣的活动，在此过程中，他们能获得和表现自己的特殊技能、知识和经验（Stebbins，1992）。娱乐（recreation）是个体休闲体验的一种形式，它被看作是一种情绪状态或条件，源于一种幸福和自我满足（self-satisfaction）的感觉，因此，它独立于任何身体活动或社会活动（Colton，1987）。娱乐通常表现为享受、消遣、快乐，简而言之，"玩"（fun）。娱乐是人类生活的核心构成要素，它以个人兴趣和周围的社会结构为基础自然而然形成不同的形式（Daniels，1995）。娱乐活动可以表现为群体或个体、主动或被动、户外或室内、安全或危险、对社会有利或不利。娱乐活动的清单是无止境的，它几乎囊括了人类的所有活动，如读书、看电影或电视、业余爱好、体育、旅游。公共空间，如公园和海边，是很多人开展娱乐活动的场所。

4.3.7 购物和餐饮

购物和餐饮（shopping and dining）是指商店的数量以及它们提供产品或服务的质量，饭店的数量以及它们提供菜品和服务的质量。购物的动机通常划分为四类：功能性动机、社会动机、体验或者享乐性动机、快乐和放松的动机（Haseki，2013）。由于动机的多样性，人们期待城市拥有不同类型的购物商店，由此提供充足的商品或周到的服务。例如，购物中心就是一种典型的商店。在购物中心里有专卖店、超市、电影院和餐厅。实证研究发现，人们购买某种商品，更喜欢到购物中心，因为那里可以让人们进行充分的挑选（De Juan，2004）。消费者的购物通常伴随着享受美食，尤其是几个人做伴一起购物的时候，享受美食通常都会伴随发生（Hart and Dale，2014）。独特的美食是旅游目的地成功的必不可少的资产（Fox，2007）。如果一个城市拥有丰富的美食，不仅可以吸引游客，也可以吸引当地居民。当地居民除了自己可以享用美食，还可以招待从外地来的朋友。

4.3.8　公共事件

公共事件（public events）是指城市管理者组织和由一部分当地居民参与的事件和活动，以期改进城市的基础设施，刺激当地的经济发展和改善城市形象。大型事件具有显著的经济效应，如增加税收、创造就业机会、扩展人们收入的来源。它也为东道主提供了广泛宣传的机会，为新的基础设施创造潜在的投资机会，为当地百姓建造喜闻乐见的设施（Ritchie et al.，2009）。公共事件也可增加现有固定设施的可变性，提升地标性建筑的形象价值（Richards and Wilson，2004）。在一个特定的环境中，文化事件可改善城市形象、增加街道的生活气息、培育居民的自豪感。文化事件包括音乐会、公共娱乐、节日庆典、现场表演和社区活动等。不像其他城市产品，公共事件对当地居民存在双重效应。上面讨论的都是正效应，但它也存在负效应，如在举办事件期间，会造成交通拥堵和停车困难，甚至事件本身也会严重影响当地居民的生活质量（Fredline，2004）。

4.3.9　个人职业发展

个人职业发展（personal career development）是指城市向它的居民提供就业、继续教育和自我价值实现的机会。在城市里生活，通过社会交互可积累人脉关系，由此可帮助一个人找到适当的工作（Gould，2007）。学习可称为一种灵丹妙药，它可解决现代化过度发展过程中的社会问题，以及工业化把城市形象扭曲成一台赚钱的机器所出现的社会问题。所以，很多城市正在试图把参与文化生活和个人发展作为一种新的手段去改善人们的城市生活（Han and Makino，2013）。如果一个城市能为愿意工作的居民提供适当的职业发展机会，那么，居民不仅获得了一定的经济收入，也增加了对城市的依恋感。

4.3.10 市政管理和服务

市政管理和服务（municipal administration and service）是城市向它的居民提供的超越社区管理与服务的相关设施和服务。它具体包括公共厕所、基础教育（包括小学教育和中等教育）、城市绿化、城市公园、政府对弱势群体的关爱等。公园型城市（garden city）或者生态型城市（eco-city）的概念已经被人们广泛认可（Caprotti，2014），人们已经认识到在城市里建设公共绿色空间的重要性。城市绿化是城市化的重要工具和必要补充。城市绿化重建人类与自然的联系，让环境变得赏心悦目（Chen and Wang，2013）。在城市里植树，可吸收污染物、弱化噪音、吸附二氧化碳、释放氧气。另外，植树还能创造城市的个性化风格。城市绿化绝大多数由半自然区域、公园、分布在道路两旁和附属地带的花草和树木组成（Jim and Chen，2003）。亚洲的绝大多数城市现在变得越来越拥挤，在城市里面和城市周边建立绿化带显得非常重要。另外，公共活动空间的设施能满足不同居民的各类需求。公共活动空间能展现一个祥和的氛围，居民可在此聊天、锻炼身体、和孩子们一起嬉戏。同时，它也能为居民提供一个休闲和娱乐的空间。例如，在公园里遛狗也是一种休闲活动。

4.3.11 空气质量

空气质量（air quality）是指城市里的空气对它的居民身心健康的伤害程度。城市中空气的绝大部分伤害性成分由尘土、汽车尾气和工业废气混合而成。经济的快速发展必然带来环境污染，由此伤害人们的身体健康。环境污染一般由大气污染、水体污染和土壤污染三部分组成。城市中的绝大部分土地被混凝土覆盖，仅有少部分土壤种植花草，这些植被由专业的机构和工人看护，因此，对土壤的污染容易被人发现，也能得到及时处理。城市里的水源被专门的自来水公司按照严格的规程进行管理和维护。可是，大气污染的来源比较多，类型比较复杂，因而大气污染是最难控制和预防的。因此，在三种类型的污染当中，大气污染的防治引起了居民更多的关注。个人对清洁空气的要求随着单位资本收益的增长而提高，或者人们越来越明白污染的危害的时候，个人对清洁空气的要求随之增高（Zabel and Kiel，2000）。医学研究证明，患呼吸系统疾病的概率与污染的峰值联系紧密，老年人和幼儿最容易感染呼吸系统疾病（McMichael et al.，1996）。一个城市的空气质量是一个高度变化的变量，它是空气流动的强度和污染源的扩散力度的函数（Wald and Baleynaud，1999）。

4.3.12　政府官员勤政

政府官员勤政（diligence of local government officials）是指当地政府官员在日常的管理过程中所表现的效率、诚实和公平的程度。政府是城市营销最重要的主体（Niu et al.，2017）。居民的生活质量一般是通过强化当地政府的力量而得到提升的。很多发展中国家把培育当地政府官员的能力作为重要的战略要素（Aijaz，2010）。比较常见的政府官员的职责有市政管理、社会管理、促进当地经济发展、城市的战略规划、财政预算和冲突管理。当地政府从企业和居民那里获得税收用于公共产品的建设，如市政管理和服务、住房开发、改善穷人的社会福利、维持公共设施和教育机构的运转、污染控制和新劳动力培训。在很多西方国家，当地政府时常指派私人资本支持城市的基础设施建设（Braun，2008）。

4.3.13　社会秩序与安全

社会秩序与安全（social order and security），简称社会治安，是指居民在私人空间（如在家里）或者公共空间（如在街道上或购物场所）经历身体、生命和财产被他人侵害的可能性。在我国，有三个主体维护社会治安。①警察。他们主要对法律承担责任，保护个人和公民的合法权益，以及维护社会稳定。②安保公司。它们在政府机关注册，在市场的框架下运行，为它们的顾客提供有偿服务。它们被公共机构或者私人公司雇佣，承担门卫，运输保护，在特定的公共事件举办期间维护秩序等职责（Trevaskes，2007）。③治安员。他们被政府所雇佣，主要的任务是在街道上进行巡逻，起到预防犯罪、阻止盗窃和抢劫的目的。

4.3.14　周围居民的素养

周围居民的素养（personal quality of neighborhood residents）主要指城市居民在热情、文明、友好、爱心、礼貌五个品德方面表现的态度和行为。个体和情境因素影响一个人对一个地方的感知，如社区居住的市民的社会人文特征、个体的倾向与偏好、对相似地方的情感和体验、动机、自我状况、一个人的社会文化背景等（Acuna-Rivera et al.，2014）。社区居民通常会对他们居住的物理环境形成一种强烈的情感联系（McCunn and Gifford，2014）。周围居民的人员构成通常对某个居民存在情景效应（context effect），如感受到与自己一致的行为则能增强社会和谐（social harmony）（Blasius and Friedrichs，2007）。一个人关于对他的邻居的社会特征的评价将会影响他对居住社区的满意感。关于对他当前居住社区居民的评价，与他可能选择的社区进行比较，由此会形成对社区依恋感的显著变化（Ringel and Finkelstein，1991）。

4.3.15　本地企业的社会责任

本地企业的社会责任（local corporate social responsibility）是指居民对本地企业在社会责任关联的活动绩效方面所做的评价。世界可持续发展工商理事会（World Business Council for Sustainable Development）对企业的社会责任是这样定义的：企业在经济发展的同时，对改善员工和他们的家庭的生活质量，以及改进社区和社会的环境质量方面所做的持续承诺。企业社会责任是城市产品的一部分，是因为企业为当地居民提供了就业机会，并给他们支付了一定的报酬。进一步而言，作为盈利性组织，本地企业需要对社区和环境承担某种责任，人们也期望企业在改进社会福利方面做出一定的承诺（Grunig，2000）。企业承担的基本责任主要有三类：关爱员工、遵守法律和保护环境。

4.4　先导研究：题项开发

在题项开发中，主要关注的是内容效度，它被认为是测量充分性的最低心理测量要求，这样，测量就可以捕获构念包含的特定领域，而不包含无关的内容（Schriesheim et al.，1993）。这种方法需要对所要研究的对象有一个理解，并对文献进行彻底的回顾，从而形成理论定义和包含的领域，然后将其作为题项开发的指导方向（Wang et al.，2000）。领域抽样方法（domain sampling method）就是从均匀无限大的集合中随机选择一定数量的题项（Nunnally and Bernstein，1994）。适当的领域抽样以及不要纳入无关的测项是获得内容效度和结构效度的必要条件。

中国城市的快速发展已经吸引了研究者和城市管理者的高度关注。

中国经济的巨大变化造就了世界上最具活力、发展最迅速的城市体系之一。古代城市形态的独特组合，在社会主义中央计划城市和自由市场谈判城市中，由这两种截然不同但异常强大的力量重叠，这为理解城市进程提供了一个特殊的机会（Wu et al.，2014）。今天，中国崛起成为世界强国，与城市的崛起和发展相伴而生。最近的人口普查结果显示，中国已经是一个正式的城市化国家，2020 年中国城市人口占比已经超过 60％，2030 年中国城市人口占比将增加到 70％～75％（LeGates，2014）。这就意味着中国将存在庞大的城市人口数量以及每年新增巨大的城市人口数量，人口密度（每平方公里土地上人口的数量）的提高将带来了一系列社会、经济和环境问题，提升了个体的环境共享意识和回避失去自我的存在意识，导致居民对城市公共产品（包含全部的公共服务）质量意识的觉醒，城市产品被他人过度挤占的不满，以及自身的生活质量与城市产品紧密联系的自我感知。由此可见，中国的城市和城市居民为城市产品的概念发展提供了一个鲜活的研究样本。

本书通过两个渠道发展潜在的题项：文献研究和深度访谈。文献是理论的基础。本书对城市文献进行了广泛和深入的回顾、梳理，目的是收集本书定义的城市产品概念所有的可能关联的描述性短语。同时，本书组织北京、运城、五大连池 3 个城市各 9 个居民共 27 人的深度访谈。之所以选择这些城市进行先导研究，是因为它们的规模、地理位置（三个城市全部都在中国北方）和经济发展水平各不相同。我们打算从不同地理位置、人口规模和经济发展水平的城市获取有代表性的居民，以确保获得更广泛的城市产品感受。具体来说，北京是中华人民共和国首都、直辖市、国家中心城市、超大城市，国务院批复确定的中国政治中心、文化中心、国际交往中心、科技创新中心。截至 2018 年，全市下辖 16 个区，总面积 16410.54 平方千米，建成区面积 1485 平方千米。[①] 截至 2019 年末，常住人口 2153.6 万人，城镇人口 1865 万人，城市化率 86.6％。2019 年的地区生产总值为 35371.3 亿元。[②] 运城是山西省地级市，位于山西省西南部。运城下辖 1 个市辖区、2 个县级市、10 个县，截至 2019 年末，常住人口为 537.26 万人，2019 年的地区生产总值为 1562.9 亿元。[③] 五大连池是中国最北方的省份黑龙江省的县级市，靠近

　　① 《北京介绍》，http://www.bjtzh.gov.cn/bjtz/c110404/202204/1527100.shtml。
　　② 北京市统计局、国家统计局北京调查总队：《北京市 2019 年国民经济和社会发展统计公报》，http://www.beijing.gov.cn/zhengce/zhengcefagui/202003/t20200302_1673464.html。
　　③ 运城市统计局：《运城市 2019 年国民经济和社会发展统计公报》，https://www.yuncheng.gov.cn/doc/2020/04/09/32501.shtml。

俄罗斯。2019年9月，入选首批国家全域旅游示范区。五大连池设有3个镇、8个乡、1个街道，常住人口为37万人，2019年的地区生产总值为100亿元。受访对象从上述三个目标城市的QQ号码中征集，年龄介于25~65岁，在城市居住的年限为5~65年，职业呈多样化分布。本书通过探索城市居民需要和欲望的方法发现当前存在的产品项目和潜在的产品项目（Shiba et al.，1993）。由于城市产品和普通的产品不同，因此，本书根据城市产品的特点，对Shiba et al.（1993）的五个问题做了相应调整，具体问题如下：①在您现在所居住的城市，您产生了哪些联想？②在您所居住的城市里，您感觉有哪些问题、缺陷或者抱怨？③如果让您重新选择一个城市居住，您需要考虑哪些标准或条件？④在您现在所居住的城市，哪些城市公共产品能较好地满足您的期望？⑤您认为您所居住的城市应该做哪些改进？通过去除重复的题项，上述两种方法共产生了129个题项。

本书使用卡片分类技术（open-card sorting technique）识别题项和产品构念维度之间的关系以及产品构念的内容效度。具体做法是这样的：本书把城市产品构念的15个维度的概念名称和定义的内涵发给5位城市管理的专业人士，一天之后，再把129个题项发给这些专家，让他们独立评判各个题项和15个概念维度之间的相关性，如果有些题项不相关，可以产生新的维度。通过这种相关性连接和三轮迭代，本书发现，绝大多数题项可以归属到15个维度中的其中一个，还有许多题项重叠归属到两个及其以上的维度，本书删除后一种性质的题项，最终产生76个题项。在此需要说明的是，这129个题项没有识别出新的城市产品构念维度。

随后的测量量表开发和测量量表验证分别在中国南方的两个城市（成都和深圳）进行。从不同的城市中选取特定的研究地点是为了获得构念测量的普适性（generalizability）。

4.5 研究一：测量量表开发

研究一的目的是通过探索性因子分析和验证性因子分析纯化先导研究所产生的76个题项的维度，同时，检验变量测量的内部一致性、构念效度的初步证据、再测可靠性（test-retest reliability）。

4.5.1　样本和过程

成都是四川省省会、副省级市、超大城市，国务院批复确定的西部地区重要的中心城市，国家重要的高新技术产业基地、商贸物流中心和综合交通枢纽。截至 2017 年，全市下辖 11 个区、4 个县，代管 5 个县级市，总面积 14335 平方千米，建成区面积 85.6 平方千米。[①] 截至 2019 年末，常住人口 1658.10 万人，城镇人口 1233.79 万人，城市化率 74.41%。[②] 选择成都作为抽样地的主要原因如下：①根据中国城市竞争力研究会 2016 年 6 月的报告，成都市居民的幸福感指数在"中国最幸福的 30 个城市"中排名第六，分值为 90.16，而位居第 30 的张家口市的居民幸福指数为 66.59。[③] ②成都有着悠久的历史，拥有 2600 多年的建城史，它融合了中国西南内陆的城市文化和现代感。盆地文化与现代文明在这里交融在一起。已经在这个城市居住了三代的居民与从其他城市迁移过来的新居民的比例是 7∶3。因此，我们能够捕捉到居民对城市产品的评价和看法的变化，这样可在受访者中产生足够的差异，以便于进行后续的分析（Hinkin，1998）。我们将先导研究所产生的测量，让成都居民进行评价，通过收集这些反馈并将其作为探索性因子分析的对象，可以防止正确题项的意外删除或错误题项的保留。

出于对城市产品质量的透彻性感悟考虑，研究一的受访对象确定为已经开始独立生活并拥有一份相对稳定工作且年龄在 25 岁及其以上的居住在都市的城市居民。本研究采取分段随机抽样的方式选取受访对象，具体抽样方式是这样的：①从 2722 个生活小区中随机抽选 2% 的小区，即 55 个小区；②对每个小区的住户进行编号，随机抽选 5% 的住户，共抽选 2252 个住宅。③派出经严格训练的大学生两人为一组入户随机抽选一名符合要求的受访对象填写问卷。④共 50 名大学生分为 25 组在两周的时间内利用公共休息时间共四天实施了入户访问工作。共有 642 个受访对象成功地接受了访问。删除有错误或者存在缺失值的 55 份问卷，本书共接收到 587 份有效问卷。表 4.1 汇总了有效问卷对应的受访者的人

---

① 《成都》，https：//www.sc.gov.cn/10462/10778/10876/2020/5/20/13530b7030764287 8839479be7c0a62e.shtml。

② 《成都市统计局关于 2019 年成都市主要人口数据的公告》，http：//cdstats.chengdu. gov.cn/tjgzxxw/xhtml/tjxx_content.html?id=180293&channel=。

③ 《2016 中国城市分类优势排行榜揭晓》，https：//weibo.com/ttarticle/p/show?id= 2309403988904536609414。

文统计特征。

表 4.1 研究一和研究二的样本概况

		研究一（$n=587$）量表开发样本	研究二（$n=572$）量表验证样本
性别	男	305 (52.0%)	301 (52.6%)
	女	282 (48.0%)	271 (47.4%)
年龄	25～34 岁	109 (18.6%)	124 (21.7%)
	35～44 岁	145 (24.7%)	175 (30.6%)
	45～54 岁	149 (25.4%)	184 (32.2%)
	55～64 岁	122 (20.8%)	76 (13.3%)
	65 岁及其以上	62 (10.6%)	13 (2.3%)
受教育程度	高中及其以下	189 (32.2%)	90 (15.7%)
	大专	166 (28.3%)	197 (34.4%)
	本科	174 (29.6%)	175 (30.6%)
	研究生	58 (9.9%)	110 (19.2%)
居住时长	5 年及其以下	51 (8.7%)	67 (11.7%)
	6～10 年	176 (30.0%)	183 (32.0%)
	11～15 年	171 (29.1%)	216 (37.8%)
	16～25 年	102 (17.4%)	84 (14.7%)
	26 年及其以上	87 (14.8%)	22 (3.8%)

　　访员向受访对象提供的问卷包含 76 个城市产品测量题项和人文统计特征变量。本书让受访对象评价 76 个题项描述城市产品可获得性的程度，测量方式是李克特（Likert）量表（1=非常不同意；5=非常同意）。

　　在抽样总体中，如果反应者的特征与无反应者的特征存在系统性的差异，那么，统计性调查的无反应偏差（non-response bias）就会发生。处理无反应偏差有两个角度：反应时间和受访者的特征（Armstrong and Overton，1977）。本书根据完成问卷调查的时间抽选出前三分之一的问卷和后三分之一的问卷，分别记为两个样本组。通过 T 检验分析两组样本对 76 个题项评价的差异性，数据分析显示，两组样本对 76 个题项感知不存在显著差异（$\alpha=0.05$）。另外，χ^2 检验显示，人文统计特征变量（性别、年龄、受教育程度和居住时长）在两组间也不存在显著差异（$\alpha=0.05$）。数据分析显示不存在无反应偏差。

4.5.2 数据分析结果

（1）探索性因子分析。

本书将获得的 587 份有效问卷随机分成两部分，第一部分数据（$n=$ 293）用于分析 76 个题项的可靠性和维度性。本书使用方差旋转的主成分分析方法进行因子分析，因子分析的标准是因子载荷大于 0.40、共同度大于 0.50（Hair et al.，1998）、题项在一个因子以上的载荷差值大于 0.10（Raymond et al.，2010），同时满足上述三个标准的题项将被保留，否则将被删除。在这个过程中，有 16 个题项被删除。因子分析的结果见表 4.2，共产生了 15 个维度，解释了总方差的 71.47%。在 15 个因子中，两两配对相关系数的平均值为 0.38。相对比较低的相关系数和相对比较高的因子载荷，预示着城市产品感知质量存在 15 个独特的构面。探索性因子分析所产生的 15 个维度与本书构建的构念测量所包含的成分相一致，证实了结构效度，预示本书开发的测量量表与城市产品的理论定义和关联的领域存在较好的匹配性。除了交通系统关联的 3 个题项的克隆巴赫系数（Cronbach's Alpha）（对心理测量测试可靠性的内部一致性评估，间接表示一组题项测量单个一维潜在构念的程度）为 0.68，小于推荐值 0.70（Nunnally，1978），其余 14 个因子的克隆巴赫系数（Cronbach's Alpha）的范围分布在 0.77（因子 10，因子的序号对应于表 4.2 中的维度序号）和 0.89（因子 12 和因子 14）之间，均大于推荐值 0.70。另外，题项与整个题项的相关系数（item-to-total correlation）分布在 0.44～0.80，均大于 Hair et al.（1998）的推荐值 0.40，预示着本书开发的测量量表具有充分的可靠性。

表 4.2 研究一数据分析结果和城市产品感知质量测量量表

名称	题项 [a]	可靠性	题项的数量	探索性因子分析的因子载荷	h^2	验证性因子分析的因子载荷
宏观环境（D1）	拥有独特的自然景观	0.81	5	0.64	0.62	0.57
	拥有优越的地理位置			0.57	0.66	0.74
	拥有鲜明的城市文化			0.73	0.71	0.77
	拥有特有的人文景观			0.77	0.73	0.66
	拥有具有竞争力的经济体系			0.44	0.63	0.63

名称	题项 a	可靠性	题项的数量	探索性因子分析的因子载荷	h^2	验证性因子分析的因子载荷
城市设计和标志性建筑（D2）	城市整体规划具有长远眼光	0.86	5	0.67	0.74	0.84
	城市的产业结构布局合理			0.57	0.67	0.87
	城市的街区规划科学			0.65	0.71	0.82
	各类建筑代表了城市特有的风格			0.66	0.71	0.68
	拥有代表城市形象的标志性建筑			0.60	0.68	0.58
社区基础设施（D3）	居住的社区内医疗卫生机构就诊方便	0.81	6	0.69	0.65	0.61
	居住的社区内菜市场管理规范			0.68	0.62	0.68
	居住的社区内邮政系统便捷			0.71	0.64	0.72
	居住的社区内金融体系完备			0.60	0.57	0.71
	居住的社区内购买日常用品方便			0.50	0.55	0.61
	居住的社区内小孩入托方便			0.59	0.60	0.65
社区管理与服务（D4）	居住的社区公共活动空间宽敞	0.77	5	0.64	0.69	0.60
	在居住的社区内开车进出方便			0.68	0.63	0.65
	居住的社区垃圾能及时得到清理			0.66	0.65	0.79
	居住的社区安全			0.57	0.68	0.75
	居住的社区的地下排污系统发达			0.67	0.66	0.74

续表4.2

名称	题项 ª	可靠性	题项的数量	探索性因子分析的因子载荷	h^2	验证性因子分析的因子载荷
交通系统 (D5)	城市主干线平时交通通畅	0.68	3	0.72	0.67	0.76
	公共交通线路完善			0.51	0.65	0.69
	自驾车在城区指定的范围停车方便			0.70	0.68	0.73
休闲和娱乐 (D6)	我能容易地找到休闲娱乐的场所	0.87	3	0.73	0.76	0.85
	休闲娱乐的环境非常舒适			0.79	0.83	0.90
	休闲娱乐的项目非常丰富			0.78	0.80	0.88
购物和餐饮 (D7)	这个城市拥有各类不同特色的购物中心	0.88	4	0.81	0.81	0.82
	这些购物中心的产品/服务丰富多彩			0.76	0.77	0.89
	这个城市拥有各种类型的餐馆			0.80	0.79	0.88
	这些餐馆的菜品极为丰富			0.63	0.66	0.65
公共事件 (D8)	举办的音乐会令人赏心悦目	0.81	5	0.71	0.74	0.72
	举办的体育比赛令人激动			0.68	0.73	0.77
	举办的群众性娱乐活动富有意义			0.72	0.72	0.82
	举办的大型商务会展可帮助城市发展			0.59	0.63	0.72
	举办的大型节假日活动富有娱乐作用			0.60	0.64	0.76
个人职业发展 (D9)	这个城市能给我提供非常多的工作机会	0.82	3	0.74	0.72	0.81
	城市里的高等院校能给我提供进一步提升的学习机会			0.69	0.70	0.75
	在这个城市里我能实现自己的人生价值			0.74	0.76	0.85

名称	题项 a	可靠性	题项的数量	探索性因子分析的因子载荷	h^2	验证性因子分析的因子载荷
市政管理和服务（D10）	公共厕所布局合理	0.77	4	0.71	0.71	0.62
	基础教育良好			0.57	0.62	0.74
	城市绿化完美			0.41	0.58	0.66
	公园分布合理			0.58	0.68	0.79
空气质量（D11）	几乎感觉不到空气中有什么粉尘	0.85	3	0.86	0.82	0.89
	街道上几乎感觉不到刺鼻的汽车尾气			0.81	0.78	0.92
	在居民区里几乎感觉不到工业废气			0.79	0.76	0.76
政府官员勤政（D12）	我所接触的政府官员非常廉洁	0.89	3	0.63	0.72	0.86
	政府机构的办事效率非常高			0.72	0.71	0.79
	政府机构办事非常公平			0.72	0.78	0.88
社会秩序与安全（D13）	深夜一个人走在路上很安全	0.78	3	0.71	0.67	0.68
	我几乎没有遇见过小偷			0.75	0.75	0.79
	我几乎没有看到过拦路抢劫的事件			0.74	0.69	0.81
周围居民的素养（D14）	热情	0.89	5	0.63	0.70	0.78
	文明			0.71	0.74	0.81
	友好			0.78	0.80	0.80
	有爱心			0.76	0.77	0.81
	有礼貌			0.70	0.73	0.76
本地企业的社会责任（D15）	我知道的企业都关爱员工	0.88	3	0.74	0.79	0.83
	我知道的企业都遵守法律			0.83	0.86	0.90
	我知道的企业很注重保护环境			0.71	0.78	0.83

注：a 基于李克特量表（1＝非常不同意；5＝非常同意）用 60 个题项描述城市产品。

（2）验证性因子分析。

整体模型匹配度。为了进一步评估 60 个题项和 15 个维度之间的关系，本书使用第二部分数据进行验证性因子分析（$n=294$）。使用最大似然估计法把 60×60 的协方差矩阵输入到 LISREL 软件，验证探索性因子分析所构建的模型。本书使用如下统计指标评估模型的匹配度：卡方 [Chi-square（χ^2）]，比较拟合指数（Comparative Fit Index，CFI），标准化均方根残差（Standardized Root Mean Square Residual，SRMR），近似误差均方根（Root Mean Square Error of Approximation，RMSEA）。模型的匹配度如下：$\chi^2=2800.35$，$df=1605$，normed-$\chi^2=1.74$，CFI$=0.98$（大于阈值 0.90），SRMR$=0.06$（小于阈值 0.08），RMSEA$=0.05$（小于阈值 0.10）。这里需要指出的是，χ^2 的显著性反映了对样本量大小的敏感性，而不是一个无效的模型，所以，在实践中 χ^2 检验并不视为一个关键指标来评估模型是否合理。数据分析证明，一个因子的模型（$\chi^2=10346.87$，$df=1710$，normed-$\chi^2=6.05$，$p<0.05$，CFI$=0.89$，SRMR$=0.10$，RMSEA$=0.13$）和 15 个不相关因子的模型（$\chi^2=8055.47$，$df=1710$，normed-$\chi^2=4.71$，$p<0.05$，CFI$=0.94$，SRMR$=0.28$，RMSEA$=0.11$）的匹配性比较差。1 个因子模型是假定城市产品是单维度的简单结构；15 个不相关因子模型是通过约束因子之间的相关系数为 0。在 15 个相关因子模型中，所有题项在指定因子上的载荷均大于或者等于 0.57。结果显示，1 个因子模型，即一个城市等同于一个产品的概念是不适合的，它意味着城市产品具有多样而又复杂的意义，同时，城市产品所有构成要素之间存在彼此的关联性。通过比较三个模型的匹配指标，可以证明 15 个相关因子模型与本书的构建的城市产品的概念是一致的。

因子可靠性。克隆巴赫系数（Cronbach's Alpha）分布在 0.77（因子 5）～0.91（因子 6），证实了所有因子具有充分的可靠性。进一步分析数据发现，每一个因子中的题项和整体的相关系数均大于推荐值 0.40，证明模型中所有的题项符合满意的匹配，这些发现预示着所有题项充分代表了 15 个因子，每个因子具有充分的可靠性。

因子的区别效度。本书按照 Anderson and Gerbing（1988）推荐的程序检验 15 个因子之间的区别性。首先，各个因子之间的相关系数分布在 $-0.06\sim0.76$，两个因子之间相关系数估计，置信区间（$+/-2$ 个标准误）不含 1；其次，约束所有因子配对的相关系数，即约束 15 个因子两两之间的配对，将形成 105 个配对，约束配对的相关系数为 1，比较约

束和不约束模型的 χ^2 值，数据分析显示，所有的 χ^2 值是存在显著差异的（$p<0.001$）。这些发现预示着每个因子与其他因子是完全不同的两个概念，佐证了 15 个因子的区别效度。

（3）测试—再测试可靠性。

研究一完成原始 587 份问卷调查的五周后，本书从这 587 个受访者中随机抽选 100 个受访者作为测试—再测试可靠性研究的新样本，评估和检验 60 个题项的测试—再测试可靠性。47 位受访者由于各种原因没有参与本次再访问，仅收到了 53 份有效问卷。60 个题项在时间 1 和时间 2 之间的平均 Pearson 相关系数为 0.81，分布范围是 0.69～0.92。15 个因子中每一个因子的测试—再测试相关系数分布的范围是 0.73（因子 5）～0.86（因子 14），均超过阈值 0.70。

4.6 研究二：测量量表验证

研究二的目标有两个方面：第一，用新的样本重新评估特征效度（trait validity），包括可靠性、维度性、会聚效度和区别效度；第二，在一个特定的情境下，通过评估城市产品与其他理论上存在关联的构念之间的关系，检验城市产品测量的法则效度（nomological validity）。

4.6.1 建立假设

城市营销的主要目标是不断提升居民的满意感（Kotler et al.，1999；Kotler and Gertner，2002）。居民满意感是"居住者对其居住的地方的积极或消极的感觉"（Weidemann and Anderson，1985）。居民对城市的总体满意感是城市相关属性评价的函数（Ringel and Finkelstein，1991）。Zenker and Rütter（2014）通过实证研究发现"城市化与多样性"（urbanity and diversity）和"自然与休闲"（nature and recreation）这两个变量都对居民的整体满意感有正向影响。这两个变量与城市产品存在一定的重叠。城市化与多样性可以被理解为一个提供大量机会、公共活动或购物活动的地方的都市特征。自然与休闲，表达了市民对低污染、公园、开放的空间和宁静环境的渴望。研究发现，城市绿地通常通过调整温度、吸收空气中的二氧化碳、减少噪音、减少空气污染、减少地表土壤流失等手段改善环境条件（e.g.，Armson et al.，2013）。同时，人们在城市绿地休闲可以通过社会交互增强公众的社会凝聚力（social cohesion）（e. g., Reeves, 2000）。另外，研究显示绿地供应和绿地质量对社区满意度（neighborhood satisfaction）有显著影响（Lovejoy et al., 2010）。据于此，本书提出如下假设：

H1：城市产品感知质量正向影响市民满意感。

地方依恋是环境心理学理论中最流行的概念之一（e. g., Zenker and Rütter, 2014）。它被定义为一个人与一个特殊的地方之间的积极的情感纽带，其主要特征是个人倾向于与这样一个地方保持亲密关系（Hidalgo and Hernández, 2001）。在自然环境中，个体与不同地方的不同联系以及关联的感知影响着人们对一个特定地方的感知。Bonaiuto et al.（1999）发现感知的居住环境质量（即无论是物质上还是社会上的要求）都与城市居民的邻里依恋关系呈正相关。绿色空间的感知供给和质量可以促进地方依恋（Arnberger and Eder, 2012）。与此同时，Kim and Kaplan（2004）发现自然特征和开放空间在社区意识中扮演着尤为重要的角色。自然特征、绿地、人居环境质量是城市产品的实际组成部分。所以，本书提出如下假设：

H2：城市产品感知质量正向影响地方依恋。

仅对一个地方产生满意才能形成地方依恋，实证研究显示，居民满意感强烈正向影响地方依恋（Zenker and Rütter, 2014）。所以，可以推断居民满意感是地方依恋的前置变量。中国的城市设计和它的居民价值体系与西方国家存在显著差异，然而，我们坚信一个人对所居住城市的满意是他依恋这个城市的前提和基础。因此，本书提出如下假设：

H3：居民满意感正向影响地方依恋。

幸福（happiness）被看作是一个人对他或她的生活的整体评价良好的程度（Veenhoven, 1984）。它也被一些研究人员称为主观幸福感（subjective well-being），包括反映个人良好感觉（sense of wellness）的认知和情感成分（Diener, 1984；Han et al., 2013）。政府机构经常声称并被期望制定相关政策，通过具体措施来改善公民的幸福感。实证研究显示，政府对城市的治理水平和居民的幸福感之间有着高度的相关关系（Ott, 2010）。为了提高主观幸福感，大都市环境中的居民往往会根据工作机会、公共产品和城市提供的服务来主动选择居住地（Florida et al., 2013）。个人的主观幸福感不仅表现在对人际关系、家庭生活、就业、健康和财务的满意感方面，而且表现在他与物理环境的不同方面的关系（Moser, 2009）。例如，绿色空间可以增强居住在城市环境中的人们的主观幸福感（Korpela et al., 2014）。人们与自身生活环境的关系是更好地理解其主观幸福感的关键问题。环境，包括一个人所居住的地理区域，是一个人生活中安全而稳定的因素。就业，与家人、朋友、伴侣和社区拥有稳定的社会关系与主观幸福感呈正相关（Caunt et al.，2013）。通勤时间对幸福感有显著的负面影响（Florida et al.，2013）。对居住环境的积极感知是主观幸福感一个强有力的预测因子（Wright and Kloos，2007）。因此，本书提出如下假设：

H4：城市产品感知质量正向影响居民主观幸福感。

Diener（1984）将主观幸福感（happiness）定义为三个主要组成部分：对生活的认知评价（称为生活满意感）、积极的情感体验和消极的情感体验。生活满意感更多地反映了个人生活中广阔而持续的环境；一个人对所居住的城市感到满意，就会对生活产生更多的满意感、更多的积极情绪和更少的消极情绪。因此，本书提出如下假设：

H5：居民满意感正向影响居民主观幸福感。

城市的形象是人们对它的信念、想法和印象的总称。城市形象是关于各个方面的大量信息的简化，它反映并强化了特定的共享意义、信念和价值体系。一个城市在居民眼中的形象是通过城市的生活体验、对城市各种产品的感知，以及媒体对城市建设和发展的报道而形成的。城市长期以来一直将大型活动，如世界博览会、地方博览会和体育赛事作为振兴经济、创造基础设施和改善形象的手段（Alekseyeva，2014）。活动为城市提供免费的宣传，是城市重要的品牌传播工具（Smith，2006）。标志性建筑被视为城市地位的象征，具有视觉吸引力的标志性建筑在提升城市形象方面发挥着重要作用（Rize et al.，2012）。所以，本书提出如下假设：

H6：城市产品感知质量正向影响城市形象。

虽然满意感是许多学科的重要研究课题，但很少有人尝试探讨居民满意感在城市形象发展中的作用。城市是人们现实生活的一部分，因此，它是根据其物理、情感和行为特征来表现的（Generaux et al.，1995）。同样，信念、情感和对城市的态度也会影响人们对城市的内在印象（Werner et al.，2002）。信念、情感和态度都反映了居民满意感的基本内涵。因此，本书提出如下假设：

H7：居民满意感正向影响城市形象。

前面的假设将城市产品感知质量、居民满意感和地方依恋建立联系，暗示着城市产品感知质量通过居民满意感正向影响地方依恋。同时，先前的假设将城市产品感知质量、居民满意感和居民主观幸福感建立了联系，这也意味着城市产品感知质量通过居民满意感正向影响居民主观幸福感。另外，先前的假设将城市产品感知质量、居民满意感和城市形象建立了联系，故而也意味着城市产品感知质量通过居民满意感正向影响城市形象。基于上述逻辑分析，本书提出如下假设：

H8a：居民满意感中介了城市产品感知质量和地方依恋之间的关系。

H8b：居民满意感中介了城市产品感知质量和居民主观幸福感之间的关系。

H8c：居民满意感中介了城市产品感知质量和城市形象之间的关系。

4.6.2 受访者和程序

研究二的抽样地确定为广东省深圳市，它是中国最早的经济特区。深圳建城区面积 813 平方公里，生活小区 4167 个，市区人口 1054.7 万人，2019 年，全市实现地区生产总值 26927.09 亿元。我们选择深圳进行测量量表验证，主要是因为深圳与成都在很多方面都不相同，这对于构念测量的普适性检验是很理想的。深圳居民的幸福感得分明显低于张家口居民，也就是说深圳居民幸福感排名在第 30 名以外[1]。深圳是一座典型的移民城市（大约 95％的居民来自其他地区），它的整体城市规划属于格子状（Jim and Chen，2003）。来自全国各地的人们汇集在这里，他们有着不同的文化背景，这使得城市文化更加开放和包容。此外，和其他地方的居民相比，深圳居民受西方国家影响的程度高于平均水平。

本书选择了中国南部的两个城市（成都和深圳）作为实证研究的对象，目的是测试本书建构的构念测量的测量量表的普适性。这些测量工具是通过文献研究和在北方三个差异显著的城市进行深度访谈而得出的。

抽样程序与研究一相同。具体抽样方式是这样的：①在深圳生活小区中随机选取 2％的小区，共产生了 84 个小区。②对每个小区的住户进行编号，随机抽选 3％的住户，共抽选了 2825 个住宅。③派出经严格训练的大学生以两人为一组入户随机抽选一名符合要求的受访对象填写问卷。④共 50 名大学生分为 25 组在两周的时间内利用公共休息时间共四天实施了入户访问工作。本书在这个阶段对生活社区按整体 3％而没有像研究一一样按 5％的比例抽选样本框，主要的原因在于按 3％的比例所产生的样本量 84 个小区已经远远大于研究一按 5％的比例所产生的样本

---

① 《2016 中国城市分类优势排行榜揭晓》，https：//weibo. com/ttarticle/p/show? id＝2309403988904536609414。

量即 55 个小区。因此，3% 的随机抽选比例可产生比较合适的样本量。去掉不合格问卷，本书共收集 572 份有效问卷，受访者的人文统计特征见表 4.1。

受访者被要求按照李克特量表（1＝非常不同意；5＝非常同意）给出关于城市产品感知质量所有关联的题项描述语句的同意程度。本书对 50 个 MBA 同学进行了前测，根据他们的反馈，我们对关联的语句和措辞进行了细微的修改。研究二增加了新的变量测量，出于不同的检验目的，最终的问卷包含城市产品感知质量的 60 个题项和其他关联的测量。另外，数据分析显示，研究二的数据不存在无反应偏差。研究二的调查问卷见附录二。

4.6.3 变量测量

居民满意感是本书在对文献研究和深度访谈的基础上开发出来的。这个变量由如下四个题项组成：和以前相比，我对居住地城市更加满意；我对当前的居住地城市非常满意；和其他城市相比，我对居住地城市非常满意；总体来讲，我对居住地城市非常满意。克隆巴赫系数（Cronbach's Alpha）是 0.89。

地方依恋的测量来源于 Zenker and Rütter（2014），由如下四个题项组成：我感觉这个城市像家一样；有很多事情让我留在这个城市；我不愿住在别的城市；我依恋这个城市。克隆巴赫系数（Cronbach's Alpha）是 0.89。

居民主观幸福感是在 Lyubomirsky and Lepper（1999）测量的基础上根据城市居民特征修改而成，由如下三个题项组成：作为居住地城市居民，我由衷地感到幸福；向外地人谈起我是居住地城市居民，我就很幸福；我的家人作为居住地城市居民都很幸福。克隆巴赫系数（Cronbach's Alpha）是 0.91。

城市形象的测量是在深度访谈的基础上开发出来的，由如下四个题项组成：和以前相比，居住地的城市形象非常好；和其他城市相比，居住地的城市形象非常好；我认为居住地城市当前的形象非常好；我认为居住地城市将来的形象非常好。克隆巴赫系数（Cronbach's Alpha）是 0.86。

4.6.4 特性效度检验

整体模型匹配性。为了检验因子结构跨新样本和新城市的稳定性，本书使用验证性因子分析评估 60 个题项 15 个相关因子的模型的合理性。

匹配性统计指标显示模型具有较好的匹配性：$\chi^2 = 3836.48$，$df = 1605$，normed-$\chi^2 = 2.39$，$p < 0.05$，CFI $= 0.97$，SRMR $= 0.05$，RMSEA $= 0.05$。数据分析显示，1 个因子模型（$\chi^2 = 14294.16$，$df = 1710$，normed-$\chi^2 = 8.36$，$p < 0.05$，CFI $= 0.88$，SRMR $= 0.09$，RMSEA $= 0.11$）和 15 个不相关因子模型（$\chi^2 = 12469.78$，$df = 1710$，normed-$\chi^2 = 7.29$，$p < 0.05$，CFI $= 0.93$，SRMR $= 0.24$，RMSEA $= 0.10$）具有较差的模型匹配性。除了"公共厕所布局合理"题项的载荷为 0.47，其余所有的题项在指定的因子上的载荷均比较高，它们分布在 0.51～0.90。这个数据结果预示着 60 个题项 15 个相关因子模型与新的数据的匹配性比较好，支持研究一描绘的内容。

量表和因子的可靠性。城市产品感知质量整体测量的克隆巴赫系数（Cronbach's Alpha）是 0.95，因子 5 的克隆巴赫系数（Cronbach's Alpha）是 0.66，其余因子的克隆巴赫系数（Cronbach's Alpha）分布在 0.75（因子 1）至 0.88（因子 7 和因子 14）之间，说明具有充分的构念可靠性。每个因子的题项和整体的相关系数均大于推荐值 0.40（Hair et al.，1998），这就意味着这个模型所有的题项具有满意的匹配性。

因子区别效度。15 个因子之间的区别效度的检验程序与研究一的做法相同，数据分析显示，因子的区别效度得到了检验。

构念会聚效度。考虑到城市产品感知质量（City Products' Quality Perception，CPQP）量表的目标是让居民对城市的产品产生积极的感知，CPQP 量表的得分应该与居民对城市产品的整体卓越性评分相关联。因此，可以通过 CPQP 量表得分与城市产品总体卓越性的单项测量之间的关系来检验会聚效度（Parasuraman et al.，1988）。

在研究二的问卷调查阶段，受访者被要求评价对城市整体产品质量的感知程度（以下简称"整体 Q"），从 1 ＝ "差"到 5 ＝ "好"。本书采取单因素方差分析（One-way ANOVA）检验整体 Q 评分与 CPQP 量表得分之间的对应关系。方差分析中的处理变量是整体 Q，由于填写 1 或者 5 的受访者的样本量比较少，所以，本书将 1 和 2 合并为"低"类别，3 作为"中"类别，4 和 5 合并为"高"类别，这样将整体 Q 转换为三个水平的类别变量。因变量是整体 CPQP 汇总后的均值。单因素方差分析结果显示，具有高度的显著性（$F_{(2, 569)} = 202.43$，$p < 0.001$），于是，本书使用 Dunnett's C 多重检验识别 CPQP 量表得分跨整体 Q 三个类别的差异性。数据分析显示，整体 Q "高"类别的 CPQP 值（$M = 3.58$，$SD = 0.43$）显著高于"中"类别（$M = 3.04$，$SD = 0.38$），"中"类别对

应的 CPQP 值又显著高于"低"类别（$M = 2.55$，$SD = 0.53$）。这些结果证实了 CPQP 的会聚效度。

构念区别效度。构念区别效度是检验 CPQP 和三个相关但理论上又不同的构念之间的相关性，这三个构念分别是居民满意感、地方依恋、居民主观幸福感。CPQP 与居民满意感、地方依恋、居民主观幸福感的相关系数分别为 0.61、0.51 和 0.53。本书约束 CPQP 与每一个构念的相关系数为 1，比较约束模型和非约束模型之间的 χ^2 值的差异性，数据分析显示所有 χ^2 值的差异性显著，这些结果证实了城市产品感知质量测量量表的区别效度。

4.6.5 法则效度检验

研究二试图探究城市产品感知质量和居民满意感、地方依恋、居民主观幸福感和城市形象四个变量之间的关系。表 4.3 报告了所有变量的均值、标准差和相关系数。在表 4.3 中，可以看到城市产品感知质量的 15 个因子与前面提到的四个变量之间的相关系数均小于 0.63，从这个角度也能看出城市产品感知质量与关联的构念之间存在显著的差异。

城市产品感知质量由 15 个维度构成，所以本书可以先将每个维度下对应的题项进行汇总，然后求均值记为每一个因子的因子分。在图 4.1 法则效度检验模型中，所有的因子载荷显著，预示着模型具有较好的匹配性（$\chi^2 = 1482.24$，$df = 395$，$\chi^2/df = 3.75$，$p < 0.05$，CFI $= 0.98$，SRMR $= 0.06$，RMSEA $= 0.07$）。

数据分析显示，在 $\alpha = 0.05$ 的水平上，H2 和 H4 两个假设对应的变量关系不显著，H1、H3、H5、H6 和 H7 关联的路径系数在 $\alpha = 0.001$ 的水平上显著，换言之，H1、H3、H5、H6 和 H7 五个假设获得了支持。

为了检验中介假设，我们使用了多重中介回归分析法（multiple mediation regression）。也就是说，如果添加一个或多个潜在中介变量时，自变量和因变量之间的关系强烈减少或完全消失，则假定存在中介效应。当中介变量居民满意感不存在时，CPQP 对地方依恋、居民主观幸福感和城市形象的路径系数分别是 0.56、0.57 和 0.81，并且所有的路径系数在 $\alpha = 0.001$ 的水平上显著。当把居民满意感添加为中介变量时，H2 和 H4 两个假设对应的路径系数不显著，H6 对应的路径系数显著但减少到 0.39。因此，H8a、H8b 和 H8c 得到了验证。图 4.1 汇总了本书的发现。由于 H1、H3、H5、H6、H7、H8a、H8b 和 H8c 八个假设得到了验证，所以城市产品感知质量测量的法则效度得到了有力的支持。

表 4.3 均值，标准差和相关系数

	均值	标准差	1	2	3	4	5	6	7	8	9	10	11	12	13	14	15	16	17	18	19
1. CPQP1	3.27	0.82	0.78																		
2. CPQP2	3.28	0.84	0.55	0.77																	
3. CPQP3	3.01	0.93	0.43	0.39	0.66																
4. CPQP4	3.26	0.83	0.49	0.49	0.49	0.76															
5. CPQP5	3.54	0.79	0.39	0.37	0.30	0.51	0.75														
6. CPQP6	2.47	1.07	0.25	0.20	0.32	0.36	0.22	0.86													
7. CPQP7	3.15	0.84	0.43	0.41	0.50	0.59	0.51	0.41	0.84												
8. CPQP8	2.58	0.93	0.29	0.24	0.35	0.37	0.28	0.41	0.40	0.87											
9. CPQP9	3.60	0.95	0.36	0.34	0.29	0.44	0.49	0.18	0.45	0.23	0.87										
10. CPQP10	3.93	0.87	0.41	0.35	0.29	0.44	0.50	0.11	0.45	0.14	0.54	0.88									
11. CPQP11	3.30	0.78	0.32	0.30	0.29	0.43	0.47	0.21	0.48	0.34	0.42	0.47	0.85								
12. CPQP12	2.86	1.05	0.27	0.19	0.22	0.29	0.27	0.31	0.36	0.40	0.27	0.14	0.21	0.78							
13. CPQP13	3.41	0.84	0.32	0.34	0.34	0.45	0.47	0.26	0.52	0.30	0.45	0.47	0.52	0.29	0.77						
14. CPQP14	3.40	0.79	0.38	0.40	0.34	0.46	0.43	0.20	0.46	0.31	0.41	0.39	0.46	0.31	0.42	0.88					
15. CPQP15	2.92	0.86	0.27	0.24	0.31	0.33	0.28	0.34	0.42	0.50	0.24	0.17	0.32	0.37	0.35	0.40	0.86				

续表4.3

	均值	标准差	1	2	3	4	5	6	7	8	9	10	11	12	13	14	15	16	17	18	19
16. CS	3.40	0.87	0.37	0.38	0.33	0.42	0.45	0.31	0.50	0.27	0.39	0.38	0.39	0.28	0.52	0.50	0.35	0.89			
17. PA	3.32	0.94	0.30	0.36	0.21	0.35	0.40	0.23	0.36	0.23	0.34	0.33	0.32	0.14	0.44	0.52	0.31	0.70	0.89		
18. CBW	3.18	0.92	0.33	0.36	0.22	0.32	0.41	0.21	0.37	0.27	0.28	0.28	0.34	0.28	0.43	0.53	0.36	0.72	0.73	0.91	
19. CI	3.58	0.79	0.39	0.39	0.35	0.52	0.53	0.33	0.58	0.31	0.45	0.55	0.52	0.29	0.63	0.50	0.35	0.77	0.57	0.57	0.86

注:对角线上的数据是克隆巴赫系数(Cronbach's Alphas),非对角线上的数据是各潜变量之间相关系数,所有相关系数在 $\alpha=0.001$ 的水平上显著。CPQP1~CPQP15分别代表社区基础设施、社区管理与服务、交通系统、市政管理和服务、景观环境、城市设计和标志性建筑、政府官员勤政、休闲和娱乐、购物和餐饮、公共事件、社会秩序与安全、周围居民的素养、个人职业发展、本地企业的社会责任,CS代表公民满意度(citizen satisfaction),PA代表地方依恋(place attachment),CBW代表居民主观幸福感(citizen subjective well-being),CI代表城市形象(city image)。

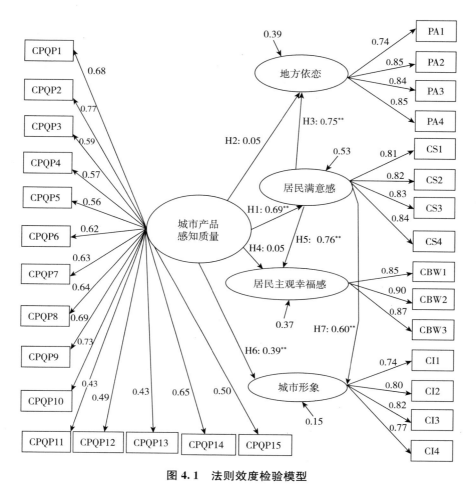

图 4.1 法则效度检验模型

注：[a] 完全标准化估计；[b] 所有的因子载荷在 $\alpha=0.001$ 的水平上显著；[**] $p<0.001$。

4.7 结论和讨论

本章回顾了城市营销领域的核心理论和关联概念及定义，从城市居民视角界定了城市产品的概念。研究从中国城市不同特征的基础上识别出有代表性的城市，并将其居民作为研究对象，收集他们对本书构建的城市产品概念的测量体系的感受和评价。整个研究遵循规范的构念测量开发程序开发城市产品感知质量的测量量表，最终产生了 60 个题项 15 个维度的城市产品测量体系。研究发现，城市产品感知质量直接正向影响居民满意感和城市形象；在城市产品感知质量和地方依恋、居民主观幸福感两个变量之间，居民满意感扮演了一个完全中介变量的作用；在城市产品感知质量和城市形象之间，居民满意感产生了部分中介效应。

这 15 个维度涵盖了城市产品的基本内容，提升了我们对城市产品的理论认识。城市设计和标志性建筑维度与 Kotler et al. （1999）所提出的城市特性（character）是一致的，因为它可以帮助居民创造城市的感觉。城市作为一个固定环境（fixed environment）的概念，也由 Kotler et al. （1999）提出，在我们的研究中它涵盖了交通系统和宏观环境两个维度。Kotler et al. （1999）提出的基础设施（basic infrastructure）这个概念作为一个固定的子域环境被压缩成一个非常狭窄的范围，即一个运输系统，这主要是因为硬件基础设施（例如，固体废物管理）和软件基础设施（例如，经济基础设施）在本书中被分配到其他相关子域（subdomains）。Kotler et al. （1999）提出的自然环境（natural environment）在这里扩展到宏观环境，包括五个方面：自然景观、地理位置、城市文化、人文景观和经济系统。城市及其大都市区与自然环境相互作用，共同塑造自然环境。大自然和城市化地区之间的紧张关系已经加剧，因为都市人口和土地的城市化已经重塑和破坏了自然景观和环境。

城市企业家（city entrepreneurs）和实业家积极参与自然系统的商品化，把它们用于城市消费。这经常会威胁到城市的生态环境。在 19 世纪末和 20 世纪初，改革者为城市环境的净化和公共卫生的改善做了很多有益的工作。Braun（2008）提出的直接生活环境（direct live environment）在本书的研究中也被体现出来，它包括两个维度：生活小区基础设施和小区管理与服务。Kotler et al. （1999）认为城市同时还是服务的提供者（service provider），在本书中它包含市政管理和服务、政府官员勤政、社会秩序与安全和空气质量。被 Kotler et al. （1999）引入城市的是娱乐和休闲（entertainment and recreation）的概念，在这里被分解为两个维度：休闲和娱乐、购物和餐饮。本书的城市产品分解出的公共事件和 Merrilees et al. （2009）界定的文化活动（cultural activities）有一定程度的相似性，但是前者具有更广泛的意义。本书中的个人职业发展与 Braun（2008）界定的教育设施的获得性（accessibility of education facilities）存在一些相似性，但前者的意义更广泛。一个城市可以为它的居民提供一定程度的教育设施。在获得了所需的知识和技能后，居民会关心城市是否能提供给他们一个环境，让他们可以建立一个基于专业基础的职业生涯，如果没有这样的环境，居民可能会想要搬到另一个城市。

Merrilees et al.（2009）引入的社会关系（social bonding）的概念也是城市的一个特点，人们经常会在居民之间的交流和互动中体验到，比如，在这里很容易交到朋友。这与本书研究中"周围居民的素养"维度高度相关，而后者更注重对其他居民整体素质的评估，这是居民之间关系密切的前提和必要条件。在本书的研究中，本地企业的社会责任维度接近于 Merrilees et al.（2009）提出的企业创造力（business creativity）。由于居民必须具备专门的专业知识和相关信息才能对企业的创造力进行评估，因此，企业社会责任更容易被识别和评估。由此看来，本书构建的本地企业的社会责任维度具有较高的测量效度。

从前面与现存文献的对比分析来看，本书在研究中构建的城市产品15 个维度广泛吸纳了本领域的现有文献，较好地反映了城市产品质量。

4.7.1　理论贡献

本研究是在对已有的城市产品研究的基础上，围绕城市产品构念的认知，通过开发一个基于城市居民视角的城市产品维度的测量量表，推进了城市产品领域的研究。数据分析表明，该量表具有较高的可靠性和有效性。在构建城市营销理论框架的过程中，一个不可避免的问题是："一个城市应该向其核心客户即其居民提供何种类型的基础产品？"这个问题对城市管理者和其他从业人员的日常工作来讲非常重要。现有的研究缺乏解释和合理化城市产品的现实概念的能力，包括相互冲突的理论和方法。本书的研究在城市产品领域取得了显著的进步，为该领域未来的理论建设提供了基础。

我们的研究发现，一个城市的产品质量由 15 个维度组成，并支持这样的观点，即一个城市向其居民提供的产品是"由商品、服务、顾客感知和所有这些因素组合而成的复杂包装"（Rainisto，2003）。城市产品构念决定了城市向居民提供的公共生活环境中相关基础设施的可达性和性能。每个城市都有不同的发展历史和独特的特点。尽管各个城市的特点、政治制度和文化传统不同，但其居民对城市核心产品的质量感知仍然是可以衡量的。

居民满意感是城市产品感知质量的结果变量，但同时居民满意感在城市产品感知质量对地方依恋、居民主观幸福感和城市形象的影响过程中扮演中介变量的作用。

4.7.2 研究局限

第一，我们的实证研究是在中国进行的。个人作为居民和员工，其行为将对复杂的城市竞争力做出贡献。他们参与城市治理在很大程度上受到城市本身民主进程的成熟程度的影响（Braun，2008）。未来的研究除了检验城市产品感知质量测量和它的结构的外部效度和普适性，还可检验城市民主化进程作为调节变量对城市产品感知质量对四个结果变量如居民满意感、地方依恋、居民主观幸福感和城市形象影响的调节效应。

第二，某一特定供应商与其客户之间交易的特定产品不应被视为城市产品的一部分，如住宅公寓、出租物业和居民在当地医院接受的医疗服务就不应该归属到城市产品这个概念范畴。我们的立场与 Kotler et al.（1999）一致，他们也排除了特定供应商和客户之间的交易活动关联的具体商品。未来的研究可以探索城市居民对某些类型的商业交易或私人住宅空间的不满如何对城市产品感知质量产生负面影响。

第三，本书的研究没有发现城市产品感知质量对两个结果变量，即地方依恋和居民主观幸福感存在显著的直接影响。然而，从现有的研究来看，城市的一些产品，如自然特征（Kim and Kaplan，2004）和绿色空间（Korpela et al.，2014）确实对这两个变量有直接影响。我们可以推断，可能是在某些条件下其他城市产品对这两个结果变量存在直接影响进而导致了上述直接效应的消失。未来的研究可以探索在何种情况下，这 15 个因素会对地方依恋和居民主观幸福感产生直接影响。

第四，城市产品的核心客户包括居民、访客、潜在人才、企业和投资者。未来的研究可以从其他客户群体的角度来探索城市产品感知质量的测量量表，比较上述五类顾客群体对城市产品感知质量的差异性和相似性，为城市营销的理论发展奠定概念基础。

第5章 城市社会管理综合治理体系的作用机理

5.1 引言

党的十八届三中全会报告提出我们国家要"推进国家治理体系和治理能力现代化"。此后，习近平总书记进一步指出："国家治理体系和治理能力是一个国家制度和制度执行能力的集中体现。国家治理体系是在党领导下管理国家的制度体系，包括经济、政治、文化、社会、生态文明和党的建设等各领域体制机制、法律法规安排，也就是一整套紧密相连、相互协调的国家制度；国家治理能力则是运用国家制度管理社会各方面事务的能力，包括改革发展稳定、内政外交国防、治党治国治军等各个方面。"社会管理综合治理是国家治理体系中确保政治稳定、社会稳定和经济繁荣，结合我国国情从上而下建立的组织系统和管理制度（张文翠和田志伟，2016）。社会管理综合治理是在党委、政府统一领导下，充分发挥政法部门特别是公安机关骨干作用，同时，组织和依靠各部门、各单位和人民群众的力量，综合运用政治、经济、行政、法律、文化和教育等多种手段，通过加强打击、防范、教育、管理、建设、改造等方面的工作，实现从根本上预防和治理违法犯罪，化解不安定因素，维护社会治安持续稳定的一项系统工程。目前，在中国的各级城市已经建立起完备的社会管理综合治理管理机构和运行制度，对促进中国城市的健康持续发展起到了积极的作用。

在中国城市实施社会管理综合治理存在现实的必要性。这种必要性主要体现在如下三个方面：

（1）城市流动人口多。工业化、城市化和市场化必然牵动大规模的人口流动，这为城市的社会稳定带来了压力。从科层制的政府官僚机构的功能来看，政府容易治理人口不流动的静态社会，而对高流动的社会管理就存在较大的难度（叶敏和王阳，2017）。首先，大量的流动人口带来行政资源的短缺。在我国现行体制下，一般以户籍人口为标准配置政府的行政资源，包括编制、经费和权限。这样，随着外来人口的增加，城市的行政资源就陷入了"小马拉大车"的治理困局。

每个城市的人口都由当地人口和外来人口组成。首先，中国核心城市流动人口占比比较大。统计数据表明，2019 年，全国各大城市人口流动量较大，其中常住流动人口中，北（京）上（海）广（州）深（圳）依旧是位居前列。其中以上海最为突出，排名第一；广州排名第二；深圳排名第三；之后依次是北京、苏州、天津、杭州、成都、宁波、东莞，占据名单的前十名。在入榜的所有城市中，三亚常住流动人口最少，为20 万人。根据流动人口规模的排序，前五个流动人口最多的城市依次是上海（流动人口 972.69 万人）、广州（流动人口 967.33 万人）、深圳（流动人口 818.11 万人）、北京（流动人口 794.3 万人）、苏州（流动人口 538 万人），这五个城市的流动人口占城市总人口的比例分别为40.26％、38.73％、38.57％、26.94％和33.41％。[①] 其次，外来人口与本地政府之间缺乏了解和信任，容易形成治理上的脱节。再次，大量的外来人口没有进入正规的企业，而是以一种小生产者的身份进入城市，比如他们从事小食品加工和夜间的摊点经营，进入门槛低，数量多。这样，本地政府就需要花费大量的人力和物力监管他们的生产作业环境、从业人员的健康状况、原材料的来源、半成品和产成品的质量状况。最后，从社区涉案状况来看，流动人口为主要涉案主体。齐晶（2015）发现，在所调研社区中，样本社区中在涉案人群上存在显著差别。在涉案的 628 人中，380 人是流动人口，其比重达涉案总人次的 60.5％；涉案的 248 人属于本社区居民，其比重为 39.5％，前者比后者高出 21 个百分点。同时，齐晶（2015）还发现，社区发案的比重随着社区居住的流动人口的增加而增加，而且二者存在显著的正比例增长关系。

（2）社会阶层分化。在改革开放之前，中国仅存在两个阶级和一个阶层，即工人阶级、农民阶级和知识分子阶层。随着经济的快速发展，原有的阶级和阶层体系被打破了，形成了更为复杂的社会阶层体系。陆学艺（2002）以职业分类为基础，以组织资源（具有决定性意义）、经济

---

① 《中国城市流动人口数量排名 2019，各大城市常住流动人口排名》，https://www.phb123.com/city/renkou/31820.html。

资源、文化资源这三种资源的占有状况作为划分社会阶层的标准，把当今中国的社会群体划分为五个等级、十个阶层。其中，五大社会经济等级分别为社会上层（高层领导干部、大企业经理人员、高级专业人员及大私营企业主）、中上层（中层领导干部、大企业中层管理人员、中小企业经理人员、中级专业技术人员及中等企业主）、中中层（初级专业技术人员、小企业主、办事人员、个体工商户、中高级技工、农业经营大户）、中下层（个体服务者、工人、农民）、底层（生活处于贫困状况并缺乏就业保障的工人、农民和无业、失业、半失业人员）。社会阶层背后意味着对应的观念和利益，以及不同的城市治理要求。如在上海这样与国际接轨程度非常高的城市，社会中高层对清洁、安全、秩序和审美有较高的偏好，他们掌握更多的话语权，对城市治理的标准要求比较高，所以城市治理的很多措施就反映了他们的诉求。然而，矛盾的是，依照社会中高层偏好出台的城市管理标准的执法对象却往往是社会中低阶层，如此便出现了城市管理"执法难"的现象。比如，城市管理者经常对无证照经营户开展清理和整顿，但是，这些经营户并非不想有证照经营，而是这些经营户办理合法证照的标准较高，他们无法达到这些标准。

（3）利益分配不公平。冯周卓和张叶（2015）认为城市的利益分配不公平主要体现在经济水平、政治权力和社会地位不平等。城市社会管理综合治理体系中引起利益分配不公的因素主要体现为经济补偿不合理，以及社会保障制度、社区医疗卫生制度和教育制度等公共服务的不均衡，使得民众与政府之间产生积怨，不利于城市稳定。城市化过程中拆迁问题和农民失地问题是影响城市稳定的活跃因素，主要原因在于一些拆迁行为违背农民意愿，拆迁补偿不公平不合理，拆迁安置条件落后，城市的发展明显没有惠及这些弱势群体。有些拆迁严重违背了失地农民的意愿，造成当事人与政府的对峙，矛盾激化到顶峰时成为引爆群体性事件的导火索。相关案例如 2008 年芜湖镜湖区神山南路拆迁补偿标准不一造成群众集体反对事件等。城管与摊贩之间互相殴打等事件的频发，便是此类冲突的集中体现。一方面，有关方面没有通过足够的社会保障制度来保证低收入摊贩的基本生活；另一方面，对城市街道摊贩的管理没有明确且完善的制度，城管对摊贩的不尊重、暴力执法不仅造成城管与当事人之间的矛盾，更加容易激发全体民众对弱势群体的同情而产生不满情绪，从而引发群体性事件。例如，2014 年 4 月，浙江温州苍南县发生的因城管暴力执法被千人围殴等事件。如果无法保证市民的就业或基本的生活保障，又不给摆摊者自谋出路的机会，那么城管与摊贩之间类似于猫鼠游戏的冲突就难以消除。

社会管理综合治理是中国特色社会主义特有的社会组织管理体系，是中国现阶段特有的社会实践。当前，我国学者关于社会管理综合治理的研究主要集中于如下六个方面：①社会维稳的必要性（e.g.，冯周卓和张叶，2015；齐晶，2015）。例如，随着人民群众物质生活水平的提高，安定和谐的生活环境是人民群众的普遍希求（郑玉敏，2018）。②维稳体系存在的弊端。目前的维稳方式对民众机会主义的刺激、法治和规则主义的消解，均有可能成为催化剂（赵鼎新，2010）。③维稳管理制度转型的必要性和转型的方向。原有的维稳体系体现的是以静态、排他、刚性而脆弱为特征的传统稳定观和秩序观，而不是现代性的动态、包容、柔性而坚韧的稳定观和秩序观。因此，维稳应该从堵住向疏通转变，由刚性稳定向韧性稳定转变。其核心目的是从本源上消除社会矛盾和解决问题。修复城市基层治理生态，通过服务型治理、整体性治理和法治型治理，有效克服转型过程中的政府公司化倾向、碎片化困境和维稳化弊病。④基层组织在社会维稳体系中所扮演的角色和发挥的作用。郑玉敏（2018）认为，基层组织是连接国家与民众的桥梁，是体现政府形象的窗口，是实施法律的终端，是各种社会矛盾交汇的焦点，因而成为法治社会建设的重点、起点和关键所在。⑤在党和政府的领导下，构建多元共治模式，形成多元主体共同参与的社会治理体系。⑥网格化管理。网格化管理是我国基层社会管理创新的一种探索。国内的网格化管理探索以北京市东城区为代表，北京市东城区在2004年就提出了"网格化管理"的理念。北京市东城区17个街道、205个社区被划分为589个社会管理网格，平均每个社区被划分为2~5个网格。每个网格里配置网格管理员、网格助理员、网格警员、网格督导员、网格党支部书记、网格司法工作者和网格消防员。充分运用网格理念和现代信息技术，以责任制为依托，以社会各人群的管理为重点，合理划分网格管理单元，综合考虑"地、物、情、事、组织"等因素，进行精细化管理。从我国网格化管理的实践发展来看，网格化管理的实质是创新社会管理机制，推进人、财、物、权、责全面下沉，强化基层组织建设，维护基层社会稳定，其基本特征是以社区为载体，管理与服务相结合，致力于构建无缝隙的服务型政府（陆继锋等，2017）。

然而，当前关于社会管理综合治理系统领域的研究基本上是基于个人观察所形成的思考和感悟，几乎未发现实证性研究。另外，所有的研究均停留在某个点上的思考，从未界定城市社会管理综合治理系统应该包含哪些要素，也未识别这些要素之间的关系以及这些要素各自的作用和贡献。虽然这些研究在某个层面或者某个环节对我国的社会维稳工作产生了积极的实践指导作用，但是无法建立全局观和系统化的理念，在实际工作中可能产生顾此失彼的结果。同时，也未站在居民的视角对现有的维稳活动进行考量和评价，更不清楚这些维稳活动在理论上的意义。因此，本书从居民视角致力于实现如下两个研究目的：①系统梳理维稳服务项目，并建立完整的测量体系；②系统地评估维稳服务项目对城市居民的安全感、主观幸福感和地方依恋的作用和意义。

5.2　城市社会管理综合治理包含的领域

党的十八大报告指出，加强社会建设，是社会和谐稳定的重要保证。必须从维护最广大人民群众根本利益的高度，加快健全基本公共服务体系，加强和创新社会管理，推动社会主义和谐社会建设。党的十八届三中全会进一步指出，要改进社会治理方式，激发社会组织活力，创新有效预防和化解社会矛盾体制，健全公共安全体系。

新型城市化是党的十八大报告提出的特色方针。从 1978 年算起，我国城市化率年均增速为 3％（任呆等，2019）。随着城市化率的不断提高，不同文化价值观和不同社会阶层的人拥挤到一个特定的地理空间之中，价值观的冲撞、阶层之间的摩擦就蕴含着多重的社会矛盾，这给我们的社会转型埋下了一些确定和不确定的安全隐患。因此，传统的以事后处置和堵住社会风险为思路的刚性维稳，就需要根据社会的变化而进行创新。当前，社会转型带来了价值观念的多元与分化，对价值观的社会认同与社会整合难度十分巨大。新媒体时代，在每个人都是信息源的状态下，利益表达和观点讨论并没有产生一致性的结局，反而形成了巨大的社会鸿沟和裂痕，主要源于根植于人心背后的价值观差异和身处不同社会阶层之间的差异。这些差异是多元化个体在城市生活的必然的客观存在，这给实现社会良性善治带来了严峻挑战。另外，当下中国社会稳定面临着贫富差距、城市贫困人口增多、老龄化社会来临等挑战，因此，我国需要建立人人共享的包容性社会保障制度，构建整体性的社会保障管理体系，最大限度地发挥社会保障在维护社会稳定中的功能。城市治理要构建一种社会普遍认同的价值观，必须从人民的根本诉求和利益出发，拓宽公众参与渠道并辅之以制度保障。以人为本，才能激发城市社会管理的活力。以人为本强调的是人的目的性，以人为根本，以人为主体，肯定人具有至高无上的存在价值和意义（张舜禹，2015）。基于此，社会管理综合治理应该转型到以人为本、以预防事件发生和疏解社会矛盾为基本理念的柔性维稳，实现国家的长治久安和民众的安居乐业。

这就意味着柔性维稳的核心是关心城市居民的民生问题。民生问题事关民众生存和发展，是个体需求的体现，也是社会治理的主要内容，涵盖人的生、老、病、死、衣、食、住、行，涉及教育、就业、住房、养老、医疗等个人需要和家庭需要的各个领域（陆继锋等，2017）。

为了识别城市社会管理综合治理包含的服务项目，本书主要从三个方面展开研究。第一个来源主要是基于城市居民民生问题的文献研究；第二个来源是于 2018 年 10 月 3—5 日在惠州市社会管理综合治理办公室组织了五位维稳官员的深度访谈；第三个来源是于 2018 年 10 月 6—11 日在惠州市惠城区的六个社区分别组织了六次小组访谈。汇集三个方面的研究，按照人的社会关系强度和利益的关联性，本书将我国的城市社会管理综合治理划分为如下十个领域：家庭平安（包含家庭和睦和家庭经济状况）、社区平安（社区管理与服务）、街道平安（街道管理）、校园平安、食品安全、药品安全、医院安全（医院就诊服务）、对城市管理者的满意感、政府安全政策宣传、城市的民主化水平（官员倾听民意和市民参与社会管理）。家庭平安、社区平安、街道平安、校园平安、食品安全、药品安全和医院安全是城市社会管理综合治理管理机构应该向市民提供的安全担保和安全保障；对城市管理者的满意感反映了市民对城市安全提供者的态度；政府安全政策宣传是城市安全提供者向市民提供的安全承诺以及对潜在违法犯罪者的震慑，让市民时刻感受到有一个强大的力量在保护着他们，他们可以放心地生活、学习和工作，并时刻警示那些企图侵犯和伤害他人生命财产安全的人；城市的民主化水平反映了市民是城市的主人，城市管理者开展的各项维稳活动都是出于解决民生问题这样一个根本需求，双向交流和平等对话为民众的利益诉求提供了由下而上传播的合理渠道，体现了我们党执政为民的公信力。由于家庭安全和城市的民主化水平两个领域各自包含两个维度，这样，我国的城市社会管理综合治理就包括十个领域和 12 个维度。下面详细论述这12 个维度的含义和意义。

5.2.1 家庭和睦

家庭和睦是指由婚姻、血缘或收养关系所组成的社会组织的基本单位中的每个成员之间融洽祥和的氛围，它重点包含子女对老人的孝顺、长辈对晚辈的疼爱、对子女的教育方法以及家庭氛围四个要素。构建家庭和睦要以爱、忠实的行动和优良的品质为基础。中国的传统文化特别注重家庭的和睦，认为家庭是社会良好秩序构建的基本单元。

家庭在整个社会稳定中的地位极其重要，社区维稳工作绝不可忽视居民家庭的作用（陈奇彪，2015）。目前我国的家庭结构多以"夫妻＋子女"核心成员构成，与传统的三世同堂或者四世同堂的扩展性家庭结构相比，稳定性大大降低。近年来，家庭结构进一步呈现小型化的发展趋势。以北京为例，每户的家庭人数以每年 1.6％ 的速度持续减少，其主要原因是丁克家庭、离异家庭、独身家庭、空巢家庭的数量在不断增加。家庭结构的进一步小型化加剧了家庭结构的不稳定性。近十多年来，我国的离婚率持续攀升。中华人民共和国民政部公布的数据显示，从 2003 年起，我国离婚率连续 15 年上涨，由 1987 年的 0.55‰ 上升为 2017 年的 3.2‰，2018 年离婚率继续保持 3.2‰。在离婚率持续攀升的同时，离婚登记数量也在不断增加。2008 年离婚人数仅 226.9 万对，2018 年依法办理离婚手续的共有 446.1 万对，比上年增长 2.0％。2019 年国家民政部公布的数据显示，2019 年结婚登记 947.1 万对，离婚登记 415.4 万对[①]。离婚家庭数量的大量增加，致使孩子抚养与家庭教育问题突出，对未成年人的健康成长产生了极其不良的影响。2009 年以来全国发生的多起"杀亲案"，其犯罪者的成长环境多与缺乏正常的家庭教育、家庭生活不幸、家庭财产纠纷以及家庭伦理混乱相关联。

5.2.2　家庭经济状况

家庭经济状况是指个人、家庭劳动所得报酬或其他经济收入和生活消费支出情况，即在外部环境变化过程中家庭应对必要生活支出的能力。它包含家庭是否有稳定的经济来源、家庭收入是否比去年有所提高、家庭收入是否可承担正常的开支，以及是否对未来的经济收入充满信心。

收入在人们生活中具有重要的地位。一般情况下，高收入者会体验到较多的正向情感，而低收入者则体验到较多的负向情感（邢占军，2002）。张会平（2013）的研究显示，家庭收入与女性的婚姻幸福感呈显著正相关，夫妻的积极情感表达在家庭收入与女性婚姻幸福感之间发挥

---

① 《我国离婚率连续 15 年上涨 2019 年中国离婚大数据分析（图）》，https：//baijiahao.baidu.com/s?id=16540595486030752766&wfr=spider&for=pc。

了部分中介作用。较低的家庭收入在一定程度上削弱了夫妻的积极情感表达，从而降低了女性的婚姻幸福感。从马斯洛需要层次理论出发，收入只有在人的需要层次处于比较低的状态下才会对人的生活满意感产生较大的影响；而当人的需要达到较高层次时，经济的影响就相对减弱了。Veenhove（1995）也认为收入只在满足人们先天需要的范围内才对满意度起作用，一旦基本需要得到满足，经济的影响就随之减弱。

张世伟和郝东阳（2010）的研究发现，随着家庭收入的上升，城镇居民对于大多数商品消费的支出弹性和价格弹性呈下降趋势。这些商品主要是食品、服装、家庭用品、医疗保健、教育娱乐。这说明收入变动对较低收入家庭影响较大；中国城镇居民收入的不均等导致了消费的不均等，不同收入群体的消费结构和消费行为存在明显的差异。

家庭绝对收入并不能够完全地度量出经济因素对满意度的贡献。根据社会比较理论，与他人的比较会影响一个人的满意度。当与周围人比较时，如果自己优于别人则感到更满意。中高收入阶层往往成为收入差距扩大的既得利益者，而低收入阶层则成为"相对剥夺感"较强的群体（何立新和潘春阳，2011）。基于社会比较理论，与相对收入相对应的概念是相对贫困。相对贫困不是事实上的贫困，而是一种感受的贫困，来源于心灵深处经比较而产生的贫困感。这种贫困并不产生于真正贫困时期和地区，而是产生于富裕的社会里。在这种社会里，可购买的东西太多，各类不断升级换代的消费品层出不穷，而仅够维持日常生活所需的工资无法满足一般人对不断升级消费的追求，特别是贫富两极分化严重刺激着相对贫困心理的滋长，许多人为了填补心理的不平、摆脱心灵上的贫困感而走上了犯罪之路。方聪龙和芮正云（2018）基于上海市2013年1212个调查样本的实证分析表明，家庭绝对收入和相对收入对城市农民工生活满意度具有显著的正面影响。

另外，城市人口规模与城市居民的收入呈现非线性关系。谢卫卫和曾小溪（2018）的研究发现，城市人口规模的扩大有利于提高城市职工的工资水平，而对农民工的实际工资水平没有显著影响；城市人口规模与城市职工工资水平之间呈倒U形的非线性关系。也就是说，随着人口数量的增加，劳动力的实际平均工资水平上涨，到了高点之后则呈现下降态势。比如，北京、广州、深圳、重庆、南京、苏州和成都七个城市劳动力的实际工资水平超过了人口规模的门槛值和拐点值。进一步而言，如果上述七个城市再增加人口，大家的实际工资就会下降。除了上述七个城市，中国的绝大多数城市的人口规模低于最优人口规模，对实际工资水平的增长有正向作用。

5.2.3　社区管理与服务

社区管理与服务是指社区管理机构向社区中的成员提供全面性的服务，这些服务包括驾驶车辆进出社区和停车的方便性、车辆停放的整齐程度、环境的清洁程度、个人和家庭的安全性、物业管理的周到性，以及居民委员会（以下简称居委会）服务的热心程度。它是由多个机构协同管理的松散型的社会组织体系，具体有物业公司、业主委员会、居委会、街道办事处、辖区派出所、保安公司和志愿者组织等。

加强社会管理的重心在社区，改善民生的依托在社区，维护稳定的根基在社区。社区管理与服务是基层政权和群众的连接点，上传民意，下行政令，在整个城市管理系统中处于特殊又关键的位置。随着城市化进程的不断加快，城市社区的异质性在不断增多，这给社区管理工作带来了难度。

社区居民之间的纠纷是社区纠纷的主要表现形式。齐晶（2015）调查显示，在 1549 件纠纷中居民间纠纷事件的数目为 1252 件，占有效样本的比重为 80.8％；居民与政府纠纷、居民与社区委员会纠纷事件的数目分别为 107 件和 67 件，占有效样本的比重分别为 6.9％和 4.3％。可见，社区居民之间的利益冲突是社区纠纷最突出的表现形式。

入室盗窃是社区安全中最突出的刑事案件。齐晶（2015）发现，在所调研社区中，113 个社区共发生 146 起刑事案件，平均每个社区发生 1.3 起，发案率为 21.2％；120 个有效样本社区中，发生入室盗窃的有 68 个社区，社区发案率为 56.7％，超过总数的一半，平均每个社区发生 6.5 起。比较而言，入室盗窃案件是大多数社区的主要案件类型。古杰等人（2016）针对广州市社区的入室盗窃的案发情况所形成的调研结果佐证了齐晶（2015）的结论。古杰等人（2016）共调查了 1332 户家庭，得出如下结论：在过去五年中从未遭遇入室盗窃的家庭为 1143 户，占样本总量的 85.81％；遭遇 1～3 次入室盗窃的家庭为 171 户，占样本总量的 12.84％；遭遇 4～6 次入室盗窃的家庭为 13 户，占样本总量的 0.98％；遭遇 7～9 次及 10 次以上入室盗窃的家庭分别有 2 户和 3 户，合计不足样本总量的 0.5％。按入室盗窃的次数折合，过去五年每户遭遇入室盗窃的次数约为 0.34 次。

居民之间多种多样的利益冲突和入室盗窃成为社区治安管理中的突出问题，治理这些错综复杂的问题，单纯依靠辖区内的警察显然是不够的。所以，维护社区治安不单纯是警察的事情，为了有效地预防、减少或抑制犯罪，社会维稳体系应纳入社区群众的力量，打造维稳合力。在此基础上，维稳体系还应为社区群众办实事、谋福利，着力解决民生问题（史书铄，2013），强化社区的流动人口管理和服务，借助信息化和网格化管理方式，掌握社区维稳动态，增进流动人口对社区的了解和认同，增强他们的社区归属感和依赖感，促进社区稳定（陈奇彪，2015；陆继锋等，2017）。

5.2.4　街道管理

街道管理主要指对城区路面上移动客体的管理，以保证人和车辆移动的通畅性和秩序、街道的卫生。街道管理主要包含如下八项内容：洒水车在路面上定期洒水；街道上的各类车辆遵守交通规则；街道上的行人遵守交通规则；日常行走的街道的通畅性；日常行走的街道的卫生程度；小商小贩占道经营的情况；街道上供残疾人行走的通道的通畅性；街道上视频探头的完备性。

高寿仙（2004）的研究发现，在我国明代，北京没有设立统一的市政管理机构，工部、五城兵马司、巡城御史和锦衣卫对街道、沟渠均负有管理职责。当时的街道还是土路，晴天则尘土飞扬，雨天则泥泞难行，且路面上粪尿遍布，卫生状况较差，容易引发疾疫。这些机构主要的责任是对壅塞的沟渠和塌损的街道及时疏浚、填垫，对损坏和侵占街道、沟渠的行为进行查处。

高中伟（2011）梳理了新中国成立后街道管理机构和制度的演进过程，其大致经历了三个阶段：一是街政府型，部分城市在区政府之下成立了街政府；二是民政干事型，少数城市在公安派出所内设民政干事，领导基层居民工作；三是街道办事处型，在区政府之下设立街公所或街道办事处。街道管理体制的形成，使中国共产党政权的力量进一步延伸至城市社会的最基层，对新中国成立初期城市经济恢复和社会改造发挥了重要作用。改革开放以来，街道办事处一直是我国城市基层社会管理的基本组织。随着城市的拓展，街道办事处的数量不断增多，每个办事处所辖人口数量也不断增加，街道办事处承担区人民政府交办的工作越来越多，要求越来越具体。当前，我国正在探索街道管理体制，其突出的表现在如下五个方面：①建立健全行政法规，加强法治保障；②调整机构和人员编制，推行扁平化管理，实现高效的运行目标；③完善各项运行机制，确保统筹有力；④培育多元社会主体，激发社会活力；⑤加大信息整合力度，做实精细服务（宿玥，2020）。

简·雅各布斯（2006）认为街道"寄寓在城市的腹中，是一个城市最重要的器官"。B. 鲁道夫斯基（2000）强调城市无法脱离街道而独立存在，认为"街道是母体，是城市的房间，是丰沃的土壤，也是培育的温床"。Lefebvre（2003）把街道比喻为"即兴的戏院"，在街道里"人既是场景，又是观众，有时还是演员"，强调"街道是流动发生的地方，人与人之间的互动是城市生活存在的根基"。芦原义信（2006）则认为"街道就像是住宅中的走廊"，是家的延伸，是人们进行公共生活的重要空间。街道具有公共性、可见性、不确定性、可变性、包容性（韩志明，2018）。

街道是政府与社会的接触地带，是各个社会阶层和不同群体交汇的重要场所，也是城市问题的聚集地。街道在物理空间的形态上发挥着通道和场所的功能，为街道管理提供了制度化的框架，形成了分类治理特征。街道空间的治理形态具有物理空间和社会空间的双重属性，有开放性、流动性和模糊性的特征，为街角社会的形成提供了可能性（吕德文，2019）。吕德文（2019）根据案例研究，梳理出街道管理一般包含的工作内容，可见这些工作烦琐多样，一旦某件事情疏忽，就会影响在此街道上行走的人或者附近居住的人的情绪。具体见表 5.1。

表 5.1　城市管理委员会街道管理事项明细表

序号	管理事项		主次干道	背街小巷
1	清扫保洁	暴露垃圾	路面、人行道、绿化带、雨阳棚暴露垃圾（含生活垃圾、装修垃圾、建筑垃圾、混合垃圾）	地面、绿带、楼道、雨阳棚暴露垃圾
			垃圾容器漫溢	垃圾容器漫溢
		路面灰带	路面有明显灰带，道路、地面交通标识未见本色	无
		清扫保洁	路面、人行道、绿化带、雨阳棚等废弃物	地面、绿带、楼道、雨阳棚等废弃物
		垃圾容器	垃圾容器有明显污渍、破损	垃圾容器有明显污渍、破损

序号	管理事项		主次干道	背街小巷
2	违法占道	占道经营	违法占道经营、出店经营（门店标牌出店摆放，占用人行道、慢车道，含连通道口及视线范围内可见的占道）	违法占道经营、出店经营（含门店标牌出店摆放）
		乱堆乱放	路面、人行道、绿化带、连通道口乱堆乱放（含拖把等家用品、沙石、水泥、货物等各种物品）	地面、楼道、绿化带乱堆乱放
		车辆停放	主次干道、人行道机动车辆停放（有停车标识的除外）	无
3	施工渣土	渣土污染	路面渣土污染	无
		渣土车辆	渣土运输车辆带泥上路、超高、超限、漏洒	无
4	市政设施	井盖管理	井盖缺损、下陷、拱抬	无
		道路维护	市政道路、桥梁严重坑凼、拱抬、错抬、沉陷	市政道路、桥梁严重坑凼、拱抬、错抬、沉陷
5	建筑工地	规范打围	建筑工地、拆迁工地、市政工程不打围或打围不规范	无
			建筑工地、拆迁工地、市政工程围挡有明显破损、污渍	无
		文明施工	工地及其周边有无扬尘、污水、泥浆污染环境	无
		工地现场	工地出入口地面未硬化，未按规定设置冲洗设施	无
6	水务环境		路面严重污水漫溢	背街小巷、社区内严重污水漫溢
7	三乱整治		路面、墙面乱涂写、张贴、刻画	墙面、楼道严重的成片乱涂写、张贴、刻画（社区信息栏内的"三乱"除外）
			道路中间、十字路口等当街散发小广告、小名片	无
8	立面整治		主次干道树木、电线、护栏、桥墩及其他公共设施上乱牵乱挂、当街晾晒	无
9	噪音扰民		主次干道商业门店商业噪音扰民	无

序号	管理事项	主次干道	背街小巷
10	门前三包	非机动车未按指定地点停放，停放无序（车头不一致等）	无

注：来源于吕德文（2019）的研究。

　　韩志明（2018）认为街道是社会元素高度集中的区域，是城市社会中最重要的公共空间，人们利用街道，在街道中从事不同的社会活动，不同的社会活动包含着不同的目的和手段，形成不同的社会关系，带来不同的社会后果。韩志明（2018）根据目的和功能的差异，将街道的利用划分为四种类型：交通出行类、营销交易类、休闲商旅类和生活服务类，这四种类型对应着不同的使用主体、资源与配置、使用者的目的与诉求、有可能产生的冲突与矛盾，以及对应的街道管理者的治理机制。街道的四种利用类型及其多元治理机制见表5.2。

表 5.2　街道的四种利用类型及其多元治理机制

利用类型	使用主体	资源与配置	目的与诉求	冲突与矛盾	治理机制
交通出行	上班族、学生、货物运输者等所有出行者	路面、护栏、监控设施、交通信号设施	秩序、高效、安全	拥堵、事故风险、焦虑	技术和专业治理法律规制和惩戒机制
营销交易	无店商贩、摆摊者、商铺店主、发小广告者、街头推销者等	路面、商铺、灯箱、街角、人流	赢利、消费、财产权、市场规则	无序争抢、脏乱、欺诈、蒙骗	市场和监管治理制度和奖惩机制
休闲商旅	商务人士、游客、畅游购物者、花鸟文玩爱好者等	建筑、景观、特色商品或服务、霓虹	享受休闲时光、休闲娱乐、游玩观光、心情舒畅	喧闹、不文明、风貌难以保护、传统文化消弭	权威和供需治理构建服务和管制机制
生活服务	晨练者、广场舞者、闲聊者、接送孩子者、私搭乱建者、乱堆乱放者、遛宠物者等	商铺、便道、街角、绿化带、广场	宜居、便利、洁净、交际	争吵、混乱、抢占、脏乱	参与和互动治理多元共商和共享机制

注：来源于韩志明（2018）的研究。

以营销交易类为例，街道的使用主体一般是无店商贩、摆摊者、商铺店主、发小广告者、街头推销者等，他们在街上的商务活动的主要目的是通过向来往的行人兜售他们的商品实现商品财产权的转移进而获得利润，但是，由于经营者进入门槛低，不需要太多的投入或者太高的技能就能从事街头经营活动，加之购买者流动性强，因此难免会出现无序摆放、脏乱、欺诈、蒙骗等情况。于是，建立市场和监管治理制度和奖惩机制就非常必要。然而，当下城市管理综合执法者和摊贩之间爆发的一些暴力执法和暴力抗法的事件，其本质是街头行政场域中传统的管理逻辑、社会的公平逻辑和摊贩的生存逻辑这三重逻辑之间的冲突。因此，城市管理综合执法体制需要从策略化治理向规则化治理转变，街道管理应构建多元主体的城市管理执法体系，强化对执法人员失范行为的制度监督和伦理约束（杨亚南，2014）。

5.2.5 校园平安

校园平安是指学生家长对幼儿园、小学和中学校园管理放心程度的评价，主要包含学校的氛围是否积极向上，同学之间是否团结友爱，学校食堂菜品的卫生状况和服务质量，教师的责任心，学生上下学高峰时期秩序是否良好，以及对校园是否存在打架斗殴、欺负弱势学生和其他有可能威胁孩子身心健康的担忧水平。校园安全事关千万个家庭，如果孩子在学校里认真学习、健康成长、团结友爱，家长就放心；反之，家长就担忧。

近年来，个别学校和幼儿园所发生的恶性伤害事件在社会上产生了极其恶劣的影响，也对下一代的身心健康造成了难以愈合的伤害。为了遏制上述恶性事件在学校和幼儿园的进一步发生，我国从上而下采取了一系列严格的措施，并投入了巨大的人力和物力。根据中央社会治安综合治理委员会办公室、教育部、公安部联合下发的《关于进一步加强学校幼儿园安全防范工作建立健全长效工作机制的意见》，校园内配备专职保安 41 万人、防护装备 68 万件，安装视频监控系统 17 万套，其中 4.8 万套已连接公安视频监控系统网络。

方益权和杜玉玉（2014）认为，校园平安不是指单独的校园内部的平安，还包括校园外部与学生的活动轨迹有密切联系的人、活动、设施和事件有可能伤害到学生身心健康和安全关联的平安。因此，围绕校园平安的主题，要明确关联的责任主体和责任内容。①学校。学校是办学的主体，校园周边安全环境直接影响学校自身安全工作的成效和办学秩序。虽然学校安保部门主要负责校内安全，但由于校园周边安全隐患也会引发校内的学生伤害事故，因此学校应在力所能及的范围内积极作为，高度重视校园外来暴力伤害案件的防范工作，将学校周边的安全工作纳入学校安全管理制度中。②公安机关。公安机关作为打击违法犯罪行为的主力军，是整治校园周边环境的中坚和骨干力量。③建设部门。建设部门应当定期对学校及其所在社区的建筑安全风险做出评估。建筑部门应该禁止个人和组织在校园周边设立易燃易爆、剧毒、放射性、腐蚀性等危险物品的生产、经营、储存、使用场所和设施，以及其他可能影响学校安全的场所和设施。④交通部门。交通部门应当定期对学校及其所在社区的交通安全风险做出评估。如交通部门应依法在学校门前道路设置规范的交通警示标志，划设人行横道，根据需要设置交通信号灯、减速带、过街天桥等设施。在上下学时间，公安机关应当根据需要对位于交通复杂路段的学校部署警力或者交通协管人员维护道路交通秩序。⑤文化部门。文化部门应当定期对学校及其所在社区的文化娱乐场所的安全风险做出评估，加强对学校周边文化娱乐场所的监督和管理。⑥新闻出版部门。新闻出版部门应当定期对学校及其所在社区的出版物安全风险做出评估。新闻出版、公安、工商行政管理等部门应当依法取缔学校周边兜售非法出版物的无证照摊点，查处学校周边制售含有淫秽色情、凶杀暴力等内容的出版物的单位和个人。⑦卫生部门。卫生部门应当定期对学校及其所在社区的食品卫生安全风险做出评估。卫生部门要做好对学校周边流动摊点、食品商店、餐饮单位卫生工作的监督和管理，以保证食品的质量，结合定期检查和不定期抽查两种方式，重点检查食品的生产过程是否存在安全隐患。

5.2.6　食品安全

食品安全是指居民对市场上流通的食品的质量和性能的主观评价。它包含市民对食品质量检测的判断，对食品的放心程度，对生产或销售假冒伪劣食品的个体或企业受到惩处程度的判断。

2010 年以来，国家食品监督抽检合格率一直稳定在 95.00% 以上，但公众食品安全满意度却较低，2017 年仅为 58.03%（霍东洲，2017）。可见，食品安全是民生中最主要的问题之一。倪国华等（2019）基于"弹簧效应"假说，对食品安全事件发生后传统的"捂盖子"方式进行了定量评估。研究表明，降低媒体对食品安全事件的监督效率，对食品行业的未来发展和公众食品安全信心均有负向影响。所以，面对食品安全事件，掩耳盗铃是行不通的。另外，在个人承担食品安全风险的可能性方面，随着个体经济地位的下降，人们承受风险的概率呈现递增态势（游海疆，2017）。

党的十八届四中全会提出，要贯彻落实总体国家安全观，推进公共安全法治化。食品药品安全关系国计民生，是公共安全体系的重要组成部分。危害食品药品安全是一类典型的涉众型经济犯罪，危害性强。

从 20 世纪 90 年代开始，我国陆续出台了一系列法律、法规和规范文件以严格约束在我国境内的食品生产经营者。2009 年 2 月 28 日第十一届全国人民代表大会常务委员会第七次会议通过《中华人民共和国食品安全法》，于 2021 年 4 月 29 日第十三届全国人民代表大会常务委员会第二十八次会议进行了第二次修正。该法律强调"民以食为天，食以安为先"。它是全国人民代表大会为了保障公民的身体健康和生命安全专门制定的法律。这部法律规定，国家建立食品安全风险监测制度，对食源性疾病、食品污染以及食品中的有害因素进行监测。国务院卫生行政部门会同国务院食品药品监督管理、质量监督等部门，制订、实施国家食品安全风险监测计划。这些部门制定的各类食品安全标准应当以保障公民的身体健康为宗旨，做到科学合理、安全可靠。同时，对食品的生产经营过程、检验、进出口、安全事故处置、监督管理、法律责任做了相应的规定。

1993 年 2 月 22 日第七届全国人民代表大会常务委员会第三十次会议通过《中华人民共和国产品质量法》，于 2018 年 12 月 29 日第十三届全国人民代表大会常务委员会第七次会议予以第三次修正。该法律规定，在中华人民共和国境内从事产品生产、销售活动，必须遵守本法。现将与生产经营企业密切相关的法律条文列举如下：生产者和销售者依照本法规定承担产品质量责任。禁止伪造或者冒用认证标志等质量标志；禁止伪造产品的产地，伪造或者冒用他人的厂名、厂址；禁止在生产、销售的产品中掺杂、掺假，以假充真，以次充好。县级以上地方市场监督管理部门主管本行政区域内的产品质量监督工作。任何单位和个人不得排斥非本地区或者非本系统企业生产的质量合格产品进入本地区、本系统。国家对产品质量实行以抽查为主要方式的监督检查制度。消费者有权就产品质量问题，向产品的生产者、销售者查询；向产品质量监督部门、工商行政管理部门及有关部门申诉，接受申诉的部门应当负责处理。

在食品安全法和产品质量法两部大法确定的总体思想和框架下，国务院以及下设机构、行业协会针对不同的行业制定了相关的行业法规和

行业规范，以强制力的方式约束食品生产经营者。以白酒为例，2006
年，国家质量监督检验检疫总局颁布了《白酒生产许可证审查细则》。国
家工商行政管理总局于1995年11月17日颁布并在2005年9月28日修
订的《酒类广告管理办法》，对广告主发布酒类广告的资格做了明确的界
定，它应当具有或者提供真实、合法、有效的证明文件。2005年2月，
中国食品工业协会颁布并实施《全国白酒行业纯粮固态发酵白酒行业规
范》，这是白酒生产企业建立自主管理、自我发展、自我约束行业自律的
法规基础，正式以规范性文件的形式维护传统纯粮固态发酵白酒产品质
量信誉。《国务院关于加强食品等产品安全监督管理的特别规定》由国务
院于2007年7月26日发布，目的是加强对食品等产品的安全监督管理，
明确生产经营者、监督管理部门和地方政府的责任，加强各监督管理部
门的协调、配合，保障人体健康和生命安全。2013年11月28日，国家
食品药品监督管理总局据此颁布了《关于进一步加强白酒质量安全监督
管理工作的通知》（以下简称《通知》）。《通知》认为，白酒生产企业仍
存在一定的质量安全隐患，如个别地方白酒生产许可管理不严，企业存
在超范围超限量使用食品添加剂、以液态法白酒或固液法白酒冒充固态
法白酒、白酒中邻苯二甲酸酯类物质（即塑化剂）污染及制售假冒伪劣
白酒等问题。国家商务部于2005年10月19日第15次部务会议审议通
过《酒类流通管理办法》，自2006年1月1日起施行。2012年11月14
日，国家商务部公布《酒类流通管理办法（修订）征求意见稿》，用了一
个月时间向全社会征求意见。修订后的《酒类流通管理办法》增加了酒
类流通实行经营者备案登记制的规定；酒类经营者（供货方）在批发酒
类商品时应填制"酒类流通随附单"，详细记录酒类商品流通信息。《食
品标识管理规定》于2007年8月27日以国家质量监督检验检疫总局令
第102号公布，并根据2009年10月22日国家质量监督检验检疫总局令
第123号《国家质量监督检验检疫总局关于修改〈食品标识管理规定〉
的决定》修订。本规定所称食品标识是指粘贴、印刷、标记在食品或者
其包装上，用以表示食品名称、质量等级、商品量、食用或者使用方法、
生产者或者销售者等相关信息的文字、符号、数字、图案以及其他说明
的总称。《食品安全国家标准 蒸馏酒及其配制酒》（GB 2757—2012）由
国家卫生部2012年8月6日发布，于2013年2月1日开始实施。该标
准界定了蒸馏酒以及蒸馏酒的配制酒的概念。蒸馏酒，即以粮谷、薯类、
水果、乳类等为主要原料，经发酵、蒸馏、勾兑而成的饮料酒。

在完善法律、法规和各类规范性文件的同时，中央和地方也在不断

明确和理顺各个行政单位的职责和权限，强化食品供应、生产和销售各个环节的行政执法力度。党的十八大以来，通过明确各层级事权和属地管理责任，在乡镇、街道或区域设置监管派出机构，防范基于利益驱动的食品安全风险在一线失守。在监管机构内部，一些地方推进技术支撑机构整合、综合执法和职业化检查员队伍建设，从而提升监管效能。同时，注重科学划分纵向事权。高风险的特殊食品如婴儿配方乳粉、特殊医学用途食品、保健食品等注册由国家市场监督管理总局负责，并同时承担监督检查制度、重大违法案件查处、全国性抽样检验计划等跨区域的工作。在此基础上，要承认本地化监管的资源和信息优势，具体的许可、检查、处罚工作由省级及以下市场监管部门承担，尤其是食品"三小"（小作坊、小餐饮、小摊贩）的日常监管交由乡镇街道承担，并通过购买专业第三方服务提升监管靶向性和震慑力（胡颖廉，2020）。

行政管制理论假设政府完全掌握信息，且是理性的，其能够代表民众对市场做出理性选择（王阿妮等，2020）。政府主要从法制化公序角度，通过制定法律、法规或政策等方式对食品企业进行约束。在该治理思路下，政府主要运用如标准控制、强制披露、审批准入、产品质量追溯、产品召回等规制手段（Kang，2016；Liu，2014）对食品企业的各个生产、销售环节进行管理。

把食品安全纳入社会维稳体系，其主要原因在于一旦发生严重的身体伤害的食品安全事件，如"三聚氰胺事件""大头奶粉事件"，在民众的正当利益诉求无法得到及时回应或者无法得到正常赔偿，以及事件的责任人不能得到应有的法律处罚的情况下，容易引发更多人的围观，群情激愤，可能会激发和形成新的社会不稳定因素。另外，政府各部门的内部系统对促进食品安全治理具有重要的意义，英国在构建食品安全协同治理模式方面已经取得了显著的社会效果（顾小茜和陈永法，2020），可给我国的食品安全管理带来启示。

5.2.7　药品安全

药品安全是指居民对市场上流通的药品质量和性能的主观评价。它包含药店里是否存在假冒伪劣的药品、市民对官方质量检验的判断及药品疗效的感知。药品的安全性反映了政府的治理能力和政府对待生命的态度。

建立我国的药品安全监督和管理体系是一项刻不容缓的工作，更是一件需要从保护人民群众生命安全的意识出发常抓不懈的艰巨任务。

2010 年版《中国药典》明确规定，药用胶囊以及使用的明胶原料，重金属铬的含量均不得超过 2mg/kg。2012 年 4 月 15 日，媒体曝光 9 家国内药企生产的 13 种产品采用了铬超标的空心胶囊。后经媒体进一步挖掘，一些不法药企用价格低廉的工业明胶代替药用明胶在行业中开展低成本竞争。毒胶囊事件不是个人的失职，而是一些监管部门的缺位，监管乏力已成为威胁药品安全的一个痼疾（刘云川，2012）。毒胶囊对人体的危害主要源于其使用的工业明胶原料中的重金属化合物六价铬含量超标。六价铬有较强毒性，且摄入人体后代谢速度非常缓慢，可能对人体的肝、肾等内脏器官造成损伤，产生胃溃疡、痉挛等临床反应，甚至导致癌症或死亡。而据调查人员对 9 家药厂 13 个批次的胶囊药品买样送检，重金属铬含量均超过限量值，超标最多的达 90 多倍。毒胶囊事件直接威胁到人民群众的生命健康安全，暴露出我国药品生产和监管体制中的一些弊端，表明我国药品安全形势仍然较为严峻。

2015 年，全国各级食品药品投诉举报机构共接收投诉举报信息 77 万件，同比上升 36.94%。其中，药品和保健食品投诉举报分别占 10.50% 和 5.12%。[①] 为什么药品安全事故时有发生？这与现有法律实施效果不佳有直接联系，其主要体现在：重行政处罚，轻民事赔偿；重法学定性，轻经济定量。

郑小平等（2008）的研究发现，影响中国药品安全管理的主要因素有安全交易、许可制度、药品利润率、可追溯体系、药物警戒、应急管理。①中国的药品有三种交易方式：直接交易、集中招投标交易和电子商务交易。后两种方式大多由计算机处理及传送，可追溯性强，能减少错误的发生。②中国实行企业许可证发放制度、药品上市许可制度和药品广告审批制度。③高利润率的药品很容易被仿制，甚至被假冒。④可追溯系统是产品质量安全管理控制的有效手段，能够对产品的全部生产和销售过程进行无疏漏的跟踪，以确保产品质量。⑤药物警戒体系的基本方式是志愿报告体系。药物被长期监控以识别及评估可能存在的安全隐患，随后采取行动来优化药物收益—风险之间的平衡，或者使病人的风险最小化及确保安全与有效用药。⑥当"不合格"的药品泛滥使用而引发社会危机时，相应的安全应急管理体系就应该马上运作，降低危机中人们生命财产的损失。

---

① 《2015 年全国接收食品药品投诉举报 77 万件》，http://www.gov.cn/xinwen/2016-03/31/content_5060099.htm。

长期以来，我国药品监管以政府监管为主，根据监管职能与监管手段的不同，可分为管控型模式、监管型模式、垂直管理型模式和属地管理型模式。党的十八届三中全会后，在全面推进国家治理体系与治理能力现代化的背景下，刘畅（2017）建议，我国药品安全规制应从政府监管模式转变到社会共治模式。这其中规制主体应由一元主体向多元主体转变，规制手段应由刚性手段向柔性手段转变，规制机制应体现协调、激励和参与，法律责任应彰显风险预防功能。由于药品安全事件的公共危害性巨大，把药品安全纳入社会管理综合治理范畴，调动社会广泛的力量进行监督，及时发现危险的源头，快速处置，将有助于维护人民的生命健康安全。

5.2.8　医院就诊服务

医院就诊服务是城市居民以患者身份根据以往的就诊经历对医院服务精神、服务态度、服务行为以及医生责任心的全面质量感知。它包含医生的责任心、医院的管理秩序、医院的人道主义关爱精神、医院和患者之间的矛盾状况。

把医院就诊服务纳入社会管理综合治理范畴，是因为一些随机性较强的突发事件严重危及医务人员的职业安全、医疗秩序甚至社会稳定。比如，2012 年 3 月，哈尔滨某医院的患者因对医生的治疗方案产生误解，持刀追砍医护人员造成一死三伤[1]；2013 年 10 月，浙江台州温岭市某医院发生了因医患矛盾引发的袭医事件，3 名医生被刺伤，其中 1 名医生因抢救无效死亡[2]；2019 年 12 月 24 日，北京某医院医生在诊疗过程中被患者家属持刀扎伤颈部，后经抢救无效死亡[3]。这三起事件是典型的因医患冲突引发的暴力袭医事件。暴力伤医事件时有发生源于医患信任缺失，而医患双方缺乏信任的原因复杂，包括现行医疗体制的缺陷以及医疗保障制度不足造成了医患利益冲突；医患双方对医疗风险缺乏沟通、部分医院忽视患者知情同意权导致医患情绪对立严重，以及以过

---

[1] 《哈医大伤人事件》，https://baike. baidu. com/item/％E5％93％88％E5％8C％BB％E5％A4％A7％E4％BC％A4％E4％BA％BA％E4％BA％8B％E4％BB％B6/7290482? fr = aladdin&qq−pf−to=pcqq. c2c.

[2] 《10·25 温岭袭医事件》，https://baike. baidu. com/item/10％C2％B725％E6％B8％A9％E5％B2％AD％E8％A2％AD％E5％8C％BB％E4％BA％8B％E4％BB％B6/12016934?fr=aladdin&qq−pf−to=pcqq. c2c.

[3] 《医学史上的 12 月 24 日：民航总医院杨文医师在值班期间遇害》，https://baijiahao. baidu. com/s?id=1686777778919473086&wfr=spider&for=pc&qq−pf−to=pcqq. c2c.

错为导向的医疗损害赔偿责任制度激化了医患矛盾（齐晓霞，2020）。

　　门诊是患者及其家属接触医院诊疗服务的窗口。门诊不仅是对患者进行早期诊治的关键场所，也是全面保障医疗与服务质量的重要环节（吴思佳，2015）。医院门诊环境嘈杂，人员流动性大，很多患者因病痛、心情烦躁、行动不便、对医疗工作流程不了解及对环境不熟悉等会产生不同程度的精神负担。因此，做好导诊工作，为患者提供导诊、咨询、健康教育、代寄信件等便捷的服务，是门诊护理工作的重要环节之一。国家卫生和计划生育委员会在 2015 年发布的《进一步改善医疗服务行动计划》指出，在整个就诊过程中，医院要让人民群众便捷就诊、安全就诊、有效就诊、明白就诊。根据患者的需求，通过组建导诊人员、优化就诊流程、完善门诊各类标识、深化预约管理、开展门诊疼痛随访、开通报告查询功能等措施，可有效改善就诊体验（杨筱萃等，2020）。

　　除了门诊，医疗环境、医疗流程、医生技能也会影响患者的就诊体验。严华林等（2012）对成都市社区就诊患者对社区卫生服务满意度以及影响因素的研究显示，患者的总体满意度为 81.97%，其中设备条件、医生技能、疫苗接种的满意度较低，满意度的主要影响因素有年龄和性别。比如，不同年龄段的就诊居民对社区医院护士的服务态度和对社区医院药费的满意度存在差异，其中年长患者（大于或等于 41 岁）对护士服务态度的满意度高于年轻患者（小于 41 岁），年轻患者对药费的满意度高于年长患者。刘智等（2020）针对 30 家省三级妇幼医院门诊患者的就诊满意度及其影响因素的研究显示，门诊患者的总体满意度为 88.2%。其中，窗口挂号排队等待时间（68.3%）、候诊时间（63.2%）的满意度较低；我的个人隐私受到了保护（91.8%）的满意度较高。多因素分析显示，就诊前是否有固定医生，挂号排队等待时间，就诊时与医生的沟通时间，接诊医生的医术，医护人员耐心讲解治疗方案、用药方法及注意事项和遇到问题时有工作人员及时解答和引导，是影响妇幼医院门诊患者就诊总体满意度的因素。进一步研究显示，高峰期人工收费窗口排队时间由 9.0 分钟缩短至 3.2 分钟，患者对门诊流程的满意度从 86.4 分提高至 91.1 分。也就是说，服务流程的持续改进能够显著提高医院门诊工作的效率，能有效提升患者对门诊流程的满意度（李梁玉等，2019）。因此，医院应做好医疗资源配置规划，加强出诊医生管理，优化流程，缩短病人候诊时间，提高环节服务质量。

　　满意的患者不会引发医患冲突，只有不满意的患者才有可能寻找医生的问题进而产生医患冲突。医患冲突是世界性难题。Institute of

Medicine（IOM）的报告显示，美国门诊误诊率高达 5％，误诊的致死率占整个医疗事故的 10％。尽管如此，由此引发的医患冲突却十分少见，医患双方都会主动诉诸法律，在制度的框架内化解矛盾。这主要得益于宏观制度的合理设定和法制的健全（王昊等，2017）。我国非理性的医患冲突背后的逻辑是什么？患者个体的抗争如何演变为群体性冲突，并以暴力形式出现？王昊等（2017）的研究发现，环境情景刺激、群体特性、风险认知差异以及体制不完善等因素是统领性的关键影响因素。因此，为了解决医患冲突问题，需要通过完善医疗保障制度、消除医疗机构逐利性以缓解医患利益冲突；通过建立健全医患沟通机制、加强对患者知情同意权的保护以消除医患情绪对立；通过完善医疗损害赔偿责任制度、建立医疗风险救济基金制度等分担医疗风险，加强对患者利益的保护（齐晓霞，2020）。

5.2.9　对城市管理者的满意感

对城市管理者的满意感，是指居民对日常生活过程中所接触到的城市管理者的品格、能力、工作方式和工作绩效的综合性评价。它具体包含对如下人员满意度的评价：居委会的管理人员、警察、社区保安、街区网格员、城市管理综合执法人员、社会服务志愿者。一般而言，中高级别的城市管理者，普通市民很难在现实生活中看到或者接触到，因此无法对这些管理者做出相应的判断。但是，普通城市管理者的理念、工作方式和行为反映了中高级别城市管理者的理念和价值主张，因此，通过对普通城市管理者满意感的评价可以反映整体城市管理者的管理素养和精神。

居委会是居民自我管理、自我教育、自我服务的基层群众性自治组织，是中国人民民主专政和城市基层政权的重要基础，也是党和政府联系人民群众的桥梁和纽带之一。在中国的城市地区有四亿多居民通过这一制度直接行使宪法赋予的自治权和民主管理经济、文化和社会事务的权利。

我国法律对居委会的设立、法人资格、职责和任务都做了严格的规定。1989 年 12 月 26 日，第七届全国人民代表大会常务委员会第十一次会议通过了《中华人民共和国城市居民委员会组织法》。2017 年 3 月 15 日，第十二届全国人民代表大会第五次会议通过了《中华人民共和国民法总则》，自 2017 年 10 月 1 日起施行。其中第三章第四节"特别法人"中第一百零一条规定："居民委员会、村民委员会具有基层群众性自治组织法人资格，可以从事为履行职能所需要的民事活动。"2018 年 12 月 29 日，第十三届全国人民代表大会常务委员会第七次会议表决通过修改城市居委会组织法的决定，居委会每届任期五年，其成员可以连选连任。

居委会按照居民的居住状况和便于居民自治的原则设立。一般以 100~700 户居民设立一个居委会。居委会由主任、副主任和 5~9 名委员组成。主任、副主任和委员，由本居住地区全体有选举权的居民或者由每户派代表选举产生；根据居民意见也可以从每个居民小组选举的 2~3 名代表中选举产生。居委会根据需要设人民调解、治安保卫、公共卫生等委员会。

根据居委会组织法的有关规定，居委会的基本职能和任务是：①宣传宪法、法律、法规和国家的政策，维护居民的合法权益，教育居民履行依法应尽的义务；②办理本居住区居民的公共事务和公益事业；③调解民间纠纷；④协助维护社会治安；⑤协助人民政府或者其他的派出机关做好与居民利益有关的公共卫生、计划生育、优抚救济、青少年教育等工作；⑥向人民政府或者其他的派出机关反映居民的意见、要求和提出建议。

我国的警察分为公安机关的警察（即狭义"公安"，包括治安警察、户籍警察、刑事警察、交通警察、巡逻警察、外事警察、经济犯罪侦查警察、公共信息网络安全监察专业警察、警务警察、监所警察、科技警察、公安法医等）；司法机关的警察（监狱、劳教机关的狱警、管教干部）；国家安全机关的警察；接受公安部和另一个部门双重领导的警察，如铁路警察。

汪波和于扬（2020）针对北京市 23 个社区的调查分析显示，警民关系显著正向影响居民的安全感。警民之间合作程度越高，合作渠道越通畅，社区居民发现违法犯罪线索后，越倾向于通过制度渠道及时举报。社区居民为犯罪预防的辅助力量，而警察为犯罪预防的专业力量，二元主体力量的深度合作将显著强化社区安全治理。

我国的社区社会治安存在双重协调机制。一为社会管理综合治理机制，二为社区警务机制。从社会管理综合治理机制来看，各级政府皆设有社会管理综合治理部门，即社会管理综合治理办公室，领导着各社区的社会管理综合治理工作站。社会管理综合治理工作站在横向上归属于社区，其组织结构包括监控室、民调室、警务工作站、巡防工作站、流动人口服务站诸部门，其功能主要包括社区视频监控设施的管理、民事调解、警务办公室、群防群治工作、外地户籍人口的登记管理。从社区警务机制来看，社区警务机制通过将民警下沉至社区警务室以展开警民深度协同，强化社区安全治理。当前，各社区均设立社区警务室，社区警务室为派出所驻社区工作的部门，受派出所的领导（汪波和于扬，2020）。

保安，指保卫治安，是一个职业工种，主要职责为防火、防盗、保障责任区域内的人身安全。通过保安人员的工作实施来保障固定区域内安全，维护正常工作秩序和治安秩序，防患于未然。2009 年 9 月 28 日，国务院第 82 次常务会议通过的《保安服务管理条例》明确规定了保安服务的经营范围、资质认定、监管关系，保安人员的招录条件和薪酬水平，以及履行安保职责的权利、义务及合法性、正当性，保安人员与公安部门、社区组织、雇主之间的权责利关系等。社区保安，主要服务小区业主，做好小区秩序维护及安保工作。

网格员，即运用现代城市网络化管理技术，巡查、核实、上报、处置市政工程（公用）设施、市容环境、社会管理事务等方面的问题，并对相关信息进行采集、分析、处置的人员。

城市网格化管理，是将城市管理辖区按照一定的标准划分成为单元网格，通过加强对单元网格的巡查，建立一种监督和处置互相分离的管理与服务模式。它的主要目的是能够主动发现问题、及时处理问题，加强政府对城市的管理能力和处理速度，在居民投诉之前将问题解决。所以，需要有一批直接面对群众的基层服务人员，即社区网格员。社区网格员是进行具体服务工作的基本力量，是直接面对面经常接触群众的，因此要有为群众服务的基本意识和对应的技能。

社区网格员可以与社区居民保持联系，了解民情、转达民情、解决民情，帮助政府完成好社区的管理与服务，最大限度地减少矛盾，促进社区和谐。社区网格员的职责如下：①操作信息采集设备，巡查、发现网格内市政工程（公用）设施、市容环境、社会管理事务等方面的问题，受理相关群众的举报；②操作系统平台对发现或群众举报的网格内市政工程（公用）设施、市容环境、社会管理事务等方面的问题进行核实、上报、记录；③研究网格内市政工程（公用）设施、市容环境、社会管理事务等方面问题的立案事宜，提出处置方案；④负责通知问题相关的责任单位，并协助解决问题；⑤核实上级通报的问题，协助责任单位处置，并反馈处置结果；⑥收集、整理、分析相关信息、数据，提出网格内城市治理优化建议。

　　城市管理综合行政执法局是 2017 年根据《城市管理执法办法》成立的。城市管理执法人员属于行政执法类公务员，通过公务员考试并接受正规训练后，按照局、队的执法人员编制而调配。全国监督部门为中华人民共和国住房和城乡建设部城市管理监督局，其省、自治区级部门为住房和城乡建设厅，其直辖市，较大的市、县级部门为城市管理局，基层的执法组织分别为乡、镇城市管理执法所和县、市城市管理执法局街道执法所。城市管理综合执法人员，简称城管。城管执法，事实上是将过去中国城市各政府机构所拥有的各自范畴内的城市执法职能集中行使，包括市容环境卫生、城市规划管理（无证违法建设处罚）、道路交通秩序（违法占路处罚）、工商行政管理（无照经营处罚）、市政管理、公用事业管理、城市供水管理、停车管理、园林绿化管理、环境保护管理、施工现场管理（含拆迁工地管理）、城市河湖管理、黑车管理、黑导游管理等各方面需要出动执法的事宜。

　　城管执法已经是城市治理体系和治理能力现代化不可或缺的重要力量，但仍面临着立法位阶较低、全国执法范围不统一、城管执法机构名称不规范和执法职能交叉重叠等新困境，阻碍了城管执法的良性发展（林华东等，2018）。

　　联合国将志愿者（volunteer）定义为"自愿进行社会公共利益服务而不获取任何利益、金钱、名利的活动者"，具体指在不为任何物质报酬的情况下，能够主动承担社会责任、奉献个人时间和助人为乐的人。志愿者可因服务内容的不同分为消防志愿者、抗震救灾志愿者、奥运志愿者、社区志愿者、环保志愿者、网络志愿者等。2017 年 12 月 1 日，我国《志愿服务条例》开始实施。

　　志愿者在不计物质报酬的前提下牺牲个人时间和精力主动参与社会管理，是政府的重要合作伙伴。随着社会治理主体的多元化以及志愿者深度涉入社会治理行动当中，志愿者在公共领域的存在与作用越来越不可或缺。在行动主义的框架中，志愿者及其志愿行动不仅标志着人的进化迈向了新的境界，更重要的是，他们正在成为一股强大的社会自治力量而活跃于社会治理的行动体系当中。志愿者及其志愿服务不仅没有削弱公共行政，反而增强了公共性。

　　志愿者事业关注的焦点是一些社会问题，它所服务的对象包括一些社会弱势群体。志愿服务以其服务方式的灵活性、服务内容的多样性、服务态度的友善性，展示了社会对弱势群体的帮扶和关爱。

　　社区建设是一项庞大而复杂的社会系统工程，需要社会各方面力量的共同参与。广泛参与是社区建设的本质特征，也是社区建设成功与否的重要标志。《国务院关于加强和改进社区服务工作的意见》明确要求：大力培育社区服务民间组织，积极组织开展社区志愿服务活动。社区的志愿活动与人们的日常生活息息相关，如社区救助、社区帮扶、社区助残、社区就业、社区敬老等。同时，志愿者在居委会的领导下可以自发组建音乐、绘画、书法、舞蹈等兴趣小组，动员社区成员参与，丰富社区的精神生活，增加社区居民之间的亲和力。另外，社区志愿者组织围绕社区成员的生活保障开展服务和帮助，减少了少数人因为生活危机而出现的社会波动，体现了人文关怀，促进了社区和谐稳定，同时也培养了居民对社区的认同感、归属感。例如，上海浦东新区根据社会的多样化需求，建立了 211 个标准化老年活动室，298 个社区服务分中心，445 个社区服务网点，16 个街道、镇社区服务中心，一条 24 小时全天候服务的市民生活求助热线和一条联网的街道社区服务热线网络的社区服务网（李永玲，2014）。

5.2.10 政府安全政策宣传

政府安全政策宣传是指政府利用各种媒体和不同的信息格式对各类潜在的社会不安定因素进行警示，报道司法机关对各类扰乱社会秩序与安全的违法犯罪的人员所进行的打击和惩戒。通过警示和报道，达到预防和遏制违法犯罪的目的。它具体包括让居民判断加大对城市安全政策宣传的重要性；判断安全政策宣传做得是否到位；判断安全政策宣传对企图实施违法犯罪的人员是否起到震慑作用。

我国基层政府一般根据行政区划范围内一段时间内所发生的案情特点以及司法部门对违法犯罪人员的打击和处理结果，将这些信息发布在居民小区的公告牌中或者几个居民小区共享的公共活动空间显眼的位置，并定期进行更新，对企图实施违法犯罪行为的人员可产生震慑作用，能给普通市民带来安全感。同时，随着新媒体的普及，基层政府也利用新媒体的影响力宣传法律法规和报道司法机关对各类违法犯罪事件的处理结果。

5.2.11 官员倾听民意

官员倾听民意是指政府负责人运用现代化的通信设备，或者走到百姓中间，或者让老百姓走进他的办公场所，或者举办听证会，以平等坦诚的心态听取百姓的想法、意见和建议。它主要包含官员重视民意、官员拥有便民服务的意识、官员经常和老百姓交流、政府委托第三方了解民众的想法。中国共产党第十八届中央委员会第四次全体会议公报以前所未有的高度提出了"依法治国"的理念和方略，标志着"一个真正的现代化的法治中国向我们走来"。国际舆论也普遍认为，公报所作的部署和依法治国，将为我国全面深化改革营造更好的法治环境，保护改革开放成果。党的十八届四中全会提出健全依法决策机制，把公众参与、专家论证、风险评估、合法性审查、集体讨论决定确定为重大行政决策法定程序。北京市政协委员陈小兵说，对于事关全市民生的重大事项，必须启动听证会，事先进行民意调查，这样才能够使最终的决策更加科学民主，这也是依法治国的一个重要体现。今后，将倾听民意纳入法制体系，将成为我们国家长治久安的一项重要保障。党的十八届四中全会明确建立重大决策终身责任和倒查机制，将会促使决策层更加细心谨慎，广泛征求意见，从而做出更加科学合理的决策①。

5.2.12　市民参与社会管理

市民参与社会管理是指市民参与城市公共事务，包括与之相关的立法、决策、实施及监督的全过程。这里的市民是广泛意义上的概念，它指公民、法人和其他组织，具体而言，包括城市居民、机关企事业单位以及其他城市生产、生活共同体的成员。需要指出的是，市民参与公共事务的方式是双向互动，体现为政府与市民之间信息的双向流动，强调决策者与受决策影响的利益相关者双方意见的沟通和协商。简言之，市民参与社会管理就是公民、法人和其他组织通过一定的程序和途径参与并影响公共事务的行为过程。在本书中主要表现为市民向政府提供自己一些想法的意愿，对百姓参与社会管理是社会文明的标志的认同程度，对周围人社会管理参与意识的评判。

---

① 《官员：倾听民意纳入法制体系是长治久安重要保障》，http://star.news.sohu.com/20141024/n405410547.shtml。

5.3 理论假设

5.3.1 城市社会管理综合治理和居民安全感

居民安全感（sense of security）是指在不断变化和快节奏的城市生活环境中，城市居民对可能出现的身体或心理的危险或风险的预感，以及个体在应对外部事物时的有力/无力感，主要表现为确定感和可控感。首先，安全感是来自一方的表现所带给另一方的感觉，是一种让人可以放心、舒心、依靠、相信的言谈举止等方面表现带来的心理感受。其次，安全感来源于对对方的信任。比如对方说话算数，说到做到；对方关心自己。精神分析理论认为，个体的安全感是这样逐步形成的：父母（尤其母亲）是儿童成长过程中重要的客体，在孩子幼小的时候，如果父母能够给予孩子持续的、稳定的、前后一致的和合理的爱，孩子就会体会到安全感，并延伸出对于他人及周围世界的信任，由此会感觉到自尊、自信以及对现实和未来世界的确定感和可控制感。

在此需要比较一下汉语体系只使用一个词语而英语体系却使用两个单词来表达安全之间的区别和关系。在英语体系中，人有了安全（safety）才会安全（security）。第一个安全来自外部环境，第二个安全来自内心。外部环境的 safety，主要是没有来自外部的威胁（from external threat）、环境的稳定性（stability）、没有危害的（absence of hazards）、没有潜在的伤害、保证和担保；第二个安全（security）体现在自信（confident）、有尊严（possessing dignity）、自我价值（self-worth）、自尊（self-respect）和心态平和（peace of mind）。本书所说的安全感是指后者。因此，马斯洛认为，心理的安全感（psychological security）指的是"一种从恐惧和焦虑中脱离出来的信心、安全和自由的感觉，特别是满足一个人现在（和将来）各种需要的感觉"。

马斯洛需要层次理论（Maslow's hierarchy of needs）在解释居民安全感方面具有较强的说服力。马斯洛需要层次理论由五个基本的需要水平构成。第一个层次是生理需要（physiological needs），如人对食物和水的需要。当生理需要得不到满足时，就会影响人机体的正常运转，阻碍其他高层次需要的激活。当生理需要得到满足时，第二个层次的需要，即安全需要（safety needs）才会被激活。安全需要体现为对稳定和保护的需要。当生理需要和安全需要得到满足时，第三个层次的需要——社交需要，即对爱、情感和归属感（belongingness）的需要就会被激活。当第三个层次的需要得到满足时，才能激活第四个层次的需要，即自尊需要（esteem needs）。自尊需要得到满足时，将产生自信、有意义、优势和能力的精神感受。同时，将激发第五个层次的需要，即自我实现的需要（needs for self actualization）。自我实现的定义是一个人想成为某种类型的人的渴望。总体而言，马斯洛需要层次理论具有整体性和动态性。生理需要、安全需要、社交需要和自尊需要四种需要是缺陷性需要（deficiency needs），当这些需要得到满足时，进一步渴望的动机就会下降；自我实现的需要是一种增长性需要（being growth needs），当需要得到满足时，动机就会增长。

马斯洛认为，安全感是决定心理健康的重要因素。对于具有安全感和具有不安全感的人，马斯洛从多个方面进行了对比，刻画出这两类人的心理特征、性格特征和生活态度。缺乏安全感的人往往感到被拒绝，感受到受冷落、嫉恨、歧视、孤独、被遗忘、被遗弃，甚至经常感到威胁、危险和焦虑；将他人视为基本上是坏的、恶的、自私的或危险的；对他人持有不信任、嫉妒、傲慢、仇恨、敌视的态度；悲观倾向；总倾向于不满足；有紧张的感觉以及由紧张引起的疲劳、神经质、噩梦等；表现出强迫性内省倾向，病态自责，自我过敏；有罪恶和羞怯感，自我谴责倾向，甚至自杀倾向；不停息地为更安全而努力，表现出各种神经质倾向、自卫倾向和自卑等。然而，具有安全感的人则感到被人喜欢、被人接受，从他人处感到温暖和热情；感到归属，感到是群体中的一员；将世界和人生理解为惬意、温暖、友爱、仁慈；对他人抱信任、宽容、友好、热情的态度；乐观倾向；倾向于满足；开朗，表现出客体中心、问题中心、世界中心倾向；为解决问题而争取必要的力量，关注问题而不是关注于对他人的统治；坚定、积极，有良好的自我估价；以现实的态度来面对现实；关心社会，合作、善意，富于同情心。马斯洛指出，当生理需要被大部分满足之后，第二层次的需要就出现了。个体变得越来越对环境的安全、稳定和保障感兴趣，可能产生了发展某种结构、秩序和某种限制的需要。

我国自上而下建立社会管理综合治理系统的根本目的是维护广大人民群众的根本利益，肯定人具有至高无上的存在价值和意义，拓宽公众参与渠道并辅之以制度保障，健全基本的公共安全服务体系，预防和治理违法犯罪，化解不安定因素，维护社会治安的持续稳定，实现国家的长治久安和民众的安居乐业。城市的社会管理综合治理系统关心城市居民的生存和发展问题，这种民生问题涵盖了每一个人和他的家庭成员的生命的全部活动和生活轨迹，以确保城市居民在安全舒心的环境中生活、学习和工作。

首先，城市社会管理综合治理体系向城市居民提供如下七个方面的安全保证和关联的服务项目：家庭平安（包含家庭和睦和家庭经济状况）、社区平安（社区管理与服务）、街道平安（街道管理）、校园平安、食品安全、药品安全、医院安全（医院就诊服务）。这七个安全保证和关联的服务项目的核心任务是解决城市居民的民生问题，致力于确保每一个市民在不同的空间环境中不会受到来自外部环境的威胁和伤害。我们知道，外部的安全性提高时，内心的安全感才会增加。因此，本书认为，上述七个安全保证和关联的服务项目正向影响居民的安全感。其次，对城市管理者的满意感反映了市民对居委会的管理人员、警察、社区保安、街区网格员、城市管理综合执法人员、社会服务志愿者六类城市管理者的态度。如果这些管理者品格高尚，自身能力可胜任本职工作，在开展本职工作或者和市民进行交往时能秉公执法、恪尽职守，那么，市民就会对他们给出满意的评价，我们相信，让市民满意的城市管理者能给市民带来较好的安全感体验。另外，政府安全政策宣传是城市管理者向市民提供的安全承诺以及对潜在违法犯罪人员的震慑，它不仅警示那些企图侵犯和伤害他人生命财产安全的人将会受到法律的严惩和司法机关的打击，而且告知每一位市民和他的家庭成员可以放心地在这个城市生活、学习和工作，不用担心来自外部环境和他人的伤害。如果存在某种潜在的伤害，可以和关联的部门联系，诉诸法律，寻求保护。因此，本书推测政府安全政策宣传正向影响居民安全感。最后，官员倾听民意和市民参与社会管理反映了城市社会管理综合治理体系中以人为本的理念和精神，前者由上而下，后者由下而上，这样建立的信息交流渠道平等、通畅和尊重，会让居民真正感受到我是城市的主人。因此，官员倾听民意和市民参与社会管理也会各自正向影响居民安全感。根据上述逻辑推理，本书提出如下假设：

H1：城市社会管理综合治理正向影响居民安全感。

H1-1：家庭和睦正向影响居民安全感。

H1-2：家庭经济状况正向影响居民安全感。

H1-3：社区管理与服务正向影响居民安全感。

H1-4：街道管理正向影响居民安全感。

H1－5：校园平安正向影响居民安全感。

H1－6：食品安全正向影响居民安全感。

H1－7：药品安全正向影响居民安全感。

H1－8：医院就诊服务正向影响居民安全感。

H1－9：对城市管理者的满意感正向影响居民安全感。

H1－10：政府安全政策宣传正向影响居民安全感。

H1－11：官员倾听民意正向影响居民安全感。

H1－12：市民参与社会管理正向影响居民安全感。

5.3.2　城市社会管理综合治理和居民主观幸福感

主观幸福感是一个多维度的构念，它包含人的身体、心理、社会和环境四个方面的感受。也就是说，主观幸福感不仅表现在个人对人际关系、家庭生活、就业、健康和财务的满意，而且表现在他与外部环境存在的各种联系（Moser，2009）。实证研究显示，政府对城市的治理水平显著影响居民主观幸福感（Ott，2010）。城市社会管理综合治理体系是政府治理城市的核心工作内容。据此，本书提出如下假设：

H2：城市社会管理综合治理正向影响居民主观幸福感。

H2－1：家庭和睦正向影响居民主观幸福感。

H2－2：家庭经济状况正向影响居民主观幸福感。

H2－3：社区管理与服务正向影响居民主观幸福感。

H2－4：街道管理正向影响居民主观幸福感。

H2－5：校园平安正向影响居民主观幸福感。

H2－6：食品安全正向影响居民主观幸福感。

H2－7：药品安全正向影响居民主观幸福感。

H2－8：医院就诊服务正向影响居民主观幸福感。

H2－9：对城市管理者的满意感正向影响居民主观幸福感。

H2－10：政府安全政策宣传正向影响居民主观幸福感。

H2－11：官员倾听民意正向影响居民主观幸福感。

H2－12：市民参与社会管理正向影响居民主观幸福感。

5.3.3　城市社会管理综合治理和地方依恋

地方（place）和空间（space）在地理学家眼里是两个显著不同的概念，地方不仅仅是一个物理位置或事件展开的容器，而且可以被认为是一个动态的过程，它综合了物理、社会、情感和象征四个方面的要素，以及这些要素在不同范围内的相互作用（Wiles et al.，2009）。地方依恋（place attachment），即人与地方相互作用形成的积极的认知和情感联结（Scannell and Gifford，2017），包括个人在地方发展社会网络的情感连接以及个人对地方的长期感受。与人生活有关的各类场所都能观测到地方依恋，如住宅、自然区域、神圣的或具有文化意义的场所、城市、街道、岛屿、娱乐空间、第二居所和其他地方（e.g.，Mazumdar and Mazumdar，2004；Droseltis and Vignoles，2010）。研究发现，地方大小（公寓、社区、城市）与地方依恋存在U形非线性关系，即人们对公寓和城市的依恋高于对社区的依恋（Hidalgo and Hernandez，2001）。围绕这个方面的探究，产生了几个相近的概念，如地方的感受（sense of place）（Williams and Stewart，1998）、地方连接（place bonding）（Hammitt et al.，2006）等。迄今为止，绝大多数研究都聚焦并使用地方依恋这个概念。本书的地方依恋是指城市这样的地理环境所形成的人与城市的认知和情感联系。现有的研究检验了地方依恋对资源的使用状况（Kyle et al.，2004）、不同用户组群之间的冲突（Watson et al.，1991）、在休闲专门化水平上的差异（Bricker and Kerstteter，2000）、消防管理实践的感知（Hendricks et al.，2002）、用户对收费的反应（Kyle et al.，2003）、对环境责任行为的影响（Vaske and Kobrin，2001）。

Lewicka（2010）、Zenker and Rütter（2014）把地方依恋作为单维度的构念，Davis（2016）也认为地方依恋是单维度的构念，但与地方认同（place identity）不存在交叉关系。Shamsuddin and Ujang（2008）建构的地方依恋包含情感依恋（emotional attachment）和功能依恋（functional attachment）两个维度。Scannell and Gifford（2010）认为地方依恋包含三个维度：描述个人或集体对地方所派生的意义；地方的地理范围和物理特征；构成个人-地方纽带的心理过程，如情感、认知和行为。更多的学者认为地方依恋包含地方认同（place identity）和地方依赖（place dependence）（e.g.，Williams and Vaske，2003；Gross and Brown，2008）。Shaykh-Baygloo（2020）在现有研究的基础上建构的地方依恋由四个维度构成：①地方依赖（place dependence），即一个地方在支持完成特定活动目标的功能的重要性。也就是说，一个地方满足个人需要和渴望的能力，以及相比其他地方优先选择的理由。进一步而言，就是一个地方满足个人目标和需求的适当性和有效性。②地方认同（place identity），在一个人的生活中，一个地方的情感或者符号的重要性。它表达了个人通过与环境相关的有意识和无意识的信念、偏好、感觉、价值观、目标、行为趋势和技能关联的复杂模式建立的个体对某个地方的认同感。简而言之，就是个体随时间演化对某个地方的心理投入。当一个地方给人们创造出独特性、连续性、自我效能感和自尊感的时候，地方认同就会建立起来，由此可降低人们的焦虑感，提升人们的隐私感、控制力和安全感。③情感依恋（emotional attachment），是指个人对一个特定地方的正面或者负面感情，反映了个体对这个地方的情感深度。个体与某个地方的情感关系通常表现为对这个地方的爱的程度和心理上的幸福感。④社会依恋（social attachment），是指个体对特定地方的情感联系、社会成员的心理感受、社区环境的良好记忆、邻里关系的依恋和熟悉程度。社会依恋程度越高，邻里之间的联系就越强，人们就越愿意参加各类社会活动，安全感就会增强。Scannell and Gifford（2017）使用内容分析法发现，地方依恋可产生 13 种心理利益：记忆、归属感、放松、积极情绪、活动支持、舒适-安全、个人成长、自由、娱乐、与自然的联系、实际利益、隐私和美学。这些心理利益在不同的场所表现的频率存在差异，如地理空间表现出较高的记忆、归属感、活动支持、积极情绪、舒适-安全，却没有发现隐私利益。

　　个体对一个城市的感觉受到了个体与城市不同连接点以及个体对城市感知多样化的影响。Bonaiuto et al.（1999）研究发现，感知的居住环境的质量（实体设施和社会感知）与居住社区的依恋感之间存在正向联系。Niu et al.（2017）证实了城市产品正向影响居民的城市依恋感，其中，城市产品包含社区管理与服务。由此，本书判断社区管理与服务正向影响居民的地方依恋。个体与某个地方所发生的积极的经历会促使个体产生更多的地方依恋（Rubinstein，1989）。另外，地方依恋必须与舒适和安全感联系在一起。也就是说，只有令人满意的地方才能产生地方依恋。

　　波兰城市的安全防范措施包括对讲机、监控系统、专业警卫或围栏（封闭式社区），或者上述这些因素综合在一起作为安全防范措施。Lewicka（2010）针对波兰城市安全防范措施的研究显示，安全防范措施的改进可提升居民的依恋感。我国的社会管理综合治理系统远大于波兰的城市安全防范措施，同时，这个治理系统充分考虑了城市居民的功能性需求和目标导向，如家庭平安、社区平安、街道平安、校园平安、食品安全、药品安全和医院安全，充分考虑了城市居民空间行为和社会活动关联的民生问题，体现了人与不同场所的各种联系。因此，本书提出如下假设：

H3：城市社会管理综合治理正向影响地方依恋。

H3-1：家庭和睦正向影响地方依恋。

H3-2：家庭经济状况正向影响地方依恋。

H3-3：社区管理与服务正向影响地方依恋。

H3-4：街道管理正向影响地方依恋。

H3-5：校园平安正向影响地方依恋。

H3-6：食品安全正向影响地方依恋。

H3-7：药品安全正向影响地方依恋。

H3-8：医院就诊服务正向影响地方依恋。

H3-9：对城市管理者的满意感正向影响地方依恋。

H3-10：政府安全政策宣传正向影响地方依恋。

H3-11：官员倾听民意正向影响地方依恋。

H3-12：市民参与社会管理正向影响地方依恋。

5.3.4　居民安全感、地方依恋和居民主观幸福感

Lewicka（2010）研究显示居民安全感正向影响地方依恋。安全感是主观幸福感的必要条件和基本保障。因此，本书推断在我国居民安全感正向影响地方依恋和居民主观幸福感。

主观幸福感是地方依恋重要的预测变量（Vada et al.，2019）。地方依恋通常和愉快（pleasantness）联系在一起（Shaykh-Baygloo，2020）。Mandal（2016）研究显示，生活满意感与地方依恋的两个维度即地方认同和地方依赖显著正相关，而生活满意感是主观幸福感的一个构成元素，因此，本书推断主观幸福感正向影响地方依恋。据此，本书提出如下假设：

H4：居民安全感正向影响居民主观幸福感。

H5：居民安全感正向影响地方依恋。

H6：居民主观幸福感显著影响地方依恋。

根据上述六个假设构建本研究的概念模型图，具体见图5.1。

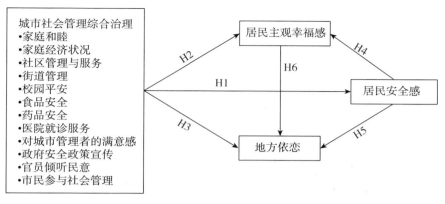

图 5.1　城市社会管理综合治理体系的作用机理概念

5.4　研究方法

5.4.1　抽样城市

本书在全国城市中选择了广东省惠州市作为抽样城市，依据如下标准：①惠州市惠城区社会管理综合治理办公室领导愿意支持本书关于该主题的研究。维稳体系的评价是一个敏感话题，需要征求关联主管部门的同意，方可实施对应的研究。②在党和政府的领导下，惠州市已经建立起多元共治模式，形成了多元主体共同参与的社会管理综合治理体系。③惠州市已经推行网格化管理。从 2015 年开始，惠州市的惠城区就在全区街道和社区推广网格化社会服务管理模式，每个街道因地制宜地将辖区内的社区原则上以 600～1000 户划分为一个网格单元，每个社区划分为 5～10 个网格。网格化管理，以服务为导向，能及时发现和解决社区内潜伏的各种民生问题，迅速反馈，及时解决，有力地提高了社区管理的精细化水平和加大了各项服务的到位力度，做到民生问题无大小，始终把人民群众关心的问题摆在工作的中心位置，实实在在地让人民群众拥有获得感和幸福感。

5.4.2　抽样方法

惠城区网格化社会服务管理平台的 13 个网格化管理员负责担任对应的 8 个街道办事处和 5 个镇（为了方便起见，简称为街区）的访问员，深入各个街区的生活社区、公共活动空间、餐饮店、购物场所四类人口密集区域，采用方便抽样、判断抽样、配额抽样三种抽样方法相结合的方式选取受访对象，实施问卷拦截访问。在具体收集数据之前，安排每个访问员的访问量为 100 人，具体配额如表 5.3 所示。

表 5.3　各个街区受访对象的配额设计

配额指标	具体要求
性别	男女比例大致接近 1∶1
年龄分布	18 岁及其以下，占 5%； 19～30 岁，占 30%； 31～40 岁，占 25%； 41～50 岁，占 20%； 51～60 岁，占 15%； 61 岁及其以上，占 5%

本书将调查问卷录入到问卷星平台，访问员手持智能手机按照配额抽样的原则在社区里寻找恰当的受访对象。访问员先介绍自己和调查的目的，在得到对方的许可和配合后，面对面添加好友，把问卷推送给受访者。

受访者在自己的手机上打开问卷后，访问员要对问卷概况做个简要描述，之后由受访者在不受干扰的情况下独立填写自己的真实感受。在填写问卷期间，受访者遇到不解的问题可询问访问员。对于网络信号不是太好的地区和年龄偏大不会使用智能手机的受访者，访问员可手持纸质问卷，由受访者独立填写。上述两种方式调查完毕后，访问员向受访者发放价值为 10 元的小礼品以示感谢。

本项目从 2018 年 11 月 27 日正式开始实施现场面对面线上调查和线下面对面纸质问卷调查，12 月 8 日调查完毕，历时 12 天。现场面对面线上调查共获取问卷 1055 份，线下面对面纸质问卷调查共获取问卷 322份，两者合计 1377 份。去除线上问卷填写时间少于 180 秒和所有问卷中全部填写极端值（如答项选择全都是 5），余留的 1018 份问卷被视为有效问卷，有效问卷回收率为 73.9%。

5.4.3　样本概况

根据有效问卷对应的受访者的人文统计特征，汇总整理的样本概况见表 5.4。

表 5.4　样本概况

		人数	百分比（％）
性别	男	511	50.2
	女	507	49.8
年龄	18 岁及其以下	35	3.4
	19～25 岁	184	18.1
	26～30 岁	170	16.7
	31～40 岁	248	24.4
	41～50 岁	174	17.1
	51～60 岁	152	14.9
	61 岁及其以上	55	5.4
居住时长	5 年及其以下	81	8.0
	6～10 年	126	12.4
	11～15 年	156	15.3
	16～20 年	162	15.9
	21 年及其以上	493	48.4
受教育程度	中学以下	172	16.9
	中学或中专	348	34.2
	大专	292	28.7
	本科	193	19.0
	硕士及硕士以上	13	1.3
街区	桥东	59	5.8
	桥西	85	8.3
	江南	103	10.1
	江北	56	5.5
	龙丰	107	10.5
	河南岸	68	6.7
	芦洲	84	8.3
	汝湖	56	5.5
	三栋	88	8.6
	小金口	98	9.6
	横沥	94	9.2
	马安	26	2.6
	水口	94	9.2

从样本的性别分布来看，男女所占的比例分别为 50.2% 和 49.8%，接近 1∶1，符合配额抽样的性别比例要求；从样本的年龄分布来看，18 岁及其以下的受访者占到总样本的 3.4%，略低于 5%；19～30 岁为 34.8%，略高于 30%；31～40 岁占 24.4%，略低于 25%；41～50 岁占 17.1%，略低于 20%；51～60 岁占 14.9%，与 15% 接近；61 岁及其以上占到 5.4%，与 5% 接近。各个年龄段的样本分布量与配额抽样要求基本一致。总体而言，由性别和年龄作为配额抽样的标准在样本概况中基本上得到了体现，样本概况符合配额抽样要求。

在芦洲、汝湖、三栋、横沥四个街区的居民生活区，访问员采取现场面对面线上调查和线下面对面纸质问卷调查两种方法相结合的方式实施访问，回收的有效问卷量均大于大样本 30 个。在马安街区主要实施的是线上面对面的访问，共收回问卷 111 份，但删除填写时间小于 180 秒和选项极端值之后的问卷仅剩 26 份。考虑到调查的时效期已过，有效问卷数量接近大样本 30，故而，没有在此地继续增加访问量。

5.4.4　问卷中的题项和答项

调查问卷中的变量测量由题项和答项两部分组成。题项采取的是描述性短语，即描述了居民对城市社会管理综合治理体系服务项目和结果变量的感受状态。答项采取的是受访者对描述性短语的认同程度，运用 Likert 五级测量量表获取受访者的态度。具体如下：1 表示非常不同意；3 表示中间态度，或者没法提供看法；5 表示非常同意。问卷中各个构念的测量见表 5.5。

表 5.5　城市社会管理综合治理体系的测量、各个题项的因子载荷和 T 值

		因子载荷（Bootstrap）	T 值
家庭和睦	我们家的子女都很孝顺老人	0.851	66.202
	我们家的长辈都很疼爱晚辈	0.856	61.927
	我们都能用正确的方法教育子女	0.825	55.608
	我们家很和睦	0.849	63.365
家庭经济状况	我们家有稳定的经济来源	0.841	63.979
	我们家的收入比去年有所提高	0.853	77.836
	我们家的收入可以承担正常的开支	0.873	83.494
	我对自己未来的经济收入充满信心	0.836	57.416

续表5.5

		因子载荷 （Bootstrap）	T值
社区管理 与服务	在居住的社区内开车进出方便	0.745	43.517
	居住的社区垃圾能及时得到清理	0.733	41.376
	生活的社区安全	0.784	52.605
	居住的社区地下排污系统发达	0.695	37.456
	物业管理机构服务到位	0.713	37.278
	最近一年来，居住的社区没有发生过盗窃	0.718	35.283
	最近一年来，居住的社区没有发生过抢劫	0.700	32.032
	最近一年来，居住的社区很少发生邻里纠纷	0.758	44.813
	社区里的居民不乱停放车辆	0.709	37.862
	居委会的管理人员对我们服务热心	0.742	39.447
街道管理	我经常能够看到洒水车向路面洒水	0.764	45.319
	街道上的各类车辆遵守交通规则	0.825	68.738
	街道上的行人遵守交通规则	0.796	53.454
	日常行走的街道比较通畅	0.786	51.262
	日常行走的街道比较卫生	0.811	59.923
	小商小贩占道经营的情况比较少	0.768	47.788
	街道上供残疾人行走的通道通畅	0.781	50.772
	街道上的视频探头完备	0.797	52.727
校园平安	我觉得学校的氛围是良好的	0.822	62.956
	我觉得学校的食堂是可信赖的	0.823	61.364
	我觉得学校的老师是负责任的	0.825	60.418
	学生上下学高峰时期秩序是良好的	0.824	66.787
	学生在学校里上学，大人是放心的	0.829	59.358
食品安全	食品是经过严格的质量检测才进入市场的	0.883	92.913
	市场上的食品比以前放心多了	0.889	112.418
	生产或销售假冒伪劣食品将受到严厉的惩处	0.856	57.689

续表5.5

		因子载荷（Bootstrap）	T值
药品安全	药店里没有假冒伪劣的药品	0.892	105.770
	药品是经过严格的质量检验才进入流通环节的	0.889	101.565
	在药店里购买的药品具有良好的疗效	0.885	97.150
医院就诊服务	医院里的医生非常负责	0.858	83.941
	医院里的秩序非常良好	0.854	87.119
	医院对患者具有人道主义关爱精神	0.869	81.443
	医患矛盾比以前少了很多	0.826	58.362
对城市管理者的满意感	我对居委会的管理人员非常满意	0.843	67.527
	我对警察非常满意	0.844	63.032
	我对社区保安非常满意	0.836	66.985
	我对街区网格员非常满意	0.864	86.169
	我对街上的城管非常满意	0.821	57.069
	我对社会服务志愿者非常满意	0.759	36.462
政府安全政策宣传	加大对城市安全政策的宣传非常重要	0.853	66.502
	当前，城市的安全政策宣传做得非常到位	0.873	92.559
	安全政策宣传可以起到震慑作用	0.884	89.704
官员倾听民意	我们的官员很重视民意	0.897	101.785
	我们的官员拥有便民服务意识	0.912	136.589
	我们的官员经常和老百姓交流	0.890	100.172
	我们的政府经常委托第三方了解我们的想法	0.872	89.112
市民参与社会管理	我很乐意向政府提供一些自己的想法	0.840	51.993
	百姓参与社会管理是社会文明的标志	0.878	93.836
	周围人的社会管理参与意识比以前高了	0.870	83.456
居民安全感	和以前相比，我感到更安全	0.871	81.307
	我目前拥有安全感	0.903	116.484
	我的家人拥有安全感	0.887	93.295
	我觉得未来是安全的	0.853	67.991

续表5.5

		因子载荷（Bootstrap）	T 值
居民主观幸福感	作为居住地城市居民，我由衷地感到幸福	0.902	100.974
	向外地人谈起我是居住地城市居民，我就很幸福	0.897	99.792
	我的家人作为居住地城市居民都很幸福	0.910	108.438
地方依恋	我感觉这个城市就像家一样	0.871	85.524
	有很多事情让我留在这个城市	0.862	76.279
	我不愿住在别的城市	0.842	53.611
	我依恋这个城市	0.861	74.264

5.5　数据分析和结果

5.5.1　变量的测量、可靠性和有效性分析

除了社区管理与服务的测量来源于 Niu et al.（2017）和小组访谈，其余城市社会管理综合治理体系关联的变量测量均来源于变量的定义和小组访谈。居民安全感的测量来源于变量的定义和小组访谈，地方依恋的测量来源于 Zenker and Rütter（2014），居民主观幸福感的测量来源于 Lyubomirsky and Lepper（1999）和 Niu et al.（2017）。

本书使用 SmartPLS 3.0 检验构建的理论结构模型。在这里，使用 PLS-SEM 方法存在如下三个优势：①PLS-SEM 不仅适合非正态分布的数据，而且对使用顺序量表或者二分量表所形成的数据约束较少（Hair et al.，2017）；②它允许整合解释和预测两种视角评估模型（Hair et al.，2019）；③可以评估更复杂的结构模型（Hair et al.，2013；Hair et al.，2017）。遵循 Chin（1998）的建议，本书采取两个阶段分析和解释 PLS 结果。第一阶段，评估构念的可靠性、区别效度和会聚效度；第二阶段，评估结构方程模型。

数据分析发现，城市社会管理综合治理体系关联的 12 个变量的克隆巴赫系数（Cronbach's Alpha）分布在 0.828～0.915，综合信度（Composite Reliability）分布在 0.897～0.940，平均提炼方差（Average

Variance Extracted，AVE）分布在 0.533～0.797。三个指标均大于规定的阈值，说明本书构建的城市社会管理综合治理体系关联的 12 个变量的测量具有较高的可靠性，测量题项充分代表了 12 个构念。另外，居民安全感、居民主观幸福感和地方依恋三个变量的克隆巴赫系数（Cronbach's Alpha）分布在 0.888～0.902，综合信度（Composite Reliability）分布在 0.918～0.931，平均提炼方差（Average Variance Extracted，AVE）分布在 0.738～0.816。说明这三个变量的测量具有较高的可靠性，测量题项充分描述了这三个构念。

区别效度的检验是通过比较一个构念 AVE 的平方根与该构念与其他构念之间的相关系数之间的大小来实现的。表 5.6 呈现了 15 个构念的 AVE 的平方根以及它们之间的相关系数。对角线上的数值是构念的 AVE 的平方根，非对角线上的数值是这些构念之间的相关系数。通过表 5.6 可以看到，每个构念 AVE 的平方根均大于它和任何构念之间的相关系数，由此证实了本书建构的 15 个构念具有较好的区别效度（Fornell and Larcker，1981）。

表 5.6　各个构念 AVE 的平方根和相关系数

	AQ	CQ	GY	JD	JTH	JTJ	PA	SM	SP	SQF	SS	SWB	XX	YP	YY
AQ	0.870														
CQ	0.731	0.828													
GY	0.650	0.659	0.893												
JD	0.661	0.673	0.682	0.791											
JTH	0.566	0.488	0.403	0.491	0.845										
JTJ	0.600	0.578	0.598	0.566	0.520	0.851									
PA	0.652	0.681	0.554	0.619	0.504	0.530	0.859								
SM	0.764	0.689	0.693	0.697	0.553	0.598	0.668	0.863							
SP	0.561	0.590	0.619	0.670	0.416	0.573	0.554	0.567	0.876						
SQF	0.628	0.677	0.667	0.799	0.500	0.610	0.595	0.651	0.641	0.730					
SS	0.649	0.673	0.515	0.611	0.589	0.580	0.782	0.639	0.552	0.634	0.879				
SWB	0.655	0.639	0.534	0.618	0.540	0.559	0.813	0.653	0.512	0.591	0.770	0.903			
XX	0.606	0.672	0.572	0.630	0.544	0.568	0.608	0.588	0.680	0.642	0.633	0.571	0.825		
YP	0.574	0.603	0.601	0.647	0.420	0.582	0.550	0.568	0.759	0.592	0.536	0.528	0.609	0.888	
YY	0.641	0.677	0.649	0.661	0.465	0.636	0.590	0.628	0.718	0.640	0.604	0.558	0.661	0.729	0.852

注：AQ 代表政府安全政策宣传，CQ 代表对城市管理者的满意感，GY 代表官员倾听民意，JD 代表街道管理，JTH 代表家庭和睦，JTJ 代表家庭经济状况，PA 代表地方依恋，SM 代表市民参与社会管理，SP 代表食品安全，SQF 代表社区管理与服务，SS 代表居民安全感，SWB 代表居民主观幸福感，XX 代表校园平安，YP 代表药品安全，YY 代表医院就诊服务。

表 5.5 呈现的各个指标即题项在对应潜变量上的因子载荷分布在 0.695~0.912，大于推荐值 0.50，且高度显著（T 大于 2.0），支持每个构念的会聚效度。

5.5.2 结构模型分析

本书使用 SmartPLS 中的回归方法评估每个题项的多重共线性（Hair et al.，2013）。所有题项的方差膨胀因子（variance inflation factor，VIF）分布在 1.759~3.414，即所有题项的 VIF 值均小于阈值 5.00（Hair et al.，2013）。所以，外生变量之间的共线性不是问题。

R^2 值可以反映模型解释内生变量方差的比例。数据分析显示，预测变量解释了居民安全感 60.8% 的方差，解释了居民主观幸福感 65.8% 的方差，解释了地方依恋 75.5% 的方差。根据 Chin（1998）的建议，当 R^2 值分别为 0.67、0.33 和 0.19 时，可以理解为可观的、中等的和虚弱的。在本模型中，除了居民安全感的 R^2 值居于中等和可观之间，其余两个内生变量被预测变量解释的方差均大于 0.67，处于可观的水平。另外，我们还计算了标准均方根残差（SRMR）。Henseler et al.（2015）将 SRMR 描述为 PLS 路径建模中实现的近似模型拟合准则，可用于避免模型错误设定。结果表明，SRMR 为 0.038，小于 0.08 的阈值，说明该结构模型具有良好的拟合性。

本研究把受访者的性别（1＝男；2＝女）、年龄（连续变量）、受教育程度（1＝中学以下；2＝中学或中专；3＝大专；4＝本科；5＝硕士及硕士以上）、居住时长（1＝5 年及其以下；2＝6~10 年；3＝11~15 年；4＝16~20 年；5＝21 年及其以上）四个人文统计变量作为控制变量评判它们对地方依恋的影响。在此基础上，本书使用 Bootstrap 再抽样（n＝5000）程序产生标准误和 T 值（Chin，1998；Hair et al.，2013），同时，通过模型假定路径系数的大小和符号评估潜变量之间的因果关系。表 5.7~5.10 报告了结构模型的估计，包括路径系数、T 值和显著水平。

（1）城市社会管理综合治理体系对居民安全感的影响。

关于 H1 的检验结果见表 5.7。在表 5.7 中，在 $\alpha＝0.05$ 的水平上可以看出，在城市社会管理综合治理体系中，从高到低对居民安全感产生正向效应的维稳项目依次是对城市管理者的满意感（$\beta＝0.221$）、家庭和睦（$\beta＝0.182$）、社区管理与服务（$\beta＝0.141$）、市民参与社会管理（$\beta＝0.127$）、校园平安（$\beta＝0.123$）、政府安全政策宣传（$\beta＝0.099$）、家庭经济状况（$\beta＝0.087$）；官员倾听民意对居民安全感的影响与假设的关系相反，呈现负向效应（$\beta=-0.140$）。街道管理、食品安全、药品安全和医院就诊服务四个维稳项目对居民安全感不存在显著影响。这就意味着安全感不是凭空产生的，努力改善上述七个存在直接正向效应的维稳项目（城市管理者的满意感、家庭和睦、社区管理与服务、市民参与社会管理、校园平安、政府安全政策宣传、家庭经济状况）的质量和绩效将会显著增加居民安全感。和居民获得主观幸福感的三个维稳项目来源（街道管理、市民参与社会管理、政府安全政策宣传）的数量相比，安全感的来源有七项，也就是讲，居民获得安全感相比主观幸福感而言更容易，来源更广泛。这一点与马斯洛的需要层次理论相吻合，即幸福感是比安全感更高的精神需求。

官员倾听民意（$\beta=-0.140$）对居民安全感产生直接的负向效应，这意味着官员在倾听民意方面所做的工作和努力与居民的要求存在较大差距。这个结果不难理解，对于市民来讲，他们认为自己是这个城市的主人，在多元化的社会里已经建立了足够的民主意识，认为官员应该倾听他们的想法和意见。同时，负向关系也说明当前在官员倾听民意方面存在着一些问题，如工作方式不合理，没有聚焦关键的民生问题，或者百姓反映的问题没有得到恰当的及时的解决。解决这个问题最好的办法是，通过第三方咨询机构倾听民意，第三方站在客观中立的立场收集意见和想法，可缓解官民之间的对立情绪，同时也可获得真实的信息和情感。在此基础上，制定与民意诉求相一致的政策，并付诸实施。

除上述存在七种正向和一种负向效应共计八个维稳项目外，其他四个维稳项目，即街道管理、食品安全、药品安全和医院就诊服务是居民安全感的必要性质量要素。以食品安全为例，它是一种典型的必要质量属性。古语讲，民以食为天，理论上市场上的每一种产品都应该是合格的、安全的、健康的、对人体无害的，是政府监管部门必须做到的事情。在此方面，任何不安全的食品一旦曝光，就会在消费者心目中产生恐慌和担忧，由此产生巨大的不安全感。居民一般会把这些伤害性危机归结为政府的不作为和企业的道德体制沦丧。也就是说，它是必须做好的事情，找任何理由搪塞都是不道德的和不负责任的；食品安全危机事件不发生，居民认为这是政府和企业必须要做好的事情，并不会因此带来显著的安全感。

表 5.7　城市社会管理综合治理体系对居民安全感影响的标准化路径系数

序号	城市社会管理综合治理体系	标准化系数	T 值（Bootstrap）
1	家庭和睦	0.182	5.102***
2	家庭经济状况	0.087	2.156*
3	社区管理与服务	0.141	3.038**
4	街道管理	0.019	0.409
5	校园平安	0.123	2.939**
6	食品安全	0.030	0.607
7	药品安全	−0.007	0.156
8	医院就诊服务	0.062	1.477
9	对城市管理者的满意感	0.221	5.173***
10	政府安全政策宣传	0.099	2.219*
11	官员倾听民意	−0.140	3.470**
12	市民参与社会管理	0.127	2.667**

注：*** $p<0.001$，** $p<0.01$，* $p<0.05$（基于双尾检验）。

（2）城市社会管理综合治理体系对居民主观幸福感的影响。

关于 H2 的检验结果见表 5.8。在表 5.8 中，在 $\alpha=0.05$ 的水平上可以看出，在 12 个城市社会管理综合治理体系服务项目中，从高到低对居民主观幸福感产生正向效应的维稳项目依次是街道管理（$\beta=0.122$）、市民参与社会管理（$\beta=0.117$）、政府安全政策宣传（$\beta=0.107$），共三个服务项目。除了上述三个维稳项目，其余九个维稳项目，即家庭和睦、家庭经济状况、社区管理与服务、校园平安、食品平安、药品安全、医院就诊服务、对城市管理者的满意感、官员倾听民意的绩效表现与居民主观幸福感不存在显著关系。

表 5.8　城市社会管理综合治理体系对居民主观幸福感影响的标准化路径系数

序号	城市社会管理综合治理体系	标准化系数	T 值（Bootstrap）
1	家庭和睦	0.034	1.013
2	家庭经济状况	0.054	1.655
3	社区管理与服务	−0.038	0.906
4	街道管理	0.122	2.747**
5	校园平安	0.001	0.025

序号	城市社会管理综合治理体系	标准化系数	T 值 (Bootstrap)
6	食品安全	−0.038	0.885
7	药品安全	0.055	1.320
8	医院就诊服务	−0.049	1.304
9	对城市管理者的满意感	0.054	1.322
10	政府安全政策宣传	0.107	2.646**
11	官员倾听民意	0.006	0.157
12	市民参与社会管理	0.117	2.906**

注：*** $p<0.001$，** $p<0.01$，* $p<0.05$（基于双尾检验）。

（3）城市社会管理综合治理体系对地方依恋的影响。

关于 H3 的检验结果见表5.9。在表5.9 中，在 $\alpha=0.05$ 的水平上可以看出，在12 个城市社会管理综合治理体系服务项目中，仅有市民参与社会管理（$\beta=0.107$）和对城市管理者的满意感（$\beta=0.092$）两个项目对地方依恋存在显著的直接正向效应。相比获得主观幸福感的来源数量三个而言，获得地方依恋的来源数量仅有两个，少于前者，这也就是讲，居民获取地方依恋是比较困难的。

除了上述市民参与社会管理和对城市管理者的满意感，其余十个城市社会管理综合治理体系服务项目，即家庭和睦、家庭经济状况、社区管理与服务、街道管理、校园平安、食品安全、药品安全、医院就诊服务、政府安全政策宣传、官员倾听民意对地方依恋没有显著效应。

本书将性别、年龄、受教育程度和居住时长四个人文统计特征变量作为控制变量，分析它们对地方依恋的影响。数据分析显示，性别（男＝1，女＝2）和居住时长正向影响地方依恋，这和正常的现实理解相一致。和男性相比，女性情感细腻，更不自觉地将母性对家的情怀推演到外部生活环境，所以表现出比男性更多的地方依恋。当然，居住的时间越长，对这个地方越有感情。

表 5.9　城市社会管理综合治理体系对地方依恋影响的标准化路径系数

序号	城市社会管理综合治理体系	标准化系数	T 值 (Bootstrap)
1	家庭和睦	−0.046	1.734
2	家庭经济状况	−0.050	1.732

续表5.9

序号	城市社会管理综合治理体系	标准化系数	T 值（Bootstrap）
3	社区管理与服务	−0.022	0.659
4	街道管理	0.016	0.477
5	校园平安	0.033	1.081
6	食品安全	0.045	1.291
7	药品安全	0.021	0.688
8	医院就诊服务	0.012	0.384
9	对城市管理者的满意感	0.092	2.855 **
10	政府安全政策宣传	0.001	0.023
11	官员倾听民意	0.014	0.414
12	市民参与社会管理	0.107	2.663 **
13	性别	0.049	3.147 **
14	年龄	−0.022	1.214
15	受教育程度	0.024	1.385
16	居住时长	0.075	3.724 ***

注：*** $p<0.001$，** $p<0.01$，* $p<0.05$（基于双尾检验）。

（4）居民安全感、居民主观幸福感和地方依恋三者之间的关系检验。

除了检验城市社会管理综合治理体系服务项目对居民安全感、居民主观幸福感和地方依恋三个变量的直接效应，本书还检验了H4、H5和H6三个假设。数据分析显示，居民安全感显著影响地方依恋（$\beta=0.300$，$T=7.566$，$p<0.001$），也显著影响居民主观幸福感（$\beta=0.506$，$T=12.921$，$p<0.001$）；居民主观幸福感显著影响地方依恋（$\beta=0.436$，$T=12.738$，$p<0.001$）。

（5）城市社会管理综合治理体系对结果变量的间接效应检验。

除了上述检验假设关系对应的直接效应，本书同时也验证了城市社会管理综合治理体系各个服务项目对两个结果变量即居民主观幸福感和地方依恋的间接效应，具体见表 5.10。

当12个维稳项目通过居民安全感与地方依恋建立间接路径联系时，可以发现家庭和睦、家庭经济状况、社区管理与服务、校园平安、对城市管理者的满意感、政府安全政策宣传和市民参与社会管理七个维稳项目间接正向效应显著；官员倾听民意的间接负向效应显著。

当 12 个维稳项目通过居民安全感与居民主观幸福感建立间接路径联系时，可以发现家庭和睦、家庭经济状况、社区管理与服务、校园平安、对城市管理者的满意感、政府安全政策宣传和市民参与社会管理七个维稳项目的间接正向效应显著；官员倾听民意的间接负向效应显著。

当 12 个维稳项目通过居民主观幸福感与地方依恋建立间接路径联系时，可以发现街道管理、政府安全政策宣传和市民参与社会管理三个维稳项目的间接正向效应显著。

当把居民安全感和居民主观幸福感两个变量作为链式中介对地方依恋建立间接路径联系时，可以发现家庭和睦、家庭经济状况、社区管理与服务、校园平安、对城市管理者的满意感、政府安全政策宣传和市民参与社会管理七个维稳项目的间接正向效应显著；官员倾听民意的间接负向效应显著。

由此可见，在社会管理综合治理体系中，家庭和睦、家庭经济状况、社区管理与服务、校园平安、对城市管理者的满意感、政府安全政策宣传和市民参与社会管理七个维稳项目通过居民安全感对地方依恋产生了显著的间接正向效应；通过居民安全感对居民主观幸福感产生了显著的间接正向效应；通过居民安全感和居民主观幸福感两个链式中介变量对地方依恋产生了显著的间接正向效应。官员倾听民意通过居民安全感对地方依恋产生了显著的间接负向效应；通过居民安全感对居民主观幸福感产生了显著的间接负向效应；通过居民安全感和居民主观幸福感两个链式中介变量对地方依恋产生了显著的间接负向效应。另外，街道管理、政府安全政策宣传和市民参与社会管理三个维稳项目通过居民主观幸福感对地方依恋产生了显著的间接正向效应。

表 5.10 城市社会管理综合治理体系的间接效应

路径关系	间接效应	T 值
家庭和睦→居民安全感→地方依恋	0.054	4.510***
家庭经济状况→居民安全感→地方依恋	0.026	2.143*
社区管理与服务→居民安全感→地方依恋	0.042	2.711**
街道管理→居民安全感→地方依恋	0.006	0.406
校园平安→居民安全感→地方依恋	0.037	2.743**
食品安全→居民安全感→地方依恋	0.009	0.598
药品安全→居民安全感→地方依恋	−0.002	0.154

续表5.10

路径关系	间接效应	T 值
医院就诊服务→居民安全感→地方依恋	0.018	1.406
对城市管理者的满意感→居民安全感→地方依恋	0.066	4.251***
政府安全政策宣传→居民安全感→地方依恋	0.030	2.131*
官员倾听民意→居民安全感→地方依恋	−0.042	3.188**
市民参与社会管理→居民安全感→地方依恋	0.038	2.427*
家庭和睦→居民安全感→居民主观幸福感	0.092	4.968***
家庭经济状况→居民安全感→居民主观幸福感	0.044	2.129*
社区管理与服务→居民安全感→居民主观幸福感	0.071	2.964**
街道管理→居民安全感→居民主观幸福感	0.010	0.410
校园平安→居民安全感→居民主观幸福感	0.062	2.905**
食品安全→居民安全感→居民主观幸福感	0.015	0.607
药品安全→居民安全感→居民主观幸福感	−0.003	0.155
医院就诊服务→居民安全感→居民主观幸福感	0.031	1.476
对城市管理者的满意感→居民安全感→居民主观幸福感	0.112	4.466***
政府安全政策宣传→居民安全感→居民主观幸福感	0.050	2.212*
官员倾听民意→居民安全感→居民主观幸福感	−0.071	3.346**
市民参与社会管理→居民安全感→居民主观幸福感	0.064	2.566*
家庭和睦→居民主观幸福感→地方依恋	0.015	1.011
家庭经济状况→居民主观幸福感→地方依恋	0.023	1.620
社区管理与服务→居民主观幸福感→地方依恋	−0.017	0.908
街道管理→居民主观幸福感→地方依恋	0.053	2.740**
校园平安→居民主观幸福感→地方依恋	0.001	0.025
食品安全→居民主观幸福感→地方依恋	−0.017	0.885
药品安全→居民主观幸福感→地方依恋	0.024	1.288
医院就诊服务→居民主观幸福感→地方依恋	−0.021	1.293
对城市管理者的满意感→居民主观幸福感→地方依恋	0.024	1.315
政府安全政策宣传→居民主观幸福感→地方依恋	0.047	2.537*
官员倾听民意→居民主观幸福感→地方依恋	0.002	0.157

路径关系	间接效应	T值
市民参与社会管理→居民主观幸福感→地方依恋	0.051	2.826**
家庭和睦→居民安全感→居民主观幸福感→地方依恋	0.040	4.596***
家庭经济状况→居民安全感→居民主观幸福感→地方依恋	0.019	2.084*
社区管理与服务→居民安全感→居民主观幸福感→地方依恋	0.031	2.863**
街道管理→居民安全感→居民主观幸福感→地方依恋	0.004	0.411
校园平安→居民安全感→居民主观幸福感→地方依恋	0.027	2.840**
食品安全→居民安全感→居民主观幸福感→地方依恋	0.007	0.606
药品安全→居民安全感→居民主观幸福感→地方依恋	−0.001	0.156
医院就诊服务→居民安全感→居民主观幸福感→地方依恋	0.014	1.481
对城市管理者的满意感→居民安全感→居民主观幸福感→地方依恋	0.049	4.250***
政府安全政策宣传→居民安全感→居民主观幸福感→地方依恋	0.022	2.167*
官员倾听民意→居民安全感→居民主观幸福感→地方依恋	−0.031	3.202**
市民参与社会管理→居民安全感→居民主观幸福感→地方依恋	0.028	2.545*

注：*** $p < 0.001$，** $p < 0.01$，* $p < 0.05$（基于双尾检验）。

5.6 结论和讨论

5.6.1 结论

本书在我国城市社会管理综合治理体系尚未建立完整系统化的测量体系的背景下，基于城市居民视角，以城市社会管理综合治理体系应该包含哪些服务项目、如何测量这些服务项目以及这些服务项目对居民安全感、居民主观幸福感和地方依恋存在什么样的影响为研究目的,将广东省惠州市惠城区的居民作为研究对象,通过规范化的构念测量程序和假设验证,形成如下重要结论:

(1)城市社会管理综合治理体系的服务项目由12个要素构成,按照城市居民将家庭作为空间活动的圆点,由里及外的维稳项目包含如下四个层面的要素:①政府向城市居民提供的八个安全保证和服务:家庭和睦、家庭经济状况、社区管理与服务、街道管理、校园平安、食品安全、药品安全、医院就诊服务;②居民对城市安全服务提供者的态度:对城市管理者的满意感;③政府安全政策宣传;④城市安全管理的民主化水平包含两个要素:官员倾听民意和市民参与社会管理。由此,本书形成了城市社会管理综合治理体系由12种要素57个题项所组成的测量架构。

(2)建立有中国特色的城市社会管理综合治理体系对提升居民的安全感、主观幸福感和地方依恋具有显著的贡献。根据城市社会管理综合治理体系各个服务项目对居民安全感、居民主观幸福感和地方依恋三个结果变量的直接效应和间接作用,可以将这些项目划归为如下五个类别:①必备性维稳项目。这一类别包含三个项目,即食品安全、药品安全和医院就诊服务。它们的共同特点是对居民安全感、居民主观幸福感和地方依恋三个结果变量中的任何一个变量均没有直接正向效应,也没有间接效应。这三个维稳项目是各级政府必须做好的事情,做不好或者做得不够好,会严重影响执政党的公信力和合法性。②脆弱性维稳项目。仅对居民安全感产生直接正向效应而没有对居民主观幸福感和地方依恋产生直接效应,但通过居民安全感对居民主观幸福感和地方依恋产生间接效应的维稳项目。这类维稳项目包括如下四个要素:家庭和睦、家庭经济状况、社区管理与服务、校园平安。这类维稳项目具有脆弱特性,主要原因在于如果它们不能有效改善居民的安全感,就无法创造居民主观幸福感和地方依恋。③幸福性维稳项目。这类维稳项目的特点是,仅对居民主观幸福感存在直接正向效应而没有对居民安全感和地方依恋产生直接效应,符合这个特点的维稳项目是街道管理。④正向性显著的维稳项目。这类项目的特点是,对居民安全感、居民主观幸福感和地方依恋存在直接正向影响的结果变量数量大于或者等于两个。符合这个特性的维稳项目有三个要素:对城市管理者的满意感、政府安全政策宣传、市民参与社会管理。⑤负向性维稳项目。它的特点是对居民安全感存在直接负向效应,并通过居民安全感负向影响居民主观幸福感和地方依恋。

符合这个特性的维稳项目是官员倾听民意。

5.6.2　讨论

本书数据分析显示，家庭和睦（$M=4.45$，$SD=0.66$）对居民安全感（$\beta=0.182$，$p<0.001$）存在直接正向效应，对居民主观幸福感和地方依恋不存在直接影响。家庭和睦借助居民安全感对地方依恋产生显著的间接效应（$\beta=0.054$，$p<0.001$），借助居民安全感对居民主观幸福感产生显著的间接效应（$\beta=0.092$，$p<0.001$），借助居民安全感和居民主观幸福感两个链式中介对地方依恋产生显著的间接效应（$\beta=0.040$，$p<0.001$）。清朝郑板桥以"诗、书、画"三绝名冠于世。他52岁才有儿子，十分疼爱，为了把儿子培养成为有用之人，他非常注意教育方法。他讲"读书中举、中进士、做官，此是小事，第一要明理做个好人。"这里所说的好人，是品德修养高尚的人，是有益于社会的人。郑板桥爱子却不纵容，教子先树德，教育孩子做堂堂正正之人、忠厚老实之人、心地善良之人，至今仍有借鉴意义。家庭是培育孩子优秀品格的第一课堂，是人们寻找情感温暖的港湾，也是人们遭遇风险和苦难时的避风港，因此，和睦的家庭是人们获得幸福感的重要来源。家庭是儿童社会化成长过程的第一阶段，和睦温暖的家庭可培育人积极正向的品格，减少焦虑和恐惧，因此，在这样家庭环境成长的小孩，安全感相对比较高。由于人们对家庭和睦赋予了比较高的权重，因此，从由近及远、推己及人、推己及物的思维习惯角度看，家庭和睦对城市的依恋程度高。也就是，以快乐的心情看事物，即使有缺陷的事物，总能找见其中的美丽。

家庭经济状况（$M=4.09$，$SD=0.79$）对居民安全感（$\beta=0.087$，$p<0.05$）存在直接正向效应，对居民主观幸福感和地方依恋不存在显著的直接影响。但是它借助居民安全感对地方依恋产生间接效应（$\beta=0.026$，$p<0.05$），借助居民安全感对居民主观幸福感产生间接效应（$\beta=0.044$，$p<0.05$），借助居民安全感和居民主观幸福感两个链式中介对地方依恋产生显著的间接效应（$\beta=0.019$，$p<0.05$）。家庭经济状况决定了一个家庭支配财富的能力和家庭成员的消费能力，同时也决定了一个家庭应对当前消费欲望和掌控未来环境不确定性的能力。如果经济境况不太理想，这种应对能力和掌控能力就会下降，整个家庭的恐惧感就会增加，安全感随之降低。经济条件好的家庭可以在生活必需品消费的基础上增加对未来的投资，如可以支持孩子接受更好的教育；可以购买大件的商品，如住房和汽车，提高自己的生活质量；可以和家庭成员

或者朋友一起旅游或者享受美食，这将给他们的生活带来更多的满意和正向的情感经历；也可以购买奢侈品，通过显著性消费（conspicuously consume）给自己带来愉悦感和幸福感。相反，经济条件差的家庭因经济拮据，一些物质消费和精神消费很难满足，如果再和收入高的家庭进行横向比较，可能会产生更大的心理落差，不满意感就会增加，安全感和幸福感就会降低，由此对所生活的城市的留恋就会降低。

社区管理与服务（$M = 4.03$，$SD = 0.72$）对居民安全感（$\beta = 0.141$，$p < 0.01$）存在显著的直接效应，然而对居民主观幸福感和地方依恋不存在显著的直接效应。但是社区管理与服务借助居民安全感对地方依恋产生显著的间接效应（$\beta = 0.042$，$p < 0.01$），借助居民安全感对居民主观幸福感产生显著的间接效应（$\beta = 0.071$，$p < 0.01$），同时借助居民安全感和居民主观幸福感两个链式中介对地方依恋产生显著的间接效应（$\beta = 0.031$，$p < 0.05$）。以某个市民居住的房屋为圆点，以居民每天活动的公共空间距离为半径，将会形成非常多的同心圆，社区是处于这一系列同心圆中半径最小的圆。这就意味着社区管理与服务是居民及其家庭成员日常生活的主要组成部分。社区管理规范，环境整洁，个人和家庭的人身安全和财产安全被保护得当，居民的恐惧感和焦虑感就会降低，对身体或心理危险或风险的预感也会降低，处理事情的确定感和可控感就会提高。总之，社区管理机构向社区中的成员提供服务的全面性和质量越高，居民安全感就越强。一个人一般都有由近及远的逻辑推演思维习惯，私人空间向外推演中，对距离私人空间较近的公共空间关联的社区管理与服务比较满意，就会把这种满意感转化为特定的意义，移植到居民主观幸福感和地方依恋上。

街道管理（$M = 4.02$，$SD = 0.79$）对居民主观幸福感存在显著的直接效应（$\beta = 0.122$，$p < 0.01$），对居民安全感和地方依恋不存在直接效应。但是，街道管理借助居民主观幸福感对地方依恋产生显著的间接效应（$\beta = 0.053$，$p < 0.01$）。这里的街道管理不同于城市交通系统，后者主要指城市内部各个位置之间以及进出城市线路设计的完备性和交通的方便性，而街道管理主要指对城区路面上移动物体的管理，以保证人和车辆移动的通畅性和秩序，街道的卫生，使用视频探头对移动物体进行实时监控。这里的街道管理与市民个人的生命财产免遭他人侵害的可能性关联不大，所以它没有和居民安全感建立联系。相反，街道管理的内容与置身于街道空间的个人的功能性体验和精神体验存在很大联系，比如当一个人看到绝大多数行人遵守交通规则，他会感受到这里的人文明

程度高、修养好，由此可产生正向的情绪，激发其主观幸福感。另外，街道是市民计划到达某个目的地的空间移动的通道，这个目的地才是真正实现自己的功能性需求和目标，如到某家餐厅吃饭，而过往的街道仅是路径和手段。同时，在街道上移动的过程中人们很难花足够长的时间专门对街道上的某个物体产生心理投入，所以，行走在街道上的市民很难对某段街道产生地方依恋。

校园平安（$M=4.18$，$SD=0.72$）对居民安全感（$\beta=0.123$，$p<0.01$）存在显著的直接效应，而对居民主观幸福感和地方依恋不存在直接效应。但是，校园平安借助居民安全感对地方依恋产生显著的间接效应（$\beta=0.037$，$p<0.01$），借助居民安全感对居民主观幸福感产生显著的间接效应（$\beta=0.062$，$p<0.01$），借助居民安全感和居民主观幸福感两个链式中介对地方依恋产生显著的间接效应（$\beta=0.027$，$p<0.01$）。校园平安高强度影响居民安全感。校园以及周边环境是孩子学习和玩耍的地方，孩子是家庭的宝贝，父母和有血缘关系的人对其投入了过多的情感，如果不幸遭遇社会上不明身份人员的侵害，必会打击人们对孩子的希望和嘱托。因此，校园不平安，老百姓的恐惧感和焦虑感就会增加，内心对当前和未来的事情的确定感和可控感就会降低。故而，校园平安显著直接影响居民安全感。由于居民认为校园平安应该是政府必须做好的事情，所以它不会直接带来居民主观幸福感和地方依恋。但是校园平安可以借助居民安全感和居民主观幸福感产生地方依恋。因此，各级政府应该高度重视，努力做好校园平安工作。

食品安全（$M=4.02$，$SD=0.85$）对居民安全感、居民主观幸福感和地方依恋三个结果变量均不存在显著的直接效应，自然对地方依恋不存在间接效应。民以食为天。食品卫生、干净、健康，富有营养、能量是维持人类正常生存和繁衍的必要条件；食品对身体无副作用和无侵害作用，是食品生产经营者的基本常识；捍卫食品标准，监督食品的生产经营流通环节，确保老百姓能吃上放心食品，是执政党和政府建立公信力和合法性的重要来源。所以，老百姓认为自己能吃到放心食品应该是天经地义的事情，因而不会因为能吃到放心食品而心存感念。

药品安全（$M=3.98$，$SD=0.86$）对居民安全感、居民主观幸福感和地方依恋三个结果变量均不存在直接效应，自然对地方依恋也不存在间接效应。一般而言，到药店购买药品的人，要不是自己的身体有病状，要不是家里人的身体有病状，他们渴望药品能减缓病痛，换来身体康复和精神愉悦。如果药店里卖的是假药，或者是不起任何作用的药，那么，不仅延误了患者的病情，而且浪费了患者的血汗钱，更会给患者的情绪和精神带来打击。因此，不起作用的药物，或对身体有伤害作用的假药，会刺伤老百姓的心，更会让老百姓对执政党和政府失去信任。所以，政府的相关部门应该做好药品生产流通环节的监督和检查工作，确保药店里的每一种药物都是老百姓可以放心使用的药，这是各级政府必须做好的事情，因而不会给老百姓带来安全感、主观幸福感和地方依恋。

医院就诊服务（$M = 4.07$，$SD = 0.78$）对居民安全感、居民主观幸福感和地方依恋不存在直接效应，对居民主观幸福感或者地方依恋也不存在间接效应。居民到医院就诊，说明这位居民对医院和医生充满了期待，把自己的健康和生命都托付给医生和医院，希望用自己的血汗钱换取健康和生命。因此，各级政府主管部门应该对医院的服务目标、理念、精神、过程、结果等服务质量关联要素进行严格检查，确保这些服务要素能满足患者的基本要求。另外，政府还应该完善医疗保障制度，疏通医患之间的沟通机制，强化医生的道德和责任，消除医疗机构逐利性以缓解医患利益冲突。这些工作都是各级政府应该做好的必要工作，因此，市民不会因为这些必要工作做得好而感到安全、幸福和依恋，但做得不够好会引发居民的沮丧、痛苦和失望。

对城市管理者的满意感（$M = 4.16$，$SD = 0.77$）直接正向影响居民安全感（$\beta = 0.221$，$p < 0.001$），也直接正向影响地方依恋（$\beta = 0.092$，$p < 0.01$）。它借助居民安全感对地方依恋产生间接效应（$\beta = 0.066$，$p < 0.001$），借助居民安全感对居民主观幸福感产生间接效应（$\beta = 0.112$，$p < 0.001$），借助居民安全感和居民主观幸福感两个链式中介对地方依恋产生显著的间接效应（$\beta = 0.049$，$p < 0.001$）。市民对居委会的管理人员、警察、社区保安、街区网格员、城管和社会服务志愿者这六类基层城市管理者的素养、服务质量和服务绩效越满意，居民安全感和地方依恋就越高，同时借助居民安全感还能提升居民主观幸福感。可见，健全城市管理者的管理和监督制度，建立市民对这些城市管理者的意见反馈机制，强化对这些城市管理者的过程管理和绩效管理，是十分重要的工作。

政府安全政策宣传（$M = 4.22$，$SD = 0.77$）对居民安全感存在直接作用（$\beta = 0.099$，$p < 0.05$），对居民主观幸福感存在直接作用（$\beta = 0.107$，$p < 0.01$），对地方依恋不存在直接作用。政府安全政策宣传借助居民安全感对地方依恋产生显著的间接效应（$\beta = 0.030$，$p < 0.05$），借助居民安全感对居民主观幸福感产生显著的间接作用（$\beta = 0.050$，$p < $

0.05），借助居民主观幸福感对地方依恋产生显著的间接作用（$\beta=$ 0.047，$p<0.05$），借助居民安全感和居民主观幸福感两个链式中介对地方依恋产生显著的间接效应（$\beta=0.022$，$p<0.05$）。安全政策宣传，一方面向公众传递目前社会存在哪些潜在的不安定因素，引起人们的关注和防范；另一方面对扰乱社会秩序与安全的违法犯罪人员进行报道，警示那些潜在违法犯罪人员，告示他们违法犯罪的后果，可以达到预防和遏制违法和犯罪活动的效果。人们看到这些信息后，通常会认识到政府和司法机关的积极作为，觉得有强大的执法机关在保护自己，可放心在这样的环境里生活和工作，于是产生了居民主观幸福感和地方依恋。

官员倾听民意（$M=3.99$，$SD=0.89$）对居民安全感存在显著的直接负向作用（$\beta=0.140$，$p<0.01$），对居民主观幸福感和地方依恋不存在直接作用。官员倾听民意借助居民安全感负向影响地方依恋（$\beta=$ -0.042，$p<0.01$），借助居民安全感负向影响居民主观幸福感（$\beta=$ -0.071，$p<0.01$），借助居民安全感和居民主观幸福感两个链式中介对地方依恋产生显著的负向间接效应（$\beta=-0.031$，$p<0.01$）。官员倾听民意是在所有的城市社会管理综合治理体系项目中唯一一个对居民安全感产生负向直接效应的，并通过这种负向作用对居民主观幸福感和地方依恋产生了负向的间接作用。官员倾听民意这方面主要存在的一些问题：有些官员可能没有真诚认真聆听老百姓的意见，与老百姓之间沟通的地位不平等，沟通的渠道不顺畅，和百姓之间存在一定的对立情绪，彼此之间的信任程度低；没有恰当处理老百姓提出的问题或者建议；没有及时兑现承诺等。解决这些问题的关键是政府需要把当前设置的民意反馈机制调整到与居民安全感、地方依恋和居民主观幸福感相一致的方向上来，同时委托第三方管理研究机构客观收集百姓的意见和建议。

市民参与社会管理（$M=4.18$，$SD=0.77$）对居民安全感存在直接效应（$\beta=0.127$，$p<0.01$），对居民主观幸福感存在直接效应（$\beta=$ 0.117，$p<0.01$），对地方依恋存在直接效应（$\beta=0.107$，$p<0.01$）。市民参与社会管理借助居民安全感对地方依恋产生间接作用（$\beta=0.038$，$p<0.05$），借助居民安全感对居民主观幸福感产生间接作用（$\beta=0.064$，$p<0.05$），借助居民主观幸福感对地方依恋产生间接作用（$\beta=0.051$，$p<0.01$），借助居民安全感和居民主观幸福感两个链式中介对地方依恋产生显著的间接效应（$\beta=0.028$，$p<0.05$）。在 12 个城市社会管理综合治理体系服务项目中，市民参与社会管理是唯一一个对三个结果变量即居民安全感、居民主观幸福感和地方依恋存在直接正向影响的维稳项目，

说明市民参与社会管理是改善和提升居民安全感、居民主观幸福感和地方依恋最重要的维稳项目。为了说明市民参与社会管理的作用，本书列举了广州市一项立法的形成过程。2009 年 9 月 1 日起施行的《广州市城市管理综合执法条例》（以下简称城管条例）可谓是广州市"开门立法"，在城市管理立法层面首开先河广泛吸收公众参与的一部地方性法规。2008 年 2 月 15 日至 29 日，广州市人大常委会法工委在大型门户网站网易上以问卷的方式开展立法民意调查，对"执法方式""执法手段"等九大类问题设置选项供网友投票，并设立专门网页供网友就城管条例草案具体条文发表意见和评论。问卷调查结果形成包括统计数据、图表在内的过万字的调查报告，向全社会公布，并提交广州市人大常委会作为立法参考。2008 年 4 月 17 日，广州市人大常委会法工委召开专家研讨会，四名知名学者和法律工作者对城管条例一些热点问题进行深入研讨。2008 年 5 月 15 日，召开征求行政相对人意见座谈会，听取 28 名流动小商贩、12 名市民代表以及部分街区干部的意见，广州市人大常委会、广州城管支队有关负责人也到会听取意见。值得一提的是，专家研讨会和征求行政相对人意见座谈会都全程向媒体公开。从最后颁布实施的城管条例看，公众的不少意见被立法机关采纳并体现在法规条文中。可以说，此次广州市在城市管理立法层面引入公众参与模式的尝试是成功的，它对于平衡不同利益群体的矛盾、缩小社会认知差距起到了积极的作用。由此可见，勇敢面对民众，勇于让社会公众参与社会公共事务的全过程管理，产生了巨大的正向的社会效应，由此创造出显著的居民安全感、居民主观幸福感和地方依恋。

5.6.3　研究局限

首先，研究城市社会管理综合治理体系，开展某个城市维稳体系的评价调研以及对本书开发的维稳测量体系进行普适性检验，需要征得当地维稳办的同意和授权，因此本项目研究的对象有限，仅针对惠州市惠城区的居民，内容也局限于让他们对本辖区内维稳项目的完备性和绩效进行评价。不过，通过对惠州市惠城区的研究，本书已经建立了城市社会管理综合治理体系测量量表，其他城市可以参照本书构建的测量体系评价当地的维稳工作，进而检验本书测量体系的合理性和普适性。

其次，本书仅从维稳项目对居民安全感、居民主观幸福感和地方依恋三个结果变量的路径系数方向、大小和显著性水平判断某个维稳项目的质量特征，如必备性、脆弱性、幸福性、显著正向性和负向性。未来可以使用 Kano 模型（牛永革，2014）探究 12 个维稳项目的质量特性，然后将其和本书的结论进行比较，使用两种方法相结合的方式确定每一个维稳项目的质量特性。

第 6 章 城市产品和组织管理质量对
潜在人才根植意愿的影响

6.1 引言

随着经济全球化的不断发展，国家与国家之间、地区与地区之间、城市与城市之间对人才的争夺愈演愈烈（Darchen and Tremblay，2010）。近年来，中国许多一线城市和二线城市为吸引和留住潜在人才纷纷出台了相应的落户政策、人才引进补贴金和人才购房政策等一系列优惠政策。如西安推出全国大学生仅凭毕业证即可落户的政策，天津宣布"海河英才"行动计划，本科不超过 40 周岁即可直接落户等。在这些福利政策的吸引下，潜在人才通常会在求职过程中就不同的城市进行比较和选择。

潜在人才在求职过程中除了考虑城市选择，具体的工作单位也会对潜在人才的求职决策产生影响。例如，某个工作单位能为潜在人才提供丰厚的薪资待遇、良好的工作环境和完善的晋升通道等。在这种情况下，潜在人才同样会对不同的求职单位进行权衡比较。

就中国情境而言，改革开放 40 余年里中国经历了前所未有的城市化进程。在这一进程中，一个突出现象是许多城市建立了近郊新城，如雄安新区、滨海新城和天府新区等。这些城市极度渴望吸纳并留住优秀的潜在人才来建设城市。为了吸引人才，近郊新城通常会给予潜在人才相较于主城区倾斜力度更大的优惠政策，如成都天府新区推出的"天府万人计划"等。同时，许多主城区的人才需求日趋饱和，甚至出现了人才供给过剩的情况。在这一现实背景下，潜在人才进入主城区就职的门槛越来越高，难度也越来越大。所以，在面对近郊新城所提供的丰厚经济和社会回报的条件下，潜在人才同样也会考虑在临近主城区的新城中进行工作和生活。

　　城市产品质量和组织管理质量影响潜在人才的求职意愿。一个城市产业集群数量越多，不同类型集群的规模越大，对人才的聚集效应就越大（波特，2002；Betz et al.，2015）。同时，产业集群的文化特性，生活环境和集群内企业人力资源管理的优良程度也会对人才聚集产生正向贡献（胡蓓等，2009）。一个城市人才的流动是集聚力与离心力相互作用及相抵消后的结果（Ho et al.，2016）。契合理论从个人和组织之间的匹配性和价值交换性两个角度解释了人才将向哪个组织流动（Hauswald et al.，2016）。具体对一个人才个体来讲，城市的经济发展水平、产业结构和升级、外部环境（地理环境、文化环境、制度环境、科技环境和市场环境）、政府的作为和人才政策都会影响人们对一个城市的根植意愿（牛冲槐和江海洋，2008；胡蓓等，2009；孙海法等，2016；Gu et al.，2019）。同时，个人的价值观、职业规划、家庭背景、知识和技能、沟通技巧也是影响一个人是否选择一个城市或者一个组织的主要因素（Li，2020）。总结来看，一个人到一个城市而不到另外一个城市工作，除了受上述因素影响，我们不能排除城市产品对他们就业决策和根植意愿的影响，如城市交通系统、政府官员勤政状况、社会秩序与安全等。这是因为不管什么样的人才定居到一个城市后，这个城市关联的公共产品会决定他和家人的生活质量，因此，城市产品是人们不得不考虑的决策因素。同时，我们也不能排除一个企业目前的组织管理质量，因为它决定了这个企业对人才关心的薪酬、福利和未来的发展机会等切身利益能否得到兑现的问题。再一点，新城的城市产品和关联的企业糅合在一起的因素也可能对潜在人才形成一定的吸引力。对应而言，潜在人才在求职过程中通常会面临三重选择困境：城市、单位和近郊新城。那么，潜在人才如何在城市和单位之间进行权衡比较？相较而言，两者哪一个对潜在人才来说更为重要？城市、单位和近郊新城三者中哪些具体因素又被潜在人才最为看重？这是潜在人才当下面临的抉择难题，也是本书拟解决的关键问题。

6.2 文献回顾

6.2.1 人才的定义

在中国，"人才"一词最早出自《诗经·小雅》，即"菁菁者莪，乐育材也。君子能长育人材，则天下喜乐之矣"。此诗用茂盛生长的生命比喻人才的苗壮成长，成为天下人所喜爱的人中精华。国内外对人才没有公认的定义，也没有明确的标准。人才也称人材，通常是指有品德、有才能、有特长的人。人才标准因国家、时代的不同而有所变化。在封建王朝时期，状元、举人、秀才是人才；新中国成立初期，中学、中专毕业生是人才；恢复高考后，通常将大学、中专等专业学校的毕业生统称人才；21 世纪以来，国家统计局仍将大中专毕业生统计为人才资源，但企事业单位通常将研究生毕业或有特殊技能的人看作人才。从政府官方文件角度来看，《国家中长期人才发展规划纲要（2010—2020)》（以下简称《纲要》）对人才做出了如下界定："具有一定的专业知识或专门技能，进行创造性劳动并对社会作出贡献的人，是人力资源中能力和素质较高的劳动者。"从官方口径来看，在学历上具备中专以上学历、在专业技术职称方面具有初级以上职称或者是在相关专业技术岗位上工作的人称作人才，这一划分对于人才的界定更具有可操作性。目前国内大多数相关研究都是在政府对人才界定的基础上展开探讨。因此，本书采取《纲要》中对人才的定义。

6.2.2 人才流动的相关理论

（1）产业集群理论。

产业集群是由一些产业关联性强、具有分工合作关系和不同规模等级的企业与其发展有关的各种机构在特定区域中集聚而产生的介于市场和等级制之间的一种空间经济组织形式（Tichy，1998）。Krugman（1995）认为，为了降低生产和运输成本，减少原材料和其他投入品的运输损耗，产业链上下游企业聚集在一起协同产生内在动力。由于集群内同一产业或相关产业的企业集聚在一起使企业数量与规模不断增大，员工的就业机会也会相应地增加，对集群外员工的吸引力上升而引起了人才的流动与集聚现象，最终形成以产业聚集为基础的人才聚集。伴随着高技术产业、新兴产业及长时间知识累积的传统行业的产业集群的日趋发展和成熟,人才集聚所引起的知识溢出效应不仅是影响产业集群持续创新的关键因素,也成为产业集群不断发展壮大与升级的主要源动力。

人才聚集是产业集群发展和升级中的核心动力。Schultz(1962)最早发现人力资本对经济增长的贡献率比物质资本贡献率高,使得企业认识到人才聚集在产业集群形成过程中的作用大于物质资本的作用。人才聚集最早由英国经济学家 Marshall 于 19 世纪 90 年代提出。波特(2002)指出产业的集中就好像一个磁场,会把高级人才和其他关键要素吸引进来。Betz et al.(2015)对城市间的人才吸引和争夺进行了研究,他们认为产业聚集会扩大城市和产业的人才需求,并且技术密集型产业的迅速发展也会招揽更多的高技能人员。国内学者针对人才和产业集群的发展也进行了探索,分析了人才聚集对产业集群的支持水平以及现阶段我国产业集群区域人才缺失的原因,认为人才聚集是发展产业集群的基础保障(詹晖和吕康银,2015)。

产业集群内产业链与人才链存在耦合效应。研究发现,产业集群提高了产业链层次,扩大了人才链的需求;产业集群促进了人才链的聚集,加快了产业链的升级;人才链和产业链的互动和循环,保证了人才聚集的持续性(詹晖和吕康银,2015)。产业集群发展壮大的过程就是产业链不断延伸的过程,产业链在本质上是以知识分工协作为基础的功能网链,从这个意义上来说,产业链实质上就是"知识链""能力链"。因此,产业链与人才链间有着非常密切的关系,"以产业链打造人才链,以人才链成就产业链"。胡蓓等(2009)以武汉光谷、北京中关村、苏州工业园区、东莞振安工业园四个产业集群为例,研究发现集群的经济特性、生活环境和集群内企业人力资源管理均对产业集群人才吸引产生直接正向的显著影响;集群文化特性通过企业人力资源管理间接地影响着产业集群人才吸引力;集群人才政策不仅对产业集群人才吸引力产生显著的直接影响,而且还通过企业人力资源管理产生间接的影响。周均旭等(2009)对武汉、北京、苏州和东莞四地的高科技产业集群进行了实地调研,研究发现区域宏观、集群中观和企业微观层面的八个因素共同影响着高科技产业集群的人才吸引力。詹晖和吕康银(2015)研究发现在产业集群的外部经济效应和知识溢出效应等自身诸多特征的作用下人才集聚得以实现,并且产业集群生命周期的不同阶段人才集聚对经济的贡献有差异。

（2）人口迁徙推拉理论。

人口迁移中的"推—拉理论"是研究人口跨区域迁移行为的重要理论，由美国学者 Lee 在研究人口迁徙时提出。他将某一地区如何影响人口迁徙的因素归纳为推力和拉力两个方面。推力就是指某一区域内所存在的迫使当地人口迁移出去的影响因素，包括竞争压力的增加、生产成本的增加、人才及产品市场拥挤效应等。拉力是指某一区域吸引其他地方的人到本地工作和生活的影响因素，包括更好的生活水平、更高的薪酬、更广阔的成长空间和外溢效应等。人才的集聚就是吸引人才向迁入地流动的拉力因素与推动人才向原住地外部流出的推力因素相互博弈、共同作用的结果。产业集群中人才的流动是拉力与推力（集聚力与离心力）相互作用及相抵消后的结果。当拉力（集聚力）大于推力（离心力）时，人才聚集；当拉力（集聚力）小于推力（离心力）时，人才流失。Ho et al.（2016）通过对 290 名越南归国者的分析，发现与母国和受访国相关的三个推—拉因素对归国者的归国意愿有显著影响：①对其母国的职业和生活的不满；②负面的文化冲击；②归国预期的职业、家庭和生活质量的结果。

（3）契合理论。

作为"推—拉理论"的补充，契合理论为人才聚集提供了基于另一个视角的理论解释。契合理论分为相似性契合（Supplementary fit）和补偿性契合（Complementary fit）（孙海法等，2016）。相似性契合，即双方具有相似的特征，主要是指个人和组织具有同样的或相匹配的特点。既有研究表明当求职者感知到自己的需求、价值观与组织特征相契合、相匹配时，职位的吸引力和长期承诺就会增加（Hauswald et al.，2016）。

补偿性契合，是指个人和组织能互相满足对方的需要，通常包括员工提供组织所需的知识、技能和能力，组织提供员工所需的物质、机遇等待遇。进一步地，补偿性契合又可归纳为"需求—供给契合"和"要求—能力契合"。从"需求—供给"的角度来看，当组织满足了个体的需要、意愿或偏好时，个人与组织之间也就实现了匹配；而从"要求—能力"的角度来看，如果个体的能力能很好地满足组织的要求，则在个人与组织之间便实现了匹配（孙海法等，2016）。

6.2.3　人才流动的具体影响因素

人才对地方的选择是一种复杂的社会行为，它是个人将宏观因素和个人因素相结合进行考量的结果。这些宏观因素包括经济发展水平、产业结构和升级、外部环境、政府的作为和人才政策，而个人因素包括个人价值观和职业规划等多个因素。

（1）经济发展水平。

既有研究表明经济因素是人才流动的主要驱动力，潜在人才不仅看重就职地区的整体经济发展水平，同时也关心该城市能提供薪酬的平均水平。就整体经济发展水平而言，人才往往为了获得更加优越的生产和生活条件而选择或离开某地，即经济因素是导致人才流动的重要驱动力（Ravenstein，1989）。Arntz et al.（2014）的研究表明工资更高和就业机会更多的地区对德国的高技能工人来说更有吸引力。Docquier and Machado（2016）对奥地利、比利时和丹麦等 18 个国家的潜在人才和高技能工人的工作去向进行了研究，发现潜在人才和高技能工人去到高收入地区和国家进行工作是人才迁移的一个显著特征。Farrell and Grant（2005）认为，影响中国一线城市人才招募的主要因素是经济与就业机会。芮雪琴等（2015）基于 2003—2013 年的相关数据分析了中国科技人才聚集的区域变化，研究表明经济发达地区科技人才过度聚集，而经济欠发达地区科技人才聚集不足。Gu et al.（2019）利用 2015 年中国 1% 人口抽样调查数据探究了高学历人才的分布、驱动力和空间效应，发现高学历人才的空间分布并不均衡，一个地区的经济水平和经济机会是驱动人才选择的最主要因素，高学历人才多集中在经济发展水平较高的地区（如东南沿海）。纪建悦和朱彦滨（2008）采用面板数据模型进行回归分析，该研究证实了经济增长有利于人才集聚的形成。岳昌君（2011）基于 2009 年的全国高校毕业生就业状况调查数据，使用 Mlogit 回归方法对大学毕业生就业区位选择进行了研究，发现经济因素是促使大学毕业生跨省流动的主要原因。潘康宇等（2012）对中国 53 个国家级开发区 2007 年人力资源指标和区域经济指标进行了相关分析，研究表明人才聚集状况和区域经济发展水平显著相关，可以认为人才聚集是区域经济发展的人才资源保障，区域经济发展是导致人才聚集的根本原因。魏浩等（2012）利用全球 48 个国家和地区的统计数据研究了不同类型国家（地区）吸引人才（留学生）的影响因素。研究发现，当发展中国家的留学生选择发展中国家作为目标就业国时，他们同时考虑教育因素和经济因素；选择发达国家作为目标就业国时，他们主要考虑经济因素。当发达国家的留学生选择发达国家作为目标就业国时，他们重点考虑教育因素；选择发展中国家作为目标就业国时，他们同时考虑教育因素和经济因素。

相似地，魏浩等（2018）利用中国与全球 172 个来源国留学生跨国流动数据，从经济因素、教育质量因素、社会文化因素和教育政策因素四个方面实证分析了中国吸引来华留学生的影响因素。研究发现从整体上来看，中国与来源国经济发展水平差异、经贸联系是促进来华留学生流入的重要因素。

就薪酬水平而言，Romer（1986）认为薪酬水平并不能完全说明生活需求是否被满足，除去个人所得税与保险费用后实际可支配的收入才是吸引人才的关键因素。吴培冠（2009）通过研究发现，薪酬水平高的地方会吸引大量人才聚集。张再生（2000）以抽样调查资料为代表对天津专业技术人才流动状况进行典型分析，研究发现收入水平是决定人才去留的关键因素。

（2）产业结构和升级。

人才聚集本质上是人力资本随着产业集聚等原因产生空间上的集中现象，并且产业结构和升级对人才的流动方向具有指引作用。具体地讲，Clark（1979）发现，伴随着经济增长，就业人员会从第一产业进入第二产业，继而转到第三产业。曹威麟等（2015）采用单位根检验、协整检验以及格兰杰因果关系检验等方法探究了人才集聚和三次产业集聚之间的因果互动关系，认为第一产业只有走向现代农业之路，才能够吸引人才集聚；第二产业的升级转型需要人才，而人才的聚集又能推动第二产业的升级发展；第三产业的升级转型将吸引更多人才集聚，人才集聚将进一步推动第三产业的发展，尤其是推动现代服务业的发展。

此外，既有研究也表明产业集聚能提升就业机会和薪酬水平，以此进一步吸引人才的流动和汇聚。张西奎和胡蓓（2007）认为，产业集聚能提供更多的就业机会与更好的薪酬待遇以及广阔的发展前景，对人才有强大的吸引力。詹晖和吕康银（2015）研究发现，人才集聚在产业集群的外部经济效应和知识溢出效应等自身诸多特征的作用下得以实现，并且在产业集群生命周期的不同阶段，人才集聚对经济的贡献有差异。大城市拥有许多便利设施和工作机会，能提供重要的互动、学习和社会资本场所。Scott（1912）指出，人力资本主要集中在大城市，密集的劳动力市场，即拥有大量专业工人的地方，这些地方吸引人才，并为工人提供向上流动的选择。尽管大城市的生活成本较高，但大城市比小城市能吸引更多的企业，容纳更多有才华的求职者，并给他们提供更高的平均工资。如果没有工作机会，人们将不会迁移到格拉斯哥。瑞典的创意阶层工人也同样为了工作而搬迁，而不是因为地方因素（Niedomysl and

Hansen，2010）。

（3）外部环境。

人才所处的外部环境同样影响人才的就职选择，这些外部环境涵盖了多种环境。牛冲槐和江海洋（2008）认为人才聚集的外部环境主要包括地理环境、文化环境、制度环境、科技环境和市场环境等，其中制度环境因素包括政府的管理体制、科技资源配置、知识产权保护和利益分配机制等，市场环境因素包括人才市场环境的完善与成熟程度。Weng and McElroy（2010）建议从经济环境、生活环境、人文环境和人才政策环境四个方面去分析环境对人才吸引的作用和影响。在此基础上，翁清雄等（2014）运用承诺理论，构建和验证区域承诺在区域人才环境与人才根植意愿之间的中介作用模型，研究发现区域经济环境和人文环境对人才根植意愿具有显著正向影响，人文环境作用最强，经济环境作用稍弱。徐茜和张体勤（2010）提出，文化软环境与基础设施硬环境的改善会促进区域形成人才集聚。温婷等（2016）从健康环境、自我发展环境、休闲环境和社会氛围环境四大类因素入手，构建了适用于中国国情的舒适性评价指标体系，得出了城市人才的迁入与城市舒适性水平高度相关的结论。牛冲槐等（2007）认为，企业制度与环境建设是吸引技术性人才的首要因素。Niedomysl and Hansen（2010）研究表明，与受教育程度较低的移民相比，工作对在受教育程度较高的移民中流动的决定更为重要。各地区在创新能力、创造吸引和留住人才的就业机会方面各不相同（Gertler and Wolfe，2004）。在某些地区，特定区域的文化可能促进合作、建立信任和信息共享，促进经济增长。Qian（2010）研究了中国人才的地域分布及其与创新、创业和区域经济绩效的关系。人才分布的解释变量包括市场因素（就业和工资水平）和非市场因素（服务设施、开放度和高校）。相关分析和多元分析结果表明，高校是影响我国人才分布最重要的单一因素，工资水平、服务设施和开放度也有助于吸引人才，但其影响程度不同。

面对面的人际交往也是影响人才就业选择的外部环境因素之一。对于需要建立信任和交流隐性知识的有才能的员工来说，在彼此较近的地理空间里生活或者工作是一件非常重要的事情。Storper and Venables（2004）讨论了环境的重要性，工作人员与合作伙伴进行面对面的交流和接触有助于创新。当大城市依靠本城市的媒体和正式网络促进各类人才进行广泛互动时，大城市周边的小城镇的经济工作者参与其中，开展非正式社会联系可能会促使小城市的重大创新。实例显示，在丹麦的上述社会互动促进了卡伦堡建立了生态工业园。虽然大城市拥有大量的人才，但面对面的接触的频率和偶然性可能会给小城市带来一些优势。

（4）政府的作为和人才政策。

既有研究表明政府政策和社会制度会直接影响人才的就业选择。曾红颖和吴佳（2018）认为以政府政策为主导的人才聚集模式可以使创新基础较为薄弱的国家在短时期内完成人才聚集，推动人才战略的发展。朱杏珍（2002）通过研究提出，社会和制度因素是影响人才集聚的关键因素，如户籍制度增加了人才的集聚成本且降低了人才集聚的便利性。牛冲槐等（2007）认为，人才配置制度、产权制度和激励制度等制度因素与人才作用的发挥密切相关。牛冲槐等（2010）认为政府在保障和促进科技型人才合理流动和有效聚集方面发挥着重要的作用，可以通过政策引导调控科技型人才的流向和流速，加强制度供给，完善人才资源配置的法律框架与人才聚集的制度环境，提升科技型人才聚集效应。孙海法等（2016）认为在目前我国市场机制尚不完善的状态下，需要更好地发挥政府作用，通过国家及地方政府的人才政策，破除制约人才合理流动、优化配置的障碍和制度藩篱，鼓励各类人才向企业流动。刘兵等（2013）和梁林等（2015）通过内容分析法从相关的新闻报道中识别出了五个中国情境下区域人才聚集的影响因素（保障体系、管理体系、人才载体、智力需求和政策制度）。就政策制度而言，政策制度中影响因素按重要程度排序依次为政策体系、优惠政策、制度措施、政策环境、政策实施考核和政策创新。

（5）个人因素。

除了宏观因素的影响，个人因素也会影响人才的就业选择。王奋和杨波（2006）的研究发现，影响人才集聚的个体因素有职业发展规划、心理以及家庭状况等，这些因素都会对人才的就业选择产生影响。朱杏珍（2002）通过研究得出精神因素会在人才选择集聚方向时产生干扰的结论。牛冲槐和江海洋（2008）指出人才聚集过程中个体之间的价值观碰撞是不可避免的，这种碰撞会对人才聚集产生负面效应。Darchen and Tremblay（2010）以蒙特利尔和渥太华两个城市为例比较了城市质量和工作机会对知识型人才的重要性，研究表明相较于城市质量（如包容度、创意开放度和生活方式等），工作机会对知识型人才的吸引力更大。Li（2020）采用半结构化的方式对 30 名到芬兰工作的中国大陆学生进行了访问，通过主题词分析发现，语言问题、与工作相关的技能和领域、家庭团聚担忧和沟通技巧是影响他们选择在芬兰工作的个人因素。

6.3　研究方法

6.3.1　测量工具

　　城市产品测量。以本书第 4 章城市产品感知质量测量的 15 个维度和 60 个题项为蓝本，对来自三个城市六个企业的人力资源总监分别进行了深度访谈。这三个城市分别是北京、深圳和成都，每个城市抽选两个企业，共计六个企业。六个企业分布于六个行业，它们分别是电子、家用电器、房地产、制药、汽车、餐饮行业。这些人力资源专家对城市产品 60 个题项与潜在人才就业意愿的相关性进行评价，选出他们认为高相关性的城市产品题项。如果他们认为还有其他更相关的题项，可以对原有的蓝本进行补充。每个专家将高相关性的题项和补充的题项提供给本书的作者，作者建立新的题项清单。然后，将新的题项清单返还给每个专家，让他们进行第二次的相关性评价和新题项补充。这样，经历三轮背靠背的评估后，产生了与潜在人才就业意愿有关的城市产品测量题项共 24 个。

　　企业组织管理质量测量。首先，本书回顾了潜在人才在求职过程中关注的与企业组织管理质量关联的文献，梳理出对应的测量题项；其次，组织七名人力资源专家讨论在中国背景下潜在人才对哪些企业组织管理质量给予比较高的重视。这些人力资源专家来自成都市七个企业，他们都拥有硕士学历，在本岗位上均工作了十年以上。本书向他们提供文献回顾形成的测量题项，让他们在这些题项的基础上进行评估和补充，经过两个半小时的充分讨论，最终形成了结果。

　　近郊新城就业考虑要素测量的做法与企业组织管理质量测量相同，由上述完成了企业组织管理质量测量的七位人力资源专家通过小组访谈的方式获得，共有 14 个题项。

　　本书组织了问卷的试调查，调查对象为 23 名大学生。根据试调查的反馈，本书修改并升级了变量测量和关联的问项和答项的表述措辞，最终形成了正式调查使用的问卷。

6.3.2　数据收集

　　本书采用方便抽样和滚雪球抽样两种抽样方法，在微信社交软件中邀请微信好友进行问卷填写。具体地讲，本书依托研究团队成员的微信好友获取第一级受访对象，再通过其好友的二次转发获得第二级受访对象，根据受访对象的自愿和兴趣填写问卷，因此，整个抽样过程具有一定的随机性。总体而言，每一个成员与好友以及好友与其好友之间存在不同的社会关系联系，如父母、亲戚、同事、同学、朋友、老乡；另外，两级联系所关联的受访者人文统计特征（如性别、年龄、职业等）分布具有一定的广泛性。

问卷发放时段为 2018 年 1 月 2 日 14:53 — 1 月 6 日 18:00，所有问卷数据统一由问卷星平台回收。本书共收回问卷 526 份，剔除问卷星评分在 100 分以下的 4 份问卷，余留的 522 份问卷被视为有效问卷，有效问卷回收率为 99.2%。

6.3.3 样本概况

表 6.1 展示了本次调查对象的人口学特征。从性别来看，女性比例达到 55.2%，超过正常的 50%，说明女性对人才招募的兴趣或对填写问卷这种公益性活动的兴趣高于男性。从年龄段来看，受访者的年龄覆盖了各个年龄段，并且 21～35 岁这三个年龄段受访人数占总人数的比例超过了 70%，符合中青年为主要潜在人才群体这一现实情况。此外，结合调查对象的受教育程度、参加工作的年限、专业技术职称和婚姻状况来看，可以认为本次的调查对象有效反映了当下求职者的人口学特征。

表 6.1　样本概况

		人数	百分比（%）
性别	男	234	44.8
	女	288	55.2
年龄	21～25 岁	127	24.3
	26～30 岁	113	21.6
	31～35 岁	138	26.4
	36～40 岁	57	10.9
	41～45 岁	40	7.7
	46～50 岁	35	6.7
	51～55 岁	12	2.3

		人数	百分比（%）
受教育程度	大专	77	14.8
	本科	202	38.7
	硕士	198	37.9
	博士	45	8.6
参加工作的年限	0 年	87	16.7
	2 年及以内	55	10.5
	3~8 年	167	32.0
	9~14 年	95	18.2
	15~20 年	69	13.2
	21 年及以上	49	9.4
目前的专业技术职称	无	262	50.2
	初级	55	10.5
	中级	151	28.9
	副高级	41	7.9
	正高级	13	2.5
婚姻状况	未婚	228	43.7
	已婚无子女	51	9.8
	已婚有子女	229	43.9
	离异	14	2.7

6.3.4　构念测量的可靠性分析

可靠性是指一个测量（measure）在统计心理学上的整体一致性。一个测量在一致的条件下产生相似的结果，我们就说这个测量具有较高的可靠性。换言之，可靠性就是指一个测量可被重复使用的程度。本项目使用克隆巴赫系数（Cronbach's Alpha）识别一个测量的可靠性。由于本次的问卷调查主要涉及城市产品质量、企业组织管理质量和近郊新城就业考虑要素三个部分，所以本书分别对这三个构念的测量进行了可靠性分析。

问卷中的城市产品质量由 24 个题项构成，本书使用克隆巴赫系数（Cronbach's Alpha）对城市产品质量的测量可靠性进行了分析。可靠性分析结果表明，"拥有独特的自然景观"这一题项的修正项目总相关系数（Corrected item-total correlation）为 0.31，小于 0.35 这个阈值。故而，本书将该题项删除。删除该题项后，本书对余下的 23 个题项再次进行了检验。结果显示，"拥有代表城市形象的标志性建筑"这一题项的修正项目总相关系数为 0.34，略小于阈值 0.35。但考虑到它在现实中的意义，删除后将损耗信息，于是本书将其保留。最终 23 个题项的克隆巴赫系数（Cronbach's Alpha）为 0.91，大于阈值 0.70，可以认为，城市产品质量的测量具有较高的可靠性。具体测量统计指标详见表 6.2。

表 6.2　城市产品质量题项-总体关联性的统计指标

序号	题项	修正项目总相关系数	删除题项后的克隆巴赫系数
1	拥有优越的地理位置	0.40	0.90
2	拥有包容的城市文化	0.51	0.90
3	拥有特有的人文景观	0.37	0.91
4	拥有具有竞争力的经济体系	0.49	0.90
5	城市整体规划具有长远眼光	0.53	0.90
6	城市的产业结构布局合理	0.59	0.90
7	城市的街区规划科学	0.60	0.90
8	拥有代表城市形象的标志性建筑	0.34	0.91
9	居住的社区基础设施完备	0.61	0.90
10	居住的社区管理和服务良好	0.65	0.90
11	城市内部交通系统发达	0.65	0.90
12	城市与城市之间的交通系统方便	0.62	0.90
13	城市具有辐射国内外的主要航空线路	0.60	0.90
14	休闲娱乐的项目非常丰富	0.57	0.90
15	拥有各类不同特色的购物中心	0.55	0.90
16	拥有各种类型的餐馆	0.54	0.90
17	这个城市能给我提供非常多的工作机会	0.45	0.90
18	城市里的高等院校能给我提供进一步提升的空间	0.48	0.90
19	工作地和居住地相距不是太远	0.35	0.91
20	城市市政管理和服务良好	0.62	0.90

序号	题项	修正项目 总相关系数	删除题项后的 克隆巴赫系数
21	一年四季城市空气质量良好	0.47	0.90
22	城市社会治安良好	0.51	0.90
23	城市居民素养高	0.49	0.90

就企业组织管理质量的测量而言，问卷中的企业组织管理质量测量由 10 个题项构成，本书同样使用克隆巴赫系数（Cronbach's Alpha）对企业组织管理质量的测量可靠性进行了分析。可靠性分析结果表明，"自己所学的专业与企业的需求对口"这一题项的修正项目总相关系数为 0.22，小于 0.35 这个阈值。故而，本书将该题项删除。该题项删除后，本书对余下的 9 个题项再次进行了检验。结果显示，这 9 个题项的克隆巴赫系数（Cronbach's Alpha）为 0.85，大于阈值 0.70。表 6.3 的数据表明该测量具有较高的可靠性。

表 6.3　企业组织管理质量题项－总体关联性的统计指标

序号	题项	修正项目 总相关系数	删除题项后的 克隆巴赫系数
1	企业的组织文化拥有活力	0.52	0.84
2	企业的经营发展有前景	0.56	0.83
3	企业在行业中拥有一定的地位	0.47	0.84
4	企业具有吸引力的薪酬体系	0.45	0.84
5	企业所在的行业具有增长的潜力	0.63	0.83
6	自己的职业发展在企业里有上升的 通道	0.60	0.83
7	企业对员工充满人文关怀	0.61	0.83
8	企业尊重知识	0.68	0.82
9	企业尊重人格	0.60	0.83

近郊新城就业考虑要素测量由 14 个题项构成。可靠性分析表明，所有题项的修正项目总相关系数均大于阈值 0.35。这 14 个题项的克隆巴赫系数（Cronbach's Alpha）为 0.87。由此可见，本书构建的近郊新城就业考虑要素的测量具有较高的可靠性。具体的题项-总体关联性的统计指

标见表6.4。

表 6.4　近郊新城就业考虑要素题项-总体关联性的统计指标

序号	题项	修正项目总相关系数	删除题项后的克隆巴赫系数
1	城市未来发展前景	0.50	0.86
2	城市生活环境	0.54	0.85
3	工作机会	0.48	0.86
4	人才引进政策	0.56	0.85
5	户籍制度	0.45	0.86
6	购买住房	0.55	0.85
7	子女教育	0.50	0.86
8	配偶工作安置	0.48	0.86
9	社会福利待遇	0.67	0.85
10	企业薪酬待遇	0.62	0.85
11	增加工资补贴	0.60	0.85
12	良好的工作环境	0.56	0.85
13	提供员工宿舍	0.43	0.86
14	来往于主城区的通勤车	0.53	0.86

6.4　数据分析和结果

6.4.1　城市和求职单位的重要性

（1）求职时应聘者能否对城市和单位两个要素的重要性进行排序？

城市和单位，是求职者应聘时必须考虑和权衡的两个要素。为了了解求职者能否对城市和单位这两个要素进行重要性排序，本书通过问卷反馈情况进行了判断。如表 6.5 所示，83.1％的受访者认为他们能够在两者之间做出明确的排序，明晰自己更为看重哪个要素。仅有 16.9％的人难以在两者之间做出明确的排序和判断。这也就是讲，在双向选择的求职背景下，各类人才可通过搜索工具获得足够的信息帮助自己做出更加理性的决策；同时也反映了绝大多数人的人生态度和价值追求是比较清晰的。

表 6.5　求职时应聘者能否对城市和单位两个要素的重要性做出排序

题项	频数（次）	百分比（%）
能做出判断	434	83.1
难以做出判断	88	16.9
合计	522	100.0

（2）城市和求职单位的重要性排序。

针对能够在城市和求职单位两个要素的重要性之间做出判断的受访者，调查问卷让受访者给出了明确的顺序。表 6.6 显示 56.5% 的受访者将计划工作的城市的重要性排第一位，将计划工作的城市的重要性排第二位的人的比例仅 10.2%；26.6% 的受访者将计划工作的求职单位的重要性排第一位，将求职单位的重要性排第二位的人的比例达到了 27.4%。总的来说，通过两者的比较可以看出城市对于潜在人才根植的重要性。

表 6.6　计划工作的城市和求职单位的重要性排序

		频数（次）	百分比（%）
城市	难以判断或没有做出选择	174	33.3
	重要性第一位	295	56.5
	重要性第二位	53	10.2
	合计	522	100.0
求职单位	难以判断或没有做出选择	240	46.0
	重要性第一位	139	26.6
	重要性第二位	143	27.4
	合计	522	100.0

为进一步比较两者之间的相对重要性，本书采用量化的方法计算了两者的选项平均综合得分，拟借此给出一个直观的比较结果。城市和求职单位的重要性平均综合得分见表 6.7。排序题的选项平均综合得分反映了选项的综合排名情况，得分越高表示综合排序越靠前。计算方法为：选项平均综合得分 =（$\sum$ 频数 × 权值）/ 本题填写人次。权值由选项被排列的位置决定。例如，有 3 个选项参与排序，那排在第一个位置的权值

为 3，排在第二个位置的权值为 2，排在第三个位置的权值为 1。例如，一个题目共被填写了 12 次，选项 A 被选中并排在第一个位置 2 次，选项 A 被选中并排在第二个位置 4 次，选项 A 被选中并排在第三个位置 6 次，那选项 A 的平均综合得分＝（2×3＋4×2＋6×1）/12＝1.67 分。按此方式计算发现，城市的重要性平均综合得分为 1.48，求职单位的重要性平均综合得分为 0.97，城市重要性是求职单位重要性的 1.53 倍。由此，进一步证明了城市在求职者选择工作过程中的重要性。

表 6.7　城市和求职单位的重要性平均综合得分

选项	计算过程	平均综合得分
计划工作的城市	（295×2＋53×1）/434	1.48
计划工作的求职单位	（139×2＋143×1）/434	0.97

（3）人文统计变量对城市和求职单位权重的影响。

为进一步检验两者的重要性排序在各个人文统计变量中是否具有显著差异，本书将多个人口统计变量和城市、求职单位的排序分别建立列联表进行 χ^2 检验和 Kendall's tau-b 检验。Kendall's tau-b 等级相关系数是用于反映分类变量相关性的指标，适用于两个变量均为有序分类的情况。

就城市的重要性排序而言，性别（$\chi^2=0.14$，$df=2$，$p=0.93$；Kendall's tau-b＝－0.01）、受教育程度（$\chi^2=7.61$，$df=6$，$p=0.27$；Kendall's tau-b＝0.03）、专业技术职称（$\chi^2=9.73$，$df=8$，$p=0.28$；Kendall's tau-b＝0.04）和城市的重要性排序并不存在显著的相关关系。但参加工作的年限和城市的重要性排序存在显著的正相关关系（$\chi^2=38.13$，$df=10$，$p=0.00$；Kendall's tau-b＝0.48）。具体地讲，随着参加工作年限的增加，人们对城市第一重要性的赋值增加，如未参加工作者，把城市列为第一重要性的比例为 34.5%，工作 2 年及以内的人其比例增加到 52.7%，工作 9～14 年的人其比例增加到 71.6%；相反，如未参加工作者，把城市列为第二重要性的比例为 13.8%，工作 2 年及以内的人其比例降低到 9.1%，工作 9～14 年的人其比例降低到 9.5%。此外，婚姻状况也和城市的重要性排序存在微弱显著的正相关关系（$\chi^2=12.42$，$df=6$，$p=0.05$；Kendall's tau-b＝0.01）。已婚无子女（66.7%）、已婚有子女（61.6%）和离异的人（57.1%）对城市第一重要性的赋值显著大于未婚者（49.1%）。未婚者（13.2%）对城市第二重要性的赋值显著大于已婚无子女（11.8％）、已婚有子女（7.0％）和离异的人（7.1％）三类人。

就求职单位的重要性排序而言，性别（$\chi^2=3.09$，$df=2$，$p=0.21$；Kendall's tau-b＝-0.06）、受教育程度（$\chi^2=5.23$，$df=6$，$p=0.52$；Kendall's tau-b＝0.07）、参加工作的年限（$\chi^2=5.79$，$df=10$，$p=0.83$；Kendall's tau-b＝-0.02）、专业技术职称（$\chi^2=8.23$，$df=8$，$p=0.38$；Kendall's tau-b＝0.01）、婚姻状况（$\chi^2=5.38$，$df=6$，$p=0.50$；Kendall's tau-b＝-0.05）和求职单位的重要性排序均并不存在显著的相关关系。

6.4.2　城市产品质量要素的重要性

从上面的分析结果可知，在求职应聘时，潜在人才对城市权重赋值是求职单位权重赋值的1.53倍。那么，潜在人才最为关心城市产品中的哪些要素？较少关注哪些要素？针对这一新问题，本书根据问卷反馈情况对各城市产品质量要素的重要性进行了排序。从表6.8可以看出，23个质量要素的均值均大于中间值3，说明求职者对它们都赋予了较高的权重。除拥有代表城市形象的标志性建筑质量要素外，其余22个数据分布均呈现右偏状态。

一方面，城市社会治安良好（$M=4.57$）、这个城市能给我提供非常多的工作机会（$M=4.54$）、城市内部交通系统发达（$M=4.48$）、城市与城市之间的交通系统方便（$M=4.46$）、城市整体规划具有长远眼光（$M=4.38$）是潜在人才最为关心的五个质量要素。另一方面，拥有代表城市形象的标志性建筑（$M=3.04$）、拥有特有的人文景观（$M=3.45$）、拥有各类不同特色的购物中心（$M=3.64$）、休闲娱乐的项目非常丰富（$M=3.67$）是潜在人才较少关注的四个质量要素。

表6.8　城市产品质量要素的重要性排序

重要性排序	城市产品质量要素	均值 M	标准差 SD	重要的占比（％）	非常重要的占比（％）
1	城市社会治安良好	4.57	0.565	37.07	59.32
2	这个城市能给我提供非常多的工作机会	4.54	0.622	34.98	59.51
3	城市内部交通系统发达	4.48	0.629	39.92	53.61

重要性排序	城市产品质量要素	均值 M	标准差 SD	重要的占比（%）	非常重要的占比（%）
4	城市与城市之间的交通系统方便	4.46	0.652	40.11	52.66
5	城市整体规划具有长远眼光	4.38	0.737	39.16	50.19
6	一年四季城市空气质量良好	4.34	0.681	43.35	45.25
7	拥有具有竞争力的经济体系	4.33	0.721	43.35	45.06
8	工作地和居住地相距不是太远	4.31	0.713	45.44	42.97
9	城市里的高等院校能给我提供进一步提升的空间	4.29	0.751	42.40	44.11
10	城市居民素养高	4.27	0.623	56.27	35.17
11	居住的社区管理和服务良好	4.24	0.688	51.71	36.31
12	城市具有辐射国内外的主要航空线路	4.23	0.799	42.97	41.44
13	城市市政管理和服务良好	4.21	0.691	51.71	34.79
14	居住的社区基础设施完备	4.20	0.689	53.80	33.46
15	拥有包容的城市文化	4.17	0.753	48.67	34.98
16	城市的产业结构布局合理	4.15	0.743	49.05	33.84
17	拥有优越的地理位置	4.05	0.765	54.18	27.00
18	城市的街区规划科学	3.88	0.816	44.30	23.19
19	拥有各种类型的餐馆	3.75	0.835	44.11	18.25
20	休闲娱乐的项目非常丰富	3.67	0.844	41.44	16.16
21	拥有各类不同特色的购物中心	3.64	0.870	41.63	15.40
22	拥有特有的人文景观	3.45	0.864	35.93	10.46
23	拥有代表城市形象的标志性建筑	3.04	0.891	21.86	4.94

性别对各个城市产品质量要素重要性的影响。把性别作为自变量，23个城市产品质量要素的重要性作为因变量，进行One-way ANOVA分析。数据分析发现，在 $\alpha=0.05$ 水平下，居住的社区基础设施完备、居住的社区管理和服务良好、城市内部交通系统发达、城市与城市之间的交通系统方便、拥有各类不同特色的购物中心、拥有各种类型的餐馆、这个城市能给我提供非常多的工作机会、城市里的高等院校能给我提供进一步提升的空间、工作地和居住地相距不是太远、城市市政管理和服

务良好 10 个城市质量要素，女性对它们的重要性赋值显著大于男性。其他 13 个变量，男女之间对它们的重要性赋值没有显著差异。

年龄对各个城市产品质量要素重要性的影响。把年龄作为自变量，23 个城市产品质量要素的重要性作为因变量，进行 One-way ANOVA 分析。数据分析发现：①对拥有特有的人文景观而言，样本总体的均值为 3.45，在 $\alpha=0.01$ 水平下，各年龄段的人对它的重要性赋值存在显著差异。总体而言，46～50 岁（$M=3.80$）和 51～55 岁（$M=3.83$）两个年龄段的人对它的要求比较高，显著高于 31～35 岁的人（$M=3.24$）。②对拥有具有竞争力的经济体系而言，在 $\alpha=0.05$ 水平下，各年龄段的人对它的重要性赋值存在显著差异。具体而言，26～30 岁的人（$M=4.48$）对它的要求比较高，显著高于 51～55 岁的人（$M=3.92$）。③对于拥有代表城市形象的标志性建筑而言，在 $\alpha=0.01$ 水平下，各年龄段的人对它的重要性赋值存在显著差异。具体而言，46～50 岁（$M=3.31$）和 21～25 岁（$M=3.30$）两个年龄段的人对它的重要性赋值显著高于 41～45 岁（$M=2.83$）这个年龄段的人。④对城市内部交通系统发达而言，在 $\alpha=0.05$ 水平下，21～25 岁（$M=4.52$）和 26～30 岁（$M=4.55$）两个年龄段的人对它的重要性赋值显著高于 41～45 岁（$M=4.25$）和 46～50 岁（$M=4.26$）这两个年龄段的人。⑤对城市与城市之间的交通系统方便而言，在 $\alpha=0.05$ 水平下，各年龄段的人对它的重要性赋值存在显著差异。具体来看，26～30 岁的人（$M=4.59$）对它的重要性赋值显著高于 51～55 岁这个年龄段的人（$M=4.17$）。⑥对休闲娱乐的项目非常丰富而言，在 $\alpha=0.05$ 水平下，各年龄段的人对它的重要性赋值存在显著差异。具体而言，21～25 岁（$M=3.81$）和 26～30 岁（$M=3.78$）两个年龄段的人对它的重要性赋值均高于 41～45 岁这个年龄段的人（$M=3.30$）。⑦对拥有各类不同特色的购物中心而言，在 $\alpha=0.05$ 水平下，各年龄段的人对它的重要性赋值存在显著差异。具体而言，21～25 岁（$M=3.77$）和 51～55 岁（$M=3.83$）两个年龄段的人对它的重要性赋值显著高于 41～45 岁这个年龄段的人（$M=3.28$）。⑧对拥有各种类型的餐馆而言，在 $\alpha=0.01$ 水平下，各年龄段的人对它的重要性赋值存在显著差异。具体而言，21～25 岁（$M=3.88$）和 31～35 岁（$M=3.83$）两个年龄段的人对它的重要性赋值显著高于 41～45 岁（$M=3.38$)和 51～55 岁（$M=3.42$）两个年龄段的人。⑨对城市里的高等院校能给我提供进一步提升的空间而言，在 $\alpha=0.01$ 水平下，各年龄段的人对它的重要性赋值存在显著差异。具体来看，21～25 岁（$M=$

4.43)和 26～30 岁（M＝4.39）两个年龄段的人对它的重要性赋值显著高于 46～50 岁的人（M＝3.86）。⑩对工作地和居住地相距不是太远而言，在 α＝0.01 水平下，各年龄段的人对它的重要性赋值存在显著差异。具体来看，21～25 岁（M＝4.43）和 31～35 岁（M＝4.38）两个年龄段的人对它的重要性赋值显著高于 51～55 岁的人（M＝3.67）。⑪对城市市政管理和服务良好而言，在 α＝0.05 水平下，各年龄段的人对它的重要性赋值存在显著差异。具体来看，21～25 岁（M＝4.43）和 26～30 岁（M＝4.39）两个年龄段的人对它的重要性赋值显著高于 41～45 岁的人（M＝3.90）。⑫对城市居民素养高而言，在 α＝0.05 水平下，各年龄段的人对它的重要性赋值存在显著差异。具体而言，21～25 岁（M＝4.43）年龄段的人对它的重要性赋值显著高于 36～40 岁的人（M＝4.12）。

受教育程度对各个城市产品质量要素重要性的影响。把受教育程度作为自变量，23 个城市产品质量要素的重要性作为因变量，进行 One-way ANOVA 分析。数据分析发现：①对拥有优越的地理位置而言，在 α＝0.05 水平下，持不同学历的人对它的重要性赋值存在显著差异。具体而言，博士学历的人（M＝4.22）对它的要求比较高，显著高于大专学历的人（M＝3.81）。②对拥有特有的人文景观而言，在 α＝0.05 水平下，持不同学历的人对它的重要性赋值存在显著差异。具体而言，博士学历的人（M＝4.22）对它的要求比较高，显著高于大专学历的人（M＝3.81）。③对拥有具有竞争力的经济体系而言，在 α＝0.05 水平下，持不同学历的人对它的重要性赋值存在显著差异。具体而言，硕士学历的人（M＝4.44）对它的要求比较高，显著高于大专学历的人（M＝4.12）。④对城市的产业结构布局合理而言，在 α＝0.05 水平下，持不同学历的人对它的重要性赋值存在显著差异。具体而言，硕士学历的人（M＝4.23）对它的要求比较高，显著高于博士学历的人（M＝3.80）。⑤对拥有代表城市形象的标志性建筑而言，在 α＝0.01 水平下，持不同学历的人对它的重要性赋值存在显著差异。具体而言，大专学历的人（M＝3.43）对它的要求比较高，显著高于硕士学历的人（M＝2.82）。⑥对城市内部交通系统发达而言，在 α＝0.05 水平下，持不同学历的人对它的重要性赋值存在显著差异。具体而言，本科（M＝4.51）和硕士（M＝4.51）两种学历的人对它的要求比较高，都显著高于博士学历的人（M＝4.24）。⑦对城市具有辐射国内外的主要航空线路而言，在 α＝0.05 水平下，持不同学历的人对它的重要性赋值存在显著差异。具体而言，博士学历的人（$M=4.42$）对它的要求比较高，显著高于大专学历的人（$M=4.06$），存在随着学历的提升而对它的评价呈现出越来越重要的趋势。

　　工作年限对各个城市产品质量要素重要性的影响。把工作年限作为自变量，23 个城市产品质量要素的重要性作为因变量，进行 One-way ANOVA 分析。数据分析发现：①对拥有特有的人文景观而言，在 $\alpha=0.01$ 水平下，不同工作年限的人对它的重要性赋值存在显著差异。总体而言，呈现出未参加工作和工作 2 年及以内的人对它的要求比较高，随着工作时间的增加呈现出下降的态势，工作 15 年以后对它的要求提高，工作 21 年以后对它的要求则更高。②对拥有代表城市形象的标志性建筑而言，在 $\alpha=0.01$ 水平下，不同工作年限的人对它的重要性赋值存在显著差异。具体而言，工作 2 年及以内的人（$M=3.47$）对它的要求比较高，显著高于工作 3 年及以上的人。③对休闲娱乐的项目非常丰富而言，在 $\alpha=0.05$ 水平下，不同工作年限的人对它的重要性赋值存在显著差异。具体而言，工作 2 年及以内的人（$M=3.91$）对它的要求比较高，显著高于工作 9 年及以上的人。④对拥有各种类型的餐馆而言，在 $\alpha=0.05$ 水平下，不同工作年限的人对它的重要性赋值存在显著差异。具体而言，工作 2 年及以内的人（$M=4.00$）对它的要求比较高，显著高于工作 15 年及以上的人。⑤对城市里的高等院校能给我提供进一步提升的空间而言，在 $\alpha=0.05$ 水平下，不同工作年限的人对它的重要性赋值存在显著差异。具体而言，未参加工作的人（$M=4.38$）和工作 2 年及以内的人（$M=4.40$）对它的要求比较高，显著高于工作 9 年及以上的人。⑥对工作地和居住地相距不是太远而言，在 $\alpha=0.05$ 水平下，不同工作年限的人对它的重要性赋值存在显著差异。具体而言，工作 8 年及以下的人对它的要求比较高，显著高于工作 15 年及以上的人。⑦对城市市政管理和服务良好而言，在 $\alpha=0.05$ 水平下，不同工作年限的人对它的重要性赋值存在显著差异。具体而言，工作 2 年及以内的人（$M=4.35$）对它的要求比较高，显著高于工作 9 年及以上的人。⑧对一年四季城市空气质量良好而言，在 $\alpha=0.05$ 水平下，不同工作年限的人对它的重要性赋值存在显著差异。具体而言，工作 2 年及以内、3～8 年、9～14 年、15～20 年的人没有显著差异，工作 21 年及以上的人（$M=4.51$）对它的要求显著高于未参加工作的人（$M=4.15$）。⑨对城市居民素养高而言，在 $\alpha=0.05$ 水平下，不同工作年限的人对它的重要性赋值存在显著差异。具体而言，工作 2 年及以内的人（$M=4.42$）对它的要求比较高，显著高于工作 9～14 年的人。

专业技术职称对各个城市产品质量要素重要性的影响。把专业技术职称作为自变量，23 个城市产品质量要素的重要性作为因变量，进行 One-way ANOVA 分析。数据分析发现：23 个城市产品质量要素的重要性各自在专业技术职称各个水平间不存在显著差异。

婚姻状况对各个城市产品质量要素重要性的影响。把婚姻状况作为自变量，23 个城市产品质量要素的重要性作为因变量，进行 One-way ANOVA 分析。数据分析发现：①对拥有包容的城市文化而言，在 $\alpha=0.05$ 水平下，不同婚姻状况的人对它的重要性赋值存在显著差异。总体而言，已婚有子女的人（$M=4.07$）对它的要求比较低；未婚、已婚无子女和离异人士对它的要求比较高，三者之间没有太大的差异。②对拥有具有竞争力的经济体系而言，在 $\alpha=0.01$ 水平下，不同婚姻状况的人对它的重要性赋值存在显著差异。具体而言，已婚无子女的人（$M=4.69$）对它的要求比较高，显著高于已婚有子女的人（$M=4.25$）。③对城市的产业结构布局合理而言，在 $\alpha=0.05$ 水平下，不同婚姻状况的人对它的重要性赋值存在显著差异。具体而言，已婚无子女的人（$M=4.35$）对它的要求比较高，显著高于已婚有子女的人（$M=4.04$）。④对拥有代表城市形象的标志性建筑而言，在 $\alpha=0.05$ 水平下，不同婚姻状况的人对它的重要性赋值存在显著差异。具体而言，未婚人士（$M=3.20$）对它的要求比较高；已婚无子女、已婚有子女和离异人士对它的要求比较低，三者之间没有太大的差异。⑤对居住的社区管理和服务良好而言，在 $\alpha=0.05$ 水平下，不同婚姻状况的人对它的重要性赋值存在显著差异。具体而言，已婚无子女的人（$M=4.47$）对它的要求比较高，显著高于已婚有子女的人（$M=4.18$）。⑥对城市内部交通系统发达而言，在 $\alpha=0.05$ 水平下，不同婚姻状况的人对它的重要性赋值存在显著差异。具体而言，已婚无子女的人（$M=4.71$）对它的要求比较高，显著高于已婚有子女的人（$M=4.38$）。⑦对城市与城市之间的交通系统方便而言，在 $\alpha=0.05$ 水平下，不同婚姻状况的人对它的重要性赋值存在显著差异。具体而言，已婚无子女的人（$M=4.67$）对它的要求比较高，显著高于已婚有子女的人（$M=4.36$）。⑧对休闲娱乐的项目非常丰富而言，在 $\alpha=0.01$ 水平下，不同婚姻状况的人对它的重要性赋值存在显著差异。具体而言，已婚无子女的人（$M=3.88$）对它的要求比较高，显著高于离异的人（$M=3.36$）。⑨对拥有各类不同特色的购物中心而言，在 $\alpha=0.05$ 水平下，不同婚姻状况的人对它的重要性赋值存在显著差异。

具体而言，已婚无子女的人（$M=3.82$）对它的要求比较高，显著高于离异的人（$M=3.36$）。⑩对拥有各种类型的餐馆而言，在 $\alpha=0.05$ 水平下，不同婚姻状况的人对它的重要性赋值存在显著差异。具体而言，已婚无子女的人（$M=3.90$）对它的要求比较高，显著高于离异的人（$M=3.57$）。⑪对这个城市能给我提供非常多的工作机会而言，在 $\alpha=0.05$ 水平下，不同婚姻状况的人对它的重要性赋值存在显著差异。具体而言，已婚无子女的人（$M=4.75$）对它的要求比较高，显著高于离异的人（$M=4.36$）。⑫对城市里的高等院校能给我提供进一步提升的空间而言，在 $\alpha=0.01$ 水平下，不同婚姻状况的人对它的重要性赋值存在显著差异。具体而言，已婚无子女的人（$M=4.57$）对它的要求比较高，显著高于离异的人（$M=4.07$）。⑬对工作地和居住地相距不是太远而言，在 $\alpha=0.05$ 水平下，不同婚姻状况的人对它的重要性赋值存在显著差异。具体而言，已婚无子女的人（$M=4.43$）对它的要求比较高，显著高于离异的人（$M=4.07$）。⑭对城市市政管理和服务良好而言，在 $\alpha=0.05$ 水平下，不同婚姻状况的人对它的重要性赋值存在显著差异。具体而言，已婚无子女的人（$M=4.33$）对它的要求比较高，显著高于离异的人（$M=4.07$）。⑮对一年四季城市空气质量良好而言，在 $\alpha=0.05$ 水平下，不同婚姻状况的人对它的重要性赋值存在显著差异。具体而言，未婚的人（$M=4.23$）对它的要求比较低，显著低于离异的人（$M=4.50$）。

6.4.3　企业组织管理质量要素的重要性

无论城市和求职单位哪个要素重要，潜在人才最终都要到具体的单位去工作。那么，潜在人才最为关注企业组织中的哪些要素？较少关注哪些要素？针对这一问题，本书同样也对企业组织管理质量要素的重要性进行了排序。从表 6.9 可以看出，九个质量要素的均值均大于 4，所有要素的数据分布均呈现右偏状态，说明受访者认为九个要素对他们来说都十分重要。其中，企业的经营发展有前景（$M=4.66$）、自己的职业发展在企业里有上升的通道（$M=4.58$）和企业具有吸引力的薪酬体系（$M=4.54$）这三个要素被受访者赋予的权重最高，说明潜在人才在求职过程中最为关心这三个要素。

表 6.9　企业组织管理质量要素的重要性排序

重要性排序	企业组织管理质量要素	均值 M	标准差 SD	重要的占比（%）	非常重要的占比（%）
1	企业的经营发展有前景	4.66	0.527	29.5	68.6
2	自己的职业发展在企业里有上升的通道	4.58	0.577	36.0	61.3
3	企业具有吸引力的薪酬体系	4.54	0.584	37.4	58.4
4	企业尊重人格	4.54	0.550	41.4	56.3
5	企业所在的行业具有增长的潜力	4.39	0.594	52.9	43.5
6	企业尊重知识	4.35	0.643	49.8	43.3
7	企业对员工充满人文关怀	4.27	0.616	55.2	36.2
8	企业在行业中拥有一定的地位	4.20	0.684	52.3	34.1
9	企业的组织文化拥有活力	4.18	0.643	59.2	30.1

6.4.4　近郊新城就业考虑的重要性

除了城市和求职单位的影响因素，本书也就近郊新城对潜在人才的吸引力进行了分析。本书同样根据问卷反馈情况对近郊新城就业考虑要素的重要性进行了排序。从表 6.10 可以看出，除了提供员工宿舍和户籍制度两个要素，其余 12 个就业要素的均值均大于 4，14 个近郊新城就业要素的数据分布均呈现右偏状态。其中，企业薪酬待遇（$M=4.65$）、工作机会（$M=4.56$）、增加工资补贴（$M=4.48$）、城市未来发展前景（$M=4.47$）和子女教育（$M=4.47$）是潜在人才在求职过程中最为关心的五个要素。

表 6.10　近郊新城就业考虑要素的重要性排序

重要性排序	近郊新城就业考虑要素	均值 M	标准差 SD	重要的占比（%）	非常重要的占比（%）
1	企业薪酬待遇	4.65	0.528	31.0	66.9
2	工作机会	4.56	0.592	37.2	60.0
3	增加工资补贴	4.48	0.614	41.0	53.8

重要性排序	近郊新城就业考虑要素	均值 M	标准差 SD	重要的占比（%）	非常重要的占比（%）
4	子女教育	4.47	0.704	35.4	56.7
5	城市未来发展前景	4.47	0.644	41.2	53.6
6	良好的工作环境	4.47	0.574	46.6	50.2
7	人才引进政策	4.37	0.681	44.1	46.9
8	社会福利待遇	4.37	0.651	47.5	45.0
9	城市生活环境	4.37	0.640	50.0	43.9
10	购买住房	4.20	0.799	42.0	40.4
11	来往于主城区的通勤车	4.14	0.815	44.8	36.4
12	配偶工作安置	4.02	0.853	42.7	31.8
13	提供员工宿舍	3.84	0.919	39.7	26.1
14	户籍制度	3.73	0.938	39.1	22.2

性别对近郊新城就业考虑要素的重要性的影响。把性别作为自变量，14 个近郊新城就业考虑要素作为因变量，进行 One-way ANOVA 分析。数据分析发现：①对城市生活环境而言，在 $\alpha=0.01$ 水平下，不同性别的人对它的重要性赋值存在显著差异。总体而言，女性（$M=4.44$）对它的要求显著高于男性（$M=4.27$）。②对工作机会而言，在 $\alpha=0.05$ 水平下，不同性别的人对它的重要性赋值存在显著差异。总体而言，女性（$M=4.61$）对它的要求显著高于男性（$M=4.50$）。③对购买住房而言，在 $\alpha=0.05$ 水平下，不同性别的人对它的重要性赋值存在显著差异。总体而言，女性（$M=4.26$）对它的要求显著高于男性（$M=4.12$）。④对社会福利待遇而言，在 $\alpha=0.01$ 水平下，不同性别的人对它的重要性赋值存在显著差异。总体而言，女性（$M=4.44$）对它的要求显著高于男性（$M=4.27$）。⑤对增加工资补贴而言，在 $\alpha=0.01$ 水平下，不同性别的人对它的重要性赋值存在显著差异。总体而言，女性（$M=4.56$）对它的要求显著高于男性（$M=4.38$）。⑥对良好的工作环境而言，在 $\alpha=0.01$ 水平下，不同性别的人对它的重要性赋值存在显著差异。总体而言，女性（$M=4.53$）对它的要求显著高于男性（$M=4.38$）。⑦对来往

于主城区的通勤车而言，在 $\alpha=0.05$ 水平下，不同性别的人对它的重要性赋值存在显著差异。总体而言，女性（$M=4.20$）对它的要求显著高于男性（$M=4.06$）。除了上述七个要素，其他七个近郊新城就业考虑要素的重要性在男女之间没有呈现显著差异。

年龄对近郊新城就业考虑要素的重要性的影响。把年龄作为自变量，14 个近郊新城就业考虑要素作为因变量，进行 One-way ANOVA 分析。数据分析发现：①对城市未来发展前景而言，在 $\alpha=0.05$ 水平下，不同年龄段的人对它的重要性赋值存在显著差异。具体而言，21～25 岁的人（$M=4.46$）和 26～30 岁的人（$M=4.61$）对它的要求比较高，之后随着年龄的增加，基本上处于下降的状态。②对工作机会而言，在 $\alpha=0.05$ 水平下，不同年龄段的人对它的重要性赋值存在显著差异。具体而言，26～30 岁的人（$M=4.64$）和 31～35 岁的人（$M=4.63$）对它的要求比较高，其他年龄段的人略低于他们，41～45 岁的人（$M=4.30$）对它的要求最低。③对子女教育而言，在 $\alpha=0.05$ 水平下，不同年龄段的人对它的重要性赋值存在显著差异。具体而言，36～40 岁的人（$M=4.60$）和 31～35 岁的人（$M=4.59$）对它的要求比较高，其他年龄段的人略低于他们，21～25 岁的人（$M=4.34$）对它的要求最低。④对增加工资补贴而言，在 $\alpha=0.05$ 水平下，不同年龄段的人对它的重要性赋值存在显著差异。具体而言，21～25 岁的人（$M=4.47$）和 26～30 岁的人（$M=4.60$）对它的要求比较高，之后随着年龄的增加，基本上处于下降的状态，51～55 岁的人（$M=4.17$）对它的要求最低。⑤对良好的工作环境而言，在 $\alpha=0.05$ 水平下，不同年龄段的人对它的重要性赋值存在显著差异。具体而言，21～25 岁的人（$M=4.55$）、26～30 岁的人（$M=4.50$）和 36～40 岁的人（$M=4.56$）对它的要求比较接近，46～50 岁的人（$M=4.23$）对它的要求最低。⑥对来往于主城区的通勤车而言，在 $\alpha=0.01$ 水平下，不同年龄段的人对它的重要性赋值存在显著差异。具体而言，26～30 岁的人（$M=4.32$）对它的要求最高，显著高于 41～45 岁的人（$M=3.68$）。除了上述六个要素，其他八个近郊就业考虑要素的重要性在各个年龄段之间的差异性不显著。

受教育程度对近郊新城就业考虑要素的重要性的影响。把受教育程度作为自变量，14 个近郊新城就业考虑要素作为因变量，进行 One-way ANOVA 分析。数据分析发现：①对购买住房而言，在 $\alpha=0.05$ 水平下，不同受教育水平的人对它的重要性赋值存在显著差异。具体而言，本科学历的人（$M=4.28$）对它的要求显著高于大专学历的人（$M=3.96$），本科和博士学历的人之间没有明显的差异。②对企业薪酬待遇而言，在 $\alpha=0.05$ 水平下，不同受教育水平的人对它的重要性赋值存在显著差异。具体而言，硕士学历的人（$M=4.72$）对它的要求显著高于大专学历的人（$M=4.48$），本科和博士学历的人之间没有明显的差异。除了上述两个要素，其他 12 个近郊城市就业考虑要素在受教育程度之间没有显著差异。

工作年限对近郊新城就业考虑要素的重要性的影响。把工作年限作为自变量，14 个近郊新城就业考虑要素作为因变量，进行 One-way ANOVA 分析。数据分析发现：①对户籍制度而言，在 $\alpha=0.05$ 水平下，不同工作年限的人对它的重要性赋值存在显著差异。具体而言，没有参加工作的人（$M=3.95$）对它的要求显著高于工作 21 年及以上的人（$M=3.55$）。整体上看，随着工作年限的增加，户籍制度的重要性随之下降。②对社会福利待遇而言，在 $\alpha=0.05$ 水平下，不同工作年限的人对它的重要性赋值存在显著差异。具体而言，工作 3~8 年的人（$M=4.49$）对它的要求显著高于工作 21 年及以上的人（$M=4.16$）。③对增加工资补贴而言，在 $\alpha=0.05$ 水平下，不同工作年限的人对它的重要性赋值存在显著差异。具体而言，工作 3~8 年的人（$M=4.58$）对它的要求显著高于工作 21 年及以上的人（$M=4.29$）。④对提供员工宿舍而言，在 $\alpha=0.05$ 水平下，不同工作年限的人对它的重要性赋值存在显著差异。具体而言，没参加工作的人（$M=4.05$）和工作 2 年及以内的人（$M=4.05$）对它的要求比较高，显著高于工作 9~14 年的人（$M=3.63$）。⑤对来往于主城区的通勤车而言，在 $\alpha=0.05$ 水平下，不同工作年限的人对它的重要性赋值存在显著差异。具体而言，工作 2 年及以内的人（$M=4.31$）对它的要求比较高，显著高于工作 21 年及以上的人（$M=3.88$）。除了上述五个要素，其他九个近郊新城就业考虑要素的重要性在不同的工作年限之间不存在显著差异。

专业技术职称对近郊新城就业考虑要素的重要性的影响。把专业技术职称作为自变量，14 个近郊新城就业考虑要素作为因变量，进行 One-way ANOVA 分析。数据分析发现：对子女教育而言，在 $\alpha=0.05$ 水平下，不同专业技术职称的人对它的重要性赋值存在显著差异。具体而言，初级职称的人（$M=4.67$）对它的要求显著高于正高级职称的人（$M=4.23$），其他职称对子女教育的重要性赋值居于初级职称和正高级职称之间。除子女教育外，其他 13 个要素在不同的专业技术职称之间没有呈现显著差异。

婚姻状况对近郊新城就业考虑要素的重要性的影响。把婚姻状况作为自变量，14 个近郊新城就业考虑要素作为因变量，进行 One-way ANOVA 分析。数据分析发现：①对城市未来发展前景而言，在 $\alpha=0.05$ 水平下，不同婚姻状况的人对它的重要性赋值存在显著差异。具体而言，已婚无子女的人（$M=4.69$）对它的要求显著高于已婚有子女的人（$M=4.41$），未婚和离异的人对城市未来发展前景的重要性赋值居于上述两者之间。②对工作机会而言，在 $\alpha=0.05$ 水平下，不同婚姻状况的人对它的重要性赋值存在显著差异。具体而言，已婚无子女的人（$M=4.76$）对它的要求显著高于已婚有子女的人（$M=4.50$），未婚和离异的人对工作机会的重要性赋值居于上述两者之间。③对子女教育而言，在 $\alpha=0.01$ 水平下，不同婚姻状况的人对它的重要性赋值存在显著差异。具体而言，已婚有子女（$M=4.59$）对它的要求显著高于未婚的人（$M=4.35$），已婚无子女和离异的人对子女教育的重要性赋值居于上述两者之间。④对社会福利待遇而言，在 $\alpha=0.05$ 水平下，不同婚姻状况的人对它的重要性赋值存在显著差异。具体而言，已婚无子女的人（$M=4.55$）对它的要求显著高于已婚有子女的人（$M=4.29$），未婚和离异的人对社会福利待遇的重要性赋值居于上述两者之间。⑤对企业薪酬待遇而言，在 $\alpha=0.01$ 水平下，不同婚姻状况的人对它的重要性赋值存在显著差异。具体而言，已婚无子女的人（$M=4.90$）对它的要求显著高于已婚有子女的人（$M=4.58$），未婚和离异的人对企业薪酬待遇的重要性赋值居于上述两者之间。⑥对增加工资补贴而言，在 $\alpha=0.01$ 水平下，不同婚姻状况的人对它的重要性赋值存在显著差异。具体而言，已婚无子女的人（$M=4.78$）对它的要求显著高于已婚有子女的人（$M=4.38$），未婚和离异的人对增加工资补贴的重要性赋值居于上述两者之间。⑦对良好的工作环境而言，在 $\alpha=0.01$ 水平下，不同婚姻状况的人对它的重要性赋值存在显著差异。具体而言，已婚无子女的人（$M=4.71$）对它的要求显著高于已婚有子女的人（$M=4.38$），未婚和离异的人对良好的工作环境的重要性赋值居于上述两者之间。⑧对提供员工宿舍而言，在 $\alpha=0.05$ 水平下，不同婚姻状况的人对它的重要性赋值存在显著差异。具体而言，已婚有子女的人（$M=3.70$）对它的要求显著低于其他三种类型的人，后三种类型的人对此没有显著差异。⑨对来往于主城区的通勤车而言，在 $\alpha=0.01$ 水平下，不同婚姻状况的人对它的重要性赋值存在显著差异。具体而言，已婚无子女的人（$M=4.37$）对它的要求显著高于已婚有子女的人（$M=3.98$），未婚和离异的人对来往于主城区的通勤车的重要性赋值居于上述两者之间。除了上述九个要素，其他五个要素在不同婚姻状况间的差异性不显著。

6.5　结论和讨论

6.5.1　结论

人们求职必然会考虑三个基本问题，第一是计划工作的城市的公共产品质量，第二是企业组织管理质量，第三是近郊新城就业考虑要素。本书围绕三个基本问题对应的要素，评价它们的重要性。对这些要素重要性的评价，可帮助城市管理者针对人才招募制定恰当的决策。本书通过规范的实证研究，获得如下重要结论：

（1）计划工作的城市和求职单位之间的关系。

本书发现，让求职者对计划求职的单位和单位所在的城市的重要性做出排序时，83.1％的受访者是能够做出判断的。关于城市和求职单位的重要性排序，56.5％的受访者将城市排居第一位，26.6％的受访者将求职单位排居第一位。人们在计划求职时，对城市赋予了较高的权重，城市的重要性是单位的 1.53 倍。

人文统计特征变量对城市和求职单位重要性排序的影响。本研究显示，性别、受教育程度、专业技术职称既没有影响城市的重要性排序，也没有影响求职单位的重要性排序。参加工作的年限和婚姻状况对城市的权重赋值产生显著影响，但这两个变量对求职单位的权重赋值没有显著影响。也就是说，随着参加工作年限的增加，人们对城市第一重要性的赋值增加，已婚者对城市第一重要性的赋值显著大于未婚者。

（2）城市产品质量。

求职者眼中的城市产品包含 23 项，这 23 项的重要性均大于中值 3，说明在求职者心中都是重要的。重要性排在前五位的依次是城市社会治安良好（$M=4.57$）、这个城市能给我提供非常多的工作机会（$M=4.54$）、城市内部交通系统发达（$M=4.48$）、城市与城市之间的交通系统方便（$M=4.46$）、城市整体规划具有长远眼光（$M=4.38$）；拥有代表城市形象的标志性建筑（$M=3.04$）、拥有特有的人文景观（$M=3.45$）、拥有各类不同特色的购物中心（$M=3.64$）、休闲娱乐的项目非常丰富（$M=3.67$）四个要素在求职者眼里不是十分重要，在 23 个要素中排居倒数四位。

性别对城市各个产品质量重要性的影响。居住的社区基础设施完备、居住的社区管理和服务良好、城市内部交通系统发达、城市与城市之间的交通系统方便、拥有各类不同特色的购物中心、拥有各种类型的餐馆、这个城市能给我提供非常多的工作机会、城市里的高等院校能给我提供进一步提升的空间、工作地和居住地相距不是太远、城市市政管理和服务良好十个城市质量要素，女性对它们的重要性赋值显著大于男性。

年龄对拥有特有的人文景观、拥有具有竞争力的经济体系、拥有代表城市形象的标志性建筑、城市内部交通系统发达、城市与城市之间的交通系统方便、休闲娱乐的项目非常丰富、拥有各类不同特色的购物中心、拥有各种类型的餐馆、城市里的高等院校能给我提供进一步提升的空间、工作地和居住地相距不是太远、城市市政管理和服务良好、城市居民素养高 12 个城市产品质量要素的重要性存在显著影响。

受教育程度对拥有优越的地理位置、拥有特有的人文景观、拥有具有竞争力的经济体系、城市的产业结构布局合理、拥有代表城市形象的标志性建筑、城市内部交通系统发达、城市具有辐射国内外的主要航空线路七个城市产品质量要素的重要性存在显著影响。

工作年限对拥有特有的人文景观、拥有代表城市形象的标志性建筑、休闲娱乐的项目非常丰富、拥有各种类型的餐馆、城市里的高等院校能给我提供进一步提升的空间、工作地和居住地相距不是太远、城市市政管理和服务良好、一年四季城市空气质量良好、城市居民素养高九个城市产品质量要素的重要性存在显著影响。

所有 23 个城市产品质量要素的重要性各自在专业技术职称各个水平间不存在显著差异。

婚姻状况对拥有包容的城市文化、拥有具有竞争力的经济体系、城市的产业结构布局合理、拥有代表城市形象的标志性建筑、居住的社区管理和服务良好、城市内部交通系统发达、城市与城市之间的交通系统方便、休闲娱乐的项目非常丰富、拥有各类不同特色的购物中心、拥有各种类型的餐馆、这个城市能给我提供非常多的工作机会、城市里的高等院校能给我提供进一步提升的空间、工作地和居住地相距不是太远、城市市政管理和服务良好、一年四季城市空气质量良好 15 个城市产品质量要素的重要性存在显著影响。

（3）企业组织管理质量。

本研究构建的九个测量量表具有较高的可靠性，可以测量企业组织管理质量体系。这个质量测评体系可以作为潜在人才对各个企业求职选择决策的依据和条件。企业的经营发展有前景（$M = 4.66$）、自己的职业发展在企业里有上升的通道（$M = 4.58$）、企业具有吸引力的薪酬体系（$M = 4.54$）、企业尊重人格（$M = 4.54$）四个指标的重要性分别排居前四位。

（4）近郊新城就业考虑要素。

本项目构建的近郊新城就业考虑要素测量量表具有较高的可靠性。该测量由城市的硬环境（子女教育、购买住房、来往于主城区的通勤车）和软环境（城市未来发展前景、城市生活环境、工作机会、户籍制度、配偶工作安置、人才引进政策、增加工资补贴）、企业人才政策（企业薪酬待遇、良好的工作环境、提供员工宿舍、社会福利待遇）14 项组成。重要性排居前六位的要素如下：企业薪酬待遇（$M = 4.65$）、工作机会（$M = 4.56$）、增加工资补贴（$M = 4.48$）、城市未来发展前景（$M = 4.47$）、子女教育（$M = 4.47$）、良好的工作环境（$M = 4.47$）。其中，四个企业人才政策在前六位中占据了两位，即企业薪酬待遇和良好的工作环境。所以，新城未来的发展最重要的战略导向是引入和培育卓越的受人尊重的企业。

性别对近郊新城就业考虑要素重要性的影响。女性对城市生活环境、工作机会、购买住房、社会福利待遇、增加工资补贴、良好的工作环境、来往于主城区的通勤车七个近郊新城就业要素的重要性显著高于男性。

年龄对城市未来发展前景、工作机会、子女教育、增加工资补贴、良好的工作环境、来往于主城区的通勤车六个近郊新城就业要素的重要性存在显著差异。

受教育程度对购买住房和企业薪酬待遇两个近郊新城就业要素的重要性存在显著影响。

工作年限对户籍制度、社会福利待遇、增加工资补贴、提供员工宿舍、来往于主城区的通勤车五个近郊新城就业要素的重要性存在显著影响。

专业技术职称仅对子女教育一个近郊新城就业要素的重要性存在显著影响。

婚姻状况对城市未来发展前景、工作机会、子女教育、社会福利待遇、企业薪酬待遇、增加工资补贴、良好的工作环境、提供员工宿舍、来往于主城区的通勤车九个近郊新城就业要素的重要性存在显著影响。

6.5.2　理论贡献

本书的理论贡献主要有以下三点：

首先，相较于选择求职单位，潜在人才在求职过程中更倾向于选择就业城市。本书通过选项综合平均得分计算了城市和求职单位之间的相对重要性，研究发现潜在人才在求职过程中赋予城市的重要性是求职单位重要性的 1.53 倍。这一发现表明城市的拉力因素对潜在人才具有极强的吸引力。结合具体的城市公共产品质量要素来看，城市的社会治安、工作机会、交通系统和整体规划是潜在人才最为关心和看重的几个城市拉力因素。可以认为，城市若在这几个方面做好相应工作以期对潜在人才形成拉力，他们极有可能选择在该城市工作和生活。

其次，就求职单位选择而言，潜在人才最为看重的是企业环境和制度因素，而非经济因素。本书通过对企业组织管理质量要素的重要性排序发现，潜在人才最为看重的是企业的发展前景和晋升制度，而非薪酬水平。可以认为，潜在人才在求职的过程中通常具备长远眼光，对企业和个人的发展前景更为关心。

最后，潜在人才在考虑就职于近郊新城时他们更为看重经济因素。本书通过对近郊新城就业考虑要素的重要性排序发现，潜在人才最为看重的是薪酬待遇。这有可能是因为潜在人才考虑到主城区的竞争过大，他们进入主城区工作尚且存在一定的难度。在这种情况下，他们希望能在近郊新城中获取更高的经济回报来弥补不能进入主城区工作的心理缺憾。

6.5.3　研究局限

本研究的局限主要体现在如下两个方面：

第一，本研究仅分别分析了城市产品质量、企业管理质量、近郊新城就业考虑要素三个构念各构成要素之间的重要性，而没有根据城市和求职单位的相对权重加权到三个变量各构成要素上，合并在一起计算每一个项目的重要性。未来的研究可以将此作为一个研究主题评估每一个项目的重要性，并给出合理的理论解释。

第二，潜在人才城市根植决策是一个理性的多阶段决策过程，未来的研究可以将此作为一个研究主题开展深入研究。比如，一个人把城市的重要性排在第一位，把计划工作的求职单位排在第二位，于是，就按照自己的标准挑选城市。假设找到了一个理想的城市，然而却选不到一个理想的求职单位，在这样的情境下如何计算他的收益和损失。同理，一个人把计划工作的求职单位的重要性排在第一位，假设他找到了一个理想的企业，但这个企业所在的城市他却非常不满意，那么在这种情境下，如何计算他的收益和损失。

第7章 城市近郊农民市民身份认同

7.1 研究背景

城市化是世界各国现代化进程中农业人口持续向城镇聚集并逐渐转化为非农业人口的过程。人口分布从分散的农村地区转移到更紧凑的城镇或城市，随之而来是生活方式的改变。城市化是衡量一个国家现代化的重要标志，也是促进经济和社会发展的重要因素之一（Mayer，1956）。从国际城市化发展来看，城郊农民的身份转变以及突然进城之后的住房安置、就业、社会保障等公共服务的供给与分配，一般都会带来高昂的安置成本，农民身份转换困难，出现前途迷失，焦虑感和痛苦感增强，甚至社会冲突等问题（Liu et al.，2010；2018）。

进入新时代，我国政府在 2014 年、2015 年、2016 年和 2019 年分别发布了涉及促进农民增收、完善城乡居民基本医疗、大病保险、养老、居住条件等系列公共服务政策，并于 2014 年起实施推进建设以人为本、环境友好新型城市，大力推动城市化建设。随着工业化进程的加快，城市化的发展进程也明显加快（Liu et al.，2010）。改革开放 40 多年，从我国城市化发展实践来看，在经历了从城乡分割，以牺牲农村为代价优先发展城市，到逐渐打破城乡二元体制，再到新时代提出乡村振兴战略，健全城乡融合发展的体制，城市化发展质量持续提升，城市化已成为经济发展的核心载体，城乡社会经济发展已经出现了良好的融合发展态势。

城市管理者一般从垂直和水平两个方向拓展城市规模。垂直方向上的增高，意味着大楼越建越高，单位面积上容纳的人口则越多；水平方向上的拓展，意味着城市就像摊大饼似的越扩越大，越来越多的乡村土地成为城市功能区的组成部分，原来居住于此的农民将转变为市民。农民世代以土地为赖以生存的基础，耕种农作物，或者发展水产养殖、动物养殖，少部分农民，尤其是年轻的农民，会在土地生存的基础上发展副业，如房屋装修、汽车运输等。农民们的共同特点是文化程度低，缺乏专业技能，祖祖辈辈居住于此，形成了牢固的乡土情结和以土地为基础的价值观与生活方式。面对土地将被规划改造为城市的一部分，人们的心情是复杂的。有高兴的，可以享受城市现代文明的成果；也有焦虑的，不知道如何应对身份的变化。此种背景下，我们不得不思考他们在新型城市化过程中的身份认同问题。是什么塑造了他们的身份认同？这种身份认同对个人和社会的行为表现如何？本书试图通过对这些问题的回答，来探究城市化过程中居民身份认同的社会价值和政策内涵，并进一步探索增进居民身份认同的新策略。

7.2　文献回顾

7.2.1　身份认同与社会认同

身份认同和社会认同是社会学中两个非常重要的概念。身份认同从自我与社会的互动关系来解释社会行为（Stets and Burke，2000；Stryker and Burke，2000），表示参与者用来定义自己为独特的个体（个人身份）、角色（角色身份）或群体成员（社会身份）的含义（Stets，2005），旨在解释个体的心理和身体体验及相关行为的微观社会现象（Burke and Reitzes，1981）。社会认同理论（social identity theory）是指一个人知道他或她属于一个社会范畴或群体，一个社会群体是一群具有共同的社会特征或认为自己是同一社会类别的成员的人（Hogg et al.，1995）。社会认同强调人的社会属性，旨在解释群体过程和群体关系的社会心理学理论（Hogg et al.，1995）。这两种基于社会基础的自我身份与社会行为的理论都强调一个多层面和动态的自我作为社会结构和个人行为之间的中介关系。两者的差异主要在于侧重点的不同（Stets，2005），身份认同理论在分析慢性身份认同和人际社会互动方面可能更有效（Stryker and Burke，2000），而社会认同理论在探索群体间的维度和具体的动态社会身份的社会认知细节方面可能更适用（Hogg et al.，1995）。把两个理论联系起来可以建立一个更完整的自我观。通过对构成二者的不同基础（归类/群组或角色）的分析发现，身份的显著性和身份的激活以及身份认知和动机过程都被讨论。因此，将身份认同理论和社会认同理论结合起来能更加全面地认识自我（Stets，2005）。

7.2.2 城郊农民市民身份认同的影响因素

"差序格局"是费孝通提出的，是被社会学和人类学者熟知的理解社会构成、运行以及民情的重要概念。中国历史上通过各种制度化努力，曾经发展出尊尊和亲亲等级化的差序格局类型，在实践中还衍生出社会心理意义上的差序格局，这些差序格局类型之间相互渗透、相互纠缠。费孝通所讲的差序格局是个立体的结构，包含有纵向的刚性的等级化的"序"，也包含有横向的弹性的以自我为中心的"差"（阎云翔，2006）。差序格局的维系有赖于尊卑上下的等级差异的不断再生产，而这种再生产是通过伦理规范、资源配置、奖惩机制以及社会流动等社会文化制度实现的（阎云翔，2006）。我国长期存在的二元户籍制度背后所附着的资源配置、社会福利分配制度产生了城乡居民之间的差序格局，具体表现为现实中逐渐拉大了城市和乡村之间的距离，导致落后的农村剩余劳动力逐步进入城市追求新的生活，同时，国家城市化的发展使城郊农业户籍人口快速摆脱了农村的生活环境。面对突然变化的外部生活环境和社会关系的重构，城郊居民难以从心理层面真正认同自己的市民身份，但是，社会长期发展形成的城市居民优越感又使得城郊农民想快速转变自己的农民身份。

在政府推动的城市化进程中，农民是被动地选择的，在这一过程中他们的社会记忆和社会时空是复制、滞后的（张海波和童星，2006）。城郊农民失去了农田，离开了熟悉的传统乡土社会，来到了高密度的安置区，开始城镇生活，这种模式快速扩张了城市的水平面积，但城郊农民也因此而失去了财产收入的来源。城郊农民原来的安全条件被破坏，满足安全需要的替代方式不易建立。尤其在政府补偿不足和未得到与城市居民一样的社会保障的情况下，城郊农民在日常生活中很容易感受到强烈的风险以及包括经济、社会和政治的转型所带来的不安全感。面对物质生活成本的突然增加，城郊农民的健康开支增加，生活负担加重，与城市居民相比，实际生活水平下降（Zhao and Zou，2017）。同时，与城市居民相比，城郊农民因为文化水平低，一些人也缺乏主动就业意愿，缺少就业技能，只能从事低端岗位，工作环境和工作待遇处于劣势，缺乏职业安全感（Wang and Xie，2015）。随着人民对生活质量关注度的提升，城郊农民在城市化过程中，对可能出现的生态环境问题、食品安全和空气质量问题表示强烈的关注，进而对融入城镇生活等感到不安，这对他们转换为城市人的角色有重要影响，也影响他们在城市生活的质量（黄文秀等，2015）。城郊农民作为城市化过程中的新型市民，要从以旧的地缘和血缘关系组成的社会关系逐渐转移到现代城市组织结构中（孔祥利和王娟娟，2006），由此产生归属感缺失（Mellor et al.，2008）。另外，城市化对女性城郊农民的生活质量影响要比男性明显得多（Liang and Li，2014）。

不同年龄段的近郊农民身份转换的愿望不同。由于城郊农民对过去农村社会生活的历史记忆和对现代城市社会时空转换的体验不同，城郊农民的城市化并不随着其与乡土性的突然决裂而实现，在此过程中他们面临着自我角色认同危机和角色转换的困境。相比于年龄大的城郊农民，有适龄子女婚姻需要和子女求学需求的城郊农民迁居城镇的意愿较强（孙博等，2019）。老年农民比青年农民往往会得到更多的补偿，他们对生计变化、收入、生活条件和满意度相对较高，而中年农民对土地征用的负面影响感受最为强烈（Tong et al.，2017）。

综合来看，既有的学者对城郊农民市民身份认同和认同行为的研究成果比较丰富，主要分析了城郊农民身份转变及认同的因素以及相应的对策，如物质生活保障、社会保障体系建设、就业支持、心理疏导等。但也存在以下问题：第一，正如 Hogg and Abrams（1988）指出的那样，既有的学者基于社会身份认同理论的研究，认为社会身份的认同只是个生成过程，而不是一种认知结构。现有研究除年龄、性别因素外，忽略了城郊农民个体自身认知对身份转变的影响。这显然与现实有不相符之处，比如为何同样的物质条件保障下，人们的认同行为不一致。Vignoles et al.（2008）指出身份认同是一种动态建构过程，受诸多心理需要的支配，并以满足这些需要为目标，使个体认同某些身份、排斥其他身份。也就是说，我们还不清楚，个人在这个动态的身份转换过程中扮演什么样的角色。第二，对城郊安置居民身份认同行为的研究也跳过了身份认同的中介。人们会依据身份准备行动去理解周围世界，也就是人们先有身份的思考与认同，再有身份认同行为，而身份的认同又受其发生情景的影响（Carter，2013）。因此，系统地探究影响城郊农民市民身份认同的影响因素及认同行为过程是有意义的。

7.3 研究方法

当前关于城市化过程中城郊农民相关问题的研究主要采用了量化和逻辑推理的研究范式。采纳第一种研究范式的学者主要通过对既有文献和理论的研究，构建研究框架和理论假设，探索影响城市化过程中居民身份转变、社会认同等要素变量之间的相关关系；采纳第二种研究范式的学者主要是基于现状的观察和理论之间的联系，通过逻辑推理的形式论述城郊农民相关问题的产生原因、影响因素和对策建议。这两者都很难排除研究者对相关问题的"既有认识"而做出的主观假设，与城郊农民在城市化过程中真正面临的各种问题肯定有一定的差距。鉴于此，本书采用扎根理论的研究方法，主要想从城郊农民自身的角度真正地发现影响城郊农民市民身份认同的因素、对城市化建设的态度、当前的生活感知情况以及对未来新城建设的期望等。

扎根理论的研究方法作为一种探索现象的归纳性研究，其目的在于帮助研究者"从资料中发现理论"，而非"验证既存理论"。它通过搜集资料和检验的方式，将假设与事实资料不断进行比较、修正、再验证。经过如此反复循环的过程，再加上研究者本身"创造性的理论想象力"或"理论触觉"，理论框架方能形成，且只有经过多次验证的假设才会被纳入理论中。其宗旨就是尊重原始资料，忠于客观事实，对城市化过程中城郊农民的心理状态能做到有迹可循，因此得出的结论和构建的逻辑具有更高的可信度和说服力。

7.3.1 样本概况

成都天府空港新城位于成都市东南部、简阳市西部，下辖 12 个乡镇，户籍人口总数 31.7 万人。距成都市中心城区约 50 千米，总规划面积约 483 平方千米。处于成渝经济圈腹地，是成都东进战略的重要阵地。城市发展必须以人为中心，天府空港新城的建设将本地居民作为空港新城的服务对象是展开建设的前提条件。新城的本地居民大多生于此，长于此，他们在本地区的长时间生活已经形成了一些固有的人生目标、价值观念和生活方式。新城的快速建设将迫使当地居民不得不适应由周围环境不断变化而带来的身份转变。基于此，本研究采取典型抽样的方法，选取简阳市新民乡新民家园搬迁安置小区作为采样点进行调研，并从中随机选取 10 户居民作为研究样本，其中男性与女性各 5 人；年龄最小 22 岁，最大 60 岁，平均年龄 39.6 岁；小学文化程度 2 人，初中文化程度 5 人，高中文化程度 3 人；家中有老年人口的家庭 8 户，具有学龄前儿童的家庭 2 家，接受义务教育的家庭 4 家，没有接受非义务教育的家庭 2 家；10 户居民都是当地出生长大并在此长期居住生活。

7.3.2 访谈过程及资料记录

本研究围绕城市化过程中城郊农民的市民身份认同形成过程以及这种身份认同对个人和社会的行为表现这两个问题设计访谈提纲。具体包括受访者的个人、家庭基本情况（包括年龄、当前身份、受教育情况、家庭经济收入来源等）信息，以及他们对当前城市化的切身感受、与陌生人的融入情况、生活社区治理与服务、未来期望等内容，作为访谈引导的方向，实施开放式和半结构化的访谈，采用层层追问的方式，试图挖掘受访者深层次的想法和动机。

研究小组于 2018 年 1 月 3 日在当地村委会对 10 名受访对象进行了深度访谈，人均访谈时间为 40 分钟左右。笔者是整个访谈的主持人，笔者的研究生在访谈的过程中进行了全程录音，并对受访对象的关键语调和特殊动作做辅助性的文字记录。访谈结束后，研究小组又深入受访对象生活的小区，对生活超市、小区出入口、居民集中的地方进行了随机访谈和深度观察，以取得第一手资料，将这些资料作为深度访谈的补充材料。在访谈资料从音频文件转化为文本文件的过程中，研究小组进行了两轮核对，以免遗漏关键信息，确保原始资料的准确性和全面性。

7.4 数据分析

7.4.1 开放性编码

扎根理论的研究方法根植于现实的资料分析，通过理论与资料间的持续互动发展新的理论（Strauss and Corbin，1990）。扎根理论的研究方法具有一整套系统严谨的操作程序和思维逻辑，其对资料的分析过程可以分为三个主要步骤，即开放性编码、主轴编码和选择性编码。这三重编码分析并不是完全割裂、相互独立的，每一阶段的编码都与其他阶段密切相关，研究者需要不断地在各阶段之间循环往复。本研究先从 10 位受访者中选取 9 位受访者独立编码，剩下 1 位受访者的访谈记录进行理论的饱和度检验。

编码是获取数据和由数据生成理论之间的关键环节。开放性编码是研究人员对前期访谈获得的所有可以编码的语句、词语、数据片段按照其初始的形态进行登记，并从中提取关键字词进行概念化的展现。经过开放性编码阶段的"贴标签""初步概念化""规范化和概念化""范畴化"，研究者可以实现对资料的初步分析、比较、归类和整合，从而将搜集来的资料转换为一个个利于比较分析的单位，引导研究者针对别人的假设进行探索，为后续的分析提供条件。这个过程需要研究者保持开放的态度，不受既有理论和文献的限制，尽可能地贴近数据，从分散的现有事实资料中获取重要信息，对其进行简短而准确的概念化编码。

（1）贴标签和初步概念化。

该阶段以每个访谈对象为分析单元，最终形成 9 个访谈原始文本资料。首先，按照受访对象—段落编号—语句编号分别编码，例如编码 010205 表示 01 号受访对象第 2 段的第 5 句话。其次，通过"贴标签（定义现象）"的方式对每一个编码语句所指代的现象进行定义。对于同一句访谈内容表达了多层意思的，用"××××××−1，××××××−2"等贴标签，以示区分，例如 080706−1，表示第 08 号受访对象第 7 段的第 6 句话表达出的第一层意思。由于研究者通过逐句编码的方式对资料进行定义，难免会出现具有相同本质或重复指向性的多个定义，因此，研究者需要对"贴标签（定义现象）"一栏的内容重新进行整理归类，并以 ax 这一"初步概念"指代本质相似的现象标签。通过这一环节，我们从原始资料中整理出 578 条标签，然后将意义相同的标签合并，得到 246 个初步概念。编码过程如表 7.1 所示。

表7.1　开放性编码：贴标签、初步概念化

01受访者访谈资料	贴标签	初步概念化
以前在外打工（010101），现在带孩子，婆婆以前得了脑瘤，开刀后需要照顾（010102）；老公在外边打工，路桥公司打钢筋，都在四川很辛苦，物流公司中转站搬运（010103）。 　　空港的建设使我们的生活向好的方面发展（011301），经济物质方面通过自己的努力，物质生活方面希望提高，对老百姓都会受益（011302）。	010101：外出打工（女） 010102－1：居家照顾老小（女） 010102－2：老人需要家人照顾 010103－1：外出打工（男） 010103－2：低技术劳动 010103－3：工作辛苦 010103－4：家人分离两地 …… 011301：城市化带来益处 011302：城市开发提高居民物质生活水平	a1：外出打工（010101；010103－1；010403－1；030102－1；030102－2；030201－3；050102－1；050102－3；050203－2；090101－2；090102）
02受访者访谈资料	贴标签	a2：居家照顾老人孩子（010102－1；010301；010304－3；030201－4；050101；050202－3）……
……空港新城开发对基础设施建设要改善（020206），对教育方面要好一些，大的孩子以前在这边读的书，小的在成都（020207）；空气、绿化要好一些；以前蔬菜各方面要好一些，食品安全（020208）。 　　对现在新城建设各方面的福利很满意（021301），现在有一些公益活动、文艺晚会（021302）。 ……	020206：城市化带来基础设施改善 020207－1：城市化带来更好的教育条件 020207－2：向往都市好的教育 020208－1：过去农村生态环境好 020208－2：过去农村食品安全 …… 021301：对现居住地满意 021302：现居住地有丰富的文化生活 ……	a12：对过去农村的怀念（010201－1；060201－1；090204） ……
……	……	a75：怀疑新市民身份（010908－3；070802－2）……
09受访者访谈资料	贴标签	a168：新城开发提高了医疗条件（031302－2）……
现在政府给的退休费，现在退了750多元，两口子一共1950元（080102）。都是一个乡，现在开发了，就比农村要好一些（080201）。原来就靠种地吃饭，现在都退休了，和原来相比就挺好的了（080202）。 　　不想做城市人，城里人吃不好，住不好，吃个鸡蛋都是人工养殖（090203），现在都想找个山上养猪种地（090204）。 ……	080102－1：城市化带来了更多生活保障 080102－2：政府养老系统 080201：认同新城市发展 080202－1：退休后新城生活比农村好 080202－2：以前农村靠种地生活 …… 090203－1：不想做城里人 090203－2：城里人食品不健康 090203－3：城里人住房紧张 090204：想回农村从事农业劳动 ……	a245：政府支持创业（090405－2） a246：有人对政府存在误解（090405－3）

为了确保研究结果的效度，笔者和两位研究助理共同完成贴标签和初步概念化工作。两位研究助理对文本分别进行独立编码，针对编码不相同的内容，他们先进行讨论形成一致意见。若还有异议，则再与笔者一起讨论，通过深入讨论，最终达成一致性看法。两位编码人员对所有标签进行初步概念化的一致度为 92.6%。

（2）规范化和概念化。

我们对 246 个初步概念进行了整理。由于受访者可能在回答问题的过程中谈及与研究主题不直接相关的内容，因此，笔者对初步概念进行了有效性甄别。笔者从以下几方面考虑该初步概念对本研究是否有效：①此初步概念是否涉及对原农村居住地或现新城居住地的印象或观念；②此初步概念是否涉及过去或现在的身份认同状态、动机和影响结果；③此初步概念是否阐释了身份认同状态、动机与行为结果之间的可能关系。在此基础上，笔者共剔除了 30 个无效或无关的初步概念，如"子女娱乐方式""对未来没有打算""对专业人才无看法""对城市无看法"等，最终保留 216 个初步概念，具体内容如表 7.2 所示。然后，笔者将整理后的初步概念进一步归类、抽象，逐次提炼出与研究主题相关的 36 个概念。

表 7.2　开放性编码：规范化、概念化

初步概念	概念
a1：外出打工 a2：居家照顾老人孩子 a3：老人需要家人照顾 a4：从事低技术工作 a5：工作辛苦 a6：家人分离两地 a7：经济收入一般 a8：小富即安的经济观 a9：供两个孩子上学，生活负担重 a10：孩子接受教育情况 …… a41：重视文凭 a42：不愿意和陌生人接触 a43：对陌生人有芥蒂 a45：在现居住地遭遇失窃事件 a46：对现居住地的安全感下降 a48：之前农村治安好一些 a49：之前农村居住安全感较强 a50：怀念农村外来人员少 ……	A1：养家的需要（a1, a5, a7, a8, a9, a88, a146, a166, a170, a171, a172, a195, a214, a229, a243, a244） A2：家庭平安和睦的需要（a2, a3, a6, a25, a26, a27, a28, a108, a109, a111, a143, a165, a169, a194） A3：对优质教育的需要（a10, a11, a29, a106, a110, a196） A4：新城教育系统（a105） A5：较低的自我评价（a4, a31, a32, a33, a56, a101, a102） A6：城市化后变得自信（a58, a103） A7：对农村正向体验的留恋（a12, a13, a14, a48, a49, a50, a71, a76, a107, a122, a147, a148, a160, a193, a219, a233） A8：对农村负向体验的无奈（a100, a104, a134, a135, a177, a220） A9：对新城的认可（a19, a21, a94, a95, a129, a141, a167, a175, a176）

初步概念	概念
a71：农村自然环境好（宜居） a72：想去城市生活 a73：想变成市民 a74：（去城市生活的）有限制条件 a75：怀疑新市民身份 a76：农村生活评价高 a77：新城人际氛围好 a81：城市化过程中的人口素质不如真正的都市 …… a101：感觉农村身份低人一等 a102：过去因农民身份自卑 a103：城市化开发提升身份感 a104：过去农村赚钱难 a105：城市化带来更好的教育条件 a106：向往都市好的教育 a107：过去农村食品安全 a108：不想家人分离 a109：重视对孩子陪伴 a110：为孩子成绩而自豪 …… a131：现在居住地交通便利 a132：现在居住地卫生治安满意 a133：现在居住地交通情况满意 a134：过去农村治安不好 a135：过去农村安全感低 a136：城市化带来治安改善 a137：城市化带来居住安全感 a138：新城有社会保障金 a139：社会保障金带来生活安全感 a140：现居住地有丰富的文化生活 …… a160：过去农村房子大 a162：在现居住地对周围人消极态度不满 a163：现居住地少数人比较消极 a164：现在邻里之间情绪传染、相互影响 a165：以孩子为中心 a166：幸福来自经济收入好 a167：对城市开发带来的福利感到满意 a168：新城开发提高了医疗条件 a169：原体力劳动造成身体伤害 a170：身体不好影响工作 ……	A10：对新城的不满（a23，a24，a159，a162，a238，a246） A11：对良好人际关系的需要（a15，a16，a77，a164） A12：社区基础设施（a18，a22，a202，a203，a204，a228） A13：支持城市开发（a20，a92，a93，a112，a113，a211） A14：个人职业发展的需要（a34，a35，a41，a114，a115，a181，a226） A15：政府帮助个人职业发展（a36，a37，a38，a90，a91，a144，a179，a180，a190，a209，a231，a235，a245） A16：自我实现的需要（a30，a39，a40，a151） A17：对陌生人的接纳（a42，a43，a116，a117，a118） A18：对居住安全性的担忧（a45，a46，a54，a197） A19：社会秩序与安全（a51，a52，a130，a132，a136，a137） A20：城市体验（a60，a61，a62，a63，a64，a65，a66，a67，a68，a69，a70，a120，a121，a149，a155，a156，a200，a201，a218，a227，a234，a241，a242） A21：认同市民身份（a72，a73，a142） A22：怀疑市民身份（a74，a75，a82） A23：社区居民的个人素养（a81，a83，a127，a128，a163，a187，a213，a158，a221） A24：主观幸福感（a89，a188） A25：社交的需求（a216，a217） A26：公共事件（a97，a140） A27：市政管理和服务（a98，a189，a192，a223，a224） A28：未来生活保障的需要（a123，a124，a125，a126，a212） A29：新城交通系统（a131，a133，a173） A30：新城养老保障系统（a138，a139，a208） A31：社区管理和服务（a150，a174，a198）

初步概念	概念
a191：城市化让人们办事更加便利 a192：政府帮助解决实际困难 a193：习惯居住地的生活，乡土情结 a194：希望在当地就业 a195：女性照顾小孩，失去工作机会 a196：新城教育质量不好 a197：担心陌生人带来安全和卫生隐患 a198：对现住小区物业管理满意 a200：城市交通拥挤 ⋯⋯ a221：期望有卫生培训改变人们坏习惯 a223：城市化使政府服务变好 a224：城市化使营商环境变好 a226：期望政府培训与国际接轨 a227：城里网络发达但不安全 a228：现居住地基础设施仍然有待完善 a229：有时经济压力大 a231：希望新城建设引进正规企业，促进就业 ⋯⋯ a241：城市食品不安全 a242：城里人住房紧张 a243：想有稳定的工作 a244：想通过工作给自己保障 a245：政府支持创业 a246：有人对政府存在误解	A32：空气质量（a157） A33：新城的医疗系统（a168） A34：两种身份的两难选择（a184，a185，a186） A35：政府官员勤政（a96，a99，a191，a210，a237，a239） A36：排斥市民身份（a232，a236，a240）

（3）范畴化。

范畴化编码又称为类别化编码，是指某些概念可以以一个或多个更为抽象、更高层次的概念来加以群组，形成类别（Strauss and Corbin，1990）。为了进一步提炼和抽象，笔者再次将具有相同或相关关系的概念抽取出来，考虑它们是否指示同一现象，然后通过聚拢这样的概念组合最终形成 14 个范畴。范畴化的具体内容和过程如表 7.3 所示。

表 7.3　开放性编码：范畴化

概念	范畴
A1：养家的需要	AA1：生理的需要（A1）
A2：家庭平安和睦的需要	AA2：安全的需要（A18，A28）
A3：对优质教育的需要	AA3：爱和归属的需要（A2，A11，
A4：新城教育系统	A25）
A5：较低的自我评价	AA4：尊重的需要（A3，A5，A6，
A6：城市化后变得自信	A14）
A7：对农村正向体验的留恋	AA5：自我实现的需要（A16）
A8：对农村负向体验的无奈	AA6：个人空间行为关联的设施和服
A9：对新城的认可	务对应的福利（A12，A15，A26，A29，
A10：对新城的不满	A31）
A11：对良好人际关系的需要	AA7：影响个人空间行为的利益相关
A12：社区基础设施	者对应的福利（A4，A19，A23，A27，
A13：支持城市开发	A30，A32，A33，A35）
A14：个人职业发展的需要	AA8：对农村的矛盾心态（A4，A8）
A15：政府帮助个人职业发展	AA9：城市体验（A20）
A16：自我实现的需要	AA10：市民身份认同（A21，A22，
A17：对陌生人的接纳	A34，A36）
A18：对居住安全性的担忧	AA11：城市态度（A9，A10）
A19：社会秩序与安全	AA12：城市开发支持态度（A13）
A20：城市体验	AA13：对陌生人的接纳程度（A17）
A21：认同市民身份	AA14：主观幸福感（A24）
A22：怀疑市民身份	
A23：社区居民的个人素养	
A24：主观幸福感	
A25：社交的需求	
A26：公共事件	
A27：市政管理和服务	
A28：未来生活保障的需要	
A29：新城交通系统	
A30：新城养老保障系统	
A31：社区管理和服务	
A32：空气质量	
A33：新城的医疗系统	
A34：两种身份的两难选择	
A35：政府官员勤政	
A36：排斥市民身份	

7.4.2　主轴编码

　　主轴编码是指通过运用典范模型，构建范畴之间的条件、脉络、策略和结果关系，寻找开放性编码中得出的各项范畴之间的本质关系的过程。我们通过运用典范模型对范畴继续归类、抽象，得出两个主范畴，分别为"AAA1 市民身份认同形成机制""AAA2 市民身份认同影响机制",而前面得出的其他范畴成了说明或解释这两个主范畴的副范畴。

（1）主范畴"AAA1 市民身份认同形成机制"。

该主范畴由范畴"AA1：生理的需要""AA2：安全的需要""AA3：爱和归属的需要""AA4：尊重的需要""AA5：自我实现的需要""AA6：个人空间行为关联的设施和服务对应的福利""AA7：影响个人空间行为的利益相关者对应的福利""AA8：对农村的矛盾心态""AA9：城市体验""AA10：市民身份认同"，通过典范模式而构成，如表 7.4 所示。

表 7.4 主范畴"AAA1 市民身份认同形成机制"的典范模式

因果条件	现象
AA1：生理的需要 AA2：安全的需要 AA3：爱和归属的需要 AA4：尊重的需要 AA5：自我实现的需要	城市化过程中农民向市民身份的转换
性质	特定面向
①城市化使原来的农民失去土地，为今后的生存和未来生活保障担忧； ②改变原来的农村居住模式，陌生人增加，环境恶化，人们对居住安全担忧； ③外出打工转变为就近工作模式，外出打工导致家人分离、人际疏远，对家人平安健康和睦、良好人际关系的需求增加； ④因农民身份、文化程度低等，对自我评价低，渴望通过孩子教育、职业培训改变低自尊状态； ⑤城市化使人们期望借此改变命运、人生有价值； ⑥对农村和城市的固有印象	新城市居民需要未满足 AA8：对农村的矛盾心态 AA9：城市体验
脉络	
市民身份认同的形成脉络：城市产品能满足新市民各层次需要；固有印象影响	
中介条件	行动策略
AA6：个人空间行为关联的设施和服务对应的福利 AA7：影响个人空间行为的利益相关者对应的福利	政府提供城市产品
结果	
AA10：市民身份认同	

　　通过回溯原文可以发现，城市化农民向市民身份转换过程中会产生新的需要，"由于都没有土地了，我组织了一两百人做劳务输出（090101）"，这些居民为了生计不得不外出打工（AA1：生理的需要）。他们成了"没有工作又没有养老金的一代（050504）"，对未来没有保障、缺乏安全感；加之新城改变了原来的居住结构，"现在外地人也多一些了，对安全也有一些担心（010702）"（AA2：安全的需要）。城市化进程改变了近郊农民的打工模式，即由外出打工转变为就近工作模式。外出打工导致家人分离、人际疏远，使得人们"不愿意到外地打工（050301）""不愿意与孩子、老人分开（050302）""希望多和外人接触（070602）"，对家人平安健康和睦、良好人际关系的需求增加（AA3：爱和归属的需要）。新市民还因"自己文化程度低，不好改变（020504）""对自己没有多大希望（010601）"，甚至"以前在成都都觉得低等一些（020202）"（AA4：尊重的需要）。但他们也"想改变自己的命运（020501）""从事一些有意义的工作（030503）"（AA5：自我实现的需要）。

　　为了满足城市化进程中居民的新需要，政府部门通过提供完善的城市产品（"AA6：个人空间行为关联的设施和服务对应的福利""AA7：影响个人空间行为的利益相关者对应的福利"）来帮助居民实现从农民到市民的身份转换。具体而言，通过政府帮助个人职业发展（A15）、社区基础设施（A12）、空气质量（A32）、新城交通系统（A29）等来满足人们生理的需要；通过社会秩序与安全（A19）、社区管理和服务（A31）、新城养老保障系统（A30）、新城的医疗系统（A33）来满足其安全的需要；通过公共事件（A26）、社区居民的个人素养（A23）来满足其爱和归属的需要；通过市政管理和服务（A27）、政府官员勤政（A35）、新城教育系统（A4）来满足其尊重的需要和自我实现的需要。

　　然而，居民身份认同的实现还受到"AA8：对农村的矛盾心态""AA9：城市体验"的影响，他们既怀念"小时候民风淳朴（010201）""空气、绿化好一些，食品更安全（020208）"，又诟病农村"经济方面落后、赚钱难（020204）"；既羡慕城市"生活方便、医疗交通好（030802）"，又不喜欢"城市噪音大、空气不好（060802）"。居民所秉持的对农村和城市的固有看法，深深影响着他们对市民身份的认同。

　　因此，城市产品能否满足新市民各层次需要，以及对农村和城市的固有印象，使得城市化进程中的人们形成了不同的市民身份认同状态。有些居民"想在城市居住""为新城建设感到自豪"（A21：认同市民身份）；也有些居民"虽想在城市居住（010907），但自己没那个条件（010908）""现在居民相比城里人还要差一些（011003）"（A22：怀疑市民身份）；还有些居民对农民和市民身份很难选择，"喜欢农村一些，农村空气好（040802），但还是愿意在城市生活（040803）"（A34：两种身份的两难选择）；甚至有些居民排斥市民身份，"不想做城市人，城里人吃不好，住不好（090203）"（A36：排斥市民身份）。

（2）主范畴"AAA2市民身份认同影响机制"。

该主范畴由范畴"AA6：个人空间行为关联的设施和服务对应的福利""AA7：影响个人空间行为的利益相关者对应的福利""AA8：对农村的矛盾心态""AA9：城市体验""AA10：市民身份认同""AA11：城市态度""AA12：城市开发支持态度""AA13：对陌生人的接纳程度""AA14：主观幸福感"，通过典范模式而构成，如表7.5所示。

表7.5　主范畴"AAA2市民身份认同影响机制"的典范模式

因果条件	现象
AA6：个人空间行为关联的设施和服务对应的福利 AA7：影响个人空间行为的利益相关者对应的福利	城市化过程中市民身份认同带来的影响
性质	特定面向
①城市产品建设满足居民需要的程度； ②对农村和城市的固有印象	AA8：对农村的矛盾心态 AA9：城市体验
脉络	
新市民身份认同的脉络：城市产品满足新市民需要；对农村/城市的固有印象	
中介条件	行动策略
AA10：市民身份认同	政府部门提供更完善的城市产品
结果	
AA11：城市态度；AA12：城市开发支持态度；AA13：对陌生人的接纳程度； AA14：主观幸福感	

通过回溯原文可以发现，政府通过提供城市产品满足居民需要，结合居民对城市和农村的固有印象，形成不同的市民身份认同状态（同范畴AA10）。这些不同的身份认同状态会影响人们对城市的态度，有正面态度"对目前居住环境非常满意（021201）"，也有负面态度"新城环境有一定的不足（080901）"。而对市民身份认同的居民对城市开发更加支

持，"政府正在建设天府空港新城，希望建设得越快越好，人也有了自豪感（021304）""非常欢迎政府开发，将来受益（011207）"。居民"相比以前的社会，更愿意和陌生人一起居住（020602）"，而且"感觉幸福（031201、041202、071201）"。

7.4.3　选择性编码

选择性编码包括以下两个步骤：①识别核心范畴，以统领其他所有范畴；②开发故事线，用全部资料及由此形成的范畴和关系解释所有现象。

通过对以上主范畴"AAA1 市民身份认同形成机制"和"AAA2 市民身份认同影响机制"的风险分析，我们发现，可以用"AAAA1 市民身份认同的形成和影响机制"这一核心范畴来统合其他所有范畴。围绕"AAAA1 市民身份认同的形成和影响机制"这一核心范畴的故事线可以概括为城郊农民在城市化过程中新的生理的需要、安全的需要、爱和归属的需要、尊重的需要、自我实现的需要逐级被激活，城市个人空间行为关联的设施和服务对应的五个福利元素以及影响个人空间行为的利益相关者对应的八个福利元素分别满足了城郊农民上述五个需要。个人空间行为关联的设施和服务对应的福利奠定了城郊农民市民身份认同的基础；影响个人空间行为的利益相关者对应的福利坚定了城郊农民市民身份认同的信念。但是，过去对城市美好的体验促进了农民的市民身份认同，过去对城市糟糕的体验阻碍了农民的市民身份认同。对农村矛盾的心态和对城市正向或者负向的体验导致农民的市民身份认同产生四种结果：认同市民身份、怀疑市民身份、排斥市民身份、两种身份的两难选择。良好的市民身份认同可以产生如下积极的结果：对陌生人高的接纳程度、积极的城市态度、高的主观幸福感、对城市开发支持的程度高。

选择性编码的目的就是把主轴编码形成的类属以"故事线"的方式联系起来，并探究它们之间联系的逻辑关系，形成一个完整的框架。通过对原始资料的分析，结合要研究的问题，本研究发现按照"马斯洛三个层次的需要、城市体验、对农村的矛盾心态—身份认同—认同结果（对陌生人的接纳程度、城市态度、主观幸福感和城市开发支持态度）"的故事线，可以清晰地解释城郊农民市民身份认同的过程以及身份认同的结果，具体的概念框架如图 7.1 所示。

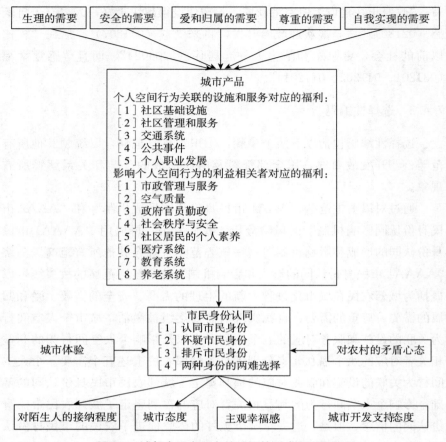

图 7.1 城郊农民市民身份认同的形成机理和作用

7.4.4 理论饱和度检验

为确保最后形成的核心范畴内容的完整性、避免关键信息遗漏和编码者主观因素的影响，本研究分阶段进行编码。首先，从 10 位受访者总体中随机选取 9 位受访者，安排两位研究人员对其进行独立编码，形成编码内容。其次，在负责人的主持下，对两人的编码内容进行比对和讨论，分析有无遗漏信息以及编码的正确性和合理性，然后进行修改和调整，最终形成大家都认可的结果。最后，两位研究人员继续对剩余的 1 位受访者的访谈资料进行独立编码，检查是否有新概念、类属和范畴产生。最终的编码内容交由研究小组集体讨论和确认，以保证所有信息最终都被编码。通过对比发现，剩余的 1 位受访者的检验样本没有出现新概念，研究内容达到理论饱和水平。

7.5　城郊农民的市民身份认同机制及身份认同行为

7.5.1　城郊农民市民不同层次的需要和城市产品之间的关系

动机是城郊农民实现个人目标和家庭目标决策过程的起点。当个体想满足一个需要时动机就产生了。马斯洛需要层次理论认为人的需要由五个等级构成，分别为生理的需要（physiological needs）、安全的需要（safety needs）、爱和归属的需要（love/belongingness）、尊重的需要（esteem needs）、自我实现的需要（needs for self-actualization）。这五种需要是最基本的人与生俱来的驱动力，它们是激励和指引个体行为的力量。马斯洛认为，需要层次越低，驱动力越大。随着需要层次的提升，需要的驱动力量减弱。高层次需要出现之前，必须满足低级需要。低级需要包括生理的需要、安全的需要、爱和归属的需要、尊重的需要，直接关系到个体的生存，又称缺失性需要（deficit or deficiency need），当这些需要得不到满足时有可能危及生命；高级需要是指自我实现的需要，它不是维持个体生存所必需的，但是它被满足后能使人健康、长寿、精力旺盛，所以被称为成长的需要（growth needs）。

第一，城市化进程激发了城郊农民新一轮的生理需要。在城市化建设之前，我国政府对农村实施家庭联产承包责任制，农民以家庭为生产单位从生产队集体所有制的土地总体中分配到一定数量的土地，农民对获得的土地拥有经营权、使用权和收益权，这种制度极大地提高了农民种地的积极性和创造力，提高了土地的单位产量，满足了农民吃饱饭和吃好饭的需要。此外，城郊农民居住在城市边缘地带，相比其他地方的农民在空间距离上更能获得在城市打工的机会，或者在自己承包的土地上耕种经济作物，比较方便地在城里售卖，进而获得一部分额外的经济收入。然而，随着城市化进程的加速，城郊农民失去土地，为了生计，他们"a1 外出打工""a5 工作辛苦"，但"a7 经济收入一般""a172 工作不稳定"，部分女性因"a195 照顾小孩，失去工作机会"。这使得城郊农民感到"a229 有时经济压力大""a214 想努力赚钱""a243 想有稳定的工作"，由此激发了他们新一轮生存的需要。政府部门为了解决这一问题，"a36 举办技能培训""a231 希望新城建设引进正规企业，促进就业""a190 提供就业岗位""a245 支持创业"，尽可能为城郊居民解决生计问题，满足其最基本的生存需要。

第二，城郊居民的生理需要被满足后将会激发安全需要。一方面，城郊农民因城市化失去土地，不仅失去了当下的生计，也"a124 失去了未来生活的保障"，加之新城建设之初，社保、医保、养老保险尚不完善，城郊农民"a126 对未来生活缺乏安全感"。另一方面，城市建设改变了城郊农民的居住结构，陌生人增多，不但曾"a45 在现居住地遭遇失窃事件"，还"a197 担心陌生人带来安全和卫生隐患"，这些都造成了城郊农民"a46 对现居住地的安全感下降"。为了满足城郊居民的安全需要，政府部门双管齐下。一方面，通过"a208 养老保障系统""a139 社会保障金带来生活安全感"。但值得关注的是，相比农村而言，近郊农民成为城市市民后，城市的拓展把近郊农民曾经生活和耕种的土地纳入整体的市政规划的范畴之中，建立围绕社区服务的基础设施，如完备的社区基础设施，"a168 新城开发提高了医疗条件"，社区医院的医疗设施和医生诊治疾病的能力都会比农村的乡村医生有巨大的改进，人们生病后可以很方便地到社区医院就诊，得到更专业的医疗服务，使人们对生活的安全感提升。另一方面，相关部门通过"新城小区的物业管理"和"a136 城市化带来治安改善"，为城郊居民提供"a137 城市化带来居住安全感"，以弥补因治安问题带来的安全感不足。

第三，当生理需要和安全需要得到满足时，第三层次需要（即爱和归属感的需要）就会被激活。人类的家庭是由婚姻、血缘或收养等关系所组成的社会生活的基本单位。研究发现，绝大多数城郊农民都持有"a28 重视家庭的生活观"，他们特别注重家庭的健康发展、家庭成员的和睦相处以及家庭的温馨和幸福。比如，"a27 期望家人平安健康"。不仅如此，他们"a25 不愿外出打工""a108 不想家人分离""a194 希望在当地就业""a109 重视对孩子陪伴"，反映了受访对象都非常愿意投入精力、情感和金钱营造家庭的幸福感和归属感。中国人的社会生活乃至心灵的归属感几乎都来源于家庭，家庭的人伦关系和责任安排是中国人快乐的源泉。"a2 居家照顾老人孩子"反映了致力于营造家庭温馨气氛的家长会让子女感受到心理的安全和有趣的生活，他们"a165 以孩子为中心"，家长在对子女的无偿付出中感受到快乐。同时，在"a3 老人需要家人照顾"时，城郊农民孝顺长辈，身体力行照顾体弱多病的老人。在中国传统道德规范中，孝道已成为中华民族繁衍生息、百代相传的优良传统与核心价值观。"百善孝为先"，"夫孝，德之本也"。除了家庭层面爱和归属的需要，城郊农民还有着更加广泛的"a16 良好人际关系的需要"，他们"愿意与人交朋友（070602－3）""期待和谐的邻里关系（011006－1）"。此外，他们还有"a216兴趣爱好"和"a217文化娱乐"的社交需要。政府部门在新城建设中，重视对居民爱和归属的需要的满足。他们提供当地的就业岗位，"a235吸引更多的人回乡就业"，解决家人分离的难题，增加对家人的陪伴；通过"a168新城开发提高了医疗条件"，使人们对家庭生病成员的关爱能得到真实的彰显；通过"a105城市化带来更好的教育条件"，使他们对子女的爱更强烈地表现为通过教育投入使得其获得更多的知识和技能；通过提高"A23社区居民的个人素养"营造良好的邻里氛围；通过"a97人文环境建设"和"a140现居住地有丰富的文化活动"，满足人们基本的"兴趣爱好"和"文化娱乐"的社交需要。因此，城市产品可以有效地实现近郊农民爱和归属的需要。

第四，根据马斯洛需要层次理论，爱和归属的需要得到满足后，尊重的需要就会被激活。自尊是指个人基于自我评价所产生的一种自重、自爱、自我尊重，并要求受到他人、集体和社会尊重的情感。自尊心弱的人会有自卑感，使人妄自菲薄，自暴自弃，缺乏做人的信心，轻者妨碍个人的成长进步，重者会滑向堕落的深渊。从报告的数据来看，大部分城郊农民"a33对自我的评价低"，认为自己"a4从事低技术工作""a31文化程度低""a32对自己没有希望"，甚至"a101感觉农村身份低人一等"。他们转而把自己的希望寄托在子女身上。城郊农民非常关心下一代的教育，希望子女不要像自己一样，因为没有文化和专业技能，只能"a1外出打工"和"a4从事低技术工作"，而是"a11希望多读书""希望孩子积极向上，有理想"。他们朴素的想法是希望子女参加高考，考取名牌大学，接受系统化的专业学习和训练，从事高技术含量的工作，以后做高自尊的人。在融入城市后，市政管理和服务可以向适龄学生提供优质教育，近郊农民子女的教育质量会得到巨大的改观。在城市里，小学、初中和高中三个阶段的教育由政府的教育部门统筹规划，统一布局校园建设，统一购置教学设施，统一安排师资力量，这样，城郊农民担心的子女教育质量问题就会得到有力的解决。此外，农民的平均可支配收入低于城市居民的平均可支配收入。"a7经济收入一般"也会降低人的自尊心。在解释经济收入和自尊两个变量之间的关系时存在一个"隧道效应"，即在城郊农民和城市人的接触过程中，高收入的城市人会让城郊农民有动力争取机会拿到同样的薪水，特别是在城市这种人员流动性较大的环境里。而城市产品——个人职业发展（Niu et al.，2017），即政府组织的各类职业技术培训和知识学习班，提高了农民从事特定工作的技能，加之政府的就业指导以及搭建求职者和用人单位之间的平台，农民可以在合适的岗位上发挥自己的专长，进而提高经济收入。同时，他们在关联的企业工作，相比以前的土地耕种，开阔了视野，认识了较多的人，从而可获得较多的信息、知识和技能，进而提高他们的自尊心。因此，相比农村而言，城市产品为城郊农民提供了有效实现自尊需要的途径。

第五，根据马斯洛需要层次理论，尊重的需要满足后就会激发自我实现的需要。自我实现是指一个人想成为某种类型的人的渴望。在受访者当中，除了老年人，年轻人渴望改变命运的意识强烈，如"a30 渴望改变命运""a151 希望人生有价值"。对受访者本人而言，他们也希望做一些对社会和周围的人有意义的事情，这反映了这些农民具有仁善之心和利他主义精神。然而，对于绝大多数城郊农民而言，文化程度普遍偏低，同时缺乏在城市从事专门工作的知识、技能和能力。比如，家政服务师是指为所服务家庭操持家务，照顾儿童、老人和病人，管理家庭有关事情的人员。从事家政服务需要职业资格认证。在我国，职业认证分为三个层次：初级家政服务师（职业等级 3 级）、中级家政服务师（职业等级 2 级）和高级家政服务师（职业等级 1 级）。想在城里从事家政服务的农村妇女，需要接受专门的技能培训并经考核通过才能获得对应的资质。在具体的访谈中，受访者希望得到政府组织的技能培训，同时也希望获得资质后政府给予就业方面的指导，希望在迷茫的再就业选择中政府给予必要的帮助和关怀。在帮助农民自我实现方面，政府官员勤政这类城市产品可以提供细节性的服务。

7.5.2　城市产品和城郊农民市民身份认同之间的关系

（1）个人空间行为关联的设施和服务对应的福利是城郊农民市民身份认同的基础。

个人空间行为关联的设施和服务对应的福利包含五个维度：社区基础设施、社区管理和服务、交通系统、公共事件、个人职业发展。

城郊农民离开了农村，住进了基础设施比较完备的生活小区，在小区内部或者外部空间距离较短的范围内，街道办事处引导相关机构建立了社区医院、菜市场、邮政系统、金融服务、超市、幼儿园、路灯设施、视频探头、公共活动空间等。这些基础设施保障了居民日常生活所需的服务，比如，生个小病，城郊农民可以很方便地到社区医院就诊。在正常工作日，社区医院有各类专科大夫坐诊；在正常工作日之外，社区医院有急诊大夫坐诊。因此，小病小灾都能得到专业的治疗，能让城郊农民痛苦而来、康复而归。例如，受访者深刻感受到"a22 城市化带来居住地基础设施改善"。

社区管理和服务是指物业公司向小区生活的居民主要提供如下服务：驾驶车辆进出小区和停车的方便性，环境的清洁程度，个人和家庭的安全性，为居民提供充足的公共活动空间。具体体现为安全保卫、环境清洁、设施管理（如电力、电梯管理、中央空调、自来水供应、污水处理、安全系统等）、停车和交通管理、景观维护和绿化。这些服务相比纯粹的农村而言，具有较强的专业性、完备性、及时性和到位性。原有的村民自治和松散式自我管理，在农民进入城市之后，转变为物业管理委员会、居民委员会和街道办事处共管的模式。电梯管理和维修、停车场管理、垃圾处理、居民安全、邻里纠纷等都由专业机构来负责，因此，相比原来的农村，社区管理与服务的质量和效率都得到了显著的改善。

交通系统主要包括城市主干道每天交通的通畅性、公共交通体系的成熟性以及个人驾车停车的方便性。受访者深刻感受到城市交通体系所带来的空间移动的便利性、快捷性和通畅性，如"a131 现在居住地交通便利""a173 城市化带来居住地交通改善"。

城郊农民所指的公共事件主要是"a140 现居住地有丰富的文化活动"。文化活动一般包括音乐会、公共娱乐、节日庆典、现场表演和社区活动等。城郊农民参与城市管理者举办的公共事件，或者郊区农民自发举办的活动，如交谊舞、社火，可以充实人们的业余生活，活跃社区的生活气息，增加人们彼此之间认识和交流的机会，融洽人和人之间的关系，还可强化彼此之间的信任与合作，提高人们的自豪感。

个人职业发展是指城市向居民提供就业、继续教育和自我价值实现的机会。一些受访者"a194 希望在当地就业""a25 不愿意外出打工"，而城郊农民确实感受到"a90 城镇化增加就业机会""a245 政府支持创业"。政府"a209 重视中青年培训"，并"a38 举办有用的技术培训"，满足了城郊农民自我实现的需要。同时，他们也相信城镇化会提高个人经济收入。

由上述五个维度城市产品向城郊农民提供的福利，足以促使他们与以往的农村生活进行比较，这种比较让农民确实感受到作为市民得到的福利远多于农民，为他们的身份转换建立了物质基础。

（2）影响个人空间行为的利益相关者对应的福利坚定了城郊农民市民身份认同的信念。

影响个人空间行为的利益相关者对应的福利包含八个维度：市政管理和服务、空气质量、政府官员勤政、社会秩序与安全、社区居民的个人素养、医疗系统、教育系统、养老系统。

市政管理和服务是指政府向城市的居民提供生活小区之外的服务设施，主要包括公共厕所、基础教育（包括小学教育和中等教育）、城市绿化、城市公园、对弱势群体的关爱等。受访者认为"a189 城市化带来绿化的改善"。我国的城市绿化主要以半自然区域、公园、分布在道路两旁和附属地带的花草和树木组成（Jim and Chen，2003）。花草树木可以吸附空气中的污染物和二氧化碳，弱化噪音，释放氧气。城市绿化是城市可持续发展的必要条件，近郊农民注重城市绿化，说明他们对这方面的渴望还是比较强烈的。这也是农民从自然环境走进城市的自我觉醒。

空气质量是指城市空气中由尘土、汽车尾气和工业废气混合而成的有害气体对居民身心健康的伤害性。"a157 现居住地空气好"是城郊农民对城市空气质量较好的评价。随着收入的提高，农民逐渐认识到糟糕的空气质量对人的身体的伤害性。城郊农民注重空气质量主要源于郊区的树木花草、农作物的种植密度远大于市中心，他们对新鲜空气的感知有着显著的认识，一旦与市区污浊的空气进行比较，就能立刻认识到空气质量对人体健康的重要性。

政府官员勤政是指城郊农民在日常生活中所接触到的政府官员能让农民感受到的工作能力、效率、诚实和公平的程度。比如，受访者认为"a96 对政府信任""a99 老百姓对政府服务是满意的""a119 政府让人们办事更加便利""a237 城镇化后政府人员服务好"。这种正向评价主要源于党的十八大以来党中央加大反腐力度，强调执政为民的理念，把人民群众对美好生活的向往作为执政党的政治纲领，强化对各级政府官员的考核和监督，使得城郊农民进城后确实感受到了官员为人民服务的精神。同时，我国农村采取村民自治的方式管理农村，村干部的文化素养和专业能力均低于城市的政府官员，使得农民对城市中政府官员的评价比较好。另外，上级主管部门对与市民直接接触的窗口单位建立了反馈和投诉机制，相比原先的乡村干部自由式管理，农民可以向上一级机关反映官员的服务理念、服务态度、工作作风、工作效率和工作效果，对优化管理体制、淘汰不合格官员起到了显著的促进作用。

社会秩序与安全是指城郊农民在私人空间或者公共空间过去经历身体、生命和财产被他人侵害的次数以及判断现在和将来被他人继续侵害的可能性。我国城市一般由警察、安保公司和治安员维护社会秩序和安全。农村是个熟人社会，流动性小，彼此之间相互熟悉，很多家庭之间存在血缘关系或者亲戚关系。如果某个家庭遇到不法人员的侵害，村民一般都会主动伸手帮忙，形成了互帮互助的氛围。但是，有的时候不乏犯罪分子实力强大，一些村民迫于犯罪分子的淫威，不敢挺身而出。因此，农村的治安质量取决于犯罪分子的实力和村民联合力量之间的博弈。受访者对所居住的小区存在两种极端的评价：一部分人认为"a51 现居住地安全保障措施齐全""a52 对现居住小区感到安全""a130 现居住地治安法治环境好"；另一部分人则认为"a197 担心陌生人带来安全和卫生隐患"。当然，认为城市社会秩序与安全比较好的农民，市民身份认同比较高；反之，感觉存在安全隐患的农民，再与曾经良好的农村治安状况相比较，则市民身份转换的过程就比较漫长。

社区居民的个人素养可以提升城郊农民的社会融入程度。社会互动是身份产生的原始场所（Gray and Morton，2018）。居民个人素质是指在社会接触过程中所表现的素养：热情、文明、友好、关心、礼貌（Niu et al.，2017）。城市化的发展使得城郊居民原来单一族群的社会关系被打破，居住在城市小区后发现人员杂乱，流动性大，同一小区内的人员呈现出多元化和陌生化的特征，这时和谐的邻里关系和文明的个人素养对创建和谐的社区生活环境就显得非常重要。如"现居住地邻里之间友好，关系和谐（011006－1）""a127 现居住地周围人整体素质高，说话文明"。但是，毕竟城郊居民长期生活在相对松散的农村环境中，对现代化城市社区生活有一个适应过程，部分人的个体素质还需要提升，以便更好地适应城市化生活，如"a81 城市化过程中的人口素质不如真正的都市"。社会资本的缺失使得城郊农民有相对的剥夺感和缺乏自我满足感等心理障碍（唐云锋和解晓燕，2018），因此，良好的邻里关系和个人素养有助于城郊安置居民社会关系的重新建立，由此，可提升郊区居民的市民身份认同感。

城市构建的医疗系统和养老系统解决了城郊农民对安全的需要，教育系统解决了城郊农民对爱和归属的需要。相比农村而言，城市向城郊农民提供的医疗系统、养老系统和教育系统关联的福利的完备性和卓越性要远好于农村，解决了城郊农民失去土地后重新就业的后顾之忧。

综上所述，影响个人空间行为的利益相关者对应的八个福利元素可以坚定城郊农民向市民身份转换的信念和决心。

7.5.3 城市体验和城郊农民市民身份认同之间的关系

在融入城市之前，一部分城郊农民或者他们的家人通过外出打工的形式对城市已经有了深刻的接触和了解。一些受访者谈到"a1 外出打工""a4 从事低技术工作"。对于外出从事体力劳动的城郊农民来讲，背井离乡，家里老人和孩子照顾不上，赚的钱又不是太多，个中辛酸只有自己知道。有些人"a169 原体力劳动造成身体伤害"，他们对城市的记忆多半是灰色的。

这里应该有两类极端的人群：一类人脑袋灵活，情商高，善于与陌生人沟通，善于学习，善于捕捉机会，敢于挑战困难，这类人在城市打工应该有较大的经济上和心理上的收获。对城市有着美好记忆，这种记忆会促使其现实农民身份转换和市民身份认同。另一类人脑袋愚笨，情商低，不善于与他人交流，不善于学习，不善于捕捉机会，不敢挑战困难，这类人在城市打工可能在经济上和心理上都很难有所收获。过去对城市灰色的记忆可能成为其转换农民身份和实现市民身份认同的障碍。对于第二类人群，政府应该建立特定的心理辅导机构，了解他们曾经曲折坎坷的打工经历，通过帮扶和治疗让他们尽快走出过去的阴影，实现农民身份向市民身份的转换。

7.5.4 对农村的矛盾心态和城郊农民市民身份认同之间的关系

对立统一是物质发展的根本规律，即任何事物以及事物之间都包含着矛盾性，事物矛盾双方统一又斗争推动着事物的运动和变化。按照辩证唯物论的观点，矛盾存在于一切客观事物和主观思维的过程中，矛盾贯穿于一切过程的始终，这是矛盾的普遍性和绝对性。同理，城郊农民对农村的认识就是一个矛盾体。一方面，他们对农村落后的经济面貌和艰辛的生活环境深感无奈，如"a100 过去农村经济落后""a104 过去农村赚钱难""a5 工作辛苦""a7 经济收入一般"；另一方面，他们对农村生活的正向体验深感留恋，他们觉得"a13 农村人淳朴""a14 人际关系紧密""a48 之前农村治安好一些""a49 之前农村居住安全感较强""a122 农村空气质量好""a71 农村自然环境好（宜居）""a160 过去农村房子大""a107 过去农村食品安全""a50 怀念农村外来人员少""a12 怀念农村生活""a193 习惯居住地的生活，乡土情结"。但是，研究发现，人们对有特征意义的环境是敏感的，并会调整自己的思维和行为，以适应环境的变化（Fiske，1992）。认知失调理论（theory of cognitive dissonance）认为，当态度和态度之间产生矛盾，以及态度和行为之间产生矛盾的时候，人们就会试图通过改变认知的相对重要性和改变行为等方法重新恢复平衡。城市拓展把城郊农民纳入城市治理体系，当城郊农民将对农村负向体验的无奈与城市各类产品向他们提供的福利联系在一起的时候，这些福利可以有效补偿上述无奈，将促使他们转换身份，快速适应城市生活；当城郊农民将对农村负向体验的无奈与对城市的负向体验（如城市交通拥堵、空气污染、生活空间相比农村狭小、人和人之间的信任程度低等）联系在一起的时候，他们就对进入城市生活感到迷茫而不知所措，怀疑市民身份；当城郊农民将对农村正向体验的留恋与对城市的负向体验联系在一起的时候，转换身份就比较缓慢，并存在强烈的排斥情绪；当城郊农民将对农村正向体验的留恋与城市各类产品向他们提供的福利联系在一起的时候，他们可能陷入两难境地，两个都不错，选择一个舍弃另外一个也不错的选项就意味着存在强烈的转换成本。也就是说，农民的身份转换存在四种情况，即认同市民身份、怀疑市民身份、排斥市民身份、两种身份的两难选择。第一种情况表达了一部分农民希望拥有市民身份的信念，即"a142 为自己是市民而自豪""a72 想去城市生活"。第二种、第三种和第四种情况表达了另外一部分农民对农村人身份纠结和矛盾的心态，即"a101 感觉农村身份低人一等""a184 喜欢农村人身份"，同时又认为"a103 城市化开发提升身份感"。这就需要政府组建心理辅导机构，正确认识城市和农村各自的优势和劣势，以及田园城市（Howard，1898）、卫星城市和有机疏散（Saarinen，1943）在未来城市规划中的具体体现和关联的措施。

7.5.5　城郊农民市民身份认同的效应

根据身份认同理论，特定的社会情境可以激活一定的身份认同，不同的社会情境会产生不同的身份认同和行为（Carter，2013）。研究发现，良好的融合有利于心理健康（Kosic et al.，2006）、亲社会行为（Schwartz et al.，2007）、更高的主观幸福感（Scottham and Dias，2010）。城郊农民在有了市民身份认同之后也会表现出与之相对应的态度和行为倾向。

（1）良好的市民身份认同可以产生积极的城市态度。

本研究发现，城市态度包含不喜欢和喜欢这座城市两个极端的态度方向。不喜欢居住的城市具体体现为"a234 不习惯城市生活""a65 在城市里难找方向感""a201 城市消费高""a149 城市人关系疏远""a121 城市空气不好""a218 城市噪音大""a200 城市交通拥挤""a64 城市地域大""a69 自己与城市生活心理距离远"。喜欢居住的城市具体体现为"a72 想去城市生活""a68 城市繁华""a129 对现居住地满意"。从上述两种极端的态度可以看出，不喜欢所居住的城市的人看到的问题很具体，比较客观，证据比较充分，是大家都能看到的事实；喜欢所居住的城市的人对城市的描述很感性，比较主观，证据比较单薄，是人们无法验证的内容。后一类人没有谈到城市能给自己带来的实际利益，说明这部分城郊农民对城市的喜欢是建立在感性基础上的，不是很牢固，或者政府的宣传和工作没有做到位。如果他们长期遭遇负向体验，对城市的态度就会滑向不喜欢这个方向。

市民身份认同正向影响城市态度。如果居民拥有良好的市民身份认同，他就会说服自己，进而建立正向的城市态度；如果城郊农民处于怀疑市民身份、排斥市民身份、两种身份的两难选择三种状态，根据认知失调理论，进入城市的农民对农村的矛盾心态以及对城市的正向和负向体验的冲突，就会使得农民进入认知失调的精神状态。因此，农民就需要在长期的城市生活中确定"A8 对农村负向体验的无奈"和"A7 对农村正向体验的留恋"哪一个更重要，同时还要确定城市的正向体验和负向体验哪个更重要，由此建立态度和态度之间的平衡，并在此基础上确定自己的行为。比如，针对农民和市民两种身份两难选择的人群，要达到态度之间的平衡，可能的做法是选择市民身份认同，积极参加政府组织的知识培训和技能培训，培养自己的专业技能，利用政府和各类平台提供的就业信息去求职和应聘，获得工作岗位后，努力工作，积极贡献自己的力量，那么，就能获得维持自己和家庭生活的基本费用。这样，要比那些只等他人资助的人更能受到社会的尊重。

（2）良好的市民身份认同可以提高对陌生人的接纳程度。

城郊农民长期居住和生活在一个相对封闭的熟人社会体系当中，所在的环境里流动人口少，村里一旦来个陌生人，大家往往秉持谨慎和审视的眼光，上下打量这个人的衣着、表情和言行，如果发现这个陌生人存在恶意，会立即联络其他村民群起而攻之，这是村落社会成员基本的自我防范的自觉性和警觉性的反应。一般而言，兔子不吃窝边草，胆敢吃窝边草的兔子就会受到群体的排斥，无法在群体中生存。长期在农村生活的人都知道，好逸恶劳的人一般在其他村里偷盗，而不敢在自家村里小偷小摸，因为如果被人发现，他自己以及他的家人都会被村里的人"戳脊梁骨"。基于这种心理，农民一般认为坏人通常都是来自外部的陌生人，因此对这些陌生人采取怀疑和审视的态度。带着这种价值观，城郊农民住进了城市，出于自身和家人的安全考虑，在无法确认陌生人的危险性的前提下，他们大多采取包裹自己的方式，"a197 担心陌生人带来安全和卫生隐患""a43 对陌生人有芥蒂"，因此，他们"a42 不愿意和陌生人接触"。在村落这种较为封闭的环境里，那些外向性和开放性比较强的村民一般不惧怕与陌生人交流，这是性格使然。进入城市后，这部分人还继续保持这种性格特点，将认识他人和学习他人与人生的机会联系在一起，"自己希望多和外人接触，无论男女老少。因为每个人都有自己的优点，多和大家接触，多个朋友多条路，持积极态度，非常愿意（070602）"。所以，这部分外向性和开放性的村民"a117 愿意与陌生人交流""a118 愿意与陌生人居住在一个小区"。

市民身份认同正向影响对陌生人的接纳程度。拥有良好的市民身份认同的人就明白城市是一个开放包容的聚落，在此居住的人应该拥有开放包容的心态，只有这样才能学习到新的知识，掌握有价值的信息，有利于自己的进步。同时，也会认识到在接受城市产品福利的过程中，许多情况下必须和他人发生接触。比如，在街道上行走，一时尿急想上厕所，在不知道哪儿有公共厕所的情况下就需要询问陌生人。通过他人指路，就不会让自己陷入尴尬的境地。同时，社区居民的个人素养关系到自己对社区的认同感和归属感，在意他人不文明行为的人一定会注意自己在周围人心目中的形象，于是自己就会成为他人行为的表率，就会刺激不文明的人对照文明人照镜子，纠正自己的言行，长此以往，大家都会慢慢文明起来。

（3）良好的市民身份认同可以提高主观幸福感。

本研究发现，城郊农民在城市生活的幸福感（a89）主要来源于三个方面：来自经济基础的满意感（a166）、来自家庭的幸福感（a28）和来自环境的幸福感（a188）。基于小富即安和知足者常乐的财经观念，受访者反映现在的经济收入相比之前的农村好了一些，同时他们相信城市建设会让经济发展起来，总体经济环境好了，个人在其中也会受益。来自家庭的幸福是城郊农民最重要的幸福，他们对家庭幸福抱有热切的期望，同时也非常愿意全身心投入营造家庭的幸福。受访者认为家庭幸福主要表现为家庭成员健康（011202）、家庭和睦（041203；091202）、夫妻相爱（031002；051202）、婆媳关系好（051202）、晚辈孝顺长辈（061301）、生活充实（061301）、长辈对晚辈的关爱（071204）。来自环境的幸福与城郊农民空间行为关联很大，主要表现为对居住的小区的满意和对自然环境的满意。他们认为停车的车位不紧张（050804），空气质量好了（060204），周围的绿化和卫生搞得比较好（061402），城市的拓展和改造保留了原有的自然风貌（070201）。

市民身份认同正向影响主观幸福感。市民身份认同高的城郊农民会重点把握城市发展所带来的经济增长的大背景，积极地在城市新布局的经济体系中寻找自己合适的工作机会，主动改变自己认识客观世界的价值观和原有的知识结构，努力工作，获得对应的经济报酬，从而带来长期稳定的收入，满足了尊重的需要，进而提高基于经济基础的满意度，由此提升自己的主观幸福感。来自家庭的幸福与市民身份认同关联不大，也就是说，继续保留农民身份，他也会从家庭幸福中获得个人的主观幸福感。来自环境的幸福是在对环境体验的信念中得来的，它会形成城郊农民实现市民身份认同的基础，坚定市民身份认同的信念，由此积极改变自己的现状，融入城市的生活，提高经济收入，进而获得基于经济基础的满意感，最后又带来了个人的主观幸福感。

（4）良好的市民身份认同可以提高对城市开发的支持程度。

本研究发现，首先，城郊农民对城市建设充满了期待（a20），希望能够买门面房（041403），希望城市建设对子女的就业有帮助（021305），希望建设速度快一些，把城市建好一些（021304；081001），也希望提高教育质量和医疗质量（031302）。其次，他们也有意愿参与城市开发决策（a210），表现出较强的参政议政意愿和主人翁精神。具体体现为他们建议不要产生污染（011305），政府在发展城市的过程中应该有合理的前瞻性的规划（011303），在招商引资的过程中应该引进正规企业（071402），他们希望能旁听政府的决策会议（051304），城市规划和建设应该有自己的独特的风格（100201）。最后，城郊农民也关注城市开发中的环境保护问题（a98）。主要体现为城市在规划的时候就应该考虑到生态和谐的设计理念（011305；050805），建好城市后要维护好城市环境，比如要保持小区和街道的整洁干净和卫生（020801），及时清理垃圾（061403）。

市民身份认同正向影响对城市开发的支持程度。城郊农民的市民身份认同会强化他们的主人翁意识，也就是说，认同了市民身份，他就会把自己看作是这座城市的主人中的一分子，因此，他们就会对这座城市产生期望，同时也会以主人的身份提出自己的主张。总体而言，城市水平拓展把城郊农民纳入城市管理系统，高程度的市民身份认同的农民会支持城市的开发。

7.6　结论和讨论

7.6.1　结论

本书在身份认同理论的基础上，结合深度访谈资料，运用扎根理论分析方法，对城郊农民市民身份认同的影响因素和作用结果进行了系统梳理，提出了城郊农民市民身份认同的理论框架。研究发现，城郊农民市民身份认同是一个动态的认知构建过程。第一，在政府推动的城市化过程中，生理需要和安全需要进一步得到保障，于是，城郊农民爱和归属的需要、尊重的需要和自我实现的需要逐级被城市对应的产品满足后激活了下一个需要，直到高级需要被激活、被满足。第二，与城市居民相比，城郊农民关注的城市产品有着特有的体系，他们关注的个人空间行为关联的设施和服务对应的福利有社区基础设施、社区管理和服务、交通系统、公共事件和个人职业发展；他们关注的影响个人空间行为的利益相关者对应的福利有市政管理和服务、空气质量、政府官员勤政、社会秩序与安全、社区居民的个人素养、医疗系统、教育系统和养老系统。第三，个人空间行为关联的设施和服务对应的福利是城郊农民市民身份认同的基础，影响个人空间行为的利益相关者对应的福利坚定了城郊农民市民身份认同的信念。第四，城市体验影响城郊农民的市民身份认同，具体而言，过去对城市的美好体验可促进农民转换身份，过去对城市的糟糕体验将阻碍市民身份认同。第五，对农村的矛盾心态影响城郊农民的身份转换。根据对农村的矛盾心态以及农民当前对城市的正向和负向体验两个维度各自两个水平的交互关系，可以将城郊农民的市民身份认同划分为四种类型：认同市民身份，怀疑市民身份，排斥市民身份，两种身份的两难选择。高程度的市民身份认同可以产生积极的城市态度、对陌生人接纳程度高、主观幸福感强和对城市开发持支持态度。

7.6.2　讨论

城市化是现代化的必由之路，也是乡村振兴和区域协调发展的有力支撑。随着社会现代化发展的进一步深入和国家系列政策文件的出台，结合本书调研过程，综合前文所述，城郊农民融入城市社会是一个漫长的动态认知过程，政治、经济、文化和技术四种宏观环境因素在其中扮演着重要的作用（Ward，2013）。为更好更快地让城郊农民完成身份转变，积极融入城镇生活，建立新的社会关系，以城镇居民的身份和要求指导自己的行为，提升自己的生活质量，可以通过环境改造与心理治疗增进失地农民个体的自我身份认知，增强其对城市的认同（Syed and Mclean，2015）。为此，政府应该对城郊农民加强搬迁前思想教育，做好征地补偿，就业创业支持，知识和技能培训，农民身份转换和市民身份认同的心理疏导，正确引导城郊农民的需要，完善各类城市产品体系，建立群体理念和文化价值观，构建起促进城郊农民市民身份认同的各类可行有效的政策，协助城郊农民尽快融入城市生活，提升生活幸福感。总的来说，本研究的贡献主要体现在以下三个方面：

（1）只有城市产品才能满足城郊农民被激活的需要。

本书运用马斯洛需要层次理论分析了城郊农民在生理需要和安全需要分别满足后，爱和归属的需要被激活，社区基础设施、社区管理和服务、市政管理和服务、个人职业发展四种城市产品满足了城郊农民生存、安全、关爱下一代、提升孩子受教育水平、赡养老人、为社会做有意义的事情的需要。爱和归属的需要得到满足后，尊重的需要被激活，个人职业发展城市产品稳定了城郊农民的职业，可获得不受天气变化影响的经济报酬，开阔了视野，获得更多的信息、知识和技能，进而提升了他们的自尊心。在此基础上，政府官员勤政和个人职业发展两类城市产品满足了城郊农民想成为某种类型的人的渴望。不同类型的城市产品协同在一起满足了城郊农民上述不同层次的需要，这使得城郊农民认识到城市产品的重要性。

（2）城郊农民对城市产品的需要存在特定的系统。

城郊农民相比通常的市民而言，存在特有的城市产品体系。依据Niu et al.（2017）对城市产品的界定和划分，近郊农民在参与城市化的过程中，切实感受到城市从两个领域向他们提供了福利。第一个领域是个人空间行为关联的设施和服务对应的福利，它包含五个维度：社区基础设施、社区管理和服务、交通系统、公共事件、个人职业发展。第二个领域是影响个人空间行为的利益相关者对应的福利，它包含八个维度：市政管理和服务、空气质量、政府官员勤政、社会秩序与安全、社区居民的个人素养、医疗系统、教育系统、养老系统。

在第一个产品领域，与Niu et al.（2007）相比，城郊农民没有关注休闲和娱乐、购物和餐饮。这可能的原因是城郊农民与在正规组织系统里工作的人员不同，自己自由支配的时间比较多，什么时间干农活，如何干农活，均由自己决定，而一般情况下，干农活的时间分布比较集中，农闲的时间完全由自己决定。另外，农村居住的空间比较大，自由活动空间比较随意，不需要在土地上劳作之后再到空旷的地带或者有山有水的地方锻炼身体，调整情绪。因此，休闲和娱乐不是农民特别关注的福利元素。同时，在农村生活，周围的商店主要提供日常所需的必需品和便利品，几乎不提供服装、家电这类选购品，农民游逛商店，欣赏和比较多个商品的环境不存在；由于农村人习惯于在家里做饭和吃饭，农村一般也没有供大家聚餐的饭店，加之居住的乡村远离城区以及人们的经济收入有限，因此，农村人对相伴一起购物和聚餐没有特别的需求。

在第二个产品领域，与 Niu et al.（2007）相比，城郊农民没有关注本地企业的社会责任。企业社会责任是指企业在改善员工和他们的家庭的生活质量，以及改进社区和社会的环境质量方面所做的持续承诺。企业承担的基本社会责任主要包含三个要素：关爱员工、遵守法律和保护环境。这可能的原因是城郊农民通常在土地上劳作，由于缺乏非农业工作的专业技能，加之原居住地的工业企业比较少，他们很少在当地企业里工作。因此，他们对本地企业的社会责任的认识和判断是比较模糊的，对此也不会有特别的要求。相反，在第二个产品领域，近郊农民提出了 Niu et al.（2017）没有发现的城市产品维度，分别是医疗系统、教育系统和养老系统。主要原因在于：乡村医生的职业水准和乡村医院的医疗设施仅能帮农民看个小病，对于大病往往无能为力，过往的痛彻体会让农民认识到先进和完备的医疗系统的重要性。医疗系统关联到农民心理上的安全感。安全感越高，他们对城市的认同感就越高。教育系统关联到农民子女的未来，对于在职业竞争中处于劣势的农民而言，把自己和家庭的未来希望寄托在孩子身上是一种无奈的选择。因此，教育系统受到了近郊农民的高度重视。我国的城乡养老保证制度存在差异，相比城里人退休而言，农民在 60 岁之后只能领到较少的养老金，农村养老主要还是靠子女的赡养。如果子女的经济能力有限，老人的晚年生活往往比较凄惨。城市向市民提供的医疗系统满足了城郊农民的安全需要，教育系统和养老系统满足了城郊农民爱和归属的需要。

与 Niu et al.（2017）发现的城市产品三个大的领域（domains）相比，城郊农民不关注公共生活环境物理特征所包含的两个维度，即宏观环境以及城市设计和标志性建筑。宏观环境是指农民对所居住的城市关于自然、地理、文化、人文景观和它的经济竞争优势的感受和评价。城市设计和标志性建筑是指城市空间结构彰显的独特性和卓越性，包含城市规划的长远图景、产业结构的合理性、街道和社区设计的科学性、建筑风格和地标性建筑特征。城郊农民没有把宏观环境以及城市设计和标志性建筑作为城市应该提供给他们的福利元素，可能的原因在于他们主要与农村中的各类成员建立了亲密关系，由于生活和工作轨迹使然无法与城市中的人建立亲密的关系。另外，他们从小在乡村长大，视野所及之处是家乡的一草一木和各类场所，由于经常在此休闲、娱乐和工作，已经打上了深刻的烙印。比如，长期在此艰辛劳作，磨炼了吃苦精神和坚韧不拔的毅力，由此会形成强烈的地方认同（place identity）（Shaykh-Baygloo，2020）。这些在农村所建立的亲密的社会关系网络和对农村环境的地方认同掣肘着城郊农民对所在城市的认知和情感。

（3）从认知角度识别出城郊农民身份认同的作用机理。

首先，满足了城郊农民爱和归属的需要、尊重的需要和自我实现的需要的各类城市产品促进了他们的市民身份认同。因为城郊农民感受到城市产品对应的福利的完备性、可获得性、卓越性远高于农村，比如社区管理与服务是由专业公司向居民提供关联的服务，具有较强的专业性、完备性、及时性和到位性。加之当前中国城市普遍推行公园城市布局和建设，把乡村中的优点融入城市，在一定程度上解决了城市病给人们带来的困扰。因此，城郊农民很少有理由拒绝对市民这种身份的认同。其次，对农村的矛盾心态以及对城市的正向和负向体验将影响城郊农民的市民身份认同，据此，可将市民的身份认同划分为认同市民身份、怀疑市民身份、排斥市民身份和两种身份的两难选择四种类型。城市产品、政府的关联支持政策、心理疏导将促使后三种身份向认同市民身份转化。最后，高程度的市民身份认同将促使城郊农民建立积极的城市态度，对陌生人的接纳，有较高的主观幸福感，支持城市开发。

总之，城市化是我国发展过程中必须经历的阶段，也是一个国家现代化的重要标志，而这个过程中城郊农民利益的保障、身份的认同以及由此激发的认同结果是我们需要持续关注的重要问题。解决好这个问题关系到城市的持续发展和社会稳定，因此，本书的研究具有重要的现实意义。但是，本研究仅选取了成都空港新城拓展过程中 10 位有代表性的农民，而没有访问其他城市的农民，未来的研究可以把多个城市的近郊农民作为研究对象，检验本书构建的理论框架的合理性。同时，还可以在此基础上开发本书概念框架中的构念测量，运用定量的研究方法检验概念框架中各个变量的数量关系。

第8章 城市周边游憩动机

8.1 引言

无论是从规模还是从范围来看，中国正经历着前所未有的城市化进程。不可否认的是，中国的城市化进程快速且稳定，比如，2000年中国的城市化率为36.22%[①]，到2020年底中国的城市化率则达到60.34%[②]，二十年时间城市化率增长了1.67倍；截至2020年底，中国拥有88座超过500万人口的大型城市，拥有1000万人口的超大型城市共13座[③]。在中国，人口超过500万的城市基本上都产生了环城游憩带，如北京、杭州、武汉、成都、广州等。中国从1994年开始启动一周两天休息时间，这为中国城市居民每年创造了100多天的休息时间。数据显示，周末休闲旅游几乎占到国内旅游交通的一半（CNTA，2016）。中国城市居民越来越多地将周末休闲安排到短途旅行方面，到环城游憩带旅行已经成为城市居民的主要休闲方式。然而，对城市居民到环城游憩带休闲的动机研究却十分匮乏。

西方国家的城市化进程经历了起步、郊区城市化、逆城市化及再城市化四个阶段。第二次世界大战后，西方发达国家出现了人口由特大城市、大城市向小城市甚至农村回流的现象，这种现象被称为"逆城市化"。在英国城市规划学家Ebenezer Howard"田园城市"理论的指导下，英国于20世纪60年代率先进入逆城市化阶段，随后美、德、俄等国相继步入此阶段。可见，"逆城市化"是全球城市化进程中的共同

---

① http://www.360doc.com/content/13/1120/12/1241083_330723208.shtml.

② http://news.10jqka.com.cn/20130724/c561905624.shtml.

③ http://www.pinlue.com/article/2018/09/1718/027255639956.html.

特征。

在全球城市发展逐渐进入"逆城市化"的现实背景下，对城市周边游憩（leisure travel）进行系统且深入的研究显得尤为必要。值得肯定的是，城市周边游憩这一现象已经得到了学界的广泛关注（e.g.，Manfredo et al.，1996；Wang and Wang，2018）。西方学者围绕旅游和游憩两种休闲方式在推拉动机方面归纳出丰富的结论，但是由于休闲项目的多样性和研究对象的差异性，形成了彼此差异比较大、相互认同度比较低的结论（e.g.，Hassell et al.，2015；Prasad et al.，2019；Rita et al.，2019）。国家文化价值观决定了人们的态度、思维模式、行为和生活方式（Hofstede，1980；2001），例如，Yuan and McDonald（1990）关于日本、法国、西德和英国四个国家国民的海外旅游动机研究显示，基于旅行者满足相同的未满足需求（unmet needs）（推力），四个国家的国民在选择具体目的地景区（拉力）时出现了显著的差异，亦即四个国家的国民对不同的拉力因素赋予的重要性存在显著差异。我们知道，中西方文化存在差异，基于西方国家环境，学者对反映其国民生活方式的游憩动机和游憩行为所形成的结论（不管这些结论彼此之间的认同度如何）显然不完全适用于中国。与此同时，在中国情境下，绝大多数学者主要从城市管理者的宏观视角切入，着重探讨环城游憩带的形成机制、时空结构特征和游憩地类型等（李江敏和谭丽娟，2016；李仁杰等，2010a；李仁杰等，2010b）。但也有从旅游者微观的角度入手，探讨城市周边游憩的推拉动机。在此领域略有成效的表现是，宋秋（2008a；2008b）同一年先后把四川乐山作为研究对象提炼推和拉的动机因素，却得出了前后严重不一致的结论，让人不知道哪个是可信的。同时，宋秋（2008a；2008b）对这两个研究也割裂了推力和拉力这两者之间的关系。因此，我国学者在城市周边游憩动机的研究尚处于幼稚阶段。据此，在中国背景下，把本地居民作为城市内部访客，把城市周边游憩的质量属性作为拉力因素，从更广泛的意义上评估访客推力和游憩质量属性两者之间的关系就显得十分必要。

我国城市居民把本城市的环城游憩带作为旅游目的地，可能有着与西方国家不同的游憩动机。也就是说，基于一个宽泛的游憩情景而不是聚焦于某一种特定的游憩项目，识别中国背景下城市周边游憩的推力因素和拉力因素以及推力和拉力之间的关系是现有文献尚未涉足的领域。因此，基于中国背景下关于城市周边游憩推拉框架的研究，可丰富整个推拉理论的解释力。

本研究将推力和拉力视为两个相互独立而彼此存在联系的构念，把推力因素看作拉力因素的前置条件，因为推力因素会促使更多的人去旅行（Lee et al.，2002；Rita et al.，2019）。推力因素聚焦于人们是否去旅行，反映了城市内部访客个人内在的对游憩的渴望、需求和驱动力；拉力因素反映了游憩项目对城市内部访客的吸引力，促使其做出与去哪儿、什么时间去、如何去关联的决策（Caber and Albayrak，2016；Kim et al.，2003；Rita et al.，2019）。基于此，本书致力于构建中国背景下城市周边游憩动机框架，拟解决如下研究问题：从推力的角度看，城市内部访客的游憩动机有哪些？基于这些动机可形成什么样的市场？从拉力的角度看，城市周边环城游憩带的质量属性有哪些？这些质量属性能否有效识别和到达上述市场？

8.2　研究背景

8.2.1　环城游憩带

大都市建设极大地刺激了城市内部以及城市周边地区娱乐用地的巨大需求。环城游憩带是城市郊区娱乐和旅游发展的结果。在美国、加拿大和澳大利亚等国家，随着居住在不能明确地划分为城市或农村的地区的人口的比例越来越高，郊区（suburban area）的概念就出现了。有几个词描绘了这种转换地理空间：城乡接合部（urban-rural fringe），城市周边区域（peri-urban zone），城市郊区（exurbia）。在本研究中，城市周边地带包括城乡接合部或者内郊区（inner-suburban areas）（中心城市的边缘地带）、城市远郊地区（remote-suburban areas）（远离中心城市但又毗邻内郊区）。城市的平面扩展导致了从中心城市到郊区的土地租赁费形成明显的等级结构：离市中心越远，土地租赁费就越便宜，娱乐设施和服务就越便宜。与市中心和长距离休闲活动相比，前往郊区和邻近腹地的短途休闲活动意味着更低的旅行成本和更多的户外机会。因此，大都市的环城游憩带应运而生，既满足了城市居民的活动（需求），也满足了开发商对郊区的开发（供应）（Wu and Cai，2006）。Wu and Cai（2006）的研究显示，环城游憩带的周末旅行可以分为三个层级：半日游、一日游和两天游。

环城游憩带（recreational belt around metropolis，ReBAM）是指发

生在大城市郊区，主要为城市居民光顾的游憩设施、场所和公共空间，特定情况下还包括位于城郊的外来旅游者经常光顾的各级旅游目的地，一起形成的环大都市游憩活动频发地带，简称环城游憩带（苏平等，2004）。环城游憩带是郊区游憩和郊区旅游的产物（Wu and Cai，2006），是一种新的旅游空间模式。

（1）环城游憩带的特征和类型。

环城游憩带（ReBAM）最早是国外学者在研究旅游空间系统时逐渐演化出的一个概念，早期研究主要基于现实的观察去总结城市居民游憩的空间结构特征或划分游憩空间地带。如大量的莫斯科城市居民会在周末涌向莫斯科郊外的森林公园和园林带，他们前往的地带呈不规则的环状。Oh et al.（1995）根据旅游活动随距离衰减的现象将城市居民游憩地划分为专业旅游带、中心商务区、地方邻里区、胜地带和乡村外围五个带，这五个带在城市旅游地域空间上呈同心圈层结构。铃木富志郎（1985）将大阪市游憩空间由里向外划分为四个地带，即大阪市区地带、半日游地带、一日游地带和隔夜游地带，这四个地带在空间分布上呈同心圆分布。吴必虎（2001）以上海市为例，研究发现环城游憩带以中心城区为内核，其外部按第一环带、第二环带、第三环带向外扩散，总体上呈近似同心圆形式。

现有研究主要从城市管理者的宏观视角去探讨环城游憩带的形成机制、时空结构特征和游憩地类型等。

就形成机制而言，现有研究认为环城游憩带的形成受多方因素影响，这些因素共同构成环城游憩带形成机制的三大系统：驱动力系统、吸引力系统和支持力系统（赵媛和徐玮，2008）。驱动力系统是环城游憩带形成的外部推动力，客源市场需求和旅游开发投资是该系统内的两大因素（赵玉宗和张玉香，2005）。一方面，客源市场需求是指城市居民近距离高强度的游憩需求（赵媛和徐玮，2008），其主要表现为中短途观光旅游和短途周末度假，它是环城游憩带形成的原始动力。另一方面，就旅游开发投资而言，城市中心的高额地租会驱使投资者将资金逐步投向郊区。然而，对于旅游者来说，游憩目的地距离城市越远，旅游成本越高，其出游意愿和实际出游率越低（何雨和刘顺伶，2009）。因此，环城游憩带的区位选择往往是在土地租金和旅行成本的双向力量作用下，投资者和旅游者达成的一种妥协（吴必虎，2001）。吸引力系统是环城游憩带形成的内部动力源，不仅包括物质性的景观和设施，而且包括非物质性的文化、服务、经济、形象等要素（赵玉宗和张玉香，2005）。支持力系统对环城游憩带的形成起到了保障作用，包括硬件（如交通条件、基础设施建设水平等）和软件（如政府政策支持力度、相关法律法规制定、社会氛围和背景等）（李江敏和谭丽娟，2016）。

就时空特征而言，前期的研究主要聚焦于空间结构特征。众多学者对某一城市或地区环城游憩带的空间结构特征进行了分析和总结，这些城市包括北京（苏平等，2004）、上海（吴必虎，2001）、长沙（杨利和马湘恋）、福州（Liu et al.，2010）和哈尔滨（那守海等，2018）等。从这些城市环城游憩带的空间结构特征中可以看出，随着水平距离的增加，城市周边游憩地的数量总体上呈衰减趋势（苏平等，2004）；游憩地类型随海拔的增加而逐渐减少（李仁杰等，2010a）。除了空间维度的总结，党宁等（2017）也从时间维度分析了上海市环城游憩带的发展变化。他们将上海环城游憩带的时间演化归纳为探索期、介入期、发展期和巩固期四个阶段。研究发现，上海市游憩地数量具有明显的阶段分异特征，先后经历了自发式增长、平稳式增长、爆发式增长和相对稳定增长四个时期。

就游憩地类型而言，现有研究主要以资源属性、活动性质和游憩地经营主体等为依据进行游憩地类型划分，如表 8.1 所示。苏平等（2004）将资源属性（自然、人文和人造）和活动性质（观光、游戏娱乐、运动和休闲）两种分类体系交叉结合得到九种旅游地的理论类型：自然观光旅游地、自然娱乐旅游地、自然运动休闲旅游地、人文观光旅游地、人文娱乐旅游地、人文休闲旅游地、人造观光旅游地、人造娱乐旅游地、人造运动休闲旅游地。进一步地，苏平等（2004）将九种旅游地归并为四种类型，即自然观光型、人文观光型、人工娱乐型和运动休闲型。李仁杰等（2010a）在苏平等（2004）的基础上，综合考虑城市游憩地发展状态，将自然观光类型中的田园山村扩充为民俗体验游憩地独立类型，形成自然观光型、人文观光型、人工娱乐型、运动休闲型和民俗体验型五个一级游憩地类型。王润等（2010）依照游憩空间的经营主体，将游憩地类型划分为公共型、商业型和附属型。杨利和马湘恋（2015）根据旅游资源属性和旅游活动属性交叉组合的复合分类法，将游憩地划分为自然景观类、历史古迹类、人工娱乐类和休闲度假类。党宁等（2017）对前人的研究进行了总结，他们将游憩地划分为六种类型，具体为历史文化类、教育科普类、娱乐类、度假设施类、乡村休闲类和自然风景类。

表 8.1 游憩地的类型

作者（年份）	划分依据	具体分类
苏平，党宁，吴必虎（2004）	资源属性、活动性质	自然观光型、人文观光型、人工娱乐型和运动休闲型
李仁杰，郭风华，安颖（2010a）	资源属性、活动性质	自然观光型、人文观光型、人工娱乐型、运动休闲型和民俗体验型
王润等（2010）	经营主体性质	公共型、商业型和附属型
杨利和马湘恋（2015）	旅游资源属性、旅游活动属性	自然景观类、历史古迹类、人工娱乐类和休闲度假类
党宁，吴必虎，俞沁慧（2017）	资源属性、活动性质、经营主体性质	历史文化类、教育科普类、娱乐类、度假设施类、乡村休闲类和自然风景类

相比较早的研究而言，近年的研究对象和研究视角都在发生转变。城市居民是环城游憩活动主体。这一活动主体开始得到广泛的关注，相关研究也逐渐基于微观视角去识别和总结城市居民的游憩动机、偏好和行为方式等。陈华荣和王晓鸣（2012）通过问卷调查对武汉市居民的游憩目的、目的地偏好和出行方式等进行了总结。彭燕等（2013）对南昌市居民的游憩动机进行了调查，他们将游憩动机划分为八种，即观光游览、休闲度假、红色文化、商务、参加会议、探亲访友、宗教朝拜和其他。通过调查发现，休闲度假和观光游览是驱动居民游憩的两个最重要的动机。党宁等（2017）以上海市为例，构建了城市居民近城游憩行为结构方程模型，讨论在中国情境下受时空制约较小的短途游憩行为及决策影响因素。研究发现，居民的认知与情感对游憩行为意愿具有正向作用；居民参与近城游憩的意愿越强烈，居民近城游憩行为的参与频率也会越高。

（2）游憩。

虽然对游憩（leisure travel）尚无一个公认的定义，但大多数学者将游憩定义为一种"活动"或"体验"（Smith and Godbey，1991）。根据户外游憩资源审查委员会（Outdoor Recreation Resources Review Commission，ORRRC）1962 年的研究，一些特定的游憩活动包括驾驶、散步、户外运动/游戏、游泳、观光、骑自行车、钓鱼、参加体育项目、野餐、田野散步、划船、打猎、骑马、野营、滑冰、平底雪橇滑雪、徒步旅行、滑水、参加户外戏剧/音乐会、皮划艇、帆船、爬山和雪上技巧项目。这些游憩活动是个体的一种行为方式和行为追求，有助于实现个体的某种心理和身体目标（Manfredo et al.，1996）。

游憩的定义通常比较宽泛，有时甚至被用来代替旅游（tourism）（Wu and Cai，2006）。正如 McKercher（1996）所说，旅游和游憩共享相同的资源，使用相同的设施，鼓动游客进行消费，在进行相同的活动时产生相似的影响，并为参与者产生共同的社会和心理结果。简而言之，旅游和游憩紧密相关，两者通常发生在相同的物理空间（Davies，2016），使用相同的资源并产生相似的结果（Aşan and Emeksiz，2018）。

旅游和游憩同样存在一些差异，这些差异主要表现为行为发生的时间条件和地点选择。Mitchell and Smith（1989）提到游憩活动通常发生在日常工作之后，并且游憩地点离自己的居住地很近。游憩是一种个人休闲体验的形式，通常被视为一种情感状态或者一种能感受到幸福和自我满足的条件，独立于任何身体活动或者社会活动（Colton，1987）。旅游是一种移动的娱乐，是离开自己的居住地所参与的活动，去寻找某种满足感。

（3）中国学者关于城市周边游憩的推拉动机研究。

国内个别学者试图识别城市周边游憩的推拉动机，把同一个城市作为研究对象却得出了大相径庭的结论（宋秋，2008a；宋秋，2008b）。宋秋（2008a）在文献回顾的基础上分别归纳了九个推力因素（增进家人之间的感情、交朋友和增进友情、工作需要、增长见识、追求社会时尚、享受自然和田园风光、摆脱工作负担、锻炼身体、宗教崇拜）和十个拉力因素（良好的绿化、安静和卫生的环境、空气质量、优质的服务、便捷的交通、丰富的景点、便利的生活设施、丰富且有吸引力的项目内容、低廉的价格、专门为老人和小孩设计的娱乐设施项目）。通过对乐山市民的调查和访问，宋秋（2008a）将九个推力因素归纳为四个维度（家庭和社会交往、工作与发展、回归自然和放松身心、宗教信仰）。其中，家庭和社会交往的驱动力最强，宗教信仰的驱动力最弱。此外，推力因素中影响力最大的三个因素分别是良好的绿化、安静和卫生的环境、空气质量。

然而，在一年时间内，宋秋（2008b）将宋秋（2008a）的九个推力因素更改为七个因素，如表8.2所示。先前的推力四个维度（家庭和社会交往、工作与发展、回归自然和放松身心、宗教信仰），在其后的研究中更改为三个因子，即感情交流、附带出游和求美求知。同一个作者两篇文章都研究乐山市民的游憩推力动机，得出了先后不一致的结论，让人无法判断哪个是正确的。

表 8.2   中文文献关于城市周边游憩推拉因素的实证研究

作者 （年份）	推力因素	推力因子	拉力因素	拉力因子
宋秋 （2008a）	增进家人之间的感情、交朋友和增进友情、工作需要、增长见识、追求社会时尚、享受自然和田园风光、摆脱工作负担、锻炼身体、宗教崇拜	家庭和社会交往、工作与发展、回归自然和放松身心、宗教信仰	良好的绿化、安静和卫生的环境、空气质量、优质的服务、便捷的交通、丰富的景点、便利的生活设施、丰富且有吸引力的项目内容、低廉的价格、专门为老人和小孩设计的娱乐设施项目	无
宋秋 （2008b）	增进家人之间的感情、交朋友和增进友情、享受自然和田园风光、增长见识、工作需要、追求社会时尚、宗教崇拜	感情交流、附带出游、求美求知	良好的绿化、安静和卫生的环境、空气质量、优质的服务、丰富的景点、便捷的交通、丰富且有吸引力的项目内容、低廉的价格、便利的生活设施	环境质量和设施、项目与服务

8.2.2   推拉理论

自 Lundberg（1972）提出"人们为什么旅游"这一问题以来，动机作为旅游者行为的基础在休闲和旅游领域得到了广泛的研究（e.g.，Caber and Albayrak，2016；Güzel et al.，2020；Lin and Nawijn，2019；Prasad et al.，2019）。动机是消费者决策过程的起点，Mill and Morrison（1998）指出，当一个人想满足一个需要的时候动机就发生了。人们普遍认为，动机意味着一种需要的状态或一种条件，驱动个人走向被视为可能带来满足的某些类型的行动（Moutinho，2000）。动机是休闲和旅游领域研究消费者行为的核心理论概念之一（Crompton，1979；Whyte，2017）。在过去的五十年中，在这个领域涌现了多种动机理论，主要有马斯洛的需求层次理论（Maslow's need hierarchy theory）、推拉理论（push and pull motivation theory）、旅游职业理论（Pearce's travel career ladder）、期望理论（Lawler's expectancy theory）、社会心理模型（Iso-Ahola's social psychological model/escape-seeking dichotomy）、激励保健理论（Herzberg's motivator-hygiene theory）、态度的功能模型

(functional theory of attitudes)、促进—抑制模型（facilitator-inhibitor）
(e. g. , Jiang et al. , 2015；Iso-Ahola，1983），尽管这些理论存在差异，
但是它们都是基于人类的心理需求和生理需求建立起来的。在上述理论
中，推拉理论是该领域中最受认可的理论，它在相关的旅游研究中被广
泛用作研究框架（e. g. , Dean and Suhartanto，2019；John and Larke，
2016；Sung et al. , 2016；Suni and Pesonen，2019；Uysal et al. ,
2008）。

　　推拉理论提供了一个简单直观的理论框架。简单地说，该理论认为
人们是因为被某种"力量"推着或拉着去旅行（Baloglu and Uysal，
1996；Jang and Cai，2002；Uysal and Jurowski，1994）。一方面，人们
内部的心理需求"推"着他们去旅行（Sung et al. , 2016），这些推力因
素被视为与访客的需要和欲望有关（Klenosky，2002）；另一方面，人们
被旅游目的地的相关属性"拉"着去旅行（Sung et al. , 2016），这些拉
的因素包括旅游目的地的具体属性（Pesonen and Komppula，2010）和
潜在的吸引力（Dean and Suhartanto，2019）。现有研究试图从不同类型
的目的地和不同人文统计特征变量构成的人群角度出发去识别休闲和旅
游的推力因素和拉力因素，形成了丰富的研究成果。这些研究发现的推
力因素结构有些是相同的，有些是不同的；拉力因素也是如此。英文文
献中有代表性的实证研究如表 8.3 所示。

表 8.3　英文文献关于休闲和旅游推拉因素识别的实证研究

作者	旅游主题/样本量/ 研究方法	推力因素	拉力因素
Sargent（1972）	邮件调查和个人深度 访谈	远离日常生活	亲近自然
Dann（1977）	422 名被访者/量表 开发	失范、自我提升	无
Crompton（1979）	39 名被访/非结构化 深度访谈	感知平常的环境、探 索和评估自我、放 松、威望、回归、增 进亲属关系、促进社 会互动	新奇的事物、教育

续表8.3

作者	旅游主题/样本量/研究方法	推力因素	拉力因素
Yuan and McDonald (1990)	海外度假/4 个国家（日本、法国、西德和英国）的 1500 次个人上门访问/主成分因子分析	逃离、新奇的事物、威望、增进亲属关系、放松	价格、文化和历史、荒野、旅行的便捷度、国际化的环境、相关设施、狩猎
Fodness（1994）	量表开发	自我保护、知识、奖赏最大化、惩罚回避、价值表达、社会调节	无
Uysal and Jurowski (1994)	9367 名被访/因子分析	家庭团聚、运动、文化经历、逃离	娱乐度假、自然、文化、乡村
Turnbull and Uysal (1995)	对 30 个推力因素和 53 个拉力因素进行因子分析	文化体验、逃离、家庭团聚、运动、声望	历史遗产/文化、城市飞地（city enclave）、舒适/放松、海滩度假村、户外资源、农村和价格低廉
Oh et al.（1995）	海外旅游/澳大利亚1030 名被访/典型相关分析	知识、亲属/社会交往、新奇/冒险、威望、运动、逃离/休息	历史/文化、运动、安全、自然/户外、便宜的价格
Klenosky（2002）	春假/53 名美国大学生/方法目的链	无	海滩、自然资源、历史/文化景点、温暖的气候、滑雪、聚会气氛、全新/独特的地理位置
Kim and Lee (2002)	参观国家公园/2720份问卷/因子分析和回归分析	家庭团聚和学习、重视自然资源和健康、逃离日常的生活、探险和建立友谊	丰富的自然资源、便利的设施、便利的交通
Jang and Cai (2002)	英国人的境外游/964名个人访谈/因子分析	全新体验、逃离、知识寻求、娱乐、放松、和家人朋友团聚	自然与历史环境、干净和安全、经济交易的便利性、户外活动、阳光和异国情调

续表8.3

作者	旅游主题/样本量/研究方法	推力因素	拉力因素
Kim et al.（2003）	参观国家公园/2720名被访/因子分析	家庭团聚和学习、重视自然资源和健康、逃离日常的生活、探险和建立友谊	关键旅游资源、信息和设施的便利性、便利的交通
Prayag and Ryan（2011）	103名到毛里求斯旅游的国际旅客/主题词分析	目的地 3S（sun，sand and sea）诉求、目的地的熟悉度、目的地的人、浪漫的目的地	阳光灿烂的天气、温暖的气候、海滩的质量、水上活动、当地居民的友好和好客
Hassell，Moore and Macbeth（2015）	国家公园露营/65名露营者/扎根理论	逃离、失联、自我认同	亲近自然、美景欣赏、创造自我形象
Sung et al.（2016）	国际游客到台湾旅游/249份问卷/聚类分析	启蒙和声誉、不寻常的感情、自由、人际沟通与分享、与家人和朋友在一起	服务态度和质量、购物和美食、多样化的运动设施、野生动物、交通便利
Caber and Albayrak（2016）	攀岩/473名攀岩游客/因子分析	物理环境、认知、创造力、挑战、宣泄、冒险	登山旅游基础设施、寻求登山过程中的新奇事物、运动和休闲活动、寻求目的地的新奇事物
Ho and Peng（2017）	30名有听力障碍的背包客/个人深度访谈	团体旅游的限制、自我挑战、独立、不同的经历、听力障碍朋友的邀请	享受当地文化和生活方式、"我去过那里"的体验
Su et al.（2018）	美食旅游/335名被访/因子分析	社交、文化体验、美食	目的地的吸引力、核心美食的吸引力、传统食物的吸引力
Wang and Wang（2018）	激流皮划艇/7名激流皮划艇爱好者/半结构式访谈和主题词分析	探险经历、对大自然的热爱、享受和志同道合的朋友在一起	美丽的溪流、先进的皮划艇设备

作者	旅游主题/样本量/研究方法	推力因素	拉力因素
Lewis and D'Alessandro (2019)	澳大利亚大于50岁年长者的国内乡村旅游/在线调查了1011人/对应分析、聚类分析和判别分析	新奇和冒险、放松和逃离、亲近大自然、积极的健康活动、浪漫的度假、社会化	无

（1）推力因素。

推力因素与旅行者的需求、动机和内部驱动力有关（Goossens，2000），现有研究认为渴望逃离（desire for escape）、享受和亲近自然（enjoying and being close to nature）、休息和放松（rest and relaxation）、健康和健身（health and fitness）、新奇（novelty）、探险（adventure）、社交（social interaction）、威望（prestige）是常见的推力因素（Kim et al.，2003；Prayag and Ryan，2011；Whiting et al.，2017）。

逃离日常生活通常被视为人们进行户外游憩的主要原因（Crompton，1979；Dann，1977；Uysal and Jurowski，1994；Yuan and McDonald，1990）。游憩帮助人们逃离世俗，逃离人们的居住区域，逃离具体的家庭和工作环境，减少日常生活中的压力（Jenkins and Pigram，2005）。正如Hassell et al.（2015）所说，一些澳大利亚露营者去国家公园露营是想从繁忙的家庭生活中脱离出来并进行放松，他们将露营视为对日常生活的逃离。简而言之，逃离反映了人们想从日常生活中获得休息的渴望。

享受和亲近自然是人们参与户外活动的重要理由。人们长期在都市钢筋混凝土的结构中生活，面临噪音、交通拥堵、空气污染等环境压力，这将引发成人和小孩的习得性无助（learned helplessness），增加人们的烦闷感、焦虑感，社会退缩（social withdrawal）以及面对挑战的脆弱性（Cetin and Bakirtas，2019；Ojala et al.，2019）。长期的环境压力最终会引发人们心理上的孤立感和不安的情绪（Yeh and Huang，2009）。对绝大多数人来讲，户外活动提供了与自然世界直接交流的机会。Sargent（1972）对500名远足爱好者进行了邮件调查，发现"和自然取得更为亲密的联系"是人们最为关键的推力因素。Alexandris et al.（2009）使用游憩体验偏好量表针对在希腊北部的268名滑雪者进行了问卷调查，研究表明，享受自然这一维度在所有的动机因素中得分最高，滑雪者确实希望在自然、美丽和放松的环境中度过美好的时光。注意力恢复理论（Attention Restoration Theory，ART）认为，一个人置身于充满迷人刺激的自然环境（如日落）之中会激发他的无意识的注意力（involuntary attention），使集中注意力（directed attention）能够自我补充和恢复（Kaplan，1995）。Berman et al.（2008）通过注意力恢复理论测试个体在自然和城市两种环境的认知处理能力，他们发现，城市环境充满了显著的吸引集中注意力的刺激（例如，避免被汽车撞到），这使得人们的注意力不那么具有恢复性（restorative），然而，在自然环境中，休闲则给了集中注意力能力补充的机会。

休息和放松是人们最希望进行的游憩活动。日常事务会导致一种单调乏味、精神疲劳的状态，这时人们需要一段时间进行休息和恢复，这样才能继续有效地处理日常事务（Hammitt，2000）。游憩者通常参加户外游憩来减轻他们的精神疲劳（Whiting et al.，2017）。Guinn（1980）对 1089 名大于 50 岁的美国游客进行了访问，研究发现 88.9％的老年人认同休闲车（recreational vehicle）游憩的最重要动机是休息和放松。Zanon et al.（2019）通过在线访问的方式对 927 名维多利亚州（澳大利亚）居民的公园游憩行为进行了调研，发现未来 10 年人们在公园中最希望进行的活动是休闲和放松。

通过游憩活动来提升个人的健康状况也是一个非常突出的游憩动机。也就是说，人们可以通过爬山、跑步、散步等形式提高肺活量，增加肌肉的收缩力和弹性，改善自己的生理指标，提升自己的健康水平（Ball et al.，2014；Dustin et al.，2009）。正如 Zanon et al.（2019）所说，人们越来越关注游憩活动带给人们的健康益处。这些健康益处不仅包括了生理方面，同时也包括了心理方面（Dustin et al.，2009）。一方面，人们可以在游憩活动中进行运动和锻炼以提升身心健康（Ball et al.，2014）。在 Sargent（1972）的研究中，500 个受访者被问到他们为什么进行远足游憩，让他们在给定的 18 个理由中进行选择，研究发现，375人选择了锻炼这一理由，这是他们进行远足游憩最主要的动机。另一方面，游憩可以减轻精神疲劳并产生一些积极的社会心理结果（如增强自尊和自信、发展积极的自我认同）和情感益处（如改善心情、增强克服挑战的能力）（Frances，2006；Whiting et al.，2017）。

Crompton（1979）的研究表明有很多种方式可以去定义新奇（novelty），同义词包括好奇（curiosity）、探险（adventure）、全新（new）和与众不同（different）。当游客在一个目的地旅游时，可以体验新的美食、文化活动、音乐和生活方式等（Park et al.，2019），这些都可以被看作是游客获取的新奇事物。Yuan and McDonald（1990）检验了四个国家（日本、法国、西德和英国）游客的出国旅游动机，他们发现新奇是最重要的动机。Oh et al.（1995）利用推拉因素将旅游者市场划分为四个不同的群体——安全/舒适寻求者（safety/comfort seekers）、文化/历史寻求者（culture/history seekers）、新奇/冒险寻求者（novelty/adventure seekers）和奢侈品寻求者（luxury seekers）。其中，新奇/冒险寻求者最强调在旅游过程中经历一些新鲜和新奇的事物。相似地，You and O'Leary（1999）将英国老年访客市场划分为三种不同的群体——被动旅游者（passive visitors）、热衷旅游者（enthusiastic go-getters）和文化爱好者（culture hounds）。他们发现，75％的热衷旅游者认为"去我从未去过的地方"（追求新奇感）对他们来说尤为重要。Prayag and Ryan（2011）探究了去毛里求斯旅游的国际游客的动机差异，他们发现，与德国人、南非人和印度人相比，英国人前往毛里求斯旅游具有强烈的新奇需求。

一些学者专门针对冒险游憩进行了研究（e.g.，Lynch and Dibben，2016）。冒险游憩的具体活动包括高山探险、冲浪、攀岩、洞穴探险、野外露营、野外划独木舟等。虽然这些活动涉及危险和一些不确定的结果，但一些爱好者说他们非常享受这种探险经历。Wang and Wang（2018）在台湾对激流皮划艇（White-water kayaking）游憩项目的七名爱好者进行了访问，他们运用质性研究的方法对游憩动机进行了识别。研究表明探险体验（adventure experiences）是访谈中第一个作为推动因素出现的主题，几乎所有的爱好者都表现出具有冒险精神，他们享受冒险活动带来的感受。

游憩活动可以让人们与他人有一个"共同点"（Lynch and Dibben，2016），并加强人们的社会联系（Chung and Lee，2019）。Ding and Schuett（2013）对365名中国攀岩爱好者进行了访问，他们发现攀岩者经常作为攀岩俱乐部的一员去攀岩。因此，结识新朋友并和那些有相似兴趣的人在一起是大家喜闻乐见的事情。Gentin（2011）使用文献研究法对欧洲少数族裔（ethnicity）人群的游憩行为进行了总结，研究表明社交对城市公园的游客来说非常重要，无论这些游客是少数族裔还是多数族裔。旅行的社交对象同时包括了家庭成员和其他人。人们去旅行不仅是为了拜访朋友和亲戚，也是为了在不同的地方认识新的人（Crompton，1979）。Prayag and Ryan（2011）访问了103名前往毛里求斯的国际游客，他们发现以拜访亲友为目的的社交似乎对所有国家的人都很重要。

威望意味着渴望在周围人的眼中拥有较高的地位（Crompton and McKay，1997）。旅游是一种人们可以迅速提高社会经济地位的策略，因为游客可以去一个他的社会地位不为人知的地方，在那里他可以获得优越感（Dann，1977）。然而，随着旅行变得越发常见和频繁，它逐渐成为人们的一种固有生活方式，并不再是高品质生活的象征（Crompton，1979）。

（2）拉力因素。

拉力因素反映了目的地属性，这些属性在消费者目的地决策过程中扮演着重要的角色（Correia and Pimpao，2008）。拉力因素通常是从供应视角进行判别的。人们普遍认为，拉力因素是通过代表地点感知的目的地属性列表来衡量的。所有拉力因素都与外部、情境或认知方面有关，其中，选择的目的地的属性、休闲基础设施和文化或自然特征都是例子。这些目标属性可能会加强推力动机（Yoon and Uysal，2005）。拉力因素涵盖了有形和无形两个方面。有形的因素包括特殊的设施、便宜的价格、可用的服务、友好的工作人员等；无形的因素依赖于游客的感知、期望和理解，如娱乐价值、独特性，以及与家乡文化、食物和环境的差异感知等（Dean and Suhartanto，2019；Yoon and Uysal，2005）。目的地的特点是这些不同的元素的混合，以满足各种动机和特定的细分市场。

拉力因素可以作为解释旅游行为的一种手段，其用来满足更高层次的个人价值（Hsu and Huang，2008）。正是基于这一假设，Klenosky（2002）使用目的手段链来识别吸引旅游者的"拉力"属性。通过对53名美国大学生的访谈，Klenosky（2002）确定了影响大学生春假选择的七个拉力因素：海滩，风景/自然资源，历史/文化景点，温暖的气候，滑雪，聚会气氛，全新/独特的地理位置。其中，风景/自然资源这一因素被提得最多，而滑雪被提得最少。此外，这项研究还发现，同一个拉力因素可以用来满足具有不同或者多重旅游目的的游客。

相较于推力因素，现有研究表明拉力因素的识别更显多样化（见表8.3）。这是因为基于一个宽泛的旅游情景或者一个特定的旅行目的地所构建的拉力结构是不同的（Kim et al.，2003）。拉力因素反映了旅游目的地的具体属性，它和具体的目的地紧密相连。因此，一旦旅游目的地发生变化，具体的拉力因素也会发生变化（Pesonen and Komppula，2010）。

根据拉力因素的具体特征，现有研究针对不同的游憩目的地或游憩活动也发现了一些不同的拉力因素。如 Klenosky（2002）认为海滩、风景/自然资源、历史/文化景点、温暖的气候、滑雪、聚会气氛、全新/独特的地理位置都是影响人们选择游憩活动和游憩地点的拉力因素。Hassell et al.（2015）对在澳大利亚两个国家公园里进行露营的 65 名游憩者开展了访问，他们运用扎根理论对游憩者的动机进行了识别，最终发现亲近自然、欣赏美景和创造自我形象是三个具体的拉力因素。Wang and Wang（2018）的研究识别出了两个拉力因素，即美丽的溪流和先进的皮划艇设备。

（3）推力因素和拉力因素的关系。

在解释推拉理论时，Gnoth（1997）提出了价值观的形成及其在动机形成中的作用，以理解价值观和随后的态度是如何表达内在导向（inner-directed）和外在导向（outer-directed）的价值观的。内在导向价值观主要是情感驱动，而外在导向价值观主要是认知驱动。推力和拉力交互作用形成的知识可以帮助游憩目的地的营销者和开发者把最有价值的推力和拉力因素设计为产品组合。基于动机的市场细分可以帮助营销者了解访客消费某种产品的原因，由此决定满足访客欲望的手段。Crompton（1979）在动机理论中使用了稳定性均衡（stable equilibrium）的概念，当某些需求出现的时候，动机系统中的不均衡或者张力就会发生。不均衡的干扰驱使机体产生一系列活动去满足这些需求进而恢复平衡。另外，研究发现，推力因素和拉力因素之间存在互惠关系（reciprocal relationship）（Uysal and Jurowski，1994）。

考虑到动机构念的复杂性，将推力因素和拉力因素视为两个相互独立或相互关联的构念进行研究也就不足为奇了（Prayag and Ryan，2011）。从相互独立的角度来讲，推力因素和拉力因素通常被描述为在两个不同的时间点做出的两个不同的决定（Kim et al.，2003）。沿着这一思路，一些研究人员认为，推力因素可以看作是拉力因素的前因，因为前者使大多数访客更倾向于去旅行（Dann，1977；Crompton，1979；Oh et al.，1995；Rita et al.，2019；Whyte，2017）。换句话说，旅游者首先受到他们内在需求和欲望的推动，然后根据能够满足这些需求和欲望的拉力因素来选择特定的旅游目的地（Battour et al.，2014）。因此，推力因素在逻辑上和时间上都先于拉力因素（Klenosky，2002）。

8.2.3　文献研究小结

根据前面的文献研究，本研究将城市周边游憩界定为城市内部居民利用闲暇时间独自或者和家人、朋友、单位同事以及业务合作单位的人员到本城市周边区域设置的景点进行休闲旅游的活动。城市周边游憩本质上是离开常规性生活的短暂的休息（a break from rountine），通过短暂的休息可以消除和缓解短期失衡（short-term disequilivrium）。短期失衡是指一种特定的环境因素或者事件在较短的时间期内破坏了人的生理平衡（homeostasis），我们可以将其称为压力。在这种情境下，离开常规性生活的短暂的休息是恢复生理平衡的充分必要条件（Crompton，1979）。不管是旅游领域还是游憩领域，现有的学者均没有从推和拉两个角度规范地研究城市环城游憩带的访问动机。从推和拉两个对立又统一的角度构建的动机理论为解释人们游憩的原因和行为提供了基本的理论框架。虽然西方学者形成的推拉要素不能够完全解释中国城市内部访客的游憩行为，但是，正由于此，恰恰说明了本书研究都市周边游憩推拉要素以及两者之间的关系具有理论上的必要性。

8.3　研究方法

8.3.1　测量工具

首先，本书根据旅游和游憩领域关于推拉动机构成的要素清单（e. g. ，Baloglu and Uysal，1996；Beard and Ragheb，1983；Lewis and D'Alessandro，2019；Rita et al. ，2019），基于更广泛意义而不是聚焦于某一种环城游憩带、也不是聚焦于某个游憩景点的特点，组织了两场专家小组访谈，设计在中国背景下的城市周边游憩推拉动机的要素清单。第一个访谈小组由五位旅游休闲领域的学者组成。本书作者向这些专家提供了从文献上获取的娱乐和休闲领域关于推力和拉力详尽的要素，请他们根据自己的专业知识和游憩经验充分讨论中国的城市周边游憩活动存在哪些推力要素和拉力要素，通过三个小时的讨论产生了 27 个推力因素和 21 个拉力因素。第二个访谈小组由七位城市周边游憩项目的高级经理组成。本文作者同样向他们提供了推力和拉力要素，请他们根据自己的管理经验，充分讨论中国的城市周边游憩活动存在哪些推力要素和拉力要素，通过三个半小时的讨论产生了 29 个推力因素和 20 个拉力因素。合并这两个专家小组访谈的结果，即保留两组都认可的题项，共产生了 22 个推力因素和 18 个拉力因素。除了人文统计特征变量，调查问卷中关于游憩推力各个因素的答项的选择均采取 Likert 五点量表进行测量（1＝非常不同意，5＝非常同意）；关于游憩拉力各个因素的答项的选择均采取 Liker 五点量表进行测量（1＝非常不重要，5＝非常重要）。结构性的题项用中文表述，然后将其翻译成英语。翻译的等价性使用回译（back-translation）技术进行保证。较小的不一致由笔者予以纠正。

然后，本书组织了问卷的试调查，调查对象为 30 名四川大学的本科生和研究生。根据他们的反馈，本书进一步修改并升级了变量测量和关联的问项和答项的表述措辞，最终形成了正式调查使用的问卷。

8.3.2　数据收集

本研究界定的合格的受访者的甄别条件是：①居住在中国副省级城市或者直辖市的城市居民；②本人在过去的三个月时间里至少到城市周边游憩三次；③在过去的三个月时间内，本人参与游玩的城市周边游憩项目不少于三个。

本研究采用方便抽样和滚雪球抽样两种抽样方法相结合的方式在微信社交软件中邀请微信好友进行问卷填写。问卷发放时段为 2021 年 1 月 4 日 18:00—1 月 10 日 18:00，所有问卷数据统一由问卷星平台回收。本研究共收回问卷 386 份，剔除填写完成问卷时长低于 180 秒（试调查时期填写问卷时长倒数第四个人填写问卷所用的时间长度）的问卷 61 份，余留的 325 份问卷被视为有效问卷，有效问卷回收率为 84.20%。

8.3.3　样本概况

表 8.4 呈现了本次调查对象的人口学特征。从性别来看，女性比例达到 52.0%，超过正常的 50%，说明女性对城市周边游憩的兴趣或对填写问卷这种公益性活动的兴趣略微高于男性。从年龄段来看，受访者的年龄覆盖了各个年龄段，并且 18 岁至 55 岁年龄段的受访人数占总人数的比例为 79.4%，符合中青年为出游主体这一现实情况。就居住地而言，副省级城市居民为 77.5%，直辖市居民为 22.5%。百度百科显示，北京、上海、天津和重庆四个直辖市 2019 年的人口规模总计为 9267.89 万人；成都、广州、深圳、武汉、哈尔滨、杭州、西安、青岛、济南、宁波、南京、沈阳、大连、厦门和长春十五个副省级城市 2019 年各个城

市的人口规模合计为 15237.47 万人。实际直辖市人口规模与副省级城市人口规模两者合计为 24505.36 万人，十五个副省级城市人口占到总量的62.2％，四个直辖市人口占到总量的 37.8％。这个比例与本研究抽选的受访者两类城市之间的比例差异不是特别巨大。据此，本书认为本研究的受访对象基本上反映了中国直辖市和副省级城市两类城市的城市周边游憩的旅游者的社会人口学特征。

表 8.4　样本概况

		人数（人）	百分比（％）
性别	男	156	48.0
	女	169	52.0
年龄	18～25 岁	46	14.2
	26～35 岁	82	25.2
	36～45 岁	78	24.0
	46～55 岁	52	16.0
	56～65 岁	41	12.6
	66 岁以上	26	8.0
受教育程度	高中及其以下	114	35.1
	大专	101	31.1
	本科	91	28.0
	硕士及其以上	19	5.8
每个月必需的日常开支占总收入的比重	非常高	42	12.9
	高	73	22.5
	一般/说不上	152	46.7
	低	36	11.1
	非常低	22	6.8
婚姻状况	未婚	89	27.4
	已婚无子女	59	18.2
	已婚有子女	163	50.1
	离异	14	4.3
居住地	副省级城市	252	77.5
	直辖市	73	22.5

8.4 数据分析和结果

8.4.1 游憩频数

本书通过"在过去一个月时间里，在您所居住的城市，距离城市中心位置一个小时车程的景点，您去过几次"这样的问项，询问受访者的都市游憩频数。如表 8.5 所示，58.8％的受访者在过去一个月内至少到城市周边游玩过一次。这个数值是由在过去一个月的时间段里分别进行过城市周边游憩一次、两次、三次、四次和四次以上的比例相加而成的。数据显示，随着频数的增加，游玩的人的比例下降。但值得关注的是，一个月超过四次游憩的频数百分比（10.8％）明显高于四次游憩的频数百分比（1.8％），这说明有一部分人对城市周边游憩有较高的偏好性。

表 8.5　城市周边游憩频数

	频数（次）	百分比（％）
无	134	41.2
一次	77	23.7
两次	54	16.6
三次	19	5.9
四次	6	1.8
四次以上	35	10.8
合计	325	100.0

为进一步检验游憩频数是否在不同人群中具有显著差异，本书分别将多个人文统计变量作为列变量，把游憩频数作为行变量，进行 Crosstabulation 分析。检验结果表明，性别（$\chi^2_{(5)}=1.372$，$p=0.927>0.05$）、年龄（$\chi^2_{(20)}=23.670$，$p=0.257>0.05$）、收入水平（$\chi^2_{(20)}=21.015$，$p=0.396>0.05$）和居住地（$\chi^2_{(5)}=6.007$，$p=0.306>0.05$）均没有对城市周边游憩频数产生显著的影响，但受教育程度（$\chi^2_{(20)}=34.410$，$p=0.023<0.05$）、婚姻状况（$\chi^2_{(15)}=45.184$，$p=0.000<0.05$）两个人文统计变量对城市周边游憩频数具有显著的影响。

8.4.2　游憩目的地选择

本书根据李仁杰等（2010a）的研究将游憩地类型划分为人文观光、自然观光、人工娱乐、运动休闲和民俗体验五种类别。这是个多选题，受访者可以在上述五种游憩地中选择一个或多个自己偏好的游憩地。表8.6 呈现了五种类型游憩目的地的偏好程度。可以看出，选择自然观光的人数占总受访人数的比例为 87.7%，居于第一位，随后为人文观光、民俗体验和运动休闲这三种类型，人工娱乐型游憩地的偏好程度最低。

表 8.6　五种类型游憩目的地的偏好程度

游憩地类型	回应		受访者回应的比例（%）
	数量	百分比（%）	
人文观光	149	19.9	45.8
自然观光	285	38.1	87.7
人工娱乐	65	8.7	20.0
运动休闲	115	15.4	35.4
民俗体验	134	17.9	41.2
合计	748	100.0	230.1

本书分别将多个人文统计变量和游憩目的地偏好程度进行了交叉分析。结果表明，不同性别、不同年龄段、不同受教育程度、不同收入水平和不同居住地的城市内部访客均把自然观光类项目的偏好排在第一位，把人工娱乐类项目的偏好排在最后一位。

8.4.3　城市周边游憩动机推力因素结构

本书对数据（$n=325$）中的 22 个题项运用主成分分析方法（promax rotation＝4）进行迭代式的探索性因子分析（exploratory factor analyses）。数据分析发现，Kaiser-Meyer-Olkin（KMO）反映的取样的充分性（sampling adequacy）的值为 0.870，Bartlett 的球形检验的显著性为 0.000，意味着数据适合进行因子分析。以特征根大于 1.00 为标准，最初的因子分析产生了五个因子，这五个因子结构解释了数据 61.941% 的整体方差。本书按照因子载荷小于 0.50 就删除关联的题项，共同度（communalities）小于 0.50 就删除对应的题项（Hair et al.，1998），以及题项在归属的因子上的载荷与在其他因子上的载荷之间的差值大于

0.10 就保留（Raymond et al., 2010）这三个原则确定某个题项的去留，最终产生了五个因子 19 个测量题项的结构，这个结构解释了整体方差的 66.399%。最终的五个因子结构和对应的测量题项如表 8.7 所示。在此过程中，删除了"梳理自己的思维""吃点特色食品""一时兴起，没有计划"三个题项。另外，数据分析发现，五个因子两两之间的相关系数的平均值为 0.407。相对比较低的相关系数和相对比较高的因子载荷意味着城市周边游憩推力动机有五个不同的构面（facets）。

表 8.7　城市周边游憩动机的维度、可靠性、共同度和模型矩阵

因子		维度	可靠性	共同度 (h^2)	因子载荷				
					1	2	3	4	5
知识	体验历史文化	D_1	0.848	0.794	0.981	−0.100	−0.007	−0.051	−0.104
	感受民俗风情			0.705	0.835	−0.011	0.007	0.075	−0.064
	体验宗教文化			0.629	0.761	0.087	0.011	−0.291	0.129
	增长知识			0.629	0.692	0.090	0.043	0.133	−0.029
	体验新的生活			0.591	0.584	−0.088	−0.048	0.300	0.122
商业和新奇	开展业务活动	D_2	0.765	0.609	−0.026	0.804	0.161	−0.250	−0.077
	玩玩游乐设施			0.668	−0.085	0.782	−0.090	0.062	0.140
	购买当地的土特产			0.671	0.091	0.706	0.274	−0.261	0.110
	寻找刺激			0.673	0.164	0.693	−0.104	0.340	−0.383
	打发时间			0.540	−0.120	0.530	−0.270	0.309	0.249
亲近自然和运动	呼吸新鲜空气	D_3	0.763	0.768	0.000	−0.027	0.812	0.122	0.058
	亲近大自然			0.759	0.049	−0.085	0.752	0.265	−0.025
	健身运动			0.549	−0.072	0.262	0.605	0.182	0.073
休息和放松	放松心情	D_4	0.783	0.731	−0.118	0.016	0.177	0.790	0.100
	释放压力			0.647	0.027	−0.035	0.338	0.676	−0.106
	身心愉悦			0.636	0.156	−0.133	0.138	0.556	0.240
和家人、朋友在一起	家庭温馨	D_5	0.726	0.768	−0.060	−0.049	0.104	−0.001	0.873
	换个环境调整情绪			0.596	−0.038	0.040	0.012	0.197	0.681
	增强情谊			0.654	0.403	0.122	−0.112	−0.029	0.539

在表 8.7 中，可以看到五个因子的 Cronbach's alphas 值分布在 0.726（因子 5：和家人、朋友在一起）和 0.848（因子 1：知识）之间，均大于推荐值 0.70（Nunnally，1978）。另外，通过可靠性分析发现，题项与整个题项的相关系数分布于 0.453 和 0.761 之间，均大于 Hair et al.（1998）的推荐值 0.40，预示着本书构建的五个因子对应的测量具有较好的可靠性。Cronbach's alphas 是指在用一组题项测量一个单一维

度潜在构念的过程中，这些题项所进行的心理测量间接反映内部一致性估计的信度。

从 19 个城市周边游憩动机均值表现来看，都市内部访客最希望满足的动机分别是放松心情（$M = 4.56$，$SD = 0.619$）、身心愉悦（$M = 4.54$，$SD = 0.616$）、亲近大自然（$M = 4.47$，$SD = 0.718$）、释放压力（$M = 4.45$，$SD = 0.699$）、呼吸新鲜空气（$M = 4.34$，$SD = 0.867$）、家庭温馨（$M = 4.28$，$SD = 0.842$）、换个环境调整情绪（$M = 4.26$，$SD = 0.770$）、体验新的生活（$M = 4.16$，$SD = 0.862$）、感受民俗风情（$M = 4.02$，$SD = 0.876$）、体验历史文化（$M = 4.02$，$SD = 0.894$）、增强情谊（$M = 4.00$，$SD = 0.901$）、增长知识（$M = 3.94$，$SD = 0.938$）、健身运动（$M = 3.82$，$SD = 0.984$）、体验宗教文化（$M = 3.58$，$SD = 1.059$）、打发时间（$M = 3.42$，$SD = 1.096$）、玩玩游乐设施（$M = 3.19$，$SD = 1.061$）。购买当地的土特产（$M = 3.09$，$SD = 0.999$）、寻找刺激（$M = 2.99$，$SD = 1.155$）、开展业务活动（$M = 2.58$，$SD = 1.085$）是城市内部访客欲望不是太高的动机。

关于五个因子的命名。第一个因子包含体验历史文化、感受民俗风情、体验宗教文化、增长知识和体验新的生活五个题项。这五个题项所体现的内涵与 Fodness（1994）的量表开发所识别的知识，Oh et al.（1995）发现的澳大利亚人的海外旅游的推力因素"知识/智力"，Jang and Cai（2002）发现的英国人的境外旅游的推力因素"知识寻求"，Su et al.（2018）关于美食旅游的研究发现的推力因素"文化体验"以及 Uysal and Jurowski（1994）发现的推力因素"文化经历"的含义存在一定的重叠和相似之处。因此，本书将其命名为知识。

第二个因子包含开展业务活动、玩玩游乐设施、购买当地的土特产、寻找刺激和打发时间五个题项。这五个题项所体现的含义与 Oh et al.（1995）发现的澳大利亚人的海外旅游的推力因素"新奇/冒险"，以及 Yuan and McDonald（1990）关于日本、法国、西德和英国四个国家的国民海外度假的旅游推力研究发现的"新奇的事物"存在一定的重叠之处，所不同的地方是本书所构建的第二个因子包含商业活动。因此，本书将其命名为商业和新奇。

第三个因子包含呼吸新鲜空气、亲近大自然、健身运动三个题项。这三个题项所反映的意义与 Kim and Lee（2002）和 Kim et al.（2003）发现的游憩推力因素"重视自然资源和健康"，Wang and Wang（2018）发现的游憩推力因素"对大自然的热爱"，以及 Oh et al.（1995）关于澳大利亚人的海外旅游的推力研究和 Uysal and Jurowski（1994）研究发现的相同推力因素"运动"存在一定的重叠和相似之处。因此，本书将其命名为亲近自然和运动。

第四个因子包含放松心情、释放压力、身心愉悦三个题项。这三个题项所反映的意义本质上与 Jang and Cai（2002）针对英国人的境外旅游研究发现的推力因素"休息和放松"和 Zanon et al.（2019）发现的游憩推力因素"休息和放松"存在相同之处。因此，本书将其命名为休息和放松。

第五个因子包含家庭温馨、换个环境调整情绪、增强情谊三个题项。这三个题项所包含的意义与 Crompton（1979）和 Yuan and McDonald（1990）发现的旅游推力因素"增进亲属关系"，Jang and Cai（2002）关于英国人的境外旅游研究发现的推力因素"和家人朋友团聚"，Sung et al.（2016）关于国际游客到中国台湾旅游研究发现的推力因素"和家人、朋友在一起"，Oh et al.（1995）关于澳大利亚人的海外旅游研究发现的推力因素"亲属/社会交往"，Uysal and Jurowski（1994）发现的推力因素"家庭团聚"存在一定的重叠和相似之处。因此，本书将其命名为和家人、朋友在一起。

从五个动机因子的均值来看，休息和放松的均值得分最高（$M = 4.516$，$SD = 0.539$），其次为亲近自然和运动（$M = 4.211$，$SD = 0.711$），和家人、朋友在一起（$M = 4.182$，$SD = 0.675$），知识（$M = 3.945$，$SD = 0.733$），商业和新奇（$M = 3.055$，$SD = 0.775$）。由此可见，城市内部访客外出游憩的主要目的是休息和放松、亲近自然和运动，以及和家人、朋友在一起。

8.4.4　基于游憩推力动机的市场细分

本书根据上述因子分析结果，以因子为基础分计算每一个因子的因子分，将其作为五个变量。将这五个变量放入两步聚类分析程序，使用对数似然距离测量方法对城市内部访客进行聚类分析。当聚类数为 2 时，BIC（Schwarz's Bayesian Criterion）变化量为 -237.139，BIC 变化率为 1.000，距离测量比率为 2.734；当聚类数为 3 时，这三个指标的绝对值陡然下降；当聚类数为 5 时，BIC 变化量、BIC 变化率这两个指标的绝对值下降到最低；当聚类数为 8 时，距离测量比率下降到最低。BIC 变化量、BIC 变化率和距离测量比率三个指标显示，城市内部访客聚类为两组比较合适。另外，轮廓系数为 0.4，该值大于 0.2，小于 0.5，处于适合（fair）状态（Li and Latecki，2012）。因此，本书认为基于游憩推力动机将城市内部访客分为两个子市场是比较恰当的。聚类分析的结果如表 8.8 所示。

表 8.8　自动聚类结果

聚类数	施瓦茨贝叶斯标准	BIC 变量化①	BIC 变化率②	距离测量比率③
1	1181.700			
2	944.562	−237.139	1.000	2.734
3	894.517	−50.045	0.211	1.394
4	874.956	−19.561	0.082	1.674
5	886.553	11.597	−0.049	1.246
6	907.276	20.723	−0.087	1.179
7	933.630	26.353	−0.111	1.137
8	963.776	30.147	−0.127	1.078
9	995.918	32.142	−0.136	1.104
10	1030.484	34.566	−0.146	1.170
11	1068.428	37.944	−0.160	1.084
12	1107.905	39.478	−0.166	1.188
13	1150.291	42.386	−0.179	1.031
14	1193.142	42.851	−0.181	1.009
15	1236.123	42.981	−0.181	1.023

注：①变化量根据表格中先前的聚类数计算；②变化率根据两个聚类解的变化计算；③距离测量比率根据当前的聚类数和之前的聚类数计算。

表 8.9 显示的是五个变量在两组中的图心值。第一组五个变量的均值均小于第二组对应的变量。也就是说，第一组人群在知识，商业和新奇，亲近自然和运动，休息和放松，和家人、朋友在一起五个变量上表现出较弱的利益诉求；第二组则相反。根据这五个变量在两组间所表现的差异性特征，本研究把第一组样本对象命名为游憩推力弱动机访客，该组的受访者占到了样本总体的 64.3%；把第二组样本对象命名为游憩推力强动机访客，该组的受访者占到了样本总体的 35.7%。

表 8.9　五个变量在两组中的图心值

聚类	知识		商业和新奇		亲近自然和运动		休息和放松		和家人、朋友在一起	
	均值	标准差	均值	标准差	均值	标准差	均值	标准差	均值	标准差
游憩推力弱动机访客	3.594	0.619	2.863	0.658	3.904	0.671	4.278	0.526	3.863	0.603
游憩推力强动机访客	4.576	0.441	3.400	0.851	4.764	0.360	4.945	0.176	4.756	0.330
组合	3.945	0.733	3.055	0.775	4.211	0.711	4.516	0.539	4.182	0.675

　　由于人文统计变量属于类别变量，本研究运用独立样本非参数曼-惠特尼 U 检验（Mann-Whitney U test）方法，分别检验人文统计变量在两个子市场间分布的差异性。曼-惠特尼 U 检验显示，性别（$p=0.118>0.05$）、年龄（$p=0.271>0.05$）、受教育程度（$p=0.446>0.05$）、收入水平（$p=0.103>0.05$）、婚姻状况（$p=0.036<0.05$）、居住地（$p=0.420>0.05$）意味着除了婚姻状况这个变量，两个市场关于性别、年龄、受教育程度、收入水平和居住地五个人文统计变量的分布没有显著差异。数据分析发现，已婚有子女的人，对呼吸新鲜空气、健身运动、亲近大自然、身心愉悦、家庭温馨表现出更高的兴趣和欲望；未婚人士对寻求刺激、体验新生活和玩玩娱乐设施表现出更高的兴趣和欲望。

8.4.5　城市周边游憩拉力测量的可靠性和各个要素的重要性

　　对本书构建的 18 个城市周边游憩拉力动机进行可靠性分析。数据分析显示，Cronbach's alphas 为 0.925，题项与整个题项的相关系数分布在 0.445（促销活动）和 0.746（旅游设施的舒适性）之间，大于 Hair et al.（1998）的推荐值 0.40，预示着本书构建的城市周边游憩拉力动机关联的测量具有较好的可靠性。

　　由表 8.10 的数据可以看出，本书构建的 18 个城市周边游憩质量属性都比较重要，即它们的均值均大于 3（中间值）。重要性排在前五位的依次是游客的身心安全、来往景区交通的便捷性、景区整体清洁度、服务人员的友好性、价格合理性。游憩地管理组织应该把这 18 个服务项目做好，以期对城市内部访客形成拉力。

表 8.10 城市周边游憩质量属性重要性排序

重要性排序	服务项目	均值	标准差
1	游客的身心安全	4.658	0.580
2	来往景区交通的便捷性	4.560	0.599
3	景区整体清洁度	4.526	0.596
4	服务人员的友好性	4.520	0.626
5	价格合理性	4.517	0.646
6	旅游设施的舒适性	4.505	0.622
7	旅游信息的准确度	4.431	0.680
8	景区内线路设计合理	4.354	0.699
9	旅游项目的独特性	4.338	0.726
10	住宿设施	4.326	0.736
11	旅游项目的特色化	4.308	0.772
12	咨询服务	4.225	0.779
13	餐饮的特色	4.222	0.729
14	投诉服务	4.178	0.842
15	售票服务	4.135	0.805
16	旅游项目的多样性	4.083	0.799
17	促销活动	3.735	1.005
18	旅游商品的特色	3.658	1.026

8.4.6 城市周边游憩拉力因素对两个细分市场的识别

本书将城市周边游憩 18 个拉力因素作为预测变量，把游憩推力弱动机访客和游憩推力强动机访客两个子市场作为因变量，进行典型判别分析（Canonical discriminant analysis）。典型判别分析用于验证两个子市场方案的精确性（Prayag and Hosany，2014）。通过组间均值等同性检验发现，在 Cronbach's alphas 为 0.001 的水平上，18 个质量属性的重要性在两个子市场间差异显著。这意味着所有的游憩拉力因素对跨组间评估存在显著的影响。具体数据如表 8.11 所示。

表 8.11 组间均值等同性检验和标准化典型判别函数的系数

变量	组内平方和与总平方和之比（Wilk's Lambda）	F 检验的值	显著性	标准化系数 函数 1
旅游项目的多样性	0.872	47.244	0.000	0.269
旅游项目的特色化	0.914	30.579	0.000	−0.262
旅游项目的独特性	0.882	43.131	0.000	0.356
景区内线路设计合理	0.865	50.486	0.000	0.080
景区整体清洁度	0.895	37.753	0.000	0.016
来往景区交通的便捷性	0.896	37.577	0.000	0.093
旅游设施的舒适性	0.865	50.247	0.000	0.148
服务人员的友好性	0.913	30.678	0.000	−0.166
售票服务	0.920	27.899	0.000	−0.056
咨询服务	0.897	37.256	0.000	0.128
旅游信息的准确度	0.884	42.492	0.000	0.024
餐饮的特色	0.861	52.330	0.000	0.198
旅游商品的特色	0.883	42.899	0.000	0.231
住宿设施	0.889	40.457	0.000	0.140
投诉服务	0.900	35.713	0.000	0.085
价格合理性	0.898	36.608	0.000	0.039
促销活动	0.932	23.508	0.000	0.086
游客的身心安全	0.885	42.056	0.000	0.155

判别函数 1：组内平方和与总平方和之比为 0.737，$\chi^2 = 95.884$ （$df = 18$），$p = 0.000$，典型相关系数为 0.513

分组	组重心处评估的典型判别函数 函数 1
游憩推力弱动机访客	−0.444
游憩推力强动机访客	0.800

典型判别函数的特征根为 0.357，典型相关系数（canonical correlation）为 0.513，$(0.513)^2 = 0.263$，意味着构建的判别函数模型解释了因变量 26.3% 的方差，显著大于最低解释方差量 10%；组内平方和与总平方和之比（Wilk's Lambda）为 0.737，$p = 0.00$，由此可见，构

建的判别函数是有效的。标准化典型判别函数的系数如表 8.11 所示。由表 8.11 可以看出，从标准化典型判别函数的系数的绝对值大小来看，周边游憩质量属性能识别两个子市场的主要有旅游项目的独特性（0.356）、旅游项目的多样性（0.269）、旅游项目的特色化（−0.262）、旅游商品的特色（0.231）、餐饮的特色（0.198）、服务人员的友好性（−0.166）、游客的身心安全（0.155）、旅游设施的舒适性（0.148）、住宿设施（0.140）、咨询服务（0.128）十个变量；识别两个子市场能力最弱的两个游憩质量属性分别是景区整体清洁度（0.016）、旅游信息的准确度（0.024）；其他质量属性的识别能力居于上述两个变量群的中间。

十五个城市周边游憩质量属性在感知显著增加的情境下越能激发推力动机强的城市内部访客：旅游项目的独特性（0.356）、旅游项目的多样性（0.269）、旅游商品的特色（0.231）、餐饮的特色（0.198）、游客的身心安全（0.155）、旅游设施的舒适性（0.148）、住宿设施（0.140）、咨询服务（0.128）、来往景区交通的便捷性（0.093）、促销活动（0.086）、景区内线路设计合理（0.080）、价格合理性（0.039）、旅游信息的准确度（0.024）、景区整体清洁度（0.016）。主要原因在于上述这些质量属性的系数大于 0，这些属性的增加使得游憩推力强的市场函数的判别分的增加率显著高于游憩推力弱的市场函数的判别分的增加率。三个城市周边游憩质量属性在感知显著增加的情境下越能激发推力动机弱的城市内部访客：旅游项目的特色化（−0.262）、服务人员的友好性（−0.166）、售票服务（−0.056）。主要原因在于上述三个质量属性的系数小于 0，这些属性的增加使得游憩推力弱的市场函数的判别分的减少率显著低于游憩推力强的市场函数的判别分的减少率。

进一步而言，两个细分市场的组重心可建立判别函数的意义。组重心是一个特定市场判别分的均值，判别函数可以通过负的组重心识别游憩推力弱动机的访客，通过正的组重心识别游憩推力强动机的访客。组重心的结果意味着标准化典型判别函数中系数大于 0 的游憩质量属性显著增加越能识别游憩推力强的城市内部访客，系数小于 0 的游憩质量属性显著增加越能识别游憩推力弱的城市内部访客。

表 8.12 提供了识别两个子市场的函数系数。对于新的城市内部访客而言，可以针对这名访客实施城市周边游憩拉力因素各个重要性的访问调查，将获得的 18 个拉力因素的重要性感知代入表 8.12 呈现的两个子市场的函数表达式中，然后计算两个判别函数的得分，得分最高的一类就是该访客归属的对应类别，即游憩推力弱动机访客或游憩推力强动机

访客。

表 8.12 两个子市场的函数系数（Fisher 线性判别函数）

	游憩推力弱动机访客	游憩推力强动机访客
旅游项目的多样性	0.592	1.040
旅游项目的特色化	−0.195	−0.636
旅游项目的独特性	3.271	3.918
景区内线路设计合理	−1.115	−0.963
景区整体清洁度	3.433	3.468
来往景区交通的便捷性	3.029	3.232
旅游设施的舒适性	0.660	0.977
服务人员的友好性	0.461	0.116
售票服务	0.252	0.161
咨询服务	0.704	0.920
旅游信息的准确度	0.087	0.135
餐饮的特色	1.778	2.142
旅游商品的特色	0.854	1.151
住宿设施	1.721	1.971
投诉服务	−0.923	−0.791
价格合理性	2.347	2.427
促销活动	0.976	1.086
游客的身心安全	6.577	6.929
常量	−53.102	−65.097

表 8.13 报告了运用典型判别函数识别两个子市场的数据结果。构建的判别函数正确识别了 76.0％的原始样本。交叉检验总体上正确识别了 72.9％的样本。交叉检验结果显示，第一个预测组识别了 73.2％的游憩弱动机访客，第二个预测组识别了 72.4％的游憩强动机访客，这两个比例显著大于 50％×1.25＝62.5％。这预示着本书构建的判别函数有效。

表 8.13　分类识别结果①③

原始分类及交叉检验		访客市场	预测组成员		总量
			游憩推力弱动机访客	游憩推力强动机访客	
原始	总数	游憩推力弱动机访客	158	51	209
		游憩推力强动机访客	27	89	116
	百分比	游憩推力弱动机访客	75.6	24.4	100.0
		游憩推力强动机访客	23.3	76.7	100.0
交叉检验②	总数	游憩推力弱动机访客	153	56	209
		游憩推力强动机访客	32	84	116
	百分比	游憩推力弱动机访客	73.2	26.8	100.0
		游憩推力强动机访客	27.6	72.4	100.0

注：①构建的判别函数正确识别了 76.0％ 的原始样本；②仅对分析中的样本进行交叉检验，在交叉检验时，每个样本都按照除该样本之外的所有样本派生的函数进行分类；③交叉检验总体上正确识别了 72.9％ 的样本。

表 8.14 提供了两个子市场对城市周边游憩质量属性重要性的评价，游憩推力强动机访客对各个质量属性的权重的赋值均大于游憩弱动机访客。

表 8.14　两个子市场对城市周边游憩质量属性重要性的评价

服务项目	游憩弱动机访客（$n=209$）		游憩强动机访客（$n=116$）	
	均值	标准差	均值	标准差
旅游项目的多样性	3.871	0.745	4.466	0.751
旅游项目的特色化	4.139	0.750	4.612	0.720
旅游项目的独特性	4.153	0.731	4.672	0.586
景区内线路设计合理	4.163	0.709	4.698	0.531
景区整体清洁度	4.383	0.618	4.784	0.453
来往景区交通的便捷性	4.416	0.623	4.819	0.449
旅游设施的舒适性	4.335	0.645	4.810	0.436
服务人员的友好性	4.383	0.633	4.767	0.533
售票服务	3.967	0.743	4.440	0.827
咨询服务	4.038	0.765	4.560	0.689

服务项目	游憩弱动机访客（n=209）		游憩强动机访客（n=116）	
	均值	标准差	均值	标准差
旅游信息的准确度	4.258	0.707	4.741	0.496
餐饮的特色	4.019	0.707	4.586	0.620
旅游商品的特色	3.397	0.925	4.129	1.034
住宿设施	4.144	0.759	4.655	0.561
投诉服务	3.981	0.849	4.534	0.703
价格合理性	4.364	0.688	4.793	0.448
促销活动	3.541	0.940	4.086	1.026
游客的身心安全	4.512	0.644	4.922	0.299

8.5 结论和讨论

8.5.1 结论

本研究识别了城市周边游憩的特性，充分回顾了游憩推拉动机理论关联的研究，结合中国和西方国家逆城市化的发展趋向，把中国副省级城市和直辖市两类城市内部访客的城市周边游憩活动作为研究对象，描述了访客的游憩频率和对各类游憩项目的偏好程度。在此基础上，开发出具有可靠性和有效性的城市周边游憩推的动机测量量表和拉的动机测量量表。实证研究显示，推的动机由五个维度 19 个测项组成，由此可将城市内部访客细分为游憩推力弱动机访客和游憩推力强动机访客。拉的动机由 18 个游憩质量属性构成，它可以识别和到达城市内部访客市场。

8.5.2 讨论

第一，本书发现居住在副省级城市和直辖市两种类型城市中的市民，他们一半以上至少在一个月内要到城市周边游憩带游玩一次。性别、年龄、收入水平和居住地四个人文统计变量对城市周边游憩的频率不产生影响。也就是说，基于上述人文统计变量形成的市场细分，各细分市场的游憩访问频率具有无差异性。进一步而言，基于上述人文统计变量的市场细分在现实中是没有意义的。相反，基于婚姻状况的游憩市场细分具有现实意义。离异比未婚和已婚有子女两类人群对城市周边游憩表现出较高的愿望。在推力上，已婚有子女的人对呼吸新鲜空气、健身运动、亲近大自然、身心愉悦、家庭温馨五个要素表现出更高的兴趣和欲望；未婚的人对寻求刺激、体验新生活和玩玩娱乐设施三个要素表现出更高的兴趣和欲望；结婚无子女的人群对健身运动、身心愉悦两个要素表现出浓厚的兴趣和较高的欲望；离异人士对开展业务活动表现出浓厚的兴趣和较高的欲望。游憩目的地组织可以根据潜在城市内部访客的婚姻状况设计出对应的具有高拉力的游憩项目。

第二，城市内部访客对城市周边游憩项目的偏好顺序依次是自然观光、民俗体验、人文观光、运动休闲和人工娱乐。自然观光偏好的提及率达到 87.7％，远远高于偏好提及率位居第二的民俗体验（45.8％），前者近似于后者的两倍。不同性别、不同年龄段、不同受教育程度、不同收入水平和不同居住地的城市内部访客均把自然观光类项目的偏好排在第一位，把人工娱乐类项目的偏好排在最后一位。中国城市内部访客高度偏好自然观光类项目，与如下学者在旅游和游憩研究中发现的拉力因素存在重叠和相似之处：Sargent（1972）发现的"亲近自然"、Uysal and Jurowski（1994）发现的"自然"、Oh et al.（1995）发现的"自然/户外"、Klenosky（2002）发现的"自然资源"、Kim and Lee（2002）发现的"丰富的自然资源"、Jang and Cai（2002）发现的"自然与历史环境"、Hassell et al.（2015）发现的"亲密自然"。这反映了亲近大自然是人类共通的天性。钢筋混凝土构建的生活空间阻隔了城市居民与大自然，让人们的精神得到舒缓和压力得到释放的最佳方式就是走到城市生活的对立面，即大自然。

第三，本书构建了中国背景下的城市周边游憩推力动机测量体系，它由五个维度 19 个测项构成，具有较好的可靠性和有效性。将认同程度由高到低排列，城市周边游憩动机由如下 19 个题项构成：放松心情、身心愉悦、亲近大自然、释放压力、呼吸新鲜空气、家庭温馨、换个环境调整情绪、体验新的生活、感受民俗风情、体验历史文化、增强情谊、增长知识、健身运动、体验宗教文化、打发时间、玩玩游乐设施、购买当地的土特产、寻找刺激、开展业务活动。对这 19 个变量进行因子分析，产生了知识、商业和新奇、亲近自然和运动、休息和放松以及和家人、朋友在一起五个因子。在此基础上，对五个因子关联的样本进行聚类分析，产生了两个子市场，即游憩推力弱动机访客，占总样本量的

64.3%；游憩推力强动机访客，占总样本量的35.7%。除了婚姻状况这个变量，性别、年龄、受教育程度、收入水平和居住地五个人文统计变量在两个子市场间的分布均没有显著差异。也就是说，我们可以用游憩动机识别城市内部访客，用人文统计变量对城市内部访客进行分类存在难度。因此，本研究再一次证实了动机是游憩领域最重要的变量之一，因为它是所有游憩行为背后的驱动性和激励性的力量（e. g.，Oh et al.，1995）。游憩推力强动机访客比游憩推力弱动机访客在知识、商业和新奇、亲近自然和运动、休息和放松以及和家人、朋友在一起五个方面都表现出更强烈的欲望。

第四，从推力角度来看，中国城市居民城市周边游憩动机表现出与西方国家不同的因素，也表现出一些相同的因素。逃离是西方国家国民常见的推力因素（Crompton，1979；Hassell et al.，2015；Jang and Cai，2002；Kim et al.，2003；Lewis and D'Alessandro，2019；Oh et al.，1995；Yuan and McDonald，1990），然而，在本研究中却没有出现这个因素。中国人的社会生活乃至心灵的归属感几乎都来源于家庭，家庭的人伦关系和责任安排是中国人快乐的源泉。致力于营造家庭温馨气氛的家长会让子女感受到心理的安全和有趣的生活，与此同时，家长在对子女的无偿付出中感受到快乐。儒家文化倡导尊重长辈和社会阶层，强调和谐、合作和保留面子（Niu et al.，2020），因此对比西方，中国人不会因为日常生活中的人际关系问题而逃离感知的世俗环境（Mannell and Iso-Ahola，1987），不存在促使人逃离家庭环境的文化基础。另外，声望也是西方国家国民常见的推力因素（Crompton，1979；Oh et al.，1995；Turnbull and Uysal，1995；Yuan and McDonald，1990），然而，在本研究中也没有发现这个因素。主要的原因在于中国城市周边游憩景区的门票定价较低，城市居民的可支配收入自改革开放以来稳定增长，完全能够支付门票，因此，到城市周边游憩不再是与众不同的身份的体现。值得关注的是，本研究发现的三个推力因素，即知识、商业和新奇以及和家人、朋友在一起，是西方国家国民到境外旅游或远距离度假旅游的时候所产生的利益需求（e. g.，Fodness，1994；Lewis and D'Alessandro，2019；Jang and Cai，2002；Oh et al.，1995；Sung et al.，2016；You and O'Leary，1999），而对中国城市居民而言，则是城市周边游憩的三个推力。亲近自然和运动、休息和放松两个推力则是与西方国家国民近距离旅游存在的两个相同的因素（e. g.，Lewis and D'Alessandro，2019；Zanon et al.，2019）。

第五，休息和放松是城市内部访客城市周边游憩最认同的动机，它在本研究构建的五个因子中均值居于第一位。这一发现与西方的研究相一致（Guinn，1980；Whiting et al.，2017；Zanon et al.，2019）。可以认为，人们希望从当下繁忙紧张的工作中走出来，或者从已经让人单调烦躁的环境中走出来，通过短暂的游憩活动，调整自己的身体和精神状态，以便更好地处理新的工作任务或者既定的日常活动（Hammitt，2000）。相反，西方国家国民到海外旅行，最重要的动机是知识，而休息和放松却排在最后的位置（Jang and Cai，2002），这恰恰证实了短途旅行和长途旅行之间的差异性。

第六，本书发现中国城市内部访客存在开展业务活动即与商业活动关联性强的推力动机，它反映在商业和新奇这个因子当中。这个推力动机与西方的研究具有明显的差异。西方既有的研究表明，人们的游憩活动主要是为了逃离日常生活、体验探险经历、进行放松和锻炼，以及开展相应的社交活动（Whiting et al.，2017）。他们的研究并未表明游憩活动是人们日常工作的延续，外出游憩也并非与工作相关的商务活动。虽然现有研究表明社交是常见的游憩推力因素，但这种社交多以有共同的游憩活动爱好或兴趣为前提，如攀岩、激流皮划艇等，它强调在共同爱好的游憩活动中结交志同道合的朋友，并不涉及相关的业务活动。但在本书的研究中，笔者发现开展相关的业务活动也是驱动人们外出游憩的一个推力因素。这一推力因素与西方国家人们的游憩动机形成了鲜明的对照。这可能的原因是一些公司会在周末或者假期邀请一些业务关联公司的人员到本地的城市周边游憩带一同休闲和游玩，例如，一起享受美食，一起游泳，一起爬山，这样不仅可以增进彼此之间的感情，而且可以在共同的游憩活动中商谈业务内容。换个轻松的环境洽谈业务，会让紧绷的气氛松弛下来，玩中谈，谈中玩，给双方一定的回旋余地，有助于建立长期友好的合作关系。

第七，中国和西方游憩推力动机第二个最大的差异点是西方访客表现出较强的冒险性和挑战性，而中国访客则表现出较多的温和性和顺从性。文化价值观影响人的态度、行为和生活方式。文化价值观主要包含权力距离、不确定性规避、个人主义与集体主义、男性主义与女性主义（Hofstede，1980；2001）。权力距离是指在一个组织中权力的集中程度以及地位较低的成员对于权力分配不平等的接受程度。组织中权力越集中，其地位较低的成员对权力不平等的接受程度越大，意味着权力距离就越大。不确定性规避是指社会能在多大的程度上容忍不确定性。不确定性规避程度越高（低），人们的紧迫感（安全感）越强，越倾向于努力进取（放松）的生活态度。个人主义与集体主义是指个人融入集体的程度。个人主义强调个人依靠自身努力去实现价值和谋取利益，而集体主义主张个人从属于社会，个人利益应服从集体利益。男性主义与女性主义是指在社会中男性/女性价值观占主导地位的程度。男性价值观占主导地位的社会强调男子气概，如自信武断、进取好胜等，而女性价值观占主导地位的社会与之完全相反。Hofstede（2015）的研究显示[1]，权力距离指数，中国是80，美国是40；不确定性规避指数，中国是30，美国是46；个人主义，中国是20，美国是91；男性主义，中国是66，美国是62。除了男性主义中国和美国相差不大，其他文化价值观指数均存在显著差异。由于美国文化比中国文化表现出较强的个人主义，所以以美国为代表的西方国家的访客在"挑战""冒险""独立"（Caber and Albayrak，2016；Ho and Peng，2017）推力方面表现出浓烈的行为倾向；美国文化中的不确定性规避指数显著大于中国文化，美国人就会表现出较强的紧迫感，生活态度倾向于努力进取。以美国为代表的西方国家的访客，在"探索和评估自我""价值表现""新奇的事物""探险"（Crompton，1979；Fodness，1994；Lewis and D'Alessandro，2019；Oh et al.，1995；Yuan and McDonald，1990）推力方面就会表现出较高的行为倾向。因此，西方学者关于旅游和游憩所形成的推力理论就无法完全描述中国访客关联的需求和欲望。由此，构建的与推力相匹配的拉力因素也会与中国旅游和游憩关联的项目属性不一致。

第八，本书通过典型判别函数将拉的动机与推的动机建立起有机的联系。本书构建的城市周边游憩18个质量属性测量体系具有较高的可靠性和有效性。可靠性主要体现在构念内部的一致性，以及各个测量题项可以反映构念的内容效度。有效性主要体现在它可以识别城市周边游憩推的动机。城市内部访客对这18个质量属性的重要性评价均大于中值，显示对其权重赋值较高。游憩目的地管理组织应该把这18个质量属性做好并长期维持好，以期对城市内部访客形成拉力，激发他们内心的推的动机。按照重要性的均值从高到低排序，城市周边游憩质量属性由如下18个项目组成：游客的身心安全、来往景区交通的便捷性、服务人员的友好性、价格合理性、景区整体清洁度、旅游设施的舒适性、旅游信息的准确度、景区内线路设计合理、住宿设施、旅游项目的特色化、旅游

---

[1] https://geerthofstede.com/landing-page/.

项目的独特性、咨询服务、餐饮的特色、投诉服务、售票服务、旅游项目的多样性、旅游商品的特色、促销活动。本研究发现，游憩质量属性能够有效识别两种细分市场，游憩推力强动机访客对各个质量属性的权重赋值均大于游憩推力弱动机访客。旅游项目的独特性、旅游项目的多样性、旅游项目的特色化、旅游商品的特色、餐饮的特色五个质量属性在识别游憩推力动机所形成的两个子市场中贡献居于前五名。标准化典型判别函数中系数大于零的游憩质量属性显著增加越能识别游憩推力强的城市内部访客，系数小于零的游憩质量属性显著增加越能识别游憩推力弱的城市内部访客。

第九，就拉力因素而言，本研究摈弃把特定具体的游憩项目或者设施作为拉力因素的做法，如灌木和自然小路、先进的皮划艇设备（Wang and Wang，2018），从城市周边游憩五类项目（即自然观光、民俗体验、人文观光、运动休闲和人工娱乐）中提炼共同的游憩质量属性，使得拉的动机测量量表具有广泛的应用性，即可以测量所有游憩项目的质量属性。同时，本研究发现城市内部访客最为关心的三个拉力因素分别为游客的身心安全、来往景区交通的便捷性和服务人员的友好性。这些拉力因素在西方的研究中也得到了体现（Kim et al.，2003；Jang and Cai，2002；Sung et al.，2016；Yuan and McDonald，1990）。

8.5.3　研究局限及未来的研究方向

第一，本书采取方便抽样和滚雪球抽样两种抽样方法相结合的方式通过邀请微信好友获取受访对象，虽然样本量达到了 325 个，样本的结构也有一定的代表性，但从更大的范围来看，还需要改进。未来的研究可以采取随机抽样的方式从每个城市获取一定数量的大样本，借此方式获取数据，然后通过数据分析进一步验证本书关于本主题的研究结论。

第二，本书聚焦于已经基本上形成环城游憩带雏形的副省级城市和直辖市两类城市的居民，将其作为研究对象，识别和分析城市周边游憩频率、游憩目的地的偏好、游憩推力和拉力之间的关系，未来的研究可以拓展到省级城市、地市级城市和县级城市，分析这些不同行政级别的城市居民的城市周边游憩特征以及游憩推力和拉力之间的关系，验证本书提出的理论架构。

第三，本书是基于一个宽泛的城市周边游憩情境，从社会心理学角度构建的推力和拉力动机系统，它突出的优势是可以评估同一城市不同人文统计特征人群、不同城市内部居民的游憩推力强度，城市周边不同游憩项目的拉力强度，以及评估哪些拉力因素更能激发不同推力强度的访客。这套测量系统具有概括性和抽象性，进而限制了它对特定游憩项目的指导性和契合性，如攀岩和食品旅游。因此，在测量一个具体的游憩项目的时候，就需要根据游憩项目的特征将拉力因素具体化。

第四，本研究构建游憩推力动机的基本假设是推力因素和拉力因素是两个相互独立的构念，推力是拉力的前置因素。但是，有些研究人员认为不应该将推力因素和拉力因素视为两个完全独立于彼此而起作用的动机因素（Klenosky，2002）。他们认为，人们旅游是因为他们受到自身内部力量的推动，同时也受到目的地及其属性的外部力量的拉动（Uysal et al.，2008）。然后，他们从推力因素和拉力因素两者之间的联系出发识别细分市场。本研究的做法和这些学者的做法都存在合理性，本研究的合理性体现在游憩项目的产品设计、促销方案、定价策略要以城市访客的需要和欲望为基础，这些学者的做法的合理性是不同的营销方案和推力要素联系在一起构建了不同的访客市场。

第五，虽然推拉动机框架为思考目的地选择行为提供了一种有用的方法，但这个理论仅考虑吸引访客的正向因素，没有整合阻碍一个人去回避目的地的负向因素。因此，动机仅是解释城市内部访客到环城游憩带游玩行为偏好的众多变量之一，环城游憩带景区营销管理者在制定决策的过程中还应当考虑其他变量，如城市内部访客感知到的抑制性因素（inhibitors）和环境约束性因素（situational constraints）。未来的研究可以从访客感知的抑制性因素和环境约束性因素去研究城市周边游憩的限制性因素，如距离/可达性、工业发展水平、商业活动、名声、噪音、垃圾、犯罪/安全感、安全和健康的担忧、等级的差异性等。

第六，由于研究目的使然，本书仅从推拉理论角度识别和验证中国城市内部访客关于城市周边游憩活动的动机，未来的研究可以跳出这个理论框架，分别从马斯洛的需求层次理论（Maslow's need hierarchy theory）、旅游职业理论（Pearce's travel career ladder）、期望理论（Lawler's expectancy theory）、社会心理模型（Iso-Ahola's social psychological model）、态度的功能模型（Functional theory of attitudes）（Alén et al.，2015；Fodness，1994）、促进—抑制模型（facilitator-inhibitor）（Um and Crompton，1992）入手，研究城市周边游憩活动的动机。对比本书的研究贡献，丰富城市周边游憩动机理论。

第 9 章　城市再访问意愿的影响机理

9.1　引言

　　当前，旅游业在我国经济发展中的贡献越来越突出。根据国家统计局数据，2019 年我国国内旅游人数为 60.1 亿人次，国内旅游收入为 5.7 万亿元，国内旅游人次同比增长 8.4%，旅游收入同比增长 11.7%，占国内生产总值的 11.5%，国内旅游业发展势头强劲，这标志着大众旅游时代的到来。在这样的背景下，相比传统的旅游目的地而言，城市旅游最近几年开始受到了城市管理者和学者的重视（e.g.，刘震等，2019；Li et al.，2020）。但这种重视主要聚焦于外来旅游者到城市景点的游玩，如研究上海迪斯尼度假区或外滩游玩的频率。我们知道，一个人到一个城市，不单纯是为了旅游，还广泛存在除了旅游之外的其他目的，如政务活动、商务活动、参加学术会议、走亲访友等，不一而足。也就是说，城市和单一的旅游景点不同，它拥有超强的综合实力，以其丰富的休闲娱乐场所以及旅游景点吸引着休闲观光类访客，以其频繁的经济活动和现代化的商务环境吸引着商务型访客，以其现代化的医疗设备和优质的医生资源吸引着偏远地区的重病患者，以其独特的高等教育资源吸引着参加会议、求学和培训类的访客。总之，城市是一个具有多种功能的综合体，它吸引着各种各样的访客频繁进出城市。

　　访客是指访问的目的地不是其通常居住的地区，其目的不是被目的地的常驻实体单位雇佣并获取劳动报酬，且在外持续停留时间不足一年的人（Leiper，1979）。不管何种类型的访客出于什么样的目的访问一座城市，他的到来都会在这座城市产生消费。在一个城市的住宿、交通等基础设施可接纳的人数范围内，访客数量越多，对这个城市的经济拉动效应就越大。因而，对城市营销者来讲，就希望有更多的人到此访问，同时也希望访问过的人继续访问,由此产生持续拉动效应。这样就产生了一个问题:对于上述不同类型的城市访客而言,排除特定的目的,如来这座城市看病、推销产品,访问过一个城市后,基于顾客满意的视角,哪些共同因素可促使人们再一次访问这座城市呢?目前就这个问题学术上尚未给出一个明确的答案,本书致力于在这一章解决这个问题。

9.2 文献回顾和理论假设

9.2.1 时空行为理论

20世纪60年代后期诞生的行为学派为理解人类活动和地理环境在时间和空间上的复杂关系提供了独特的视角。经历半个多世纪的发展,行为学派不断壮大和丰富,逐渐形成了强调主观偏好与决策过程的行为主义地理学(Golledge and Stimson,1997)、强调客观制约与时间空间利用的时间地理学(Ellegård and Svedin,2012)、强调活动—移动系统与规划应用的活动分析法(Chapin,1974)等视角的理论。目前,这些理论与结构化理论、GIS技术、行为模拟技术、叙事分析技术相结合,实现了与社会学、城市规划、交通规划等学科的交叉。

行为主义地理学、时间地理学、活动分析法等关注微观个体的理论与方法,为地理学提供了基于人的视角的空间移动理论和方法论。例如,时间地理学出于对区域科学中的人的思考,提供了一种在时间和空间中关注个体活动的理论解释(柴彦威等,2017)。随着科学技术的发展,GPS定位技术逐步应用到访客行为的研究中,可以准确记录个体在时间和空间两个维度上的移动规律。

一名访客到一座城市访问,必然在某个时间段内通过空间位置的不断变化,开展不同的活动并努力实现这些活动的目的,进而实现本次访问的总体目的。城市中不同的资源可以视作一个独立的节点,访客通过空间位移和消费选择连接不同的节点,进而形成访客行为的共性和规律性。

9.2.2 场理论

在心理学领域,有一个被称为场理论(field theory)的社会行为理论,它是由Lewin(1952)建立起来的。场理论认为,人的活动受到他周围环境中的力量（或者称为"场"）的影响，这个场可以是变化的驱动力，也可以是抑制期望变化的阻力。场理论主要用来分析和检验个体与整个场或环境之间的相互作用模式。它的典型表达公式是 $B = f(P \times E)$。这个公式的含义为一个人的行为（behavior）是人的内在因素（personality）与其当时所处情景或环境（environment）的函数。进一步而言，生活空间表示各种可能事件的全体，是在一定时候决定个体行为的全部事实的总和，包括人和环境，个人则是一个生活空间的变异区域。行为是生活空间的函数，即这个人与其所处环境的函数。个体及其所处的环境这两个相互关联的变量，在"一定时间的场"中发生变化而产生出各种行为。任何行为或任何发生在心理场的变化仅仅取决于那个时候的"心理场"，取决于个人的内在需要和周围环境的相互作用，其行为方向取决于内部与情境力场（环境因素）的相互作用，其中内部力场的张力又是主要的决定因素。

现代城市内部物化了人地关系，使得人地关系具有无根性和无意义，也使得人的本性与现实环境的距离越来越大，增加了距离感和冷漠感。因此，互动主义观点在场理论基础上进行了进一步的演化，即人的行为和经历体验既受到个人内在因素和外部环境的影响，也受到人与人之间互动性的影响（Yarnal and Kerstetter，2005）。因为人类行为和动物行为最大的区别在于社会性，如果不考虑社会互动，就无法理解人的行为。

娄思元（2018）认为，访客的空间行为是从出发地到目的地再到返程地整个经历过程中访客的各类活动的空间选择、空间分配、空间相处、空间组合等行为。其中，空间选择是指访客的空间决策行为；空间分配是指访客在不同的空间安排不同的活动；空间相处是指访客与空间的相处行为，包括移动和停驻；空间组合是指访客选择或分配的不同空间的组合。空间选择是个人内在因素即动机的体现，如访客计划到某座城市看病，他需要评判在这个城市的所有医院中哪家医院比较专业，以及预计花多少钱才能看好，由此确定治疗疾病的医院。医院确定后，患者就要按照医院规范的流程配合治疗，并根据不同的环节规划自己在医院不同空间中的活动内容以及和哪些部门或者医护人员进行交流和互动。这些空间分配、空间相处和空间组合行为就涉及人与人之间的互动性和这位患者所处的外部环境。因此，从这个意义上来说，城市访客的空间行为受到访客的个人内在因素、在城市空间中的社会互动和城市环境的影响。

根据场理论，访客到一个城市访问，个人内在因素即动机和需求，是个人空间行为的决定性因素。撇开访客的特定目的，如看病、走亲访友、业务推广等，所有的访客在空间移动中不可避免地和吃、住、行、游、娱、购六个资源节点发生联系。从马斯洛的需要层次理论来看，吃、住、行是人的生理需求，虽然是最低层级的需求，但是它们是最必要的需求。如果这些需求得不到满足，访客很难发生空间移动和停驻，更无法开展关联的活动。游、娱、购是访客实现了阶段性目的或者完成了本次访问的全部目的之后所做的精神补偿，或者是没有完成目的的负面情绪排泄。站在城市服务设施角度看，访客的六种需要正好由餐饮服务、住宿服务、交通服务、旅游服务、娱乐服务和购物服务六种对应的服务设施给予满足（Murphy et al.，2000）。

按照拓展的场理论即互动主义观点，访客在城市空间中的社会互动也是影响访客空间行为的主要因素。这种社会互动主要体现在访客与本地居民的社会接触，这种社会接触会影响访客的行为，进而影响访客在城市空间内的体验感知。按照时空行为理论中的活动分析法（Chapin，1974）的思路，访客的各类空间行为不可避免地要和当地居民发生接触，如销售代表下了飞机，乘坐出租车到达旅馆，休息片刻后去拜访代理商，商谈渠道开发和市场渗透业务，达成一致意见后，和代理商一起走访零售商。在这一系列的活动过程中，他需要和出租车司机、旅馆前台的工作人员、旅馆房间的服务人员、当地代理商的经理和关联的业务人员、下一级渠道商的管理人员、零售商的门店经理和促销人员、普通的消费者等当地的居民在不同的时间和地点发生礼貌性交流、商务交易细节的洽谈等互动行为。当地居民的素质将影响这位访客的体验感知。如果当地居民的素质比较高，如表现出较高的涵养、礼貌、热情、友善，则这位访客的心情就比较愉悦，他做事的效率就比较高；如果当地居民粗鄙、冷淡、敌视、欺诈，则这位销售代表内心就会感到压抑和痛苦，小心并提防当地居民，做事的效率就不会太高。当然，除了开展业务活动要与当地居民发生接触，这位销售代表的就餐、娱乐休闲、旅游和购物活动也要和不同场合的当地居民发生接触，这些接触同样也会影响他的空间行为结果和效率，以及关联的心理感受。Cohen（1978）在分析访客经历体验时提出了社会接触维度，他认为访客喜欢和当地居民接触，有些访客是为了寻求新颖的旅游体验，有些访客则更喜欢观察当地人的生活。

不容置疑，城市环境也是影响访客空间行为的关键因素，也就是说，人与空间环境互动的质量导致人们产生舒适与否的感觉，然后，这种感觉决定了人对环境的回应，即行为。换言之，人对空间环境有一种感应过程，人的行为就是感应过程的结果。从这个意义上来讲，城市目的地空间内存在的常见的环境问题，如空气污染、环境脏乱差、治安混乱，甚至恶劣的天气等都会成为负强化的因素，导致访客对城市空间的体感不舒适、不安全、紧张、局促不安，影响访客整体的访问经历体验。环境因素是一个高度复合、内涵复杂的抽象概念，它并不像景点目的地的自然环境那样直接成为访客经历体验追求的目标，而是以一种保障的方式防止访客产生负面的访问经历感知。这个概念可以用高峰旅游体验和支持性旅游体验理论来解释。高峰旅游体验（peak tourist experience）和支持性旅游体验（supporting tourist experience）理论认为，在旅途经历体验的影响因素中，存在一系列的支持性体验因素，这些支持性体验因素不构成旅途经历体验的目标，但却影响旅途经历体验质量（Mossberg，2007）。在城市这个目的地中，存在着一系列被忽略的关联环境因素参与访客的访问经历体验。支持性环境因素在发挥效用的时候保障着访客空间行为的发生，但它常常不被访客注意到。一旦支持性环境因素没有发挥必要的效用，就会导致不好的访问经历体验。缺乏支持性环境因素会导致访客不满意并破坏整体访问经历体验（Quan and Wang，2004）。本书认为，天气、社会安全与秩序、卫生状况、空气质量和城市独特性应该被纳入支持性环境因素当中。Denstadli et al. (2011) 以斯堪的纳维亚暑期访客为研究对象，探究这些访客对天气状况的感知，意图了解天气期望、天气感知与访客行为之间的关系。Zhang et al.（2015）关于北京的调查发现，访客担忧空气污染可能造成身体危害，从而造成访客体验度的下降。Russell and Pratt（1980）指出，目的地的某些自然、社会特征形成了一种环境效应，直接影响访客的感知和体验。

　　基于时空行为理论和场理论，结合上述分析，本书认为城市访客空间行为的质量感知将受到城市服务设施（餐饮服务、住宿服务、交通服务、旅游服务、娱乐服务和购物服务）、社会接触（当地居民素质）和支持性环境因素（社会秩序与安全、环境卫生、空气质量、天气和独特性）的影响。

9.2.3　城市服务基础设施

　　基于供应和需求两端描述访客的旅行期间目的地构成要素与访客的交互关系，Murphy et al.（2000）认为，目的地服务基础设施（service infrastructure）包含六个要素，分别是餐饮服务（food services）、住宿服务（accommodation services）、交通服务（transportation services）、旅游服务（travel services）、娱乐服务（recreation and attraction services）和购物服务（shopping services）。城市服务基础设施是目的地产品的组成部分，它不单纯是服务于城市的访客，也服务于当地居民，因此，它对维持城市社会和经济的正常运行起着至关重要的作用。基于访客的视角，城市服务基础设施是保证整个旅游活动平稳运转以及支持访客体验的必要要素。国内学者普遍认可和支持 Murphy et al.（2000）关于目的地服务基础设施六要素的理论，认为它是认识旅游、旅游业、旅游活动的工具或框架，或者是现代旅游的特征和属性。

（1）餐饮服务。

餐饮服务是指一个城市餐馆的丰富性、方便性和卫生水平，以及这些餐馆是否向访客提供了有特色的美食以及这些美食的丰富程度。餐饮为访客提供了旅行期间身体所需要的营养和能量，满足了访客最基本的生理需求。除此之外，充分体验当地的特色美食是访客希望获得的味蕾享受。地方特色美食是指既能反映当地沿袭已久的文化和当地人的生活习惯，又具有浓郁地域特征的饮食。地方特色美食具有显著的地方性、差异性和文化性。城市的特色美食可能激发了访客的新鲜感和好奇心，进而激发了访客的品尝欲望。特色美食在城市旅游可持续发展中起到重要作用，因为它反映了旅客不虚此行的真实体验。因此，很多国家和城市把地方特色美食作为旅游吸引物来开发，并通过举办美食节庆活动来推广当地特色餐饮。

餐饮映射出一个城市的文化底蕴和生活形态，折射出这个城市的差异性和魅力。品尝一个城市的特色饮食，将会形成难忘的真实体验（李启瑄等，2018）。以成都为例，火锅已成为成都美食文化的代表，访客来到成都，如果不吃一顿火锅，就不能真正体会到成都热情温暖的城市气息。为了不虚此行，为了不留下遗憾，许多访客都会积极地打听和寻找富有特色的成都火锅，尝一尝它的味道。目前，成都火锅行业已经在长期的发展和积累中融入了文化内涵，形成了特色鲜明的差异性格局，如皇城老妈营造与体现的是蜀汉文化，川江号子营造与体现的是川东码头文化，三只耳营造与体现的是健康养生文化。

感知质量是顾客在使用一个特定的产品或服务后对其质量的实际感受，包括对产品顾客化即符合个人特定需求程度的感受、对产品可靠性的感受和对产品质量总体的感受（Parasuraman et al.，1988）。对这一概念的系统性的理解应该包含三个基本构成要素：输入的质量，即员工提供服务的能力、服务的环境；过程质量，即服务提供者与服务接收者之间的交互关系；输出质量，即服务接收者产生生理和精神状态的变化（Stepaniuk，2017）。旅游业的质量是由服务提供过程（如友好、礼貌、效率、可靠性、员工能力）和服务结果（如住宿、食物、休闲设施）所创造的（Žabkar et al.，2010）。

在访问的情境中，感知质量反映了旅行体验积极汇总的评价。感知质量在很大程度上取决于产品绩效，以及旅客的期望在旅行中被满足的程度。旅行由无数个真实时刻（moment of truth）构成，访客感受到的餐饮服务的每一个真实时刻都有可能成为影响城市感知质量的要素。据此，本书提出如下假设：

H1：餐饮服务正向影响城市感知质量。

（2）住宿服务。

住宿服务是指一个城市的旅店或者能解决访客睡眠需求的地点的丰富性和可获得性，住宿场所对访客隐私的保护程度，住宿场所的卫生状况，以及访客对已经住过的旅店的满意水平。访客在城市中停留的时间如果超过一天，则需要休息和睡眠，避寒避雨，存放行李，希望安全和安静地度过每一个夜晚。通过睡觉和休息恢复机体健康运行的活力，是人体基本的生理需要。住宿产品的质量和特征属性，如安全、清洁、可达性和充分性，影响着访客的住宿体验感知，进而影响访客对访问经历的评价（Wang and Nicolau，2017）。在许多旅游服务的研究调查中，住宿服务通常被视为旅途经历体验的重要组成部分（Shergill and Sun，2004）。Nunkoo et al.（2020）的研究显示，住宿基础设施（如建筑设计、氛围、卫生程度）、旅店员工的态度和行为、顾客交互、员工的专业技能、食品和饮料的质量、前台服务质量、房间质量、酒店的安全性、酒店创造的社交性、可接受的等待时间等十项住宿服务项目正向影响顾客的满意感。访客的住宿是城市旅行的重要活动内容之一，对住宿满意的顾客一般会把满意的认知和情绪推演到对整个城市的感知质量上。因此，本书推测，对访客满意感产生影响的住宿服务因素有可能影响城市的感知质量。据此，本书提出如下假设：

H2：住宿服务正向影响城市感知质量。

（3）交通服务。

交通服务是指访客往返于出发地和目的地城市之间的交通体系（航空、铁路和公路）链接的密集程度，目的地城市与全国其他各个区域交通体系链接的密集程度，目的地城市内部交通体系的通畅性、方便性和准时性，城市内部交通配套设施的完善性，以及公共交通车辆对旅客安全的重视程度。从世界旅游强国的发展来看，良好的交通设施对实现旅游强国起到了极大的推动作用。近年来，我国高速铁路发展较快，具有运量大、频率高、速度快、便捷、准时、舒适等特点，极大地促进了城市旅游业的发展。尤其对短期旅游而言，减少了访客的交通时间成本，减少了在目的地的食宿成本，极大地减少了两地之间的感知距离。李亚娟等（2018）依托 GIS 空间技术分析法对武汉市历史街区的空间结构进行了分析，发现武汉市历史街区分布较集中，且其交通结构较好，通达性高，但存在发展不均衡的问题。谢双玉等（2019）通过构建城市景点可达性综合评价模型发现，道路拥堵是制约景点可达性最重要的因素；武汉市只有晴川阁、东湖听涛景区等少数景点可达性表现较好，其他景点或多或少都存在一些问题，主要表现为有路好找但少车、有路但少车难找、有车但少路难找。近年来，随着人们休闲游憩需求的逐渐增加，中国旅游市场的散客化和自由行日趋明显，城市内部的公交系统和地铁系统成为自助式访客重要的出行方式。城市的交通体系关系到访客的空间行为目的是否能够有效达成，同时，也影响访客的情绪和精神体验。据此，本书提出如下假设：

H3：交通服务正向影响城市感知质量。

（4）旅游服务。

旅游服务是指一个城市旅游景点的独特性、差异性和丰富性，景点的可到达性，景点和景点之间来往的方便性，以及访客对参观过的该城市的景点的满意程度。唐承财等（2019）以京津冀城市群 3A 级及以上的景区为研究对象，基于地理学的空间分析方法和 ArcGIS 空间分析工具，分析京津冀城市群高等级景区空间分布特征。研究发现，京津冀城市群高等级景区的整体空间分布类型为凝聚型；北京市、天津市的高等级景区数量超过总数的 50%，高等级景区在京津冀城市群的空间分布呈现明显不均衡特征。杨君和陈宣霖（2016）的研究发现，长株潭城市群旅游景点整体分布呈现出一定的地理集中性，其中以人文观光型旅游景点聚集程度最为突出，其次是自然观光型和娱乐休闲型旅游景点。城市旅游景点的地理集中分布格局为访客在有限的时间里浏览更多的景点节约了体力成本、金钱成本和精力成本（Ye et al.，2019），也就是说，用较少的成本获得更多的旅游体验。据此，本书提出如下假设：

H4：旅游服务正向影响城市感知质量。

（5）休闲和娱乐服务。

休闲和娱乐是指人们在非工作期间进行与工作无关的活动，且这些活动必须是人们自愿进行的，以放松身心、愉悦身心为目的（张广海和张琳林，2018）。休闲强调自由支配时间，娱乐强调享受。休闲和娱乐服务是指城市向访客提供的休闲与娱乐场所的可获得性，休闲与娱乐设施和种类的丰富性，以及休闲与娱乐活动给访客所带来的愉悦感（Niu et al.，2017）。个人休闲和娱乐的目的地选择依赖于休闲和娱乐设施和场所的空间分布（Matthews et al.，2018）。张广海和张琳林（2018）根据休闲资源的内涵，构建以休闲旅游、体育、文化、娱乐等资源为核心的分类及其测度指标体系，选取 31 个省会城市作为研究对象，采用 ArcGIS 分位制图、核密度分析和资源丰度分析对我国休闲资源分布特征进行研究，发现我国休闲资源分布整体存在非均衡性，分布呈聚集状态，形成了以北京、天津为核心的京津冀地区，以上海为核心的长三角地区，以重庆为核心的中部地区等三大集聚中心区域。从资源丰度看，我国中等休闲资源丰度水平的城市较多，资源分布结构较为稳定。同时，休闲资源空间分布影响因素是多变量共同作用形成的。地区生产总值、人口数、旅游总人数、客运总量、年末实有城市道路面积、人均可支配收入等指标对休闲资源分布呈现显著性影响。唐梦鸽等（2018）选取成都市辖区与旅游休闲相关的四类兴趣点（point of interests）数据（景点、休闲娱乐、餐饮和旅馆点数据）和路网数据，对成都市旅游休闲相关设施的集聚区进行识别。研究发现，成都市旅游休闲相关设施具有十分明显的圈层结构，分布密度从中心向四周呈距离递减规律。另外，景点、休闲娱乐、餐饮和旅馆相关性较高。

娱乐设施在我国城市的聚集特性以及由城市中心区向周边区域递减的空间分布格局，提升了访客服务选择的多样化，降低了在不同休闲与娱乐设施之间的移动成本，同时，这种特性和格局与城市的景点、餐饮和旅馆存在高度的相关性，访客可非常方便地在不同的城市服务设施之间进行转换，进而提升了访客对城市整体服务设施的感知质量。据此，本书提出如下假设：

H5：休闲和娱乐服务正向影响城市感知质量。

（6）购物服务。

购物服务是指一个城市购物场所的丰富性，各类商品购买的方便性和可获得性，访客购物经历的愉悦性以及对商品的满意感。Lloyd et al.（2011）通过文献研究，总结出访客购买行为的特点具体表现在三个方面：第一，访客在有限的时间里将他们的时间分配到不同的优先事项，如观光、文化活动和购物。由于时间紧迫，访客的决策模式往往倾向于使用简单的决策规则或启发式（heuristics）判断。第二，与城市本地的居民不同，访客对目的地的零售环境了解较少，导致较高的感知风险。当访客对购买相关的结果感到不确定时，风险就出现了。第三，访客在旅行期间有多个购物动机，如寻找独特的产品和纪念品，或体验一个特定的栖息地。当然，不仅仅局限于纪念品，还包括服装、珠宝、书籍、工艺品和电子产品等。以往的研究表明，访客主要寻求的是国内没有的或旅游目的地特有的产品（Paige and Littrell，2003）。

根据中心地理论，城市商业网点的分布有着普遍的中心性和等级性特征，高等级中心地包含了低等级中心地的所有职能，故而访客的购物活动必然包含去不同等级商业中心地的出行（韩会然和宋金平，2013）。商业网点组成的商业区位的空间分布特征，主要受城市规划、商业网点专项规划、市区交通等因素的制约。目前，商业微观区位分布主要有主导性、互补性、综合性和错位性四种类型。以综合性分布为例，主要是指众多商业设施集聚在一起，彼此带来对消费者的综合吸引，满足居民一次性购物、多重消费的欲望，也可以满足不同的人对同类商品的不同需求，减少居民的购物搜寻成本（白光润和李仙德，2008）。

销售人员情绪（salesperson mood）、顾客行为和商店类型对商店提供的顾客服务水平有显著影响。Swinyard（2003）的实验结果显示，销售人员不喜欢不愉快的顾客，但却更多地为他们服务。心情好的销售人员在提供客户服务时更加统一，而心情不好的销售人员更有可能提供糟糕的服务给愉快的客户而不是不愉快的客户。研究还显示，百货商店的销售人员提供的客户服务水平比折扣商店的销售人员更加统一。

购物是访客的重要活动之一，占据着旅行费用的很大一部分比例（Kinley et al.，2002）。对许多访客来说，没有花时间购物就不算完整的旅行（Turner and Reisinger，2001）。已有的研究表明，购物是访客访问经历的重要组成部分，更是难忘的经历之一（Swanson and Timothy，2012）。因此，访客对购物服务的感知质量有可能会转移到城市整体的感知质量。据此，本书提出如下假设：

H6：购物服务正向影响城市感知质量。

9.2.4　社会接触

社会接触（social contact）是指个体间偶然的社会交往。人类社会的互动和关系是这样的：第一，开始于人体的各种身体活动；第二，个体做出具有意义和目标的动作；第三，产生针对他人的直接或者间接的社交行为，这些社交行为是为了征求另一个个体的响应；第四，社会接触，即是一种社交行为，也是社交互动的开始；第五，这些社交互动就形成了人类的社会关系（Pearce，1982）。

社会接触是访客与城市本地居民互动过程的真实瞬间，是影响访客对城市整体感知质量的直接来源。这种社会接触包括访客在接受服务过程中的所有接触。对于城市访客来讲，不管接受哪种类型的服务，如餐饮服务、住宿服务、交通服务、旅游服务、娱乐服务和购物服务，都需要与服务的提供者发生社交行为。

访问经历不是单独的经历，而是通过与其他人的相遇来完成这一行为。访问经历通常意味着社会接触和建立新的社会关系。访客在城市目的地通常涉及三种类型的社会接触，包括访客与当地社区居民之间的互动、访客与服务人员之间的互动、访客群体自身之间的互动。在城市这个目的地中，访客置身于城市空间环境，与当地居民共同分享着城市的许多设施和服务，不可避免地与当地居民（有些居民是服务的提供者）发生社会接触。这类社会接触影响访客的访问经历体验以及对目的地的长期看法（Fan et al.，2017）。因此，访客与当地居民的社会接触是访问经历中的一部分。在这种社会接触中，当地居民的素质起到了关键作用。当地居民的素质是指本地居民在热情、文明、友善、关心和礼貌五个维度上所表现的行为倾向（Niu et al.，2017）。据此，本书提出如下假设：

H7：当地居民的素质正向影响城市感知质量。

9.2.5 支持性环境因素

支持性环境因素是指那些不是访客刻意追求的体验目标的环境因素，但它们的存在保证了访客真实体验目标的实现（Stepaniuk，2017），主要包含社会秩序与安全、环境卫生、空气质量、天气和城市整体的独特性。

本书所构建的支持性环境因素通常不是访客重点关注的对象，也不是访客追求的访问经历体验目标或出访动机，但是，这些因素正常发挥作用，可防止给访客形成负面的体验感知。例如，城市的社会治安，访客通常不会将该要素作为自己的访问目标，但城市的社会治安力量却在时时刻刻为访客提供服务。在安全的情况下，访客不会对此有过多的注意，但在危险的情况下或在城市社会治安混乱的情况下，访客必然会对该城市形成负面感知，进而影响整个访问经历体验。Law and Cheung

（2007）对香港空气质量的研究发现，香港的访客一般不会将香港的空气质量作为关注的问题，他们对此问题持中立看法。但是，在他们访问之后，他们认为香港的室内和室外环境的空气质量都比较差，从而对香港产生了负面认知和态度。

（1）社会秩序与安全。

社会秩序与安全（social order and security）是指访客在他的个人空间（旅馆的房间）或公共场所，身体、生命或者个人财物遭遇他人侵害的可能性（Niu et al.，2017）。我国一般通过警察、安保公司和治安员三种体系维护社会秩序，打击违法和犯罪人员。George（2003）的研究指出，如果某个目的地的访客感到不安全或受到威胁，则该访客可能会对这个目的地产生负面感知并减少访问次数和时间。Peña-García et al.（2015）的研究显示，城市照明良好的街道（即照明均匀的街道）和较高的照明亮度往往会增加人们的安全感。现代 LED 照明可以在低耗电量的情况下实现更高的照度。因此，本书推断，当目的地城市社会秩序与安全很糟糕的时候，将引发访客对城市整体质量产生负面的评价；当目的地城市社会秩序与安全比较好的时候，将引发访客对城市整体质量产生正面的评价。据此，本书提出如下假设：

H8：社会秩序与安全正向影响城市感知质量。

（2）环境卫生。

世界卫生组织（WHO）认为，卫生系统旨在通过提供一个清洁的环境来维护人类健康，隔绝动物病菌，以阻止疾病的传播。城市环境卫生一般是指城市管理者安全地处置人类排泄物、固体垃圾、废水和雨水而提供的设施和服务。由于大量人口集聚，如果城市卫生设施缺乏，环境卫生质量不高，带来的直接影响是粪便—口腔感染、蠕虫感染和昆虫媒介疾病等诸多传染病，甚至引起心情焦虑。长期生活在缺乏卫生设施的环境中则会引起儿童发育迟缓，认知障碍。

访客进入城市空间后，城市中环境卫生系统为访客免遭传染病的侵害提供细微的保障服务，确保访客能拥有一个健康的访问经历体验。另外，城市的环境卫生状况关系着访客访问环境的舒适度。据此，本书提出如下假设：

H9：环境卫生正向影响城市感知质量。

（3）空气质量。

当过量有害的物质，包括气体（如二氧化碳、一氧化碳、二氧化硫、一氧化二氮、甲烷等）、微粒（有机和无机）和生物分子进入空气时，空气污染就发生了。空气质量反映了空气中有害物质的浓度。有害物质的浓度越低，空气质量越好（Niu et al.，2017）。

空气污染通常集中在人口密集的城市区域（Ostachuk et al.，2008），而且空气污染可能会导致疾病、过敏甚至死亡。例如，城市中汽车排放的尾气和工厂排放的废气产生了大量的可吸入颗粒物。可吸入颗粒物是一种空气污染物，可以轻易进入人的肺部，造成哮喘、支气管炎等疾病。

目的地城市糟糕的空气质量将给访客带来身体不适感，伤害访客的身体健康，也会引发访客的负面情绪（Kourtidis et al.，2016；Liang and Li，2014）。短期和长期暴露于空气污染当中，可能引起各种各样的急性和慢性疾病，这会引起访客的担忧，从而造成访客不好的访问经历感知。叶莉和李欣广（2019）的研究发现，空气污染每增加1%，城市入境收入将减少0.687%。一般情况下，访客很少会特别关注目的地城市的空气质量，但如果空气污染特别严重，可能会阻止访客的旅行计划。因此，本书推断，当目的地城市空气质量很糟糕的时候，将引发访客对城市整体质量产生负面的评价；当目的地城市空气质量优良的时候，将引发访客对城市整体质量产生正面的评价。据此，本书提出如下假设：

H10：空气质量正向影响城市感知质量。

（4）天气。

天气（weather）是指某一个地区距离地表较近的大气层在短时间内的具体状态。天气现象是指发生在大气中的各种自然现象，即一定时间内大气中各种气象要素空间分布的综合表现，如气温、气压、湿度、风、云、雾、雨、闪、雪、霜、雷、雹、霾等。这里的天气是指访客对曾经访问过的城市，在访问期间所感受到的温度、湿度、气压、风速和风力以及降水量的适宜性评价。将美国作为一个典型的案例进行研究，发现美国各地的一个共同点是极端天气事件越来越多，无论对个人的健康、生命财产安全，还是在经济方面，都将企业和个人置于危险之中（Craig and Feng，2018）。

旅游是一个对天气变化高度敏感的经济领域。天气的变化会导致旅游需求的巨大变化，也就是说，好的天气是旅游的动力，坏的天气是旅游的阻碍因素。很多种类的旅游和户外娱乐依赖于适宜的天气条件。例如，海边的娱乐通常依赖于温暖、阳光充足的环境，冬季旅游高度依赖于温度、积雪覆盖、降雪量和雪季的长度，气温、日照和降水量是夏季旅游重要的影响因素。

以自然为基础的旅游目的地对天气的敏感性高。Patrolia et al. (2017) 的研究表明，当天气变热时，人们在沿海潟湖（coastal lagoon）上放松、划船和钓鱼的次数可能会减少。另外，当风比较大的时候，划船和钓鱼的次数也会减少。

天气对旅游需求的影响是复杂的。几项研究发现，某个目的地在特定季节的良好天气条件会导致同一时期内国内过夜人数的增加。此外，境外（出境）旅游需求在滞后一年后才会受到天气条件的影响（Agnew and Palutikof，2006）。关于天气或气候变化与旅游需求之间关系的研究表明，极端温暖的气温对地中海目的地的旅游业有负面影响，并可能导致旅游者从这些目的地转向中欧和北欧（e. g.，Amelung and Viner，2006）。Falk（2014）采用静态和动态旅游需求模型研究了 1960 年至 2012 年夏季旅游旺季天气对国内外游客在奥地利过夜的影响。研究结果显示，夏季高峰季节平均日照时数和平均气温对国内同季过夜住宿率有显著的正向影响，而平均降水量对同季过夜住宿率有显著的负向影响。总体而言，气温与旅游需求呈倒 U 形曲线的非线性关系。本书采取人体对目的地的温度、湿度、气压、风速和风力以及降水量等指标的适宜性来评价天气，因此，天气的适宜性越高，就越容易把这种舒适感转移到城市整体感知质量上。据此，本书提出如下假设：

H11：天气正向影响城市感知质量。

（5）城市的独特性。

城市的独特性是指访客对目的地城市相比较熟悉的城市所形成的整体独特性感知。传统的城市概念将其定义为由不同的同类区域组成的马赛克，每个区域都有其独有的特征（Shevky and Bell，1955）。然而，更现代的观念将城市作为复杂的个人空间，这意味着生活在此的人赋予其特定的意义（Raanan and Shoval，2014）。事实上，根据这一观点，城市与市民之间是一个辩证的过程，城市一方面影响甚至形成居民的集体和地域认同，另一方面，居民自身创造意义，建构城市空间。在地理研究中检验空间感知最常见的方法之一是认知地图（cognitive map），这一实践源于认知地图影响空间行为的假设（Golledge and Stimson，1997）。在此基础上，人们收集、检索、安排、存储、编码和解释与环境特征相关的信息的心理转换过程被称为心理地图（mental mapping）（Downs and Stea，1973）。自传式记忆（autobiographical memory）印证了认知地图和心理地图。一般来说，自传式记忆是情景记忆的一个专门子集，主要涉及过去对自我的认识，它还包括对以前经历过的事件的回忆

(Baumgartner et al.，1992)。访客自传式记忆的唤起将促进游客的积极情绪、更高水平的目的地依恋，以及对目的地更大的访问意愿（Yin et al.，2017）。一般而言，目的地越独特，越能唤醒访客的自传式记忆。旅游服务设施本质上是异质和复杂的，这就是目的地组织经常将其打包出售的原因。打包出售旅游服务项目，进而又增加了城市旅游服务项目的独特性。

城市物理特征上的独特性，本地居民长期和城市环境交互过程中对城市赋予的特定意义，访客在旅行期间与城市基础设施的交互、与本地居民的社会接触以及与当地支持性环境要素的交互，均会建立起自己的认知地图和心理地图，由此建立起对该城市整体独特性的判断。独特性越强，访客的卷入程度越高，就越能增加访客的真实体验，由此提升对城市整体质量的感知。据此，本书提出如下假设：

H12：城市的独特性正向影响城市感知质量。

9.2.6 城市感知质量、感知价值、访客满意感和城市再访问意愿

在过去的研究中，服务质量、感知价值和满意感被认为是影响游客行为意向的三个主要前置变量（Chen and Chen，2010）。Cronin et al.（2000）通过文献研究从不同的视角识别质量、价值、满意和行为倾向四个变量之间的关系。基于服务价值理论的模型认为价值直接导致良好的结果；基于满意的理论模型认为顾客满意是良好结果的主要和直接来源；第三种模型以变量之间的相互关系为中心，认为服务质量仅通过价值和满意感的中介来影响行为意向；第四个模型认为三个变量均直接产生了行为意向。除了上述争论，学者还没有进行关于城市再访问意愿前置影响因素三个变量的对应关系研究。

基于期望不一致理论（expectancy-disconfirmation theory）的服务质量模型在旅游领域得到了广泛的应用。服务的感知质量是顾客满意的主要决定变量之一（e.g.，Alnawas and Hemsley-Brown，2019；Hao et al.，2015）。服务质量的概念与顾客满意密切相关，并根植于期望不一致理论（Parasuraman et al.，1988）。然而，该理论的具体交易概念化被发现更适合服务质量的构建，从具体交易的角度来看，服务质量是顾客满意的前提。

满意感是指消费后感知到的绩效与先前期望之间的差异。当感受到的实际绩效大于期望时，顾客就满意；当感受到的实际绩效小于期望时，顾客就不满意。同时，它也可被定义为一个人相信某一经历能唤起积极

感受的程度（Rust and Oliver，1994）。满意感是一种整体的心理状态，即一个人的期望或需求被满足的程度以及由此所产生的积极感受（Sun and Shao，2020）。满意也可以理解为需求或动机的静态满足状态（Su et al.，2020）。

在旅游环境中，满意感主要是指旅游后的体验与旅游前预期之间的差异。当体验与预期相比产生满足感时，游客就会感到满意；当造成游客不愉快时，游客就不满意（Reisinger and Turner，2003）。最近几年，把访客/使用者满意感（visitor/user satisfaction）应用到城市研究中的空间感知，以及对城市设施和土地使用的偏好方面呈现出增长的态势（Wu et al.，2019；Sun et al.，2020）。访客满意感是基于评价和基于需求两条线路而形成的。基于评价的访客满意感（appraisal-based visitor satisfaction）是通过比较访客的期望和他们的实际体验而产生的，基于需求的访客满意感关注的是访客的需求如何得到满足（Sun and Shao，2020）。

城市感知质量反映了访客关于城市服务设施、社会接触、支持性环境因素的可靠性和卓越性的评价，以及这些质量要素满足自己需求的程度。比如，从城市交通系统来看，张兵等（2016）将城市公交服务质量简化为乘客便利感知质量（首末班时间、等候时间、站台时间、公交线路安排、路线间的换乘便利情况）、乘车环境质量（公交车况、车内卫生状况、候车环境、乘车舒适性、乘车拥挤程度）、运营服务质量（运行速度、驾驶员的服务态度、提供的交通信息、票价、运行安全性），结合南昌市实际调查数据，发现乘客便利感知质量、乘车环境质量、运营服务质量对乘客满意感均有直接正向效应。把城市的休闲设施和服务作为研究对象，吕宁等（2019）构建了城市休闲满意感理论模型，研究结果显示，休闲感知质量是影响休闲满意感的主要准则层因素，食购娱休闲活动、休闲服务水平因素对休闲满意感具有显著影响。关于日本节事旅游的研究结果显示，节日期间步行街的安全性、流动性和设施影响访客的获得性，进而影响访客的满意感（Pratiwi et al.，2015）。这里的安全性、流动性和设施体现了节事旅游的质量内涵，由此可见节事旅游的感知质量正向影响访客的满意感。关于文化旅游的研究发现，感知质量直接正向影响满意感（Rojas and Camarero，2008）。Jarvis et al.（2016）发现经济、社会和环境因素影响旅行满意感（trip satisfaction）。这里的社会和环境因素包含本书构建的支持性环境因素中的社会秩序与安全、空气质量。何琼峰（2011）基于瑞典、美国和欧洲的国家顾客满意模型以及西方的游客满意模型建立了中国的游客满意模型。该模型认为游客的感知质量由旅游公共服务、旅行社服务、旅游景点、旅游娱乐、旅游购物、旅游住宿、旅游餐饮、旅游交通、总体服务质量九项组成，证实了旅游感知质量正向影响游客满意感。上述这些研究从交通体系、城市休闲、节事旅游、文化旅游、环境因素、目的地旅游六个方面形成了感知质量正向影响顾客满意感的结论。这些研究反映了城市访问的重要领域，因此，本书推测，城市整体质量的感知正向影响访客满意感。据此，本书提出如下假设：

H13：城市感知质量正向影响访客满意感。

感知价值被定义为消费者对产品（或服务）效用的总体评价，其基础是消费者对所接受和所付出的感知（Zeithaml，1988），具体体现为感受到的利益与感受到的成本之间的差异（Lovelock，2000）。对于城市访客来说，感知价值可以被认为是一种认知评估，即在感知收益和感知成本之间的评估和权衡，以及对产品或服务的效用进行的总体评估（Lovelock，2000）。Song et al.（2012）的研究证实了访客感知质量直接正向影响感知价值。Ranjbarian and Pool（2015）关于伊朗 Nowshahr 城市的研究证实了访客感知质量对感知价值有正向影响。吕宁等（2019）在构建的城市休闲满意感理论模型中发现，休闲感知质量显著影响休闲感知价值。何琼峰（2011）构建的中国游客满意模型发现，旅游感知质量正向影响感知价值。因此，本书推测，访客对城市的整体感知质量越高，他感受到的价值就越高。据此，本书提出如下假设：

H14：城市感知质量正向影响访客感知价值。

对感知价值概念的界定有助于理解满意感在发展与客户的长期关系中所起的重要作用（Iniesta-Bonillo et al.，2016）。在旅游产业，现有的研究证实了感知价值影响游客满意感（Chen and Chen，2010；Yoon et al.，2010）；在餐饮行业，现有的研究也证实了感知价值影响满意感（e. g.，Ryu et al.，2012）；在休闲行业，现有的研究证实了休闲感知价值显著影响休闲满意感（吕宁等，2019）。城市访问活动包含旅游、餐饮和休闲，因此，本书推测，访客在城市旅行活动中感受到的价值越高，就会越满意。据此，本书提出如下假设：

H15：访客感知价值正向影响访客满意感。

访客满意感反映了一个特定的目的地维持当前访客、产生重新访问和吸引新访客的能力。访客满意感是城市竞争力的关键因素，在很大程度上影响目的地的选择、城市再访问意愿和忠诚度。Chen and Chen（2010）把遗产景区（heritage attraction）作为研究对象，证实了体验质量（experience quality）→感知价值→顾客满意→行为倾向四个变量存在的连接关系。何琼峰（2011）证实了旅游满意感正向影响游客的忠诚度。Jarvis et al.（2016）研究发现，旅行满意感影响重新返回的可能性和关联的收入。刘法建等（2019）基于元分析证实了旅游满意感与城市再访问意愿的正相关关系。站在城市访问的角度看，满意的访客就有可能重新访问这座城市。据此，本书提出如下假设：

H16：访客满意感正向影响城市再访问意愿。

根据上述 16 个假设，本书构建城市再访问意愿的影响因素概念模型，如图 9.1 所示。

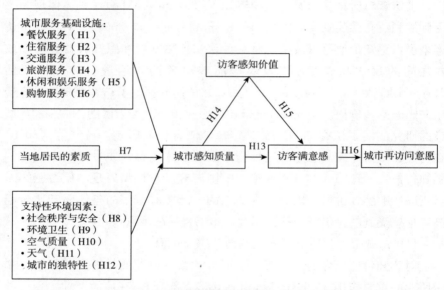

图 9.1　城市再访问意愿的影响因素概念模型

9.3　研究方法

9.3.1　抽样方法

本书以成都市居民为轴心采取滚雪球的方式获取样本对象。具体做法如下：首先，本书将四川大学商学院一个拥有 56 人的 MBA 班级学生作为本次研究的访问员。关于本次调查的目的、受访者甄别条件、问卷中问项和答项的意义、获取受访对象的方法等事项，本研究对他们进行了关联的培训。其次，MBA 学生将呈现在问卷星上的问卷（https：//www.wjx.cn/jq/51692113.aspx）推送给他们的朋友。同时，鼓励 MBA 学生进行多级推送，即他推送给他的朋友，他的朋友再推送给朋友的朋友。最后，对每一位访问员进行督导，确保调查按照既定的规则实施。

9.3.2 变量测量的来源

本书通过文献研究和小组访谈两种方法相结合的方式构建研究模型中各个变量的测量。小组访谈的主持人是牛永革教授，助理是牛永革教授的硕士研究生，小组访谈的成员包括两个旅游学教授和七个营销学博士后。

基于访问目的划分城市访客类型。Nesbit（1973）将旅游市场划分为四种类型：个人商务旅行、政府或企业商务旅行、看望朋友和亲戚、休闲度假旅游。这种划分模式是基于广泛意义上的旅游目的地而形成的，然而，对城市访问而言，却不尽然。为此，本书根据 Nesbit（1973）关于四种旅游市场的类型和特征，聚焦于城市访问，组织了关联的小组访谈。研究发现，城市访客包含如下四个类别：①休闲，包括但不限于度假、休闲、观光、娱乐、旅游、走亲访友；②学习，包括但不限于参加科学研究、学术交流会，参加正式或非正式在职培训课程；③公务，包括但不限于参加政务会议、业务会议、交易会、展览会等活动，举行演讲、音乐会、演出等活动，进行促销、出售、购买货物或服务等活动，作为外交人员、军事或国际组织人员参加外国政府使团，参加非政府组织使团，参加职业体育活动；④其他，包括但不限于宗教和朝圣、保健和医疗。

关于城市服务基础设施的测量，餐饮服务、住宿服务、旅游服务、购物服务四个变量的测量均来源于小组访谈，交通服务以及休闲和娱乐服务两个变量的测量来源于 Niu et al.（2007）和小组访谈。关于社会接触中的变量即当地居民的素质的测量来源于 Niu et al.（2007）。关于支持性环境因素的测量，社会秩序与安全变量的测量来源于 Niu et al.（2007）和小组访谈，空气质量变量的测量来源于 Niu et al.（2007），环境卫生、天气和城市的独特性三个变量的测量来源于小组访谈。城市感知质量、访客感知价值、访客满意感三个变量的测量来源于 Fornell et al.（1996）和小组访谈。城市再访问意愿变量的测量来源于 Kozak（2003）和小组访谈。各个变量的具体测项如表 9.4 所示。

9.3.3　问卷结构

本书针对此项目的调查问卷有三个部分：甄别受访对象，主体调查，受访者的个人信息。

第一部分是甄别受访对象，目的是获得合格的受访者。本书总共设置了五个问题甄别受访对象。第一个问题是"您目前居住的城市"，第二个问题是"在最近一年时间里，您是否去过另外一个城市"，第三个问题是"请填写您最近一年去过的印象最深刻的一座城市"，第四个问题是"您在这座印象最深刻的城市停留的时间"，第五个问题是访问目的地城市的原因。甄别受访对象的具体原则是这样的：①目前居住的城市和最近一年时间内去过的目的地城市不是同一个城市；②能填写出最近一年时间内到访的印象最深刻的城市的名称；③受访者在印象最深刻的城市停留时间大于 24 小时；④受访者能清晰地勾选出到访目的地城市的访问目的。上述四个原则都符合的受访者可成为本次访问合格的受访对象，进入第二部分主体问项的调查阶段。

第二部分是主体调查，目的是获取受访者对目的地城市的认知、态度和行为倾向三个方面的感知数据。主要包括如下内容：①城市服务基础设施（餐饮服务、住宿服务、交通服务、旅游服务、娱乐服务、购物服务）、社会接触（当地居民素质）和支持性环境因素（社会秩序与安全、环境卫生、空气质量、天气和独特性）三个领域 12 个维度的认知和评价。②关于受访对象在目的地城市整体访问经历中感知质量、感知价值、满意感和城市再访问意愿的评价。第二部分各个变量测量均采用李克特量表，答题的选项设计为完全不同意、比较不同意、中立、比较同意、完全同意，并分别将选项赋值为 1~5 分。

第三部分是受访者的个人信息。共包含五个问题，分别收集了受访者的性别、年龄、受教育程度、个人年收入和当前居住的城市。

为了保证正式的问卷能够获得足够有效的数据，本书对问卷进行了小范围的预调研。参与预调研的对象是 50 位在读的 MBA 学生。通过试调查获得的数据和反馈意见，本书改进了问卷中关联题项的表述方式，使得受访者可较好地理解本问卷的真实意义，为大范围调查收集到合格的数据打好了基础。

9.3.4　样本概况

由于本书的研究目的聚焦于城市再访问意愿的影响因素,所以本研究需要把受访者印象最深刻的最近一次访问的城市确定出来,然后让这些受访者评判这个城市的再访问意愿以及关联的因素。本研究于 2019 年 12 月 1 日开始实施调查,共实施了 15 天的访问,收回问卷 975 份。根据甄别合格受访对象的原则,删除不合格的受访对象 207 人,共有 768 人接受了完整的访问。在此基础上,剔除问卷星评分在 200 以下的问卷,即 26 份,这样共计回收有效问卷 742 份(768−26=742),有效回收率为 76.1%。样本概况如表 9.1 所示。

在本研究中,将访客访问城市的目的分为四类,即休闲、学习、公务和其他。在现实生活中,访客访问一个城市的目的可能是单一的,也可能是多重的,因此,本书将该选项设置为多选题。

表 9.1　样本概况

性别	男	333（44.9%）
	女	409（55.1%）
年龄		30.61（$SD=8.40$）
受教育程度	初中及其以下	8（1.1%）
	高中	21（2.8%）
	大专	63（8.5%）
	本科	474（63.9%）
	硕士及其以上	176（23.7%）
个人年收入水平	3 万元及其以下	143（19.3%）
	3 万～6 万元	113（15.2%）
	6 万～12 万元	184（24.8%）
	12 万～20 万元	163（22.0%）
	20 万～30 万元	83（11.2%）
	30 万～50 万元	36（4.9%）
	50 万元以上	20（2.7%）

续表9.1

访问目的	休闲，包括但不限于度假、休闲、观光、娱乐、旅游、走亲访友	504（67.9%）
	学习，包括但不限于参加科学研究、学术交流会，参加正式或非正式在职培训课程	131（17.7%）
	公务，包括但不限于参加政务会议、业务会议、交易会、展览会等活动，举行演讲、音乐会、演出等活动，进行促销、出售、购买货物或服务等活动，作为外交人员、军事或国际组织人员参加外国政府使团，参加非政府组织使团，参加职业体育活动	169（22.8%）
	其他，包括但不限于宗教和朝圣、保健和医疗	47（6.3%）

9.4 数据分析和结果

9.4.1 变量的测量、可靠性和有效性分析

数据分析发现，城市服务设施关联的六个变量的克隆巴赫系数（Cronbach's alpha）分布在 0.843 和 0.937 之间，均大于阈值 0.700；综合信度（Composite Reliability）分布在 0.888 和 0.955 之间，均大于阈值 0.700；平均提炼方差（Average Variance Extracted，AVE）分布在 0.601 和 0.842 之间，均大于阈值 0.500。三个指标均大于规定的阈值，说明本书构建的城市服务设施关联的六个变量的测量具有较高的可靠性，测量题项充分代表了六个构念。社会接触对应的变量，即当地居民的素质测量的克隆巴赫系数为 0.951，综合信度为 0.963，平均提炼方差为 0.837，说明当地居民的素质的测量具有较高的可靠性，测量题项充分描述了这个构念。另外，支持性环境因素关联的五个变量测量的克隆巴赫系数分布在 0.909 和 0.945 之间，综合信度分布在 0.940 和 0.958 之间，平均提炼方差分布在 0.761 和 0.860 之间，说明支持性环境因素的测量具有较高的可靠性，测量题项充分描述了这五个构念。城市感知质量、访客感知价值、访客满意感、城市再访问意愿四个变量测量的克隆巴赫系数分布在 0.909 和 0.934 之间，综合信度分布在 0.932 和 0.959 之间，平均提炼方差分布在 0.734 和 0.922 之间，说明这四个变量的测量具有较高的可靠性，测量题项充分代表了对应的四个构念。各个变量测量的

可靠性指标的数值如表9.2所示。

表9.2 各个变量测量的可靠性指标的数值

变量	克隆巴赫系数	综合信度	平均提炼方差
餐饮服务	0.843	0.888	0.613
住宿服务	0.879	0.912	0.676
交通服务	0.862	0.898	0.601
旅游服务	0.903	0.925	0.673
休闲和娱乐服务	0.937	0.955	0.842
购物服务	0.880	0.918	0.737
当地居民的素质	0.951	0.963	0.837
社会秩序与安全	0.914	0.940	0.796
环境卫生	0.937	0.950	0.761
空气质量	0.909	0.943	0.846
天气	0.945	0.958	0.819
城市的独特性	0.919	0.948	0.860
城市感知质量	0.934	0.958	0.884
访客感知价值	0.915	0.959	0.922
访客满意感	0.911	0.944	0.849
城市再访问意愿	0.909	0.932	0.734

区别效度的检验是通过比较一个构念平均提炼方差的平方根以及该构念与其他构念之间的相关系数之间的大小来实现的。表9.3呈现了城市服务基础设施六个变量、当地居民的素质、五个支持性环境因素、城市感知质量、访客感知价值、访客满意感、城市再访问意愿共16个变量的平均提炼方差的平方根以及它们之间的相关系数。对角线上的数值是变量的平均提炼方差的平方根，左下角的数值是这些变量之间的相关系数。由表9.3可以看出，每个变量的平均提炼方差的平方根均大于它和任何变量之间的相关系数，由此证实了本书建构的16个构念具有较好的区别效度（Fornell and Larcker，1981）。

表 9.3 各个构念平均提炼方差的平方根和相关系数

	A	AQ	CS	EH	LR	LRS	PQ	PV	RI	S	SOS	T	TS	UU	UW	VS
A	0.822															
AQ	0.391	0.920														
CS	0.571	0.322	0.783													
EH	0.513	0.531	0.403	0.872												
LR	0.559	0.321	0.508	0.456	0.918											
LRS	0.469	0.439	0.402	0.615	0.445	0.915										
PQ	0.547	0.478	0.518	0.626	0.521	0.534	0.940									
PV	0.475	0.504	0.452	0.479	0.428	0.502	0.620	0.960								
RI	0.499	0.411	0.509	0.467	0.481	0.491	0.626	0.616	0.857							
S	0.644	0.369	0.543	0.563	0.658	0.530	0.640	0.523	0.579	0.858						
SOS	0.421	0.422	0.329	0.636	0.381	0.591	0.506	0.392	0.384	0.449	0.892					
T	0.547	0.424	0.479	0.615	0.572	0.560	0.632	0.440	0.484	0.654	0.509	0.775				
TS	0.580	0.465	0.469	0.497	0.551	0.492	0.593	0.556	0.602	0.597	0.403	0.563	0.820			
UU	0.436	0.520	0.441	0.475	0.398	0.481	0.555	0.543	0.517	0.410	0.434	0.402	0.596	0.927		
UW	0.439	0.597	0.411	0.558	0.428	0.474	0.513	0.479	0.546	0.443	0.440	0.474	0.444	0.450	0.905	
VS	0.536	0.542	0.532	0.535	0.468	0.550	0.697	0.725	0.766	0.577	0.429	0.503	0.654	0.611	0.564	0.921

注：①对角元素是各个潜变量平均提炼方差的平方根，非对角线元素是潜在变量之间的相关性；②CS 是指餐饮服务，A 是指住宿服务，T 是指交通服务，TS 是指旅游服务，LR 是指休闲和娱乐服务，S 是指购物服务，LRS 是指当地居民的素质，SOS 是指社会秩序与安全，EH 是指环境卫生，AQ 是指空气质量，UW 是指城市天气，UU 是指城市感知质量，PQ 是指城市感知质量，PV 是指城市感知价值，VS 是指访客满意感，RI 是指城市再访问意愿。

变量测量的会聚效度是通过检验各个指标在对应的潜变量上的因子载荷的显著性来评判的。表 9.4 呈现出各个指标即题项在对应潜变量上的因子载荷在 0.695 和 0.912 之间，大于推荐值 0.50，并高度显著（T 检验大于 2.0），支持每个构念的会聚效度。

表 9.4 各个测项的因子载荷、T 值和方差膨胀因子

变量	测项	因子载荷	T 值	共线性诊断（方差膨胀因子）
餐饮服务	我在这座城市可以轻松地找到就餐的地方	0.816	50.505	1.905
	我在这座城市吃到了有特色的美食	0.820	45.922	2.384
	我在这座城市吃到了在其他地方吃不到的美食	0.752	28.533	1.974
	我感觉这座城市的餐馆和美食的种类非常丰富	0.822	48.355	1.980
	凡是我就餐的地方都非常讲究卫生	0.697	22.762	1.327
住宿服务	我在这座城市可轻松地找到能解决我住宿的地方	0.800	34.866	2.073
	这座城市有各种类型的旅店	0.774	39.761	1.850
	我感觉我住过的旅店没有侵犯我的隐私	0.795	33.972	1.874
	我感觉我住过的旅店都非常讲究卫生	0.866	72.811	3.485
	我对我在这座城市住过的旅店非常满意	0.871	71.189	3.531
交通服务	这座城市与全国各地的连接拥有发达的航空、铁路和公路交通体系	0.687	26.609	1.580
	以我的感觉来看，这座城市的主干道很少发生堵塞现象	0.533	13.708	1.349
	我感觉在这座城市里，乘坐各类交通工具非常方便	0.828	49.660	2.302
	在这座城市里，我乘坐的公共交通车辆都非常准时	0.828	49.020	2.364
	我感觉在这座城市里交通配套设施（如停车场、交通引导标志等）都非常完善	0.878	92.101	2.740
	在这座城市里，我乘坐的公共交通车辆都非常重视旅客的安全	0.841	53.371	2.339

续表9.4

变量	测项	因子载荷	T值	共线性诊断（方差膨胀因子）
旅游服务	这座城市的旅游景点与其他地方完全不一样	0.772	37.160	2.509
	这座城市的旅游景点很有特色	0.831	56.970	3.635
	这座城市的旅游景点非常丰富	0.844	60.859	2.828
	在这座城市，我能方便地到达我想去的景点	0.803	48.723	3.008
	在这座城市，景点和景点之间联系的线路非常方便	0.812	52.541	2.968
	我对我在这座城市去过的景点很满意	0.855	65.727	2.583
休闲和娱乐服务	在这座城市，我能很容易地找到休闲和娱乐的场所	0.918	119.940	3.754
	我感觉这座城市休闲和娱乐的设施非常多	0.938	148.323	5.662
	我感觉这座城市休闲和娱乐活动的种类非常多	0.930	135.032	5.069
	我在这座城市经历的休闲和娱乐活动让我很愉悦	0.883	83.180	2.711
购物服务	我感觉这座城市拥有各种类型的购物场所	0.864	76.012	3.599
	我感觉在这座城市能买到我需要的各类商品	0.879	86.367	3.704
	我在这座城市购物时没有经历不愉快	0.815	49.920	2.345
	我对我买到的东西很满意	0.874	77.435	2.788
当地居民的素质	热情的	0.877	63.942	3.201
	文明的	0.915	92.903	4.143
	友好的	0.930	94.613	4.947
	有爱心的	0.936	136.715	5.179
	有礼貌的	0.916	83.122	4.472

变量	测项	因子载荷	T 值	共线性诊断（方差膨胀因子）
社会秩序与安全	在这座城市，当我夜里一个人在街上步行的时候，我感觉很安全	0.847	61.133	2.046
	在这座城市，我没有听到或者看到有人被盗窃过	0.897	75.845	3.326
	在这座城市，我没有听到或者看到有人被抢劫过	0.917	109.048	3.964
	在这座城市，我没有听到或者看到本地人在公共场所打架	0.907	92.539	3.286
环境卫生	在这座城市，我去过的厕所都很干净	0.874	79.105	3.162
	在这座城市，街上的公共厕所很齐备	0.871	64.924	3.222
	在这座城市，在公共空间设置的垃圾桶非常完备	0.884	54.528	3.490
	在这座城市，我看到垃圾都能很及时地清理掉	0.893	85.811	3.694
	在这座城市，我没有看到街道上有废水	0.861	56.215	3.132
	在这座城市，下雨后，雨水都能快速流入下水道	0.851	49.716	2.841
空气质量	在这座城市，我几乎很难能感受到空气中的粉尘	0.926	97.859	3.309
	在这座城市，我几乎很难能闻到刺鼻的汽车尾气	0.915	87.132	2.995
	在这座城市，我几乎很难能闻到让人难受的工业废气	0.919	108.368	2.869
天气	我去这座城市的时候，那里的温度对人体比较适宜	0.914	108.805	4.216
	我去这座城市的时候，那里的湿度对人体比较适宜	0.914	80.126	4.213
	我去这座城市的时候，那里的气压对人体比较适宜	0.883	64.265	2.925
	我去这座城市的时候，那里的风速和风力对人体比较适宜	0.915	101.963	3.944
	我去这座城市的时候，那里的降水量对人体比较适宜	0.897	86.244	3.431

变量	测项	因子载荷	T值	共线性诊断（方差膨胀因子）
城市的独特性	这座城市与我知道的城市相比，它确实与众不同	0.928	134.243	3.170
	这座城市与我知道的城市相比，它确实存在差异性	0.917	59.010	3.183
	这座城市与我知道的城市相比，它确实存在独特之处	0.936	103.401	3.698
城市感知质量	这座城市的公共产品和服务能够满足我的要求	0.948	175.396	4.545
	我认为这座城市的公共产品和服务是可靠的	0.944	166.720	4.358
	我认为这座城市的公共产品和服务是卓越的	0.928	127.150	3.371
访客感知价值	相对我去这座城市所花费的费用而言，得到了实实在在的效用	0.960	190.317	3.475
	相对我在这座城市所获得的效用而言，我的花费是值得的	0.960	175.277	3.475
访客满意感	我对这座城市的实际感受比之前的预期要好	0.929	132.270	3.397
	我对这座城市的实际感受比理想的城市要好	0.921	128.515	3.167
	总体上而言，我对这座城市是满意的	0.914	111.896	2.797
城市再访问意愿	我下次仍会访问这座城市	0.863	80.764	3.080
	我会向别人推荐访问这座城市	0.848	63.904	2.671
	我会更加频繁地访问这座城市	0.889	87.963	3.910
	相比其他城市，我会优先访问这座城市	0.899	91.857	3.948
	如果有机会，我愿意到这座城市来定居	0.778	41.416	2.285

9.4.2　结构模型分析

本书使用 SmartPLS 中的回归方法评估每个题项的多重共线性（Hair et al.，2013）。休闲和娱乐服务中的两个题项，即"我感觉这座城市休闲和娱乐的设施非常多""我感觉这座城市休闲和娱乐活动的种类非常多"的方差膨胀因子（Variance Inflation Factor，VIF）分别为 5.662 和 5.069，当地居民的素质中的"有爱心的"的 VIF 为 5.179，也就是说，仅有三个题项的 VIF 略大于 5.00，其余变量的题项的 VIF 均小于 5.00 的阈值（Hair et al.，2013）。进一步而言，方差膨胀因子普遍比较小，外生变量的题项的共线性不是很明显。

R^2 可以反映模型解释内生变量方差的比例。数据分析显示，预测变量解释了城市感知质量 60.6% 的方差，解释了访客感知价值 38.4% 的方差，解释了访客满意感 62.6% 的方差，解释了城市再访问意愿 58.7% 的方差。根据 Chin（1998）的建议，当 R^2 值分别为 0.67、0.33 和 0.19 时，可以理解为可观、中等和虚弱。在本模型中，四个内生变量的 R^2 均居于中等和可观之间，说明模型对内生变量的解释能力还是比较高的。另外，本书还计算了标准化均方根残差（standardized root mean square residual，SRMR）。Henseler et al.（2015）将 SRMR 描述为 PLS 路径建模中实现的近似模型拟合准则，可用于避免模型错误设定。结果表明，估计模型的 SRMR 为 0.077，结构模型的 SRMR 为 0.048，均小于 0.08 的阈值，说明估计模型和结构模型都具有良好的拟合性。

本书把受访者的性别（1=男，2=女）、年龄（连续变量）、受教育程度（1=中学以下，2=中学或中专，3=大专，4=本科，5=硕士及其以上）、个人年收入（1=3 万元及其以下，2=3 万~6 万元，3=6 万~12 万元，4=12 万~20 万元，5=20 万~30 万元，6=30 万~50 万元，7=50 万元以上）四个人文统计变量作为控制变量评判它们对城市感知质量的影响。同时，本书也把访客的城市访问目的（休闲、学习、公务和其他）作为控制变量，评判它们对城市感知质量的影响。在此基础上，本书使用 Bootstrap 再抽样（n=5000）程序产生标准误和 t 值（Chin，1998；Hair et al.，2013），同时，通过模型假定路径系数的大小和符号评估潜变量之间的因果关系。表 9.5 报告了结构方程模型结果，包括标准化路径系数、t 值和显著水平。

表 9.5　结构方程模型结果

	标准化路径系数	Bootstrap t 值	p 值	是否支持假设
H1：餐饮服务→城市感知质量	0.092*	2.389	0.017	Y
H2：住宿服务→城市感知质量	0.009	0.196	0.844	N
H3：交通服务→城市感知质量	0.172**	3.303	0.001	Y
H4：旅游服务→城市感知质量	0.090†	1.934	0.053	Y
H5：休闲和娱乐服务→城市感知质量	−0.006	0.135	0.893	N
H6：购物服务→城市感知质量	0.206***	3.748	0.000	Y
H7：当地居民的素质→城市感知质量	0.000	0.005	0.996	N
H8：社会秩序与安全→城市感知质量	0.034	0.894	0.372	N
H9：环境卫生→城市感知质量	0.168**	3.029	0.002	Y
H10：空气质量→城市感知质量	0.029	0.705	0.481	N
H11：天气→城市感知质量	0.060	1.324	0.186	N
H12：城市的独特性→城市感知质量	0.169***	3.811	0.000	Y
H13：城市感知质量→访客满意感	0.402***	10.409	0.000	Y
H14：城市感知质量→访客感知价值	0.620***	18.513	0.000	Y
H15：访客感知价值→访客满意感	0.476***	12.740	0.000	Y
H16：访客满意感→城市再访问意愿	0.766***	43.965	0.000	Y
控制变量：				
性别→城市感知质量	−0.038	1.581	0.114	
年龄→城市感知质量	−0.007	0.323	0.746	
受教育程度→城市感知质量	0.000	0.012	0.990	
个人年收入→城市感知质量	−0.013	0.518	0.605	
休闲→城市感知质量	−0.015	0.444	0.657	
学习→城市感知质量	−0.022	0.734	0.463	

续表9.5

	标准化路径系数	Bootstrap t 值	p 值	是否支持假设
公务→城市感知质量	−0.001	0.026	0.979	
其他→城市感知质量	−0.003	0.136	0.892	

注：*** $p<0.001$，** $p<0.01$，* $p<0.05$，† $p<0.1$（基于双尾检验）。

9.5　结论和讨论

9.5.1　结论

　　城市是人类开展政治、经济、文化、技术等各类活动的一个综合体，基于时空行为理论和场理论，本书建立起这样的基本判断：城市访客空间行为的感知质量将受到城市服务基础设施（餐饮服务、住宿服务、交通服务、旅游服务、休闲和娱乐服务以及购物服务）、社会接触（当地居民的素质）和支持性环境因素（社会秩序与安全、环境卫生、空气质量、天气和城市的独特性）的影响。在此基础上，依据顾客满意理论模型，构建了城市服务基础设施、社会接触和支持性环境因素对城市感知质量存在正向影响的假设，以此为依托，建立起城市感知质量、访客感知价值、访客满意感和城市再访问意愿四个变量之间的关系的理论假设。进一步而言，本书以时空理论、场理论和顾客满意理论模型为基础，构建了城市再访问意愿的影响因素作用机理体系。为了验证这个概念模型，本书以成都市居民为起点，通过滚雪球的方式和既定的甄别原则获取合格的样本单位，共收集 742 份有效问卷。数据分析显示，对城市服务基础设施而言，餐饮服务、交通服务、旅游服务和购物服务正向影响城市感知质量，住宿服务、休闲和娱乐服务对城市感知质量不存在显著的效应。对社会接触而言，当地居民的素质没有对城市感知质量产生影响。对支持性环境因素而言，环境卫生和城市的独特性显著正向影响城市感知质量，社会秩序与安全、空气质量和天气对城市感知质量不存在显著影响。上述这些对城市感知质量存在显著效应的变量，通过城市感知质量对访客满意感、访客感知价值产生了正向影响。另外，访客感知价值也正向影响访客满意感。最后，这些变量通过访客满意感对城市再访问意愿产生了显著的正向效应。与此同时，本书还发现人文统计变量和访问目的对城市感知质量不存在显著的影响。

9.5.2 讨论

城市服务基础设施六个维度对城市感知质量影响的对应假设中，四个假设通过了验证，两个假设没有得到验证。通过验证的假设是 H1：餐饮服务→城市感知质量，H3：交通服务→城市感知质量，H4：旅游服务→城市感知质量（$P=0.053<0.1$，此假设得到弱支持），H6：购物服务→城市感知质量。没有得到验证的假设是 H2：住宿服务→城市感知质量，H5：休闲和娱乐服务→城市感知质量。

住宿服务与城市感知质量的关系不显著。究其原因，第一，当今社会网络信息技术相比以前异常发达，访客在出行访问城市之前，可以通过网络系统查询在目的地城市自己主要活动附近的酒店的名称和位置、房间的结构、房间中的陈设和环境布置、房间的档次、房间所在的楼层、房间的面积和价格，酒店关联的配套服务，如餐饮的种类、娱乐设施等，以及酒店周围的交通系统、酒店与城市的代表性景点和餐馆的距离等自己关心的信息，然后通过收集和比较这些信息，选择能满足自己要求和期望的酒店和房间。也就是说，访客在本次旅行之前就已经清楚了住宿服务的基本情况，因此，访客能够预料到旅途中所使用的住宿服务的质量并且提前做好心理准备，对住宿服务的提前介入可能使得访客最终评价住宿服务的实际绩效不会存在太大的心理落差，也不会产生太多的惊讶或者太多的沮丧。第二，访客在预定住宿服务时，可以在预定网络平台和关联的网站上查询到旅客的在线评论，根据他人正向和负向的评价，评估酒店的服务质量，这样在一定程度上消除了住宿服务质量评价的不确定性以及这些不确定性所带来的各类风险，由此，访客可经过反复考究，依据一定的标准选择符合自身偏好的住宿服务。第三，预订房间需要提前支付定金，定金是预订者和服务提供者双方达成的心理契约，都必须在预定的时间内履约。这样，相比没有定金而言，提高了违约的成本，保证了访客的基本要求能够得到满足，同时也锁定了访客在接受服务前对住宿产品的心理预期，因此，住宿服务的实际绩效和心理预期两者之间差异不大。对众多的访客而言，住宿服务质量是比较稳定的，故而它未对访客在城市整个访问期间的经历体验产生影响。

休闲和娱乐服务没有影响城市整体感知质量。可能的原因如下：首先，当前，中国的一线城市、二线城市均有丰富的休闲和娱乐设施，在城市之间同种类型的休闲和娱乐服务差异不是很大，例如，公园、酒吧、KTV 等一些休闲娱乐场所在各大城市风格基本上相似，因此，访客对休闲和娱乐服务不太敏感。其次，我国城市娱乐设施和娱乐场所在城市的分布密度表现出从中心向四周呈距离递减规律（唐梦鸽等，2018），也就是说，娱乐设施和娱乐场所在城市的中心区域分布比较集中，在城市的周边区域分布比较稀疏。从选择的多样性和方便性出发，访客很容易在中心区域找到适合的娱乐设施或场所，如果对其中一家娱乐场所不满意，也很容易在附近找到另外一家替代的同类娱乐场所，这样对娱乐服务的期望与实际体验就不会产生很大的差距。基于上述分析，休闲和娱乐服务不会对城市的整体访问体验产生明显的影响。

　　数据分析显示，当从社会接触视角评判当地居民的素质与城市感知质量之间的关系时，本书发现两者关系不显著。主要原因有二：第一，全国各个城市都积极宣传和建设社会主义核心价值体系。2006 年 10 月，党的十六届六中全会明确提出要建设社会主义核心价值体系，在全社会引起了广泛关注。2007 年，胡锦涛总书记在"6·25"重要讲话中强调，要大力建设社会主义核心价值体系，巩固全党全国人民团结奋斗的共同思想基础。2017 年 10 月 18 日，习近平总书记在党的十九大报告中指出，必须坚持马克思主义，牢固树立共产主义远大理想和中国特色社会主义共同理想，培育和践行社会主义核心价值观。社会主义核心价值体系的内容很明确、很具体，体现在社会成员的具体行为中，体现在现实生活里，和我们每个人都息息相关。它包括四个方面的基本内容，即马克思主义指导思想、中国特色社会主义共同理想、以爱国主义为核心的民族精神和以改革创新为核心的时代精神、社会主义荣辱观。建设社会主义核心价值体系是构建社会主义和谐社会的重要条件，分为三个层面：①国家层面的价值目标：富强、民主、文明、和谐；②社会层面的价值取向：自由、平等、公正、法治；③个人层面的价值准则：爱国、敬业、诚信、友善。也就是说，十多年来我国各地开展的社会主义核心价值体系宣传和建设工程已经取得了显著的成效，人民的素养尤其是城市居民的素养得到了显著的提高，在和陌生人的交往过程中，表现出基本的热情、文明、友好、爱心和礼貌。这样，人们到一个城市旅行，绝大多数情况下遇到的都是素养高的人。另外，访客在社会宣传和建设社会主义核心价值体系中，自身的素质也得到了提高，在和当地居民的社会接触中也会表现出较高的素养，故而访客对各地差异不大的居民素养的敏感性不是很强。第二，访客在访问城市的旅行过程中，与服务人员（当地居民）接触更多，而服务提供者出于职业规范要求，一般都会以良好的态度对待访客，且访客对这种态度习以为常。如果服务人员提供的服务达不到访客的要求，现在的服务行业都建立了比较健全的投诉体系，访客的抱怨将会在较短的时间内得到响应和处理。因此，这种各个城市居民素质差异不大的情景，以及对服务提供者的期望与实际体验差距不大的状况，使得当地居民的素质没有对访客的整体访问体验产生显著影响。

基于支持性环境因素的视角，五个要素对城市感知质量的影响的关联假设中，有两个假设通过了验证，有三个假设没有通过验证。通过验证的假设是 H9：环境卫生→城市感知质量，H12：城市的独特性→城市感知质量。没有通过验证的假设是 H8：社会秩序与安全→城市感知质量，H10：空气质量→城市感知质量，H11：天气→城市感知质量。

数据分析发现，社会秩序与安全没有影响城市感知质量。可能的主要原因如下：在各级党委和政府的领导下，各级城市都已经建立起完备的社会管理综合治理体系。在这个体系中，政法部门特别是公安机关起到了骨干作用，同时，党政领导机关充分调动各部门、各单位和人民群众的力量，充分运用政治、经济、行政、法律、文化和教育等多种手段，通过加强打击、防范、教育、管理、建设、改造等方面的工作，预防和治理各类违法犯罪行为，提早化解和消除各类不安定因素，维护社会治安的持续稳定。在维护社会秩序与安全的过程中，具体通过家庭平安（包含家庭和睦和家庭经济状况）、社区平安（社区管理与服务）、街道平安（街道管理）、校园平安、食品安全、药品安全、医院安全（医院就诊服务）、对城市管理者满意感、政府安全政策宣传、城市的民主化水平（官员倾听民意和市民参与社会管理）的综合治理，达到让人民群众安居乐业的目的。在这样的背景下，城市的管理者向本地居民和访客提供了较为充分的环境安全保证。各个城市在街道上建立了全天候的视频监控体系，各类抢劫、偷盗和打架行为等违法和犯罪人员的面目和踪迹一览无余，这样可以及时锁定嫌疑人，对潜在的违法和犯罪行为起到了遏制作用。因此，访客在出发地和目的地之间以及不同的目的地之间没有感受到外部环境安全保证的差异性，可以放心地在目的地城市开展各类空间活动，而不必担心自己的生命财产被他人非法侵害。

空气质量没有对城市感知质量产生影响。主要的原因是我国各大城市的空气质量之间的差异性不大，因为绝大多数城市的污染来源是汽车尾气排放。因此，访客从其居住的城市进入另外一座城市，或者在不同的城市之间进行空间转换，不容易感受到空气质量的显著变化。

天气也没有对城市感知质量产生影响。主要原因有二：第一，城市之所以能够成为高密度人口的长期居住区域，是因为这个区域气候的稳定性和天气变化的规律已经被气象部门进行了专门的研究和评估。进一步而言，只有气候稳定和天气比较适宜的地理区域才适合发展城市；相反，那些气候不稳定、频繁出现极端天气状况的地理区域，人类通常不会在此建设和发展城市。第二，现代气象技术高度发达，可以预测某个城市在未来的一段时间内的天气变化状况，人们可根据天气状况决定自己的出行时间和行程。对于不适合出行的极端天气，人们可以取消原有的旅行计划，以消除可能遇到的身体不适。因此，城市气候的稳定性和宜居性，以及天气的可预测性，使得对城市天气的预期和实际感受之间的差异不是很大，所以城市的天气不会对城市感知质量产生显著影响。

9.5.3　研究贡献

以往的研究将城市中的一个或者几个旅游景点作为研究对象，分析某些局部的因素对旅行满意感的影响。本研究最大的特点是把整个城市这样一个综合体作为研究对象，在控制不同的访问目的的情境下，基于时空行为理论、场理论和顾客满意理论模型提出了影响城市再访问意愿的影响因素模型。这个理论模型将城市服务基础设施、社会接触、支持性环境因素、城市感知质量、访客感知价值、访客满意感和城市再访问意愿融为一体，回答了访客对一座城市的再访问意愿到底受哪些因素的影响这样一个重要的科学命题。

本书从时空理论和场理论两个理论视角构建了城市感知质量的影响因素。这些影响因素可以从城市服务基础设施、社会接触和支持性环境因素三个方面予以识别，研究发现本书构建的这些影响因素的测量体系具有较好的可靠性和有效性。

9.5.4　研究局限

本书关于本章主题的研究存在的局限如下：

第一，本研究以成都市居民为轴心通过滚雪球的方式获得受访对象，虽然样本量足够，但是存在一定的样本代表性偏差。未来的研究可在中国每一个城市选取有代表性的样本单位和足够的样本数量，然后以此为依托，获得目的地城市的感知质量评价，验证本书提出的假设的合理性以及概念模型的普适性。

第二，本书仅把中国城市作为研究对象检验各个假设的合理性，还不清楚这些假设在西方国家是否成立，未来的研究可以将西方国家的城市作为研究对象，评估本书提出的假设的合理性和概念模型的普适性。

第三，本书分析了城市服务基础设施、社会接触和支持性环境因素三个方面质量要素对城市感知质量的线性关系，而在现实中，不尽然都是线性关系，因此，未来的研究可以使用 Kano 模型分析这三个领域的各个质量要素的特性（牛永革，2014）。在这些质量要素中，识别和界定哪些质量要素属于必要性质量、单向性质量、吸引性质量、冷淡性质量和逆向性质量。

第 10 章　城市营销理论研究汇总

本书在中国城市化稳步推进，各个城市围绕如何提升在全球流动空间中的位势展开激烈竞争，以及城市营销理论研究严重滞后于实践探索的背景下，把城市面向个人顾客营销存在什么样的理论机理作为核心科学命题，从基本概念、概念包含的内容、概念的作用、概念之间的关系入手，将个人顾客分解为城市现在居民、城市未来居民（潜在人才和城郊农民）和城市访客（城市内部访客和城市外部访客）三类顾客群体，分别剖析三类顾客群体的营销理论机理，开展具有相互关联而又独立的系列研究。通过理论研究、比较历史分析研究、调查研究、扎根理论研究和案例研究，本书汇总各个研究的结论，形成如下总结性的判断和管理建议。

10.1　研究结论

10.1.1　从城市产品开发视角建立城市演进阶段理论

本书将城市演进阶段划分为远古村落期（大约公元前 13000 年至公元前 2113 年）、萌芽期（大约公元前 2113 年至公元 900 年）、成长期（大约公元 900 年至 18 世纪）、成熟期（18 世纪初至 19 世纪末）以及田园城市期（19 世纪末至现在）五个阶段。在这之前，有三种代表性的城市演进阶段理论：①按城市出现的时代将城市划分为四个阶段，即古代城市、中世纪城市、近世纪城市和近代城市（山鹿诚次，1986）；②按城市社会结构的变化将城市划分为两个阶段，即前工业化城市和后工业化城市（Sjoberg，1960）；③Knox and Pinch（2005）对 Sjoberg（1960）的两阶段理论进行修正，产生了前工业化城市、工业城市和现代城市三阶段理论的第三种划分方式。本书的城市五阶段演进理论，以城市演进的服务对象，即满足城市顾客的利益需求作为城市存在的意义，剖析满足城市顾客利益需求的城市产品的形成原因、表现形式和共同特点，最终确定城市的发展阶段和演化规律。城市产品决定了城市存在的形态，城市产品的开发推进了城市的进步。本书从"城市为谁服务"这个基本问题出发形成的城市演进阶段理论为认识城市的本质提供了新的理论诠释。

从城市演进的规律上，控制城市治理的力量主体呈现出从王权统治阶层向普通民众转变的总体趋势。控制城市的权力主体在不同的演进阶段分别是远古村落期的族长，萌芽期的王权统治阶层，成长期的王权统治阶层、行业工会和资本团体的共同作用，成熟期的资产阶级，田园城市期的代表普通民众的政府和普通民众。

城市不同的演进阶段存在不同的驱动因素。在远古村落期，这些驱动因素是农业、畜牧业和手工业三个行业的发展，驱动城市从远古村落期过渡到萌芽期的因素有人类的安全需求、社会分工和阶级分化、社会权力的聚合和宗教祭祀活动，驱动城市从萌芽期过渡到成长期的因素有工商业力量发展壮大、平民自主性的提高、技术和教育进步，驱动城市由成长期过渡到成熟期的因素有天赋人权的观念和公民意识、第一次工业革命和资产阶级革命，驱动城市由成熟期过渡到田园城市期的因素有田园城市理念、第三次工业革命、民众利益诉求。由于这些驱动因素的推进才形成了城市演进阶段理论。

城市不同演进阶段存在不同的核心顾客。远古村落期的核心顾客仅是本地居民，萌芽期的核心顾客是本地居民和城市访客，成长期的核心顾客是本地居民、城市访客、本地企业和潜在投资者，成熟期的核心顾客是本地居民、城市访客、潜在人才、本地企业和潜在投资者，田园城市期的核心顾客的类型与成熟期的类型相同。随着核心顾客的类型的增加，顾客向城市管理者施加影响的力量就会增强，于是，反映并满足核心顾客群体需求的城市产品则越来越丰富。城市演变规律反映了顾客导向基本理念对城市的发展和进步存在显著的驱动作用。

城市不同演进阶段及其城市首发产品表现的特点也存在显著的差异性。远古村落期的特点是公共产品受母系社会理念影响、社会分工逐渐形成，城市萌芽期的特点是注重城市防御、单个城市容纳人口的数量远高于最大的远古村落、社会分工不断提高、城市面积扩张、王权统治阶层是城市产品开发的主要推动者、王权统治阶层掌控城市规划，城市成长期的特点是贵族专属的产品公共化和平民化、以平民需求为导向的城市新产品开发、城市规划变得更加自由，城市成熟期的特点是城市规模显著增大、城市环境恶化、城市首发产品的创造性和平民化增强、重新注重棋盘式城市规划理念，田园城市期的特点是城市内部呈现多中心化分布格局、城市现代化及产品科技化、城市规划强调以人为本的理念。不同阶段差异性的城市特点是由本阶段首发的城市产品特点决定的。

10.1.2　营销战略导向驱动和构建城市形象

本书证明了营销战略导向包含的居民导向和竞争导向是构建城市形象的思维起点。研究显示，居民导向显著正向影响生态和谐和全球连通性，并通过这两个平行中介变量对城市形象产生显著的间接效应。同时，居民导向通过生态和谐和全球连通性两个平行中介变量以及第二级中介变量城市形象对居民自豪感也产生显著的间接效应。竞争导向显著正向影响生态和谐和全球连通性，并通过这两个平行中介变量对城市形象产生显著的间接效应。同时，竞争导向通过生态和谐和全球连通性两个平行中介变量以及第二级中介变量城市形象对居民自豪感也产生显著的间接效应。进一步而言，居民导向和竞争导向两种营销战略导向均对提升城市形象存在显著贡献。

10.1.3　建立城市产品感知质量测量量表

本书基于文献梳理和理论研究，从城市居民视角界定的城市产品的定义如下：有形和无形的产品属性的混合物，以满足城市居民对舒适的公共生活环境的愿望和需要。本书遵循规范的构念测量开发程序开发城市产品感知质量的测量量表，最终产生了 15 个维度 60 个测项的城市产品测量体系。实证研究证明，该测量体系具有较好的可靠性、有效性和普适性。基于城市居民视角的城市产品包含三个领域的基本的福利元素：①城市公共生活环境的物理特征对应的两个福利要素：宏观环境、城市设计和标志性建筑；②当地居民空间行为关联的设施和服务对应的七个福利要素：社区基础设施、社区管理与服务、交通系统、休闲和娱乐、购物和餐饮、公共事件、个人职业发展；③居民空间行为利益相关者对应的六个福利要素：市政管理和服务、空气质量、政府官员勤政、社会秩序与安全、周围居民素养、本地企业的社会责任。实证研究显示，城市产品感知质量直接正向影响居民满意感和城市形象，并通过居民满意感对居民主观幸福感和地方依恋产生显著的间接正向效应。

10.1.4 建立城市社会管理综合治理体系测量量表

既有的研究证明了城市社会管理综合治理体系的合法性，本书的研究证明城市社会管理综合治理体系的合理性。研究发现，按照人的社会关系强度和利益的关联性，我国的城市社会管理综合治理可划分为十个领域，即家庭平安（包含家庭和睦和家庭经济状况）、社区平安（社区管理与服务）、街道平安（街道管理）、校园平安、食品安全、药品安全、医院安全（医院就诊服务）、对城市管理者满意感、政府安全政策宣传、城市的民主化水平（官员倾听民意和市民参与社会管理），共12个维度。家庭平安、社区平安、街道平安、校园平安、食品安全、药品安全和医院安全是市民在空间行为活动中所形成的切身的利益，城市社会管理综合治理管理机构应该就此向市民提供安全担保和安全保障。对城市管理者满意感反映了市民对城市安全提供者的态度。政府安全政策宣传是城市安全提供者向市民提供的安全承诺以及对潜在违法犯罪者的震慑。城市的民主化水平反映了市民是城市的主人，城市管理者开展的各项维稳活动都是为了解决民生问题这样一个根本需求，双向交流和平等对话为民众的利益诉求提供了由下而上传播的合理渠道，体现了我们党执政为民的公信力。

实证研究显示，本书构建的12个维度57个测项的城市社会管理综合治理体系的测量量表具有较好的可靠性、有效性和普适性。建立有中国特色的城市社会管理综合治理体系对提升居民的安全感、主观幸福感和地方依恋具有显著的贡献。根据城市社会管理综合治理体系各个服务项目对安全感、主观幸福感和地方依恋三个结果变量的直接效应和间接作用，可以将12个维稳项目划归为如下五个类别：①必备性维稳项目，它包含三个项目：食品安全、药品安全和医院就诊服务；②脆弱性维稳项目，它包含四个项目：家庭和睦、家庭经济状况、社区管理与服务、校园平安；③幸福性维稳项目，它包含一个项目：街道管理；④正向性显著的维稳项目，它包含三个项目：对城市管理者的满意感、政府安全政策宣传、市民参与社会管理；⑤负向性维稳项目，它包含一个项目：官员倾听民意。

10.1.5 建立潜在人才城市根植意愿关联因素的重要性评定体系

本书从潜在人才满意角度构建了城市产品质量、企业组织管理质量、近郊新城就业考虑因素三个决策因素的重要性评价体系。研究发现，这三个构念的测量体系均有较高的可靠性和有效性。另外，人们在计划求职时，对城市赋予了较高的权重，城市的重要性是就业单位的 1.54 倍。

对潜在人才城市根植决策存在影响的城市产品包含 23 个产品项目，按照重要性由高到低排列的顺序如下：城市社会治安良好、这个城市给我提供了非常多的工作机会、城市内部交通系统发达、城市与城市之间的交通系统方便、城市整体规划具有长远眼光、一年四季城市空气质量良好、拥有具有竞争力的经济体系、工作地和居住地相距不是太远、城市里的高等院校能让我进一步提升、城市居民素养高、居住的社区管理和服务良好、城市具有辐射国内外的主要的航空线路、城市市政管理和服务良好、居住的社区基础设施完备、拥有包容的城市文化、城市的产业结构布局合理、拥有优越的地理位置、城市的街区规划科学、拥有各种类型的餐馆、休闲娱乐的项目非常丰富、拥有各类不同特色的购物中心、拥有特有的人文景观、拥有代表城市形象的标志性建筑。除了专业技术职称对上述各个城市产品质量属性的重要性不存在显著影响，其他五个人文统计变量，即性别、年龄、受教育程度、工作年限、婚姻状况，都对城市产品质量属性中的某些属性的重要性产生显著影响。

企业组织管理质量包含九个测项。这个测量体系可以作为潜在人才对企业求职决策的依据和条件，各个指标达到潜在人才的要求，这个人才才可能对这个企业感兴趣。企业组织管理质量属性的重要性由高到低排列的顺序如下：企业的经营发展有前景、自己的职业发展在企业里有上升的通道、企业具有吸引力的薪酬体系、企业尊重人格、企业所在的行业具有增长的潜力、企业尊重知识、企业对员工充满人文关怀、企业在行业中拥有一定的地位、企业的组织文化拥有活力。

本书构建的近郊新城就业考虑要素测量量表由城市的硬环境（子女教育、购买住房、来往于主城区的通勤车）和软环境（城市未来发展前景、城市生活环境、工作机会、户籍制度、配偶工作安置、人才引进政策、增加工资补贴）、企业人才政策（企业薪酬待遇、良好的工作环境、提供员工宿舍、社会福利待遇）14 项组成。重要性排居前六位的要素如下：企业薪酬待遇、工作机会、增加工资补贴、城市未来发展前景、子女教育、良好的工作环境，其中，四个企业人才政策在前六位中占据了两位，即企业薪酬待遇和良好的工作环境。因此，近郊新城未来持续发展最重要的战略导向是引入和培育卓越的受人尊重的企业。性别、年龄、受教育程度、工作年限、专业技术职称、婚姻状况六个人文统计变量都对近郊新城就业考虑要素中的某些要素的重要性产生显著影响。

10.1.6 城郊农民市民身份认同

本书运用扎根理论解析了城郊农民向市民身份转换过程中的理论机理。研究发现，城郊农民市民身份认同是一个动态的认知构建过程。城郊农民进入城市后，爱和归属的需要、自尊的需要、自我实现的需要分别被激活，城市产品以整合和协同的方式满足了城郊农民这三个层次的需要。与城市居民相比，城郊农民关注的城市产品有着特有的体系，他们关注的个人空间行为关联的设施和服务对应的福利有社区基础设施、社区管理和服务、交通系统、公共事件和个人职业发展，他们关注的影响个人空间行为的利益相关者对应的福利有市政管理和服务、空气质量、政府官员勤政、社会秩序与安全、社区居民的个人素养、医疗系统、教育系统和养老系统。个人空间行为关联的设施和服务对应的福利是城郊农民市民身份认同的基础，影响个人空间行为的利益相关者对应的福利坚定了城郊农民市民身份认同的信念。城市体验和对农村矛盾的心态影响城郊农民的市民身份认同，据此，可将市民的身份认同划分为四种类型：认同市民身份、怀疑市民身份、排斥市民身份和两种身份的两难选择。城市产品向城郊农民提供的福利可促进怀疑市民身份、排斥市民身份和两种身份的两难选择三种身份向认同市民身份转换。市民身份认同得到确认后，可提升城郊农民的主观幸福感，提升他们对城市的正向态度，增加他们对陌生人的包容和接纳程度，也可提升他们对新城市建设的支持程度和贡献度。

10.1.7 建构中国环境下的城市周边游憩推拉动机理论

由于中西方文化存在差异，中国城市内部访客关于城市周边游憩动机在推力和拉力方面都有着自己的特殊性。因此，基于中国环境，本书从城市内部访客视角识别出城市周边游憩推力动机包含五个维度19个测项，这五个维度和关联的测项是知识（体验历史文化、感受民俗风情、体验宗教文化、增长知识和体验新的生活），商业和新奇（开展业务活动、玩玩游乐设施、购买当地的土特产、寻找刺激和打发时间），亲近自然和运动（呼吸新鲜空气、亲近大自然、健身运动），休息和放松（放松心情、释放压力、身心愉悦），和家人、朋友在一起（家庭温馨、换个环境调整情绪、增强情谊）。从质量属性角度，识别出城市周边游憩拉力动机包含如下18个测量：游客的身心安全、来往景区交通的便捷性、服务人员的友好性、价格合理性、景区整体清洁度、旅游设施的舒适性、旅游信息的准确度、景区内线路设计合理、住宿设施、旅游项目的特色化、旅游项目的独特性、咨询服务、餐饮的特色、投诉服务、售票服务、旅游项目的多样性、旅游商品的特色、促销活动。实证研究显示，本书开发的城市周边游憩推力动机和拉力动机测量体系均有较好的可靠性和有效性。

基于推力动机可以将城市内部访客划分为游憩强动机和游憩弱动机两个市场。性别、年龄、受教育程度、收入水平和居住地五个人文统计变量在这两个子市场间不存在显著差异。游憩强动机访客比弱动机访客在知识，商业和新奇、亲近自然和运动、休息和放松、和家人、朋友在一起五个方面都表现出更强烈的欲望。游憩质量属性能够有效识别这两种细分市场。研究发现，游憩强动机访客对各个质量属性的权重赋值均大于游憩弱动机访客。当环城游憩带旅游项目的独特性、旅游项目的多样性、旅游商品的特色、餐饮的特色、游客的身心安全、旅游设施的舒适性、住宿设施、咨询服务、来往景区交通的便捷性、促销活动、景区内线路设计合理、价格合理性、旅游信息的准确度、景区整体清洁度15 个服务项目的感知质量增加时，更能吸引游憩强动机访客；当环城游憩带旅游项目的特色化、服务人员的友好性和售票服务 3 个服务项目的感知质量增加时，更能吸引游憩弱动机访客。

10.1.8　构建城市再访问的作用机理

把城市外部访客作为研究对象，基于时空行为理论和场理论，本书检验城市服务基础设施（餐饮服务、住宿服务、交通服务、旅游服务、休闲和娱乐服务、购物服务）、社会接触（当地居民的素质）和支持性环境因素（社会秩序与安全、环境卫生、空气质量、天气和城市的独特性）对城市再访问意愿的作用机理。实证研究显示，对城市服务基础设施而言，餐饮服务、交通服务、旅游服务和购物服务正向影响城市感知质量，住宿服务、休闲和娱乐服务对城市感知质量不存在显著的效应。对社会接触而言，当地居民的素质没有对城市感知质量产生影响。对支持性环境因素而言，环境卫生和城市的独特性显著正向影响城市感知质量，社会秩序与安全、空气质量和天气对城市感知质量不存在显著影响。上述这些对城市感知质量存在显著效应的变量，通过城市感知质量对访客满意感、访客感知价值产生了正向影响。另外，访客感知价值也正向影响访客满意感，最后这些变量通过访客满意感对城市再访问意愿产生了显著的正向效应。与此同时，本书还发现人文统计变量和访问目的对城市感知质量不存在显著的影响。

10.2 管理启示及建议

10.2.1 遵循城市演进规律

从城市为谁服务基本问题角度，本书通过识别首次开发的城市产品，归纳出城市演进阶段理论。这就是告诉我们的城市管理者，应该按照这个规律去规划城市和设计城市产品，而不可开倒车往回走。比如，当前处于田园城市期的城市，城市规划强调以人为本的理念，也就是说，城市要满足绝大多数民众的需求，而不是满足少数权贵精英的需求，这样才符合城市正常的演化规律；反之，则违背了城市的演化规律。进一步而言，遵循城市演进规律要成为城市治理和城市产品开发的常识。

10.2.2 利用营销战略导向驱动和构建城市形象

城市管理者可运用营销战略导向理念推进城市形象的建设。本书证明了由顾客导向演化的居民导向，以及基于使用相似的方法获取有限的相同资源的竞争导向对构建城市形象存在显著的间接作用。居民导向基本理念是识别居民现在的和潜在的需求，通过开发城市产品，向城市居民提供一系列完备的城市产品以满足他们的需求，最终的目标是让城市居民满意。竞争导向的基本理念是识别和分析竞争对手对自己的假定，竞争对手的目标、优劣势，以及竞争对手的现行战略，然后向内梳理自己的资源和能力所关联的优劣势，外部环境所面临的机会和威胁，在此基础上在全球范围内界定自己的身份和角色，制定本城市未来的战略规划，由此获得城市的持续竞争优势。这两种战略导向并不是相互排斥的。居民导向可以帮助城市建立具有长远意义的战略方案；竞争导向可以帮助城市识别自己和竞争对手的优劣势，构建自己的竞争战略。城市需要在两种战略导向之间做到一种恰当的平衡，而不是顾此失彼，强调一种导向而放弃另外一种导向。

居民导向和竞争导向需要借助生态和谐和全球连通性才能对城市形象发挥正向作用。也就是说，战略导向仅给城市管理者提供了城市治理的基本理念和思维范式，要让这种导向在现实中发挥作用，必须将两种基本理念和思维范式转化为特定的城市治理模式。本书通过实证分析证实了生态和谐和全球连通性是城市治理的有效模式，借助这两种模式可以提升和改进城市形象。城市生态和谐让我们认识到以人类为中心过度追求经济利益，把自然环境作为一种开发的对象，城市必然会遭遇环境问题和社会问题，如温室气体排放、社会剥夺等，这样的城市发展会使人类陷入涸泽而渔不可持续的境地，典型的表现就是当代人损害了后代赖以生存的环境基础。因此，城市的生态和谐首先强调人与自然的和谐，遵循自然的发展规律，按照自然环境的特点和环境的承载能力设计和规划城市。比如，不考虑河流和地下水的供给能力，过度发展城市规模，必然会导致一部分居民缺水喝的局面发生。其次，强调城市发展的持续性。这种持续性重点体现在当代人对自然环境的开发和利用不以损害后代满足其自身需要为前提。再者，协同共建绿色基础设施和非实物型生态服务系统。在城市的建设和治理中，要规划出一定的空间，用以种植树木或者建立绿地。同时，这些树木和绿地还能为居民提供体验自然、放松身心的空间。最后，城市的资源的开发、投资的方向、技术开发的方向和制度改革都是和谐的，并能提升这些生产要素现在和未来的潜能，达到一种动态的持续改进。同时，我们应该充分地认识到城市不能独立于某个地理空间，拒绝与外界交往，如果是这样，那么就是一座死城。因此，城市管理者应以居民导向为基础，建立全球连接、合作和互助的运行体系，以期满足居民与世界各地交往的需求。与此同时，从竞争导向上看，更应该建立全球连通性，因为只有充分吸纳其他城市的优质资源，才能改善城市的产业格局。城市应该从物理连接和非物理连接两个方面同时建立自己的全球连通性。从物理连接来看，需要与全球各个主要城市建立快捷方便的交通运输体系和信息传输体系。从非物理连接来看，城市要吸引全球著名企业入驻本地，或者积极培育和大力发展本地企业，促使其成为全球著名企业，这样在全球的资源流动网络中，本城市就会成为位势较高的地区，进而获得流动空间中的控制权。

10.2.3　利用城市产品感知质量测量量表评估城市产品

城市管理者可以使用本书开发的测量量表来衡量城市居民对城市产品的整体评价，以及城市产品感知质量对地方依恋、居民主观幸福感、城市形象的影响。可以收集纵向数据来观察这些变量的变化及其随时间变化的相互关系，还可以从不同的居民群体中收集数据，使城市管理人员能够比较来自不同细分市场（如男性与女性、长期居住居民与短期居住居民）的居民对这些变量的评估，从而进一步确定这些细分市场之间的差异和共同点。测量量表还可以用来测量和比较不同城市的城市产品感知质量，识别不同维度的差异和共性，并根据多个城市的感知质量产生排名。通过评估各个城市产品维度和具体项目的绩效表现，确定管理目标，设计关联的改进方案，然后通过项目实施进行再评估，进而形成螺旋式改进循环。

10.2.4 通过社会管理综合治理体系提升居民的安全感、主观幸福感和地方依恋

（1）建立居民满意导向的城市营销理念。

认真落实习近平总书记关于增强人民群众获得感的重要指示精神，站在顾客导向的角度，各级政府部门应该运用城市营销的理论和方法，充分认识到市民是城市营销的核心顾客，以居民满意为导向，把城市社会管理综合治理体系作为抓手，通过有效管理各类维稳服务项目，提高各类维稳服务项目的绩效表现，从而提高整体居民的安全感和主观幸福感，进而提升地方依恋。另外，各级政府要充分认识到居民的安全感不是凭空而降的，而是通过城市社会管理综合治理体系的系统化持续性绩效管理才能实现。

（2）严格保持必备性特征的维稳项目的绩效。

对居民安全感、主观幸福感和地方依恋三个结果变量而言，食品安全、药品安全和医院就诊服务三类维稳项目是典型的必备性质量。其特点是如果要显著改善它们的绩效表现，投入很高，难度很大，带来的居民满意感不见得会增加多少，但是如果降低它们的绩效表现，市民就会非常不满意。因此，针对这类维稳项目，原则是以法律为准绳，预防为主，严格监管，严格处置，防微杜渐，杜绝事态恶化。具体建议如下：①严格执行《中华人民共和国食品安全法》《中华人民共和国农产品质量安全法》《中华人民共和国产品质量法》《中华人民共和国消费者权益保护法》《中华人民共和国食品安全法实施条例》《国务院关于加强食品安全工作的决定》《国务院办公厅关于印发国家食品安全监管体系"十二五"规划的通知》，以及行政法规、地方性法规和其他规范性文件。②严格执行医疗卫生 10 部法律，即《中华人民共和国人口与计划生育法》《中华人民共和国药品管理法》《中华人民共和国传染病防治法》《中华人民共和国食品卫生法》《中华人民共和国执业医师法》《中华人民共和国献血法》《中华人民共和国红十字法》《中华人民共和国国境卫生检疫法》《中华人民共和国职业病防治法》《中华人民共和国母婴保健法》；医疗卫

生 16 部法规，即《麻醉药品和精神药品管理条例》《医疗用毒性药品管理办法》《艾滋病防治条例》《病原微生物实验室生物安全管理条例》《放射性同位素与射线装置放射防护条例》《公共场所卫生管理条例》《医疗废物管理条例》《医疗机构管理条例》《血液制品管理条例》《医疗事故处理条例》《中华人民共和国药品管理法实施条例》《突发公共卫生事件应急条例》《中华人民共和国中医药条例》《中华人民共和国传染病防治法实施办法》《放射性药品管理办法》《人体器官移植条例》；国家卫生健康委员会 19 部规章，即《处方管理办法》《医疗广告管理办法》《医疗机构管理条例实施细则》《卫生系统内部审计工作规定》《卫生信访工作办法》《医院感染管理办法》《人体器官移植技术临床应用管理暂行规定》《医疗机构传染病预检分诊管理办法》《医师外出会诊管理暂行规定》《国家突发公共卫生事件应急预案》《国家突发公共事件医疗卫生救援应急预案》《放射诊疗管理规定》《医疗事故技术鉴定暂行办法》《药品不良反应报告和监测管理办法》《中华人民共和国护士管理办法》《医师执业注册暂行办法》《医师资格考试暂行办法》《医疗机构病历管理规定》《医师定期考核管理办法》；12 项核心制度，即《首诊负责制度》《术前讨论制度》《三级医师查房制度》《死亡病例讨论制度》《分级护理制度》《查对制度》《疑难病例讨论制度》《病历书写基本规范与管理制度》《会诊制度》《交接班制度》《危重患者抢救制度》《技术准入制度》。③按照相关法律和法规条文，严厉惩处责任人，起到警示作用。④经常开展食品安全、药品安全和医疗就诊服务方面的宣传，提高市民的法律意识，使其自觉遵守法律和法规。⑤食品安全、药品安全和医院对应的管理部门要恪守职责，严厉惩戒玩忽职守的人员。⑥设立关联的举报通道，及时了解民意，及时处理民情。⑦建立预警机制，预防各类事件的发生，同时又能及时有效处理各类突发事件，防止负面事件的效应扩大化。⑧当政府在城市社会管理综合治理体系投入的财政费用有限时，须把有限的资金投入食品安全、药品安全和医院就诊服务这三个维稳项目上。

（3）调动各类资源和力量，着力强化脆弱性维稳项目的绩效。

脆弱性维稳项目包含四个要素：家庭和睦、家庭经济状况、社区管理与服务、校园平安。它们的特点是仅对居民安全感产生直接正向效应，同时通过安全感对主观幸福感和地方依恋产生间接正向效应。也就是说，这四类维稳项目如果不能改善居民的安全感，就无法提升居民的主观幸福感和地方依恋。家庭是社会良好秩序构建的基本单元，是整个社会稳定的基础。在不幸的家庭里长大的孩子，大多数对社会的信任程度低，自信心不足，对周围世界的认识容易片面化，做事容易走极端，这类人群的犯罪率显著高于和睦家庭环境长大的孩子。因此，社区管理人员要多注意辖区内冲突和纠纷比较频繁的家庭，及时做好家访、心理辅导和矛盾的调解工作。尤其要注意家里有未成年人而夫妻之间或者有血缘的成年人之间经常有语言冲突甚至暴力冲突的家庭，社区管理者要给予高度关注，分析冲突的原因，做好对应的辅导和调解工作。同时，要善于调动社会各种主体参与家庭矛盾的调解工作，如心理辅导机构、志愿者组织、妇女协会、新闻媒体、社会活动人士，发挥各类组织和个人的优势，共同关注和关心不幸家庭暴露的问题，共同探寻这些家庭矛盾的解决方案。另外，动用社会各类力量做好婚前的培训工作。目前，我国婚前培训工作主要流于形式，实质性的培训内容很少，如针对婚后年轻人如何处理夫妻感情、婆媳关系，如何抚养和教育孩子，如何处理家庭各类矛盾等议题涉及甚少，以至于年轻人结了婚之后，靠自己的性子处理这些问题，甚至依靠老一辈人的干预，最终形成矛盾不断积压而又难以调和的结局。

在家庭经济状况方面，应动用各类社会力量和团体多关心绝对贫困家庭和相对贫困家庭，给他们提供必要的经济帮助和情感关怀，如通过富裕家庭和贫困家庭结对子的方式，向贫困家庭提供孩子上学的基本费用，或者向学习困难的学生提供免费家教。同时，社区管理机构要掌握这些贫困家庭的基本情况，及时走访和慰问，并提供实质性的关心和帮助。

社区管理与服务的重要性是不言而喻的。社区是社会管理的重心，改善民生的依托，维护稳定的根基。当前，社区居民之间的纠纷是社区纠纷的主要表现形式，入室盗窃是社区安全中最突出的刑事案件。除了社区警务做好维护社区治安工作，还要调动社会各界团体和力量共同参与社区管理，尤其是借助网格化管理模式，掌握民生问题和治安动态，加强流动人口管理，构建祥和的社区环境。

在校园平安方面，应建立以教育部门为主导，学校、公安交警、维稳社区、心理咨询机构、教育专家、家庭、班主任、教师、学生等组织和个体协同的矩阵式松散型运行机构，以创建好好学习天天向上的校园文化和团结友爱的情怀为总体目标，确定各自的职责、权利和义务，定期举办协调会和探讨会，针对校园里出现的一些突出事件进行剖析和反省，杜绝类似的事件再次发生；在校园内或者校园外定期举办专题活动，以学生和教师为主体，邀请与校园平安相关的行政机构、专家、家长和社会人士参与，通过活动的举办让人们清楚校园平安是社会各方力量共同努力、精心培育的结果；利用各类媒体进行宣传，让社会各界人士关注校园平安主题，用自己的实际行动呵护身体和心理都需要社会多方面关怀的孩子们；在全市或者全区范围内开展校园平安竞赛活动，对做得好的学校和个人给予表彰，组织大家观摩学习。

（4）优化幸福性维稳项目的绩效。

根据本书的研究，街道管理这个维稳项目仅对主观幸福感存在直接正向效应，没有对安全感和地方依恋产生直接作用，因此，本书将其界定为幸福性维稳项目。为了改进街道管理的绩效，应从如下几个方面入手：①明确街道管理事务，并将这些事务划归到对应的单位和个人。这些事务主要包括清扫保洁、违法占道、施工渣土、市政设施、建筑工地、水务环境、三乱整治、立面整治、噪音扰民、门前三包、路面洒水、交通管理、绿化管理、视频探头等。②明确某个阶段街道的使用者，并确定他们的需求。通常来说，街道的使用者一般有四类，即交通出行、营销交易、休闲商旅、生活服务。城市管理者应界定每一条街道在某个时间段可以从事哪些活动，应该以什么样的方式从事这些活动。确定这些活动利益关联者的需求，如学校周围的街道，在上下学的时间段里学生的流动比较集中，这个时间段应该保证路面无奔驰而过的汽车，监控设施开通，下水道有井盖。为了避免拥堵或者交通事故，交警应该做好交通的疏导工作，对于违反规则的人给予惩戒。

（5）积极促进正向性显著的维稳项目的绩效。

正向性显著的维稳项目包括对城市管理者的满意感、政府安全政策宣传、市民参与社会管理三个要素。首先，我们应该认识到这类维稳项目的特点，即这类维稳项目的作用广泛，能对城市居民的心理感受产生多重影响。它的质量和绩效改善得越多，居民的多重心理感受就越正向。因此，管理部门应该给予高度重视，责任到具体的部门和具体的岗位，配备相应的资源，建立完备的组织管理体系，强化目标管理、过程管理和绩效管理。其次，这三个维稳项目属于软服务，改变工作目标、工作内容和工作方式可以产生巨大的正向效应。比如，在对城市管理者的满意感方面，以城管执法为例，先前的做法基本上以强制性驱赶为主，现在转化为以服务摊贩的引导性管理为主，当农村老大爷挑一担水果占道摆摊的时候，城管可以帮助老大爷把水果挑到适合的街区，这样做不仅解决了农村老大爷卖水果难的问题，而且关怀了老大爷，温暖了周围人。城管这种工作目标和工作方式的转变可带来显著的社会效应。

（6）努力扭转负向性维稳项目。

路径分析可以发现，官员倾听民意对居民安全感存在直接负向效应，并通过居民安全感对主观幸福感和地方依恋产生间接负向作用。首先，应该充分认识到当前官员倾听民意的理念、思维、工作方式和工作内容存在不足，某些官员倾听民意的管理目标和工作内容与老百姓的需要和期望的方向不一致，导致绩效越好，关联的结果变量的效果就越差的现象。其次，需要调整官员倾听民意的管理目标和管理方法。具体做法包括：①调整管理目标。需要把该维稳项目的管理目标调整到让市民满意的方向上来。了解百姓对城市治理的意见和看法，通过获得全面翔实的定性和定量资料，帮助政府做出正确的决策或者修正现在不恰当的决策。②调整工作方法。采取委托大学收集百姓的意见和建议比较好。大学是非营利性组织机构，老百姓认为大学是传授知识、发现知识的地方，具有中立性、科学性和客观性的特点，因此，通过选择和委托一所著名的中国大学开展意见收集和分析工作是比较好的。③强化过程管理和结果考核。收集民意的过程是一个态度诚恳、地位平等、积极主动的社会化过程，不可傲慢，不可虚情假意，要认真全面地记录老百姓的意见和建议。根据反映的内容，将这些资料进行归类存档，及时传递给相关领导和部门，并形成恰当的解决方案，最终要评价老百姓反映的事情是否在合理的时间段内给予有效解决。

除了上述在征求民意方面积极做好关联的工作，还要对与老百姓经常接触的官员进行勤政考核。具体做法包括：①扭转官员勤政的目标。应该充分认识到官员勤政的终极目标是提高城市居民的生活质量，同时学会运用城市营销的理论和方法，通过积极有效的双向沟通，让老百姓理解政府的执政理念和执政方法，赢得老百姓的理解、信任和支持。②应该充分认识到在廉洁、效率、公平、政策透明等方面，政府所做的工作与百姓的要求还存在差距，现有的工作目标和工作方法与百姓的安全感的方向存在一些不一致的地方。③在与老百姓日常生活关联密切的行政部门、司法部门建立廉洁、效率、公平、政策透明的对应的目标管理体制，进行严格的过程管理和绩效管理，对做得好的部门和官员给予表彰，坚决处理做得差的部门和官员。④提升官员的执政能力。采取业务指导、岗位轮岗、定期培训、外出挂职、内部相互交流和学习等方式，提高官员的服务意识和专业能力。尤其对专业知识要求比较高的部门，要采取引进来、走出去，业绩末位淘汰的机制，强化官员的专业能力，提高官员科学决策的水平；对于服务水平要求比较高的部门，要强化他们的服务意识和服务态度，强化过程管理。⑤建立投诉和申诉机制。政府各个部门和司法系统要建立和完善投诉和申诉系统，及时收集利益相关者的投诉和申诉，并由独立的部门和人员负责这个运行系统，确保行政决策和司法判决以及执行过程的公正性、廉洁性、公开性和效率。

（7）开展对标管理。

政府相关管理部门可以委托第三方机构按照本书构建的城市社会管理综合治理体系测量量表以及居民安全感、主观幸福感和地方依恋测量量表，对行政区划内的市民进行抽样问卷调查，客观评价 12 个维稳服务项目和 3 个结果变量的表现，从而发现在维稳项目绩效表现卓越的同时，居民安全感、主观幸福感和地方依恋也表现卓著的街道办事处。把这些表现卓越的街道办事处作为本行政区划内其他街道办事处学习的榜样，组织对标管理和学习，进而提升整个行政区划的维稳绩效。后进者可观察和学习这些街道办事处维稳项目的表现形式和内容，以及各个维稳项目的管理目标、工作方式、过程管理等方面的做法和经验，然后把这些做法和经验应用到自己的街道办事处，建立相应的管理机制和整改方式，以期提高 12 个维稳服务项目的绩效表现和居民的生活质量。对于在整个行政区划内维稳绩效排在最后一名的街道办事处，应建立这个街道办事处维稳项目整改工作小组，委托第三方机构深入该街道办事处辖区内的各个社区，组织深度访谈和小组访谈，全面详尽地了解居民的想法、意见和建议，然后在此基础上拿出可行性的整改方案，努力用较短时间全面整改辖区内的维稳工作，提高各项维稳工作的绩效表现，进而大幅度改善居民的安全感、主观幸福感和地方依恋。

（8）针对不同类别的城市居民实施分群管理。

数据分析发现，居住时间长度显著影响居民的城市依恋感。因此，我们可以按照居住时间长度将市民划分为两类人群：居住时间长度在 10 年以下的人群，居住时间长度在 10 年以上的人群。基于居住时间长度实施分群管理。居住时间长度在 10 年以下的人群对城市的依恋感显著小于居住时间长度在 10 年以上的人群。这就意味着城市形象宣传应多突出对年轻人的关怀，让他们充分认识到他们是城市的主人，是城市重要的建设者，是城市未来依赖的中坚力量。另外，包括政府在内的非营利性组织和各类营利性组织应该多关心年轻人的成长，尊重他们的想法，给他们多提供一些发展的机会和平台，使其充分认识到城市是他们离不开的家，更是一个温暖的家。

10.2.5 把潜在人才满意作为工作目标开展积极的营销活动

首先，城市管理者和人才招募者应该向潜在人才展示积极正向的城市形象。如本书的研究结论所提到的那样，潜在人才在求职过程中赋予城市的重要性是单位的 1.53 倍。也就是说，相比入职的企业而言，他们更关注城市。如果城市的基础设施不够完善，社会环境比较糟糕，即使预期入职的企业再好，人们也可能放弃这个企业，转而选择生活条件较好的城市去工作。因此，城市管理者和人才招募者的首要工作就是向潜在人才推销自己的城市，进而在潜在人才的心智中塑造积极正向的城市形象。具体的做法有很多，如发布路牌城市形象广告和报纸杂志印刷广告、运营人才招募微信公众号、使用高质量的信息制造内容营销等。这些方法传播速度快、传播受众广，潜在人才很容易在其中感知到城市的积极形象。

其次，求职单位应该积极完善企业内部的晋升制度，为员工创造良好的工作环境和工作氛围。此外，求职单位还应该依托产业集群来吸引潜在人才。产业集群的建立、成长、结构变革以及外向型国家化程度可以进一步加大企业对外部人才的吸引力。外部人才的聚集可以促进产业集群的活力和升级。这就让更多的潜在人才感到企业有前景，个人事业发展有前途。

最后，近郊新城应为潜在人才提供更多的政策优惠和政策福利。从研究结论中可以看出，潜在人才在近郊新城就业考虑因素中最为关注的是薪酬水平、工作机会、城市发展前景和未来子女教育。也就是说，潜在人才可能因为新城的基础设施尚不完善、资源优势不如主城区、地理位置较为偏远等并不特别情愿去近郊新城工作，但是，在这种情况下，潜在人才更希望得到丰厚的薪酬回报、未来的发展前景和子女的优良教育。因此，可以通过满足其最重要的条件来弥补外部环境不足所带来的缺憾。另外，应注意使用人才优惠政策、福利政策、补助政策让其感受到照顾和特别关爱，坚定其根植近郊新城的决心。

10.2.6 促进城郊农民身份转换，强化市民身份认同

（1）加大宣传与政策解释力度，确保政策落到实处。

目前，国家对城市化的建设更加系统，要求"多规合一"，统筹实施，这样基础设施的建设质量更加高效，更加完善，也能够让城郊农民感受到城市化带来的明显变化。同时，国家现有的涉及城郊农民切身利

益的居住、医疗、养老、教育等配套保障性政策都比较完善。这就要求政府基层工作者在城市化建设过程中通过各种途径加强对城郊农民的宣传引导，让他们认识到城市化建设对社会进步，尤其是对城郊农民自身生活质量改善的必然性。在此基础上，要关注城郊农民的正当利益诉求，把老百姓的"小问题"都妥善地解决好，发挥保障性条件促进城郊农民身份认同的作用。

（2）加强城郊农民价值观的引导，教育其主动融入城市化。

随着我国城市化建设政策的完善，一些城郊农民表现出"等靠要"的思想，还有一些挥霍国家的赔偿补贴。习近平总书记指出："幸福是奋斗出来的。"农民先天性具有勤劳、节俭、朴实的优良作风。在城市化过程中，各级工作者、社会团体要引导城郊农民珍惜国家城市化建设带来的发展条件，抓住发展机会，继续发扬积极向上的人生价值观和勤劳奋斗的作风，主动接受政府提供的各类就业技能培训，提升自身融入城镇生活的技能，在城市化发展的进程中寻求自己的生存之本。同时，政府要根据农民需求和农民现实基础提供相对精准的就业服务，确保城郊农民有持续的生活来源。

（3）建立城郊农民市民身份认同的自我说服机制。

城市的个人空间行为关联的设施和服务对应的福利和影响个人空间行为的利益相关者对应的福利从不同层面满足了城郊农民爱和归属的需要、自尊的需要和自我实现的需要，使得城郊农民切实感受到城市给自己和家庭成员带来的实际利益和未来可期望的利益。政府可建立市民身份认同工作机构，把认同市民身份的人作为意见领袖，让他们去做怀疑市民身份、排斥市民身份和两种身份的两难选择三类人的工作，通过农民之间的自我教育和彼此沟通，实现农民身份转换和市民身份认同的目的。

10.2.7　利用游憩推拉动机理论合理布局游憩项目和科学设计营销方案

（1）对城市管理者的建议。

城市管理者应根据城市内部访客游憩空间行为的习惯和游憩项目类型的偏好对城市环城游憩带做出合理的规划和布局。基本原则：①随着中心城区向外延伸的水平距离的增加，游憩项目布局的数量应减少；②随着中心城区向外延伸的地理区域海拔的升高，游憩项目布局的数量应减少；③一个城市环城游憩项目类型的总体比例要与城市内部访客的游憩项目偏好相吻合。各种类型游憩项目在游憩项目总量上的排序从高到低的顺序应该是自然观光、人文观光、民俗体验、运动休闲和人工娱乐。自然观光项目的数量可以达到排在第二位的人文观光项目的数量的1.9倍。

（2）对城市周边游憩目的地管理组织的建议。

从人文统计变量上看，聚焦于婚姻状况进行游憩市场细分，并根据不同的婚姻状况对应的人群，设计对应的高拉力的营销方案和项目管理方案。一些目的地组织通常按照性别、年龄、受教育程度、收入水平和居住地五个人文统计变量细分访客市场。本书的研究发现这五个人文统计变量对城市内部访客的游憩行为并没有产生显著影响，因此，采取上述变量的市场细分理念是不适合游憩市场的现实特征的。在人文统计变量中，仅婚姻状况可以作为环城游憩市场的细分变量。数据分析发现，已婚有子女的人对呼吸新鲜空气、健身运动、亲近大自然、身心愉悦、家庭温馨五个要素表现出更浓厚的兴趣。因此，不管何种类型的游憩活动，可增加已婚有子女家庭关联的服务项目，如提供以家庭为单位的接送服务、就餐服务和住宿服务，设计亲子活动项目等；设置一些关联的促销活动，如对带孩子参加游憩活动的家庭，小孩子的门票可以免费；一些孩子的娱乐项目可以打折，或者消费达到一定的金额后赠送折扣券。另外，数据分析还发现，未婚人士对寻求刺激、体验新生活和玩玩娱乐设施三个推力表现出更高的兴趣。因此，对于运动休闲和人工娱乐两类游憩项目，目的地管理组织一定要把未婚人士作为重要的顾客，提供一些具有刺激性和挑战性的设施和服务，吸引他们的参与和游玩。

从游憩推力动机来看，可以将游憩市场划分为游憩强动机市场和游憩弱动机市场，这两个游憩市场间访客的性别、年龄、受教育程度、收入水平和居住地五个人文统计变量不存在显著差异，但游憩强动机访客比游憩弱动机访客在知识、商业和新奇，亲近自然和运动，休息和放松，和家人、朋友在一起五个变量上都表现出更强烈的欲望。游憩目的地管理组织可以根据这两个市场的特点设计出合理的营销方案和项目管理方案。主要原则：①通过合理的方法识别出游憩强动机访客和游憩弱动机访客。一种做法是通过本书设计的游憩推的动机量表和拉的动机量表测试城市内部访客，在知识、商业和新奇，亲近自然和运动，休息和放松，和家人、朋友在一起五个推的动机因子表现都比较高，同时在城市周边游憩质量属性18个题项上也打分高的人，可以将其定义为游憩强动机访客；同理，在上述推的动机因素表现低和18个拉的动机因素表现也低的人，可以将其定义为游憩弱动机访客。另外一种做法是游憩目的地管理组织通过设计特定的活动并观察访客的行为反应识别和定义市场。具体做法是可以设计出旅游项目的独特性、旅游项目的多样性、旅游商品的特色、餐饮的特色、游客的身心安全、旅游设施的舒适性、住宿设施、咨询服务八个关联的质量属性，评估访客对上述全部活动或者其中一种活动的行为反应。如果行为反应比较积极，可以将其定义为游憩强动机访客；反之，则将其定义为游憩弱动机访客。对服务人员的旅游项目的特色化、服务人员的友好性、售票服务三个服务项目质量反应积极的，可以将其定义为游憩弱动机访客；反之，则将其定义为游憩强动机访客。②对识别出来的访客，建立访客信息档案。信息档案包括性别、年龄、受教育程度、婚姻状况、居住地、联系方式等信息。③定期高频率向游憩强动机访客推送内容丰富的游憩项目信息，在其接受服务时，要确保向其提供的游憩服务是高质量的。因为低质量的服务项目和不丰富的服务项目将引发访客的不满情绪。同时，注意多使用促销活动刺激其提高游憩频率。④定期低频率向游憩弱动机访客推送一些少量的其比较感兴趣的游憩服务项目，同时，针对这类访客要加大价格折扣力度，使其对价格产生敏感，吸引其前来游玩。

10.2.8　提升城市外部访客的城市再访问意愿

（1）城市管理者应该重点强化对城市感知质量存在显著正向影响因素的管理。

对城市感知质量存在正向影响的要素包括城市服务基础设施中的餐饮服务、交通服务、购物服务和旅游服务，支持性环境因素中的环境卫生和城市的独特性。具体做法：关于餐饮服务，城市管理者应该严格执行国家食品质量管理的各项法规和法律，定期或不定期对辖区内的餐饮单位进行全面的质量和卫生状况的监督和检查，并建立餐饮服务举报和投诉体系，及时有效地处理发生在采购、生产和服务提供过程中的质量和卫生问题。同时，出台相关政策鼓励餐饮行业进行食品创新和服务流程创新，完善餐饮行业的知识产权保护体系，确保地方特色美食的传承和发扬。关于交通服务，城市应该建立起高效方便的航空、铁路和公路体系，与全国各地建立连接。在城市内部，要合理规划城市主干道，或者实行限号政策，减少主干道拥堵的情况。同时，配备完善的交通设施，修建停车场，建立明晰的交通引导标志。另外，要大力发展城市公共交通系统，并建立相关的制度，督促交通从业人员的安全意识和准时意识。关于购物服务，城市要修建各种类型的购物场所，为访客提供各种类型的商品，同时，加强对购物场所从业人员的素质培训，提升访客购物体验的愉悦性。关于旅游服务，城市应该深挖特色旅游资源，打造特色旅游景点。注重景点与景点之间的互联互通性，为访客设计合理的旅游路线，方便访客访问各个旅游景点。同时，要强化景点各个接触点的管理，确保游客的满意感。关于城市的环境卫生，要在城市各个区域设置适当数量的公共厕所和垃圾桶，并由专门部门负责，适时进行打扫和清理，确保这些场所和设施的干净和卫生。同时，在街道上，严禁商家和个人倾倒废水。要建立完备的下水道，及时排掉废水和雨水。对于下水道堵塞的情况，应及时派人予以清理和疏通。关于城市的独特性，城市管理者应建立起独特性的治理理念，并将这种独特性反映在城市的设计、规划、建造和宣传上。要注意设计独特的机场、火车站、汽车站、城市公共活动空间、标志性建筑、主题公园和有特色的城市旅游景点，有意识地从视觉和体验上建立起独特的感官认知。同时，运用差异化定位理论，设计和制作城市形象广告，启用有感染力和想象力的广告口号，借助事件营销，利用新媒体把城市发展和变化的信息渗透到潜在访客的碎片化的日常生活当中，积极构建独特的城市意义和城市形象。

（2）不能忽视没有对城市感知质量存在显著影响的因素。

这些因素包括城市服务基础设施中的住宿服务和娱乐服务，社会接触中的当地居民的素质，支持性环境因素中的社会秩序与安全、空气质量和天气。虽然这些因素没有对城市感知质量存在显著影响，但是并不意味着如果这些因素质量管理存在问题，就不会对城市感知质量产生负面影响。也就是说，这些因素做得很好，不见得会对城市感知质量存在显著贡献，但这些因素做得不够好，一定会对城市感知质量存在负面影响。具体管理思想是维持这些因素的质量水平，确保这些因素的质量不降低。

（3）正处于发展阶段的中小城市要合理地利用有限的资源打造旅游基础设施。

在实际生活中，经济发达的大城市（如北京、上海、深圳等）政府财政资金充裕，城市中的各项设施和服务都比较完善。而对于经济比较落后的中小城市，财政困难，能够用于城市建设和管理的资源非常有限，因此，政府应该把有限的资源分为两部分使用：一部分投在必要性特性的质量属性上，确保这些要素质量不降低，这些要素包括住宿服务、娱乐服务、当地居民的素质、社会秩序与安全、空气质量和天气；另一部分资源着力打造一个单向性质量要素，如在餐饮服务、交通服务、旅游服务、购物服务四个城市服务设施中选出一个质量要素，对其进行差异化定位，构建特色和优势，让访客满意，建立美誉度，促进更多的人到本城市旅行，进而拉动城市的经济发展。

10.3　未来的研究方向

本书在中国城市化稳步推进而全球城市营销基础理论薄弱的背景下，从全球城市历史演进的纵贯视角，结合中国城市的发展实践，提出了城市面向个人顾客营销存在什么样的理论机理这样一个亟须解决的核心命题，并将其分解为八个科学命题，围绕这些命题，检索丰富的国内外文献，设计了八个实证研究，这些研究恰当地解决了这些科学命题。纵观整个研究，具有理论应用正确、逻辑推导严谨、思路清晰、研究方法设计规范、数据处理正确、结论科学、建议可行等特点，对构建城市营销理论作用机理进行了有意义的探索，为构建面向个人顾客的城市营销理论奠定了开创性的基础。同理，与所有的科学研究一样，本书也存在一些研究局限，意味着将来的研究方向。

（1）本书运用比较历史分析法把城市首发产品作为研究对象归纳出城市演进阶段理论。这个理论弥补了现有三个以宏大叙事方式界定城市的演进轨迹存在的不足，展现了顾客导向驱动下城市演进的历史画卷和未来的发展趋势。但由于比较历史分析法自身存在的不足，为未来的研究提供了方向。未来的研究可以在全球范围内选取一些具有代表性的城市，使用多案例分析法，收集每一个城市在时间轴上的所有城市产品，这些案例城市在历史上每个重要时间节点的城市内部发生的重大事件和城市外部环境大到国家层面和世界层面发生的重大事件，以及每个重要时间节点的城市地图和实物证据，通过案例研究刻画出每一个案例城市的历史演进轨迹，然后验证本书的研究结论。同时，还可以发现案例城市演进的特殊性，以及这种特殊性的表现形式和影响因素。

（2）本书把营销战略导向作为自变量证实了它对城市形象的贡献和关联的作用机理，由此可建立起这样一个基本的判断，即营销战略导向适用于城市治理。然而，当城市治理承担了促进创新和承担风险以追求增长的重任时（e.g.，Anholt，2005；Anttiroiko，2015；Harvey，1989），城市单纯依赖营销战略导向就不足以担负起这样的使命，于是，把创业导向和关系导向融入城市管理者的理念和城市治理实践当中，就可能产生一些特定的作用。然而，我们目前还不清楚，对城市而言，创业导向和关系导向分别包含哪些内容，合理的定义是什么，它们分别通过什么样的机理才会对城市形象产生贡献，以及创业导向、关系导向分别与居民导向和竞争导向是什么样的关系，它们之间是否会产生交互效应。未来的研究可以将上述研究问题作为研究方向，可能会产生一些有趣的结果。

（3）本书从城市现在居民角度识别出城市产品和城市社会管理综合治理体系以及各自对应的测量。城市产品包含三个领域 15 个维度，城市社会管理综合治理体系包含十个领域 12 个维度，其中，前者的社区管理与服务和后者的社区平安（社区管理与服务）存在一定的交叉关系。从服务范围来看，后者大于前者；从服务的内容来看，后者多于前者。由于城市的社区大于生活小区，对社区满意的居民不一定对生活小区满意，两者具体的工作目标和工作内容不同，服务的对象也不同，因此，不能简单地用后者代替前者。除了这两个存在交叉关系的项目，城市产品和城市社会管理综合治理体系各自关联的构成要素存在差异。也就是说，两者既存在不同，也存在交叉关系。这就产生了一个问题，城市产品和城市社会管理综合治理体系两者之间的关系是什么？它们对城市现在居民生活质量的作用哪一个更显著？它们的交互效应如何？对上述这些问题的探索，可以解析城市产品和城市社会管理综合治理体系的联合效应。同时，基于居民满意的角度，我们也不清楚城市产品和城市社会管理综合治理体系各自的构成要素的质量特性。未来的研究可以运用 Kano 模型识别这些构成要素的质量特性，确定哪些构成要素是必要性质量、单向性质量、吸引性质量、逆向性质量和冷淡性质量，分析每个属性所带来的顾客满意和顾客不满意水平，进而对城市产品和城市社会管理综合治理体系进行合理的规划和修正。在此基础上，还可以识别和确定不同的城市现在居民市场（如老年人和年轻人）对同一种城市产品或者维稳项目的质量特性，采取差异化的营销方案，以提高不同居民的满意感。

（4）城市现在居民、城市未来居民和城市访客三类个人顾客对同一城市形象评价的信息来源不同，感受到的城市知识的内容和知识的重点也不同，另外，三类顾客的个人顾客的身份不同，各自追求的利益也不同，由此会对同一个城市的形象建构的维度产生差异。未来的研究可以从这三类个人顾客的身份出发，建构三种城市形象的内涵和定义，然后建立构念测量体系，评价它们的相同点和差异点，这样，可以为三类个人顾客心智中城市形象的建构找到发展方向。

（5）城市现在居民、城市未来居民和城市访客三类个人顾客需要的城市产品既有相同的地方，也有不同之处。本书已经构建了基于城市居民视角的城市产品感知质量维度和测量量表，未来的研究可以分别从城市未来居民（潜在人才和城郊农民）和城市访客（城市内部访客和城市外部访客）两类顾客下的子顾客视角，运用规范的构念测量开发程序开发各自的城市产品感知质量维度和测量量表，并对三类顾客对应的城市产品进行异同点比较。这将为全面识别城市产品质量奠定基础。

（6）从全球范围来看，城市营销主体不明确。政府的各个职能部门在城市的治理中各司其职，如城市规划部门负责城市规划，交通部门负责交通线路设计，旅游部门负责旅游项目管理，不一而足，但是，哪个部门专门统领这些政府职能部门规划整个城市的营销战略，目前还未专门设立这样的职能部门，这为全面长远规划城市的营销战略和营销策略，组织实施这些方案，以及评估这些方案的效果带来了非常大的困难。未来研究的一个重要方向就是论证政府设立专门的职能部门负责整个城市营销活动的必要性。

参考文献

[1] 鲁道夫斯基（2000）. 人的街道. 北京：中国建筑工业出版社.

[2] 白光润，李仙德（2008）. 商业微区位空间关联类型与测度. 人文地理，23（4），1-5.

[3] 柴荣，郭理蓉（2008）. 宋代商业市场管理法律初探. 北京工商大学学报（社会科学版），23（1），97-101.

[4] 曹威麟，姚静静，余玲玲（2015）. 我国人才集聚与三次产业集聚关系研究. 科研管理，36（12），172-179.

[5] 曹先磊，刘高慧，张颖，李秀山（2017）. 城市生态系统休闲娱乐服务支付意愿及价值评估——以成都市温江区为例. 生态学报，37（9），2970-2981.

[6] 曾红颖，吴佳（2018）. 政府与市场作用视角下人才集聚模式的国际经验与启示. 中国人力资源开发，35（4），118-125.

[7] 柴彦威，谭一洺，申悦，关美宝（2017）. 空间—行为互动理论构建的基本思路. 地理研究，36（10），1959-1970.

[8] 陈华荣，王晓鸣（2012）. 大城市环城游憩带市场需求特征研究——以武汉市为例. 东南大学学报，14（2），107-111.

[9] 陈奇彪（2015）. 论新疆城镇社区维稳方面存在的问题及对策. 新疆社科论坛，（4），59-62.

[10] 陈思伟（2015）. 古典时代雅典私人钱庄与海上贸易融资. 世界历史，（4），114-125.

[11] 陈明远（2012）. 关于"陶器时代"的论证（之五）陶器促进史前社会分工——手工业与农业分离. 社会科学论坛，（6），4-20.

[12] 戴尔俭（1988）. 石器时代的再分与新石器革命. 农业考古，（2），126-136.

[13] 党宁，吴必虎，俞沁慧（2017）. 1970—2015年上海环城游憩带时空演变与动力机制研究. 旅游学刊，32（11），81-94.

［14］ 董鉴泓（2009）. 中国古代城市二十讲. 北京：中国建筑工业出版社.

［15］ 方聪龙，芮正云（2018）. 城市融入视角下的农民工生活满意度——基于上海市外来农民工的调查. 农业经济问题，（12），57-65.

［16］ 方益权，杜玉玉（2014）. 平安校园视域下社区安全风险评估制度研究. 高等教育研究，35（7），71-77.

［17］ 冯博（2016）. 从"鼓励性惩罚"到"惩罚性赔偿"——食品药品安全问题的法律经济学分析. 法学杂志，（12），88-98.

［18］ 冯周卓，张叶（2015）. 衡量城市健康发展的处置机制与治理秩序——基于包容理念的城市"维稳"新思路. 上海城市管理，（1），10-15.

［19］ 高春平（2007）. 论中国古代信用票据飞钱、交子、会票、票号的发展演变. 经济问题，（1），125-128.

［20］ 高放（2010）. 对自由主义要全面认识和正确对应. 探索与争鸣，（1），33-36.

［21］ 高寿仙（2004）. 明代北京街道沟渠的管理. 北京社会科学，（2），102-107.

［22］ 高中伟（2011）. 新中国初期城市街道管理体制变迁轨迹. 四川师范大学学报（社会科学版），38（6），151-156.

［23］ 古杰，周素红，闫小培（2016）. 基于家庭的广州市入室盗窃的特征分析. 人文地理，31（5），87-92，140.

［24］ 顾小茜，陈永法（2020）. 英国食品安全协同治理对我国的启示. 中国调味品，45（1），185-188，200.

［25］ 管辉，谷峪（2018）. 比较历史分析：比较教育研究的一个重要路径. 比较教育研究，（12），84-92.

［26］ 傅崇兰，白晨曦，曹文明（2009）. 中国城市发展史. 北京：社会科学文献出版社.

［27］ 韩会然，宋金平（2013）. 芜湖市居民购物行为时空间特征研究. 经济地理，33（4），82-87，100.

［28］ 韩志明（2018）. 街道空间的利用及其多元治理机制——以行动者为中心的分析. 湖南师范大学社会科学学报，（6），89-96.

［29］ 何家弘（1999）. 司法证明方式和证据规则的历史沿革——对西方证据法的再认识. 环球法律评论，（4），32-51.

［30］ 何立新，潘春阳（2011）. 破解中国的"Easterlin悖论"：收入差距、

机会不均与居民幸福感. 管理世界，(8)，11-22.

[31] 何琼峰（2011）. 中国国内游客满意度的内在机理和时空特征. 旅游学刊，26（9），45-52.

[32] 何一民（1994）. 中国城市史纲. 成都：四川大学出版社.

[33] 何雨，刘顺伶（2006）. 城郊游憩带形成及其系统结构研究进展. 旅游科学，(2)，25-29.

[34] 侯旭东（2011）. 从朝宿之舍到商铺——汉代郡国邸与六朝邸店考论. 清华大学学报（哲学社会科学版），(5)，32-43.

[35] 胡蓓，周均旭，翁清雄（2009）. 高科技产业集群特性对人才吸引力的影响——基于武汉光谷、北京中关村等产业集群的实证. 研究与发展管理，21（1），51-57，78.

[36] 胡建刚（2016）. 论中国古代警务结构与特征. 铁道警察学院学报，26（2），50-55.

[37] 胡颖廉（2020）. 国家治理现代化中的食品安全：起点、体系和任务. 宏观质量管理，8（2），9-18.

[38] 黄鉴晖（2014）. 银行起源刍议. 高等财经教育研究，17（3），89-94.

[39] 黄文秀，杨卫忠，钱方明（2015）. 农户"就地城镇化"选择的影响因素研究——以嘉兴市海盐县为例. 浙江社会科学，(1)，86-92.

[40] 黄艳红（2018）. 千年之变：一种西欧封建社会解释的兴衰. 史学理论研究，106（2），49-65，159-160.

[41] 霍东洲（2017）. 2016年中国食品安全状况研究报告等系列报告发布. 中国食品安全报，2017-12-21（B2）.

[42] 纪建悦，朱彦滨（2008）. 基于面板数据的我国科技人才流动动因研究. 人口与经济，(5)，32-37.

[43] 简·雅各布斯（2006）. 美国大城市的死与生. 南京：译林出版社.

[44] 孔祥利，王娟娟（2006）. 失地农民城市角色的定位与思考. 云南民族大学学报（哲学社会科学版），23（5），190-196.

[45] 李飞（2011）. 对《城市居住区规划设计规范》（2002）中居住小区理论概念的再审视与调整. 城市规划学刊，(3)，96-102.

[46] 李佳蔚（2016）. 城市标志性建筑公关特质及其基本问题. 现代传播—中国传媒大学学报，38（9），162-163.

[47] 李江敏，谭丽娟（2016）. 生态文明视角下环城游憩带发展动力系统研究. 湖北大学学报（哲学社会科学版），43（6），130-134.

[48] 李梁玉，郑芝芬，吴立萱，郎义青，陈芳洁，吴志强（2019）. 互联网＋的结算服务于门诊流程再造中的实践. 现代医院管理，17（6），33-36.

[49] 李启瑄，王录仓，乔杰，黄淑娟，车磊（2018）."物象·意象、经济·情感"新数据环境的餐饮业空间特征——以兰州市为例. 经济地理，38（7），126-135.

[50] 李仁杰，郭风华，安颖（2010a）. 北京环城游憩地类型结构与自然要素的关系. 地理与地理信息科学，26（2），103-106.

[51] 李仁杰，杨紫英，孙桂平，郭风华（2010b）. 大城市环城游憩带成熟度评价体系与北京市实证分析. 地理研究，29（8），1416-1426.

[52] 李亚娟，曹慧玲，李超然（2018）. 武汉市历史街区空间结构及游客空间感知研究. 资源开发与市场，34（11），1599-1603，1622.

[53] 李永玲（2014）. 社会转型期亟需发展志愿者事业. 理论学刊，（8），85-88.

[54] 梁林，刘兵，李媛（2015）. 我国区域人才聚集良性演化路径探究——以曹妃甸新区为例. 科技进步与对策，32（2），45-53.

[55] 林华东，张长立，谢雨（2018）. 大部制改革背景下城管执法新困境与对策研究. 城市发展研究，25（12），130-136.

[56] 林正秋（1997）. 试论宋代商业的经营风貌. 商业经济与管理，（6），62-67.

[57] 铃木富志郎（1985）. 都市周边旅游开发变容. 地理，30（8），171-190.

[58] 刘兵，梁林，李媛（2013）. 我国区域人才聚集影响因素识别及驱动模式探究. 人口与经济，（4），78-88.

[59] 刘畅（2017）. 论我国药品安全规制模式之转型. 当代法学，（3），50-58.

[60] 刘法建，徐金燕，吴楠（2019）. 基于元分析的旅游者重游意愿影响因素研究. 旅游科学，33（1），33-53.

[61] 刘宏谊（1990）. 产业革命和西欧交通运输的变革. 世界经济文汇，（6），42-47.

[62] 刘云川（2012）."毒胶囊事件"反映出我国药品安全中的哪些深层次问题？红旗文稿，（9），39.

[63] 刘震，戴泽钒，楼嘉军，刘松（2019）. 基于数字足迹的城市游憩行为时空特征研究——以上海为例. 世界地理研究，28（5），95-105.

［64］刘智，胡琳琳，周惠宣，王紫娟，赵鹏宇，刘诗洋，刘远立（2020）.
妇幼医院门诊患者的就医满意度及其影响因素分析. 卫生软科学，
34（4），81-86.

［65］娄思元（2018）. 基于旅游者空间行为的边境区域旅游空间效应研
究——以云南省德宏州为例. 云南师范大学博士论文.

［66］芦原义信（2006）. 街道的美学. 天津：百花文艺出版社.

［67］陆继锋，孙洪波，朱雪芹，张晨（2017）. 城市化进程中的城市社区
维稳问题研究——以青岛市黄岛区为例. 陕西行政学院学报，
31（4），22-28.

［68］陆学艺（2002）. 当代中国社会阶层研究报告. 北京：社会科学文献
出版社.

［69］吕德文（2019）. 街头的空间属性及其治理形态——基于 W 市城市
管理实践的经验观察. 求索，（4），72-80.

［70］吕宁，吴新芳，韩霄，赵亚茹（2019）. 游客与居民休闲满意度指数
测评与比较——以北京市为例. 资源科学，41（5），967-978.

［71］马正林（1993）. 论中国城墙的起源. 人文地理，8（1），1-7.

［72］迈克尔·布鲁顿，希拉·布鲁顿，于立译（2003）. 英国新城发展与
建设. 城市规划，27（12），78-81.

［73］迈克尔·波特（2002）. 国家竞争优势. 北京：华夏出版社.

［74］那守海，翟福生，赵希勇（2018）. 基于生态位理论的哈尔滨环城游
憩带空间布局研究. 中国农业资源与区划，39（3），212-219.

［75］倪国华，牛晓燕，刘祺（2019）. 对食品安全事件"捂盖子"能保护
食品行业吗——基于 2896 起食品安全事件的实证分析. 农业技术
经济，（7），91-103.

［76］牛冲槐，贺召贤，张永红（2010）. 政府在科技型人才聚集中的作用
研究. 技术经济与管理研究，（6），94-97.

［77］牛冲槐，江海洋（2008）. 硅谷与中关村人才聚集效应及环境比较研
究. 管理学报，（3），396-400，468.

［78］牛冲槐，芮雪琴，王聪，樊燕萍，郭丽芳（2007）. 区域创新系统优
化对人才聚集效应的作用研究. 系统科学学报，（4），64-66.

［79］牛永革（2014）. 地理品牌研究. 成都：四川大学出版社.

［80］宁欣（2011）. 唐宋城市社会公共空间形成的再探讨. 中国史研究，
（2），77-89.

［81］潘康宇，赵颖，李丽君（2012）. 人才聚集与区域经济发展相关性研

究——以天津滨海新区为例. 技术经济与管理研究，（10），104-107.

[82] 彭燕，王慧，汪恒倞（2013）. 基于游客特征的南昌环城游憩带旅游市场分析. 企业经济，32（3），125-128.

[83] 齐晶（2015）. 改善社区治理 增强维稳能力——对某省社区稳定问题的调查与研究. 人民论坛，（32），234-236.

[84] 齐晓霞（2020）. 医患纠纷"激化"的成因分析与法律应对——以三起暴力袭医事件为关切. 求是学刊，47（1），12-18.

[85] 清华大学社会学系课题组（2010）. 以利益表达制度化实现社会的长治久安. 清华大学社会发展论坛.

[86] 任呆，宋迎昌，蒋金星（2019）. 改革开放 40 年中国城市化进程研究. 宁夏社会科学，（1），23-31.

[87] 芮雪琴，李亚男，牛冲槐（2015a）. 科技人才聚集的区域演化对区域创新效率的影响. 中国科技论坛，（12），126-131.

[88] 山鹿诚次（1986），朱德泽译. 城市地理学. 武汉：湖北教育出版社.

[89] 沈聿之（1999）. 原始社会多空间居住建筑探讨. 考古，（3），53-64.

[90] 盛会莲（2009）. 唐代的病坊与医疗救助. 敦煌研究，（1），81-86.

[91] 史书铄（2013）. 健全维稳机制 建设平安社区——基于历城区山大路街道办事处平安建设工作的现状. 中共济南市委党校学报，（6），126-128.

[92] 宋秋（2008a）. 旅游城市居民游憩消费实证研究. 特区经济，（2），144-146.

[93] 宋秋（2008b）. 城市居民游憩动机及影响因素实证研究. 软科学，（6），22-26.

[94] 苏平，党宁，吴必虎（2004）. 北京环城游憩带旅游地类型与空间结构特征. 地理研究，（3），403-410.

[95] 孙博，段文婷，许艳，赵悦君（2019）. 职业分化视觉下农民城镇化意愿与影响因素研究——以胶东地区为例. 城市发展研究，26（5），10-16.

[96] 孙彩霞（2007）. 宋代城市经济与城市中的瓦子勾栏. 河北大学学报（哲学社会科学版），32（2），50-53.

[97] 孙海法，王凯，徐福林（2016）. 政府人才政策与企业人才需求契合关系研究. 吉林大学社会科学学报，56（3），91-100.

[98] 唐俊德（1983）. 美国"硅谷"的由来和发展. 科学学与科学技术管理，（8），44-46.

[99] 唐梦鸽，罗明良，魏兰，李莉，秦子晗（2018）. 基于 POI 数据的成都市休闲娱乐热点识别. 资源开发与市场，34（9），1191-1195.

[100] 唐云锋，解晓燕（2018）. 城郊失地农民城市融入的心理障碍归因及政策干预. 经济社会体制比较，（6），148-161.

[101] 汪波，于扬（2020）. 情境预防视阈下首都社区安全治理——基于北京市 23 个社区的调查分析. 北京行政学院学报，（1），86-92.

[102] 汪清（2000）. 王莽时期州制的变化兼论都督制的滥觞. 郑州大学学报（哲学社会科学版），（3），105-109.

[103] 王阿妮，徐彪，顾海（2020）. 食品安全治理多主体共治的机制分析. 南京社会科学，（3），64-70.

[104] 王朝忠（2017）. 浅谈停车场发展历史及产品技术发展. 中国公共安全，（1），138-141.

[105] 王奋，杨波（2006）. 科技人力资源区域集聚影响因素的实证研究——以北京地区为例. 科学学研究，（5），722-726.

[106] 王海明（2000）. 河姆渡遗址与河姆渡文化. 东南文化，（7），16-23.

[107] 王昊，熊国强，陈菊红（2017）. 基于扎根理论的医患冲突演化升级的影响因素辨识. 预测，36（4），15-21.

[108] 王润，刘家明，陈田，田大江（2010）. 北京市郊区游憩空间分布规律. 地理学报，65（6），745-754.

[109] 魏浩，王宸，毛日昇（2012）. 国际间人才流动及其影响因素的实证分析. 管理世界，（1），33-45.

[110] 魏浩，袁然，赖德胜（2018）. 中国吸引留学生来华的影响因素研究——基于中国与全球 172 个国家双边数据的实证分析. 教育研究，39（11），76-90.

[111] 温婷，林静，蔡建明，杨振山，丁悦（2016）. 城市舒适性：中国城市竞争力评估的新视角及实证研判. 地理研究，35（2），214-226.

[112] 翁清雄，杨书春，曹威麟（2014）. 区域环境对人才承诺与根植意愿的影响. 科研管理，35（6），154-160.

[113] 吴必虎（2001）. 大城市环城游憩带（ReBAM）研究——以上海市为例. 地理科学，21（4），354-359.

[114] 吴培冠（2009）. 人力资本流动对区域经济增长差异之影响. 中山

大学学报（社会科学版），49（5），200-208.

[115] 吴人韦（1998）. 国外城市绿地的发展历程. 城市规划，（6），39-43.

[116] 吴思佳（2015）. 门诊导诊的需求分析与诊疗策略. 护理研究，29（6），2251-2252.

[117] 吴永贵（2008）. 中国出版史（上古代卷）. 长沙：湖南大学出版社.

[118] 吴志强，李德华（2010）. 城市规划原理（第四版）. 北京：中国建筑工业出版社.

[119] 武志（2017）. 社会经济制度变迁的政治经济学分析——以英国和明朝的资本主义萌芽与发展对比为例. 当代经济研究，258（9），64-72.

[120] 习近平（2014）. 切实把思想统一到党的十八届三中全会精神上来. 人民日报，2014-01-01.

[121] 肖唐镖（2003）. 二十余年来大陆农村的政治稳定状况. 二十一世纪，4月号（第2期）.

[122] 谢双玉，张琪，龚箭，韩磊，王晓芳（2019）. 城市旅游景点可达性综合评价模型构建及应用——以武汉市主城区为例. 经济地理，39（3），232-239.

[123] 谢卫卫，曾小溪（2018）. 城市人口规模对劳动力工资水平的影响——基于中国家庭收入项目调查数据的分析. 城市问题，（1），65-73.

[124] 邢占军（2002）. 主观幸福感测量研究综述. 心理科学，（3），336-338，342.

[125] 宿玥（2020）. 推进街道管理体制改革的五个着力点. 人民论坛，（3），80-81.

[126] 徐茜，张体勤（2010）. 基于城市环境的人才集聚研究. 中国人口·资源与环境，20（9），171-174.

[127] 严华林，向茜，叶成，王林楠，朱彩蓉，李鸿，田玉（2012）. 成都市社区卫生服务患者满意度及其影响因素分析. 预防医学情报杂志，28（3），193-196.

[128] 阎云翔（2006）. 差序格局与中国文化的等级观. 社会学研究，（4），201-213.

[129] 杨利，马湘恋（2015）. 长沙市环城游憩带空间结构特征. 经济地

理，35（10），218-224.

[130] 杨君，陈宣霖（2016）. 长株潭城市群旅游吸引物体系的空间结构研究. 湘潭大学学报（哲学社会科学版），40（3），82-87.

[131] 杨筱萃，余瑞芳，王美英，陈奇鸿（2020）. 改善医疗服务方案在肿瘤专科医院门诊导诊中的应用. 当代护士，27（2），176-178.

[132] 杨亚南（2014）. 街头行政场域中城市管理综合执法的研究——基于柔性执法的视角. 城市发展研究，21（8），109-113.

[133] 叶莉，李欣广（2019）. 空气质量对我国入境旅游收入的影响. 统计与决策，35（8），101-104.

[134] 叶敏，王阳（2017）. 城市基层治理生态：恶化机理与修复路径——基于国家与社会双向共时性转型的思考. 地方治理研究，（1），52-63.

[135] 叶裕民（2001）. 中国城市化质量研究. 中国软科学，（7），27-31.

[136] 游海疆（2017）. 等级固化与权力失衡：经济与社会的关系研究——以食品药品安全事件为例. 求索，（5），54-64.

[137] 游修龄（1976）. 对河姆渡遗址第四文化层出土稻谷和骨耜的几点看法. 文物，（8），20-23.

[138] 余琳（2012）. 试论夏族精神符号的内涵与起源——以传世文献与考古发现相结合的解读. 中国社会科学院研究生院学报，（3），101-106.

[139] 袁铭（2009）. 北宋京都的文化夜市. 西南民族大学学报（人文社科版），30（10），220-223.

[140] 岳昌君（2011）. 大学生跨省流动的特点及影响因素分析. 复旦教育论坛，9（2），57-62.

[141] 詹晖，吕康银（2015）. 产业集群的人才集聚机制研究. 技术经济与管理研究，（5），85-90.

[142] 张兵，曾明华，陈秋燕，胡启洲（2016）. 基于 SEM 的城市公交服务质量—满意度—忠诚度研究. 数理统计与管理，35（2），198-205.

[143] 张广海，张琳林（2018）. 我国休闲资源分布特征与影响因素研究. 资源开发与市场，34（5），720-724.

[144] 张海波，童星（2006）. 我国城市化进程中失地农民的社会适应. 社会学究，（1），128-134.

[145] 张会平（2013）. 家庭收入对女性婚姻幸福感的影响：夫妻积极情

感表达的中介作用. 中国临床心理学杂志，（2），268-271.

[146] 张南，周义保（1991）. 中西古代城市起源比较研究. 江汉论坛，（12），56-61.

[147] 张平宇（1986）. 论中西行会制度形成的途径问题. 学术月刊，（12），65-70.

[148] 张世伟，郝东阳（2010）. 城镇居民不同收入群体消费行为分析. 财经科学，（9），79-89.

[149] 张舜禹（2015）. 困境与出路：城市基层社会稳定进程中的社会治理创新研究——来自吉林省的经验. 晋阳学刊，（6），101-107.

[150] 张兴照（2013）. 水上交通与商代文明. 中国社会科学，（6），186-203.

[151] 张文翠，田志伟（2016）. "新型城镇化与城市治理现代化"国际研讨会观点综述. 公共治理评论，（2），143-152.

[152] 张西奎，胡蓓（2007）. 产业集群的人才集聚研究. 商业研究，（3），5-7.

[153] 张雨（2016）. 大理寺与唐代司法政务运行机制转型. 中国史研究，（4），77-89.

[154] 张再生（2000）. 人才流动态势及影响因素分析——以天津市为例. 人口学刊，（1），7-11.

[155] 赵承杰（1989）. 英国对大气污染的法律调整. 环境科学与管理，（1），88-92.

[156] 赵鹏，李刚（2014）. 明清时期工商会馆"庙、馆、市"合一新探——以山陕会馆为例. 陕西师范大学学报（哲学社会科学版），43（2），137-142.

[157] 赵玉宗，张玉香（2005）. 城郊旅游开发研究. 内蒙古师范大学学报（哲学社会科学版），34（2），115-118.

[158] 赵媛，徐玮（2008）. 近10年来我国环城游憩带（ReBAM）研究进展. 经济地理，（3），492-496.

[159] 郑小平，蒋美英，王晓翠（2008）. 基于非结构模糊决策的中国药品安全管理体系研究. 中国安全科学学报，18（11），65-71.

[160] 郑玉敏（2018）. 东莞基层维稳与矛盾预防化解机制研究. 东莞理工学院学报，25（6），7-12.

[161] 周军，黄藤（2019）. 合作治理体系中志愿者及其行动的组织与吸纳. 江苏大学学报（社会科学版），21（6），44-51.

[162] 周均旭，胡蓓，张西奎（2009）. 高科技产业集群人才吸引影响因素的分层研究. 科技进步与对策，26（12），141-144.

[163] 周一星（1997）. 城市地理学. 北京：商务印书馆.

[164] 周振宇，黄运明，范雪春（2017）. 福建明溪县南山遗址 4 号洞 2013 年发掘简报. 考古，（10），2，5-24.

[165] 朱杏珍（2002）. 人才集聚过程中的羊群行为分析. 数量经济技术经济研究，（7），53-56.

[166] Acuna-Rivera M，Brown J，Uzzell D（2014）. Risk perception as mediator in perceptions of neighbourhood disorder and safety about victimization. Journal of Environmental Psychology，40（4），64-75.

[167] Agnew M D，Palutikof J（2006）. Impacts of short-termclimate variability in the UK on demand for domestic and international tourism. Climate Research，31，109-120.

[168] Aijaz R（2010）. Capacity building of municipal functionaries for good governance in Uttarakhand，India. Habitat International，34（4），386-391.

[169] Aitken R，Campelo A（2011）. The four Rs of place branding. Journal of Marketing Management，27（9-10），913-933.

[170] Alekseyeva A（2014）. Sochi 2014 and the rhetoric of a new Russia：Image construction through mega-events. East European Politics，30（2），158-174.

[171] Alexandris K，Kouthouris C，Funk D，Giovani C（2009）. Segmenting winter sport tourists by motivation：The case of recreational skiers. Journal of Hospitality Marketing & Management，18（5），480-499.

[172] Alén E，Losada N，Carlos P D（2015）. Profiling the segments of senior tourists throughout motivation and travel characteristics. Current Issues in Tourism，20（14），1-16.

[173] Allaby R G，Fuller D Q，Brown T A（2008）. The genetic expectations of a protracted model for the origins of domesticated crops. Proceedings of the National Academy of Sciences，105（37），13982-13986.

[174] Alnawas I，Hemsley-Brown J（2019）. Examining the key

dimensions of customer experience quality in the hotel industry. Journal of Hospitality Marketing & Management, 28 (7), 833-861.

[175] Amelung B, Viner D (2006). Mediterranean tourism: Exploring the future with the tourism climatic index. Journal of Sustainable Tourism, 14 (4), 349-366.

[176] Anderson J C, Gerbing D W (1988). Structural equation modeling in practice: A review and recommended two-step approach. Psychological Bulletin, 103 (3), 411-423.

[177] Anholt S (2006). The Anholt-GMI city brands index: How the world sees the world's cities. Place Branding, 2 (1), 18-31.

[178] Anttiroiko A V (2015). City branding as a response to global intercity competition. Growth and Change, 46 (2), 233-252.

[179] Armson D, Stringer P, Ennos A R (2013). The effect of street trees and amenity grass on urban surface water runoff in Manchester, UK. Urban Forestry & Urban Greening, (12), 282-286.

[180] Armstrong J S, Overton T S (1977). Estimating nonresponse bias in mail surveys. Journal of Marketing Research, 14 (3), 396-402.

[181] Arnberger A, Eder R (2012). The influence of green space on community attachment of urban and suburban residents. Urban Forestry & Urban Greening, (11), 41-49.

[182] Arntz M, Gregory T, Lehmer F (2014). Can regional employment disparities explain the allocation of human capital across space? Regional Studies, 48 (10), 1719-1738.

[183] Aşan K, Emeksiz M (2018). Outdoor recreation participants' motivations, experiences and vacation activity preferences. Journal of Vacation Marketing, 24 (1), 3-15.

[184] Ashworth G J, Goodall B (2012). Marketing tourism places. London and New York: Routledge.

[185] Avraham (2004). Media strategies for improving an unfavorable city image. Cities, 21 (6), 471-479.

[186] Ball J W, Bice M R, Parry T (2014). Adults' motivation for physical activity: Differentiating motives for exercise, sport, and

recreation. Recreational Sports Journal, 38 (2), 130-142.

[187] Baloglu S, Uysal M (1996). Market segments of push and pull motivations: A canonical correlation approach. International Journal of Contemporary Hospitality Management, 8 (3), 32-38.

[188] Battour M, Ismail M Z, Battor M, Awais M (2017). Islamic tourism: An empirical examination of travel motivation and satisfaction in Malaysia. Current Issues in Tourism, 20 (1), 50-67.

[189] Baumgartner H, Sujan M, Bettman J R (1992). Autobiographical memories, affect, and consumer information processing. Journal of Consumer Psychology, (1), 53-82.

[190] Beard J G, Ragheb M G (1983). Measuring leisure motivation. Journal of Leisure Research, 15 (3), 219-228.

[191] Beaverstock J V (2002). Transnational elites in global cities: British expatriates in Singapore's financial district. Geoforum, 33 (4), 525-538.

[192] Begg I (1999). Cities and competitiveness. Urban Studies, 36 (5), 795-809.

[193] Benson S P (1997). The department store: A social history by Bill Lancaster. Journal of American History, 84 (2), 674-681.

[194] Berg L V D (1987). Urban systems in a dynamic society. Aldershot: Gower Publishing Company.

[195] Berman M, Jonides J, Kaplan S (2008). The cognitive benefits of interacting with nature. Psychological Science, 19 (4), 775-795.

[196] Betz M R, Partridge M D, Fallah B (2015). Smart cities and attracting knowledge workers: Which cities attract highly-educated workers in the 21st century? Papers in Regional Science, 95 (4), 819-841.

[197] Bibri S E, Krogstie J (2017). On the social shaping dimensions of smart sustainable cities: A study in science, technology, and society. Sustainable Cities and Society, 29, 219-246.

[198] Bland A E, Brown P A, Hawney R H (1915). English economic history select documents. London.

[199] Blasius J, Friedrichs J (2007). Internal heterogeneity of a

deprived urban area and its impact on residents' perception of deviance. Housing Studies, 22 (5), 753-780.

[200] Bluestone B (2014). What makes working cities work? Communities & Banking, Summer, 23-26.

[201] Gnoth J (1997). Tourism motivation and expectation formation. Annals of Tourism Research, 24 (2), 283-304.

[202] Boff D, Richard B (1980). Business demand and the development of the telegraph in the United States, 1844-1860. Business History Review, 54 (4), 459-479.

[203] Bomfim Z A C, Urrutia E P (2005). Affective dimension in cognitive maps of Barcelona and Sa~o Paulo. International Journal of Psychology, 40 (1), 37-50.

[204] Bonaiuto M, Aiello A, Perugini M, Bonnes M, Ercolani A P (1999). Multidimensional perception of residential environment quality and neighbourhood attachment in the urban environment. Journal of Environmental Psychology, 19 (4), 331-352.

[205] Bonnett M (2007). Environmental education and the issue of nature. Journal of Curriculum Studies, 39 (6), 707-721.

[206] Boone C G, Modarres A (2006). City and environment. Philadelphia: Temple University Press.

[207] Braudel F (1992). Civilization and capitalism, 15th-18th century: The structure of everyday fife. Oakland: University of California Press.

[208] Braun E (2008). City marketing: Towards an integrated approach. Rotterdam: Erasmus Research Institute of Management.

[209] Braun E, Kavaratzis M, Zenker S (2013). My city-my brand: The different roles of residents in place branding. Journal of Place Management Development, 6 (1), 18-28.

[210] Bricker K S, Kerstetter D L (2000). Level of specialization and place attachment: An exploratory study of whitewater recreationists. Leisure Sciences, 22, 233-257.

[211] Brohm J M (1981). Le mythe Olympique. Pairs: Bourgeois.

[212] Brown W (2003). Neo-liberalism and the end of liberal democracy. Theory & Event, 7 (1), 37-59.

[213] Buettner D (2008). The blue zone: Lessons for living longer from the people who've lived the longest. New York: National Geographic Books.

[214] Burke P J, Reitzes D C (1981). The link between identity and role performance. Social Psychology Quarterly, 44 (2), 83-92.

[215] Burn A R (1951). A history of Greece to the death of Alexander the great. London: Macmillan.

[216] Button K (2002). City management and urban environmental indicators. Ecological Economics, 40 (2), 217-233.

[217] Caber M, Albayrak T (2016). Push or pull? Identifying rock climbing tourists' motivations. Tourism Management, 55, 74-84.

[218] Calantone R J, Harmancioglu N, Droge C (2010). Inconclusive innovation "returns": A meta-analysis of research on innovation in new product development. Journal of Product Innovation Management, 27 (7), 1065-1081.

[219] Caprotti F (2014). Critical research on eco-cities? A walk through the Sino-Singapore Tianjin Eco-City, China. Cities, 36 (1), 10-17.

[220] Carrillo F J, Palacios T M B, Galván R S (2006). Intellectual capital within Iberian municipalities (network). Journal of Knowledge Management, 10 (5), 55-64.

[221] Carter M J (2013). Advancing identity theory: Examining the relationship between activated identities and behavior in different Social Contexts. Social Psychology Quarterly, 76 (3), 203-223.

[222] Castells M (1996). The rise of the network society. Malden, MA. Blackwell, 373, 307-341.

[223] Caunt B S, Franklin J, Brodaty N E, Brodaty H (2013). Exploring the causes of subjective well-being: A content analysis of people's recipes for long-term happiness. Journal of Happiness Studies, 14 (2), 475-499.

[224] Cetin M A, Bakirtas I (2019). Does urbanization induce the health expenditures? A dynamic macro-panel analysis for developingcountries. Dumlupinar University Journal of Social Sciences, 61, 208-222.

[225] Chapin F S (1974). Human activity patterns in the city: Things

people do in time and in space. New York: Wiley.

[226] Chen C F, Chen F S (2010). Experience quality, perceived value, satisfaction and behavioral intentions for heritage tourists. Tourism Management, 31 (1), 29-35.

[227] Chen W Y, Wang D T (2013). Urban forest development in China: Natural endowment or socioeconomic product. Cities, 35 (6), 62-68.

[228] Chin W W (1998). The partial least squares approach to structural equation modeling. Modern Methods for Business Research, 295 (2), 295-336.

[229] Chung J Y, Lee H (2019). Desired recreation companionship and travel behaviour of people with disabilities. Asia Pacific Journal of Tourism Research, 24 (4), 314-324.

[230] Churchill G A J (1979). A paradigm for developing better measures of marketing constructs. Journal of Marketing Research, 16 (1), 64-73.

[231] Clark G (1979). The new Cambridge modern history. Cambridge: Cambridge University Press.

[232] Cohen E (1978). The impact of tourism on the physical environment. Annals of Tourism research, 5 (2), 215-237.

[233] Cole M A, Elliott R J R, Zhang J (2011). Growth, foreign direct investment, and the environment: evidence from Chinese cities. Journal of Regional Science, 51 (1), 121-138.

[234] Colton C W (1987). Leisure, recreation, tourism: A symbolic interaction view. Annals of Tourism Research, 14, 345-360.

[235] Collins J P, Kinzig A, Grimm N B, Fagan W F, Hope D, Wu J, Borer E T (2000). A new urban ecology: Modeling human communities as integral parts of ecosystems poses special problemsfor the development and testing of ecological theory. American Scientist, 88 (5), 416-425.

[236] Collins T (2016). Urban civic pride and the new localism. Transactions of the Institute of British Geographers, 41 (2), 175-186.

[237] Craig C A, Feng S (2018). A temporal and spatial analysis of

climate change, weather events, and tourism businesses. Tourism Management, 67, 351-361.

[238] Crompton J L (1979), Motivations for pleasure vacation. Annals of Tourism Research, 6 (4), 408-424.

[239] Crompton J L, McKay S L (1997). Motives of visitors attending festival events. Annals of Tourism Research, 24 (2), 425-439.

[240] Cronin J J, Brady M K, Hult G T M (2000). Assessing the effects of quality, value and customer satisfaction on consumer behavioral intentions in service environments. Journal of Retailing, 76 (2), 193-218.

[241] Correia A, Pimpao A (2008). Decision-making processes of Portuguese tourist travelling to South America and Africa. International Journal of Culture, Tourism and Hospitality Research, 2, 330-373.

[242] CNTA (2016). Annual report on domestic tourism development in China (in Chinese). http://cn. chinadaily. com. cn/2017-08/30/content _ 31317502. htm.

[243] Daniels B C (1995). Puritans at play: Leisure and recreation in colonial New England. New York: St. Martin's Press.

[244] Dann G M S (1977). Tourist motivation an appraisal. Annals of Tourism Research, 8 (2), 187-219.

[245] Darchen S, Tremblay D G (2010). What attracts and retains knowledge workers/students: The quality of place or career opportunities? The cases of Montreal and Ottawa. Cities, 27 (4), 225-233.

[246] Davies N (2016). Who walks, where and why? Practitioners' observations and perspectives on recreational walkers at UK tourist destinations. Annals of Leisure Research, 21 (5), 553-574.

[247] Davis A (2016). Experiential places or places of experience? Place identity and place attachment as mechanisms for creating festival environment. Tourism Management, 55, 49-61.

[248] De Juan M D (2004). Why do people choose the shopping malls? The attraction theory revisited: A Spanish case. Journal of International Consumer Marketing, 17 (1), 71-96.

［249］ Dean D, Suhartanto D (2019). The formation of visitor behavioral intention to creative tourism: The role of push-Pull motivation. Asia Pacific Journal of Tourism Research, 24 (5), 393-403.

［250］ DenstadliJ M, Jacobsen J S, Lohmann M (2011). Tourist perceptions of summer weather in Scandinavia. Anals of Tourism Research, 38 (3), 920-940.

［251］ Derudder B, Taylor P (2016). Change in the world city network, 2000-2012. The Professional Geographer, 68 (4), 624-637.

［252］ Deshpandé R, Farley J U, Webster F E (1993). Corporate culture, customer orientation, and innovativeness in Japanese firms: A quadrad analysis. Journal of Marketing, 57 (1), 23-37.

［253］ Diener E (1984). Subjective well-being. Psychological Bulletin, 95 (3), 542-575.

［254］ Dietrich O, Heun M, Notroff J, Schmidt K, Zarnkow M (2012). The role of cult and feasting in the emergence of Neolithic communities. New evidence from GöbekliTepe, south-eastern Turkey. Antiquity, 86, 674-695.

［255］ Dillard J E, Bates D L (2011). Leisure motivation revisited: Why people recreate. Managing Leisure, 16 (4), 253-268.

［256］ Dine J (2001). Company law, 4th edition. New York: Palgrave.

［257］ Ding C, Schuett M A (2013). Examining the motivation and involvement of Chinese rock climbers. Journal of Outdoor Recreation Education & Leadership, 5 (1), 54-73.

［258］ Docquier F, Machado J (2016). Global competition for attracting talents and the world economy. The World Economy, 39 (4), 530-542.

［259］ Downs R, Stea D (1973). Image and environment: Cognitive mapping and spatial behavior. Chicago: Aldine.

［260］ Droseltis O, Vignoles V L (2010). Towards an integrative model of place identification: Dimensionality and predictors of intrapersonal-level place preferences. Journal of Environmental Psychology, 30, 23-34.

［261］ Dustin D L, Bricker K S, Schwab K A (2009). People and nature: Toward an ecological model of health promotion. Leisure

Sciences, 32 (1), 3-14.

[262] Ehrenfeld J R (2005). The roots of sustainability. MIT Sloan Management Review, 46 (2), 23.

[263] Ellegård K, Svedin U (2012). Torsten Hägerstrand's time-geography as the cradle of the activity approach in transport geography. Journal of Transport Geography, 23, 17-25.

[264] Falk M (2014). Impact of weather conditions on tourism demand in the peak summer season over the last 50 years. Tourism Management Perspectives, 9, 24-35.

[265] Fan D X F, Zhang H Q, Jenkins C L (2017). Does tourist-host social contact reduce perceived cultural distance? Journal of Travel Research, 56 (8), 998-1010.

[266] Farrell D, Grant A J (2005). China's looming talent shortage. The McKinsey Quarterly, 56, 70-79.

[267] Finer S E (1952). The life and times of sir edwin chadwick. New York: British Book Centre, Inc.

[268] Fiske S T (1992). Thinking is for doing: Portraits of social cognition from Daguerreotype to laserphoto. Journal of Personality and Social Psychology, 63 (6), 877-889.

[269] Fitton R S, Wadsworth A P (1958). The strutts and the arkwrights, 1758-1830. Manchester: Manchester University Press.

[270] Florida R, Mellander C, Rentfrow P (2013). The happiness of cities. Regional Studies, 47 (4), 613-627.

[271] Fodness D (1994). Measuring tourist motivation. Annals of Tourism Research, 21 (3), 555-581.

[272] Fornell C, Larcker D F (1981). Evaluating structural equation models with unobservable variables and measurement error. Journal of Marketing Research, 18 (1), 39-50.

[273] Fornell C, Johnson M D, Anderson E W, Cha J, Bryant B E (1996). The American customer satisfaction index: Nature, purpose, and findings. Journal of Marketing, 60 (4), 7-18.

[274] Fox R (2007). Reinventing the gastronomic identity of Croatian tourist destinations. International Journal of Hospitality Management,

26 (3), 546-559.

[275] Frances K (2006). Outdoor recreation as an occupation to improve quality of life for people with enduring mental health problems. British Journal of Occupational Therapy, 69 (4), 182-186.

[276] Fredline E (2004). Host community reactions to motorsports events: The perception of impact on quality of life. In B. Ritchie & D. Adair (Eds.), Sport tourism: Interrelationships, impacts and issues (pp. 155-173). Clevedon: Channel View Publications.

[277] Freem M J, Aldcroft D H (1985). The Atlas of British railway history. London: Croom Helm.

[278] Freire J R (2009). Local people' a critical dimension for place brands. Journal of Brand Management, 16 (7), 420-438.

[279] Galviz C L (2013). Metropolitan railways: Urban form and the public benefit in London and Paris 1850-1880. The London Journal, 38 (3), 184-202.

[280] García J A, Gómez M, Molina A (2012). A destination-branding model: An empirical analysis based on stakeholders. Tourism Management, 33 (3), 646-661.

[281] Gertler M S, Wolfe D A (2004). Local social knowledge management: Community actors, institutions and multilevel governance in regional foresight exercises. Futures, 36 (1), 45-65.

[282] Generaux R L, Ward L M, Russell J A (1983). The behavioral component in the meaning of places. Journal of Environment Psychology, 3 (1), 43-55.

[283] Gentin S (2011). Outdoor recreation and ethnicity in Europe—A review. Urban Forestry & Urban Greening, 10 (3), 153-161.

[284] George R (2003). Tourist's perceptions of safety and security while visiting Cape Town. Tourism Management, 24 (5), 575-585.

[285] Glaeser E (2011). Triumph of the city: How our greatest invention makes us richer, smarter, greener, healthier, and happier. New York: Penguin Books.

[286] Golledge R G, Stimson R J (1997). Spatial behavior: A

geographic perspective. New York: Guilford Press.

[287] Goossens C (2000). Tourism information and pleasure motivation. Annals of Tourism Research, 27 (2), 301-321.

[288] Gould E D (2007). Cities, workers, and wages: A structural analysis of the urban wage premium. Review of Economic Studies, 74 (2), 477-506.

[289] Gray J, Morton T (2018). Social interaction and identity. In Social Interaction and English Language Teacher Identity (pp. 24-35). Edinburgh: Edinburgh University Press.

[290] Grimm N B, Grove J G, Pickett S T, Redman C L (2000). Integrated approaches to long-term studies of urban ecological systems: Urban ecological systems present multiple challenges to ecologists—pervasive human impact and extreme heterogeneity of cities, and the need to integrate social and ecological approaches, concepts, and theory. Bio-Science, 50 (7), 571-584.

[291] Grimm N B, Redman C L, Boone C G, Childers D L, Harlan S L, Turner B (2013). Viewing the urban socio-ecological system through a sustainability lens: Lessons and prospects from the central Arizona-Phoenix LTER programme. In Long Term Socio-Ecological Research, 217-246.

[292] Gross M J, Brown G (2006). Tourism experiences in a lifestyle destination setting: The roles of involvement and place attachment. Journal of Business Research, 59 (6), 696-700.

[293] Grunig J E (2000). Collectivism, collaboration, and societal corporatism as core professional values in public relations. Journal of Public Relations Research, 12 (1), 23-48.

[294] Gu H, Meng X, Shen T, Wen L (2019). China's highly educated talents in 2015: Patterns, determinants and spatial spillover effects. Applied Spatial Analysis and Policy, October, 1-18.

[295] Guinn R (1980). Elderly recreational vehicle tourists: Motivations for leisure. Journal of Travel Research, 19 (1), 9-12.

[296] Güzel Ö, Sahin I, Ryan C (2020). Push-motivation-based emotional arousal: A research study in a coastal destination. Journal of Destination Marketing & Management, 16, 100428.

[297] Hair J F, Anderson R E, Tatham R L, Black W C (1998). Multivariate data analysis (5th ed.). New Jersey: Prentice-Hall.

[298] Hair J F, Hult G T M, Ringle C M, Sarstedt M (2013). A primer on partial least squares structural equation modeling (PLS-SEM). Thousand Oaks: SAGE Publications.

[299] Hair J F, Matthews L M, Matthews R L, Sarstedt M (2017). PLS-SEM or CB-SEM: Updated guidelines on which method to use. International Journal of Multivariate Data Analysis, 1 (2), 107-123.

[300] Hair J F, Risher J J, Sarstedt M, Ringle C M (2019). When to use and how to report the results of PLS-SEM. European Business Review, 31 (1), 2-24.

[301] Hair J F, Anderson R E, Tatham R L, Black W C (1998). Multivariate data analysis (5th ed.). Upper Saddle River, NJ: Prentice-Hall.

[302] Hall T, Hubbard P (1998). The entrepreneurial city: Geographies of politics, regime, and representation. New York: John Wiley & Sons.

[303] Hammitt W E (2000). The relation between being away and privacy in urban forest recreation environments. Environment and Behavior, 32 (4), 521-540.

[304] Hammitt W E, Backlund E A, Bixler R D (2006). Place bonding for recreation places: Conceptual and empirical development. Leisure Studies, 25 (1), 17-41.

[305] Hampton G (1996). Attitudes to the social, environmental and economic impacts of the construction of an armaments complex. Journal of Environmental Management, 48 (2), 155-167.

[306] Han S, Kim H, Lee E, Lee H (2013). The contextual and compositional associations of social capital and subjective happiness: A multilevel analysis from Seoul, South Korea. Journal of Happiness Study, 14 (4), 1183-1200.

[307] Han S, Makino A (2013). Learning cities in East Asia: Japan, the Republic of Korea and China. International Review of Education, 56 (4), 443-468.

[308] Hao J X, Yu Y, Law R, Fong D K C (2015). A genetic

algorithm-based learning approach to understand customer satisfaction with OTA websites. Tourism Management，48，231-241.

[309] Hart P M, Dale R (2014). With or without you: The positive and negative influence of retail companions. Journal of Retailing & Consumer Services，21 (5)，780-787.

[310] Harvey D (1989). From managerialism to entrepreneurialism: The transformation in urban governance in late capitalism. Geografiska Annaler Series B-Human Geography，71 (1)，3-17.

[311] Haseki M I (2013). Customer expectations in mall restaurants: A case study. International Journal of Business & Society，14 (1)，41-60.

[312] Hassell S, Moore S A, Macbeth J (2015). Exploring the motivations, experiences and meanings of camping in national parks. Leisure Sciences，37 (3)，269-287.

[313] Hauswald H, Hack A, Kellermanns F W (2016). Attracting new talent to family firms: Who is attracted and under what conditions? Entrepreneurship Theory and Practice，40 (5)，963-989.

[314] Hawke G R, Gourvish T R (1980). Railways and the British economy 1830-1914. London: Palgrave.

[315] Helliwell J F (1992). Empirical linkages between democracy and economic growth. NBER Working Paper No. w4066.

[316] Hendricks W W, Chavez D J Phippen K D (2002). Placement \ [Place \ ] attachment in Big Sur: Observance-influence of fire management practices. In Abstracts of the 9th International Symposium on Society and Resource Management. Bloomington, IN: Indiana University, School of Health, Physical Education, and Recreation: 107-108.

[317] Henseler J, Ringle C M, Sarstedt M (2015). A new criterion for assessing discriminant validity in variance-based structural equation modeling. Journal of the Academy of Marketing Science，43 (1)，115-135.

[318] Herstein R, Berger R, Jaffe E D (2014). How companies from

developing and emerging countries can leverage their brand equity in terms of place branding. Competitiveness Review, 24 (4), 293-305.

[319] Hidalgo M C, Hernandez B (2001). Place attachment: Conceptual and empirical questions. Journal of Environmental Psychology, 21 (3), 273-281.

[320] Hinkin T R (1995). A review of scale development practices in the study of organizations. Journal of Management, 21 (5), 967-988.

[321] Ho C H, Peng H H (2017). Travel motivation for Taiwanese hearing-impaired backpackers. Asia Pacific Journal of Tourism Research, 22 (4), 449-464.

[322] Ho N T T, Seet P, Jones J (2016). Understanding re-expatriation intentions among overseas returnees—an emerging economy perspective. The International Journal of Human Resource Management, 27 (17), 1938-1966.

[323] Hogg M A, Abrams D (1988). Social identifications: A social psychology of intergroup relations and group processes. London: Routledge.

[324] Hogg M A, Terry D J, White K M (1995). A tale of two theories: A critical comparison of identity theory with social identity theory. Social Psychology Quarterly, 58 (4), 255-269.

[325] Hofstede G (1980). Culture's consequences. Beverly Hills, CA: Sage Publications.

[326] Hofstede G (2001). Culture's consequences: Comparing values, behaviors, institutions and organizations across nations (2nd ed.). Thousand Oaks, CA: Sage.

[327] Hopwood B, Mellor M, O'Brien G (2005). Sustainable development: Mapping different approaches. Sustainable Development, 13 (1), 38-52.

[328] Howard E (1898). Garden cities of tomorrow. London: S. Sonnenschein &. Co., Ltd.

[329] Hsu C H C, Huang S (2008). Travel motivation: A critical review of the concept's development. Tourism management:

Analysis, Behaviour and Strategy, 14-27.

[330] Iniesta-Bonillo M A, Sánchez-Fernández R, Jiménez-Castillo D (2016). Sustainability, value, and satisfaction: Model testing and cross-validation in tourist destinations. Journal of Business Research, 69, 5002-5007.

[331] Iso-Ahola S E (1980). The Social psychology of leisure and recreation. Dubuque IA: William C. Brown Company.

[332] Iso-Ahola S E (1983). Towards a social psychology of recreational travel. Leisure Studies, 2 (1), 45-56.

[333] Jang S C, Cai L A (2002). Travel motivations and destination choice: A study of British outbound market. Journal of Travel & Tourism Marketing, 13 (3), 111-133.

[334] Jansen H S J (1996). Wrestling with the angle: On problems of definition in urban historiography. Urban History, 23 (3), 277-299.

[335] Jarvis D, Stoeckl N, Liu H B (2016). The impact of economic, social and environmental factors on trip satisfaction and the likelihood of visitors returning. Tourism Management, 52, 1-18.

[336] Jenkins J, Pigram J (2005). Outdoor recreation management. London and New York: Routledge.

[337] Jiang S, Scott N, Ding P (2015). Using means-end chain theory to explore travel motivation: An examination of Chinese outbound tourists. Journal of Vacation Marketing, 21 (1), 87-100.

[338] Jiang Y, Shen J (2010). Measuring the urban competitiveness of Chinese cities in 2000. Cities, 27 (5), 307-314.

[339] Jim C Y, Chen S S (2003). Comprehensive greenspace planning based on landscape ecology principles in compact Nanjing city, China. Landscape and Urban Planning, 65 (3), 95-116.

[340] John S P, Larke R (2016). An analysis of push and pull motivators investigated in medical tourism research published from 2000 to 2016. Tourism Review International, 20 (2-3), 73-90.

[341] Jordan K, Kristjánsson K (2017). Sustainability, virtue ethics, and the virtue of harmony with nature. Environmental Education Research, 23 (9), 1205-1229.

［342］Kamash Z (2010). Which way to look? Exploring latrines in the Roman world. In: Molotch H, Norén L (eds) Toilet: the public restroom and the politics of sharing. New York: New York University Press.

［343］Kaplan S (1995). The restorative benefits of nature: Toward an integrative framework. Journal of Environmental Psychlogy, 15, 169-182.

［344］Kang J J (2016). The government policy of food safety in Taiwan. Toxicology Letters, 259: S66.

［345］Kim J, Kaplan R (2004). Physical and psychological factors in sense of community: New Urbanist. Kentlands and nearby Orchard Village. Environment and Behavior, 36 (3), 313-340.

［346］Kim S S, Lee C K (2002). Push and pull relationships. Annals of Tourism Research, 29 (1), 257-260.

［347］Kim S S, Lee C K, Klenosky D B (2003). The influence of push and pull factors at Korean national parks. Tourism Management, 24 (2), 169-180.

［348］Kinley T, Josiam B M, Kim Y (2002). Why and where tourists shop: Motivations of tourist-shoppers and their preferred shopping center attributes. Journal of Shopping Center Research, 10 (1), 7-28.

［349］Klenosky D B (2002). The "pull" of tourism destinations: A means-end investigation. Journal of Travel Research, 40 (4), 396-403.

［350］Klijn E H, Eshuis J, Braun E (2012). The influence of stakeholder involvement on the effectiveness of place branding. Public Management Review, 14 (4), 499-519.

［351］Klijn E H, Koppenjan J (2012). Governance network theory: Past, Present and Future. Policy & Politics, 40 (4), 587-606.

［352］Knox P, Pinch S (2005). Urban social geography: An introduction (6th edition). London and New York: Routledge.

［353］Kieser A (1989). Organizational, institutional, and societal evolution: Medieval craft guilds and the genesis of formal organizations. Administrative Science Quarterly, 34 (4), 540-564.

[354] Korpela K, Borodulin K, Neuvonen M, Paronen O, Tyrväinen L (2014). Analyzing the mediators between nature-based outdoor recreation and emotional well-being. Journal of Environmental Psychology, 37 (1), 1-7.

[355] Kosic A, Mannetti L, Sam D L (2006). Self-monitoring: A moderating role between acculturation strategies and adaptation of immigrants. International Journal of Intercultural Relations, 30, 141-157.

[356] Kotler P, Asplund C, Rein I, Haider D H (1999). Marketing places Europe. London: Financial Times Prentice Hall.

[357] Kotler P, Gertner D (2002). Country as brand, product, and beyond: A place marketing and brand management perspective. Journal of Brand Management, 9 (4), 249-261.

[358] Kotler P, Keller K L (2011). Marketing management (14th ed.). London: Prentice Hall.

[359] Kourtidis D, Sevic Ž, Chatzoglou P D (2011). Investors' trading activity: A behavioural perspective and empirical results. Journal of Socio-economics, 40 (5), 548-557.

[360] Kozak M (2003). Measuring tourist satisfaction with multiple destination attributes. Tourism Analysis, 7 (3-4), 229-240.

[361] Kramer S N (1958). History begins at Sumer. London: Thames and Hudson.

[362] Kresl P K (1995). The determinants of urban competitiveness: a survey. North American cities and the global economy, 45, 68.

[363] Kresl P, Singh B (2012). Urban competitiveness and US metropolitan centres. Urban studies, 49 (2), 239-254.

[364] Krugman P R (1997). Development, geography, and economic theory. Cambridge: MIT press.

[365] Kyle GT, Absher J, Graefe A R (2003). The moderating role of place attachment on the relationship between attitudes toward fees and spending preferences. Leisure Sciences, 25, 1-18.

[366] Kyle G, Bricker K, Graefe A R, Wickham T (2004). An examination of recreationists' relationships with activities and settings. Leisure Sciences, 26, 123-142.

［367］Law R，Cheung C (2007). Air quality in Hong Kong: A study of the perception of international visitors. Journal of Sustainable Tourism, 15 (4), 390-401.

［368］Lee G, O'Leary J T, Lee S H, Morrison A (2002). Comparison and contrast of push and pull motivational effects on trip behavior: An application of a multinomial logistic regression model. Tourism Analysis, 7 (2), 89-104.

［369］Lefebvre H (2003). Theurban revolution. Minneapolis: University of Minnesota Press.

［370］LeGates R T (2014). Visions, scale, tempo, and form in China's emerging city-regions. Cities, 41 (6), 171-178.

［371］Lehmann S (2010). The principles of green urbanism: Transforming the city for sustainability. London: Earthscan.

［372］Leiper N (1979). The framework of tourism: Towards a definition of tourism, tourist, and the tourist industry. Annals of Tourism Research, 6 (4), 390-407.

［373］Leitner H (1990). Cities in pursuit of economic growth: The local state as entrepreneur. Political Geography Quarterly, 9 (2), 146-170.

［374］Lewin K (1952). Group decision and social change. In Newcomb T M, Hartley E E. Readings in social psychology. New York: Holt, 459-473.

［375］Lewicka M (2010). What makes neighborhood different from home and city? Effects of place scale on place attachment. Journal of Environmental Psychology, 30 (1), 35-51.

［376］Lewis C, D'Alessandro S. (2019). Understanding why: Push-factors that drive rural tourism amongst senior travellers. Tourism Management Perspectives, 32, 1-10.

［377］Li H (2020). How to retain global talent? Economic and social integration of chinese students in finland. Sustainability, 12 (10), 41-61.

［378］Li N, Latecki L J (2012). Clustering aggregation as maximum-weight independent set. Advances in Neural Information Processing Systems, 782-790.

［379］Li T，Wang J E，Huang J，Gao X C（2020）. Exploring temporal heterogeneity in an intercity travel network：A comparative study between weekdays and holidays in China. Journal of Geographical Sciences，30（12），1943-1962.

［380］Liang Y，Li S（2014）. Landless female peasants living in resettlement residential areas in China have poorer quality of life than males：Results from a household study in the Yangtze River Delta region. Health and Quality of Life Outcomes，12（1），1-30.

［381］Limongi P F（1997）. Modernization：Theories and facts. World Politics，49（2），155-183.

［382］Lin Y K，Nawijn J（2019）. The impact of travel motivation on emotions：A longitudinal study. Journal of Destination Marketing & Management，100363.

［383］Liu X（2014）. International perspectives on food safety and regulations—A need for harmonized regulations：Perspectives in China. Journal of The Science of Food and Agriculture，94（10），1928-1931.

［384］Liu Y，Liu Y，Chen Y，Long H（2010）. The process and driving forces of rural hollowing in China under rapid urbanization. Journal of Geographical Sciences，20（6），876-888.

［385］Liu Z，Yang D，Liu J（2018）. Planning for health：Complexity of environmental health and planning responses. China City Planning Review，27（1），32-40.

［386］Lloyd A E，Yip L S C，Luk S T K（2011）. An examination of the differences in retail service evaluation between domestic and tourist shoppers in Hong Kong. Tourism Management，32，520-533.

［387］Lovejoy K，Handy S，Mokhtarian P（2010）. Neighborhood satisfaction in suburban versus traditional environments：An evaluation of contributing characteristics in eight California neighborhoods. Landscape and Urban Planning，97（1），37-48.

［388］Lovelock C H（2000）. Service marketing（4th ed.）. New Jersey：Prentice Hall International.

[389] Lundberg D E. (1971). Why tourists travel. Cornell HRA Quarterly, February, 75-81.

[390] Lundman R (1980). Police and policing: An introduction. NewYork: Holt, Rinehart and Winston.

[391] Lynch P, Dibben M (2016). Exploring motivations for adventure recreation events: A New Zealand study. Annals of Leisure Research, 19 (1), 80-97.

[392] Lyubomirsky S, Lepper H S (1999). A measure of subjective happiness: Preliminary reliability and construct validation. Social Indicators Research, 46 (2), 137-155.

[393] Mahoney J, Rueschemeyer D (2003). Comparative historical analysis in the social sciences. Cambridge, UK: Cambridge University Press.

[394] Makarewicz C A, Finlayson B (2018). Constructing community in the Neolithic of southern Jordan: Quotidian practice in communal architecture. PLoS One, 13 (6), e0193712.

[395] Mandal A (2016). Size and type of places, geographical region, satisfaction with life, age, sex and place attachment. Polish Psychological Bulletin, 47 (1), 159-169.

[396] Manfredo M J, Driver B L, Tarrant M A (1996). Measuring leisure motivation: A meta-analysis of the recreation experience preference scales. Journal of Leisure Research, 28 (3), 188-213.

[397] Mannell R, Iso-Ahola S (1987). Psychological nature of leisure and tourism experience. Annals of Tourism Research, 14 (3), 314-331.

[398] Manyiwa S, Priporas C V, Wang X L (2018). Influence of perceived city brand image on emotional attachment to the city. Journal of Place Management and Development, 11 (1), 60-77.

[399] Matthews Y, Scarpa R, Marsh D (2018). Cumulative attraction and spatial dependence in a destination choice model for beach recreation. Tourism Management, 66, 318-328.

[400] Maunier R (1910). The definition of the city. American Journal of Sociology, 15 (4), 536-548.

[401] Mayer H M (1956). A commentary on the study of urban

functions. Revista Geográfica, 18 (44), 80-87.

[402] Mazumdar S, Mazumdar S (2004). Religion and place attachment: A study of sacred places. Journal of Environmental Psychology, 24, 385-397.

[403] McCunn L J, Gifford R (2014). Interrelations between sense of place, organizational commitment, and green neighborhoods. Cities, 41 (6), 20-29.

[404] McKercher B (1996). Differences between tourism and recreation in parks. Annals of Tourism Research, 23 (3), 563-575.

[405] McMichael A J, Haines A, Slooff R, Kovats S (1996). Climate change and human health. Geneva: World Health Organization.

[406] Mellor D, Stokes M, Firth L, Hayashi Y, Cummins R (2008). Need for belonging, relationship satisfaction, loneliness, and life satisfaction. Personality and Individual Differences, 45, 213-218.

[407] Merrilees B, Miller D, Herington C (2009). Antecedents of residents' city brand attitude. Journal of Business Research, 62 (3), 362-367.

[408] Milenković N(2012). Transportation and economy of U.S. cities. Economic Themes, 50 (2), 237-252.

[409] Mill R, Morrison A (1998). Thetourism system: An introductory text (3rd ed). Dubuque, Iowa: Dendall/Hunt Publishing Company.

[410] Mitchell L S, Smith R V (1989). The geography of recreation, tourism, and sport. Geography in America, 387-408.

[411] Molles M (2010). Life histories. Ecology: Concepts and applications. New York: McGraw-Hill, 279-299.

[412] Molotch H (1976). The city as a growth machine: Toward a political economy of place the city as a growth machine. China Ancient City, 82 (2), 309-332.

[413] Moutinho L (2000). Strategicmanagement in tourism. New York, NY: CABI Publishing.

[414] Morrison A M (1996). Hospitality and travel marketing. Cengage Learning.

[415] Moser G (2009). Quality of life and sustainability: Toward person-environment congruity. Journal of Environmental Psychology,

29（3），351-357.

[416] Mossberg L（2007）. A marketing approach to the tourist experience. Scandinavian Journal of Hospitality and Tourism，7（1），59-74.

[417] Mumford L（1961）. The city in history：Its origins，its transformations，its prospectes. New York：Houghton Mifflin Harcourt.

[418] Musson A E（1978）. The growth of British industry. New York：Holmes & Meier Publishers，INC.

[419] Murphy P，Pritchard M P，Smith B（2000）. The destination product and its impact on traveller perceptions. Tourism Management，21（1），43-52.

[420] Narver J C，Slater S F（1990）. The effect of a market orientation on business profitability. Journal of Marketing，54（4），20-35.

[421] Nassauer J I，Raskin J（2014）. Urban vacancy and land use legacies：A frontier for urban ecological research，design，and planning. Landscape and Urban Planning，125，245-253.

[422] NeulingerJ（1976）. The psychology of leisure：Research approaches to tile study of leisure（2nd printing）. Springfield IL：Charles C. Thomas.

[423] Nesbit W R（1973）. Theart of forecasting domestic air travel：A survey assessment and overview. In Fourth Annual Conference Proceedings，The Travel Research Association，pp. 285-290. Salt Lake City，Utah：The Travel Research Association.

[424] Niedomysl T，Hansen H K（2010）. What matters more for the decision to move：Jobs versus amenities. Environment and Planning，42（7），1636-1649.

[425] Niu Y，Deng F，Hao A W（2020）. Effect of entrepreneurial orientation，collectivistic orientation and swift Guanxi with suppliers on market performance：A study of e-commerce enterprises. Industrial Marketing Management，88，35-46.

[426] Niu Y，Dong L C，Niu Y，Deng F（2017）. Resident-defined measurement scale for a city's products. Landscape and Urban Planning，167，177-188.

[427] Nunkoo R, Teeroovengadum V, Ringle C M, Sunnassee V (2020). Service quality and customer satisfaction: The moderating effects of hotel star rating. International Journal of Hospitality Management, 91 (October), 102414.

[428] Nunnally J C (1978). Psychometric theory (2nd ed.). New York: McGraw-Hill.

[429] Nunnally J C, Bernstein I H (1994). Psychometric Theory (3th ed.). New York: McGraw-Hill.

[430] Oh H C, Uysal M, Weaver P A (1995). Product bundles and market segments based on travel motivations: a canonical correlation approach. International Journal of Hospitality Management, 14 (2), 123-137.

[431] Ojala A, Korpela K, Tyrväinen L, Tiittanen P, Lanki T (2019). Restorative effects of urban green environments and the role of urban-nature orientedness and noise sensitivity: A field experiment. Health & Place, 55, 59-70.

[432] Ostachuk A, Evelson P, Martin S (2008). Age-related lung cell response to urban Buenos Aires air particle soluble fraction. Environmental research, 107 (2), 170-177.

[433] Ott J C (2010). Good governance and happiness in nations: Technical quality precedes democracy and quality beats size. Journal of Happiness Study, 11 (3), 353-368.

[434] Paige R C, Littrell M A (2003). Tourism activities and shopping preferences. Journal of Shopping Center Research, 10 (2), 7-25.

[435] Parasuraman A, Zeithaml V A, Berry L L (1988). SERVQUAL: A multiple-item scale for measuring consumer perceptions of service quality. Journal of Retailing, 64 (1), 12-40.

[436] Park J, Musa G, Moghavvemi S, Thirumoorthi T, Taha A Z, Mohtar M, Sarker M M (2019). Travel motivation among cross border tourists: Case study of Langkawi. Tourism Management Perspectives, 31, 63-71.

[437] Parsons T (1957). The distribution of power in American society. World Politics, 10 (1), 123-143.

[438] Patrolia E, Thompson R, Dalton T, Hoagland P (2017). The

influence of weather on the recreational uses of coastal lagoons in Rhode Island, USA. Marine Policy, 83, 252-258.

[439] Pearce D, Redclift M (1988). Sustainable development. Futures, 20 (60), 47-56.

[440] Pearce P L (1982). "Tourists and their hosts: Some social and psychological effects of inter-cultural contact." In Cultures in Contact: Studies in Cross-Cultural Interaction, edited by Bochner, S. New York: Pergamon.

[441] Peña-García A, Hurtado A, Aguilar-Luzón M C (2015). Impact of public lighting on pedestrians' perception of safety and well-being. Safety Science, 78, 142-148.

[442] Perkins J, Freedman C (1999). Organizational form and retailing development: The department and the chain store, 1860-1940. The Service Industries Journal, 19 (4), 123-146.

[443] Pesonen J, Komppula R (2010). Rural wellbeing tourism: Motivations and expectations. Journal of Hospitality and Tourism Management, 17 (1), 150-157.

[444] Prasad S, Nair G K, Purohit H (2019). Tourist satisfaction: An analysis of push and pull factors-A cash of Qatar tourism. Journal of Management, 6 (2), 187-199.

[445] Pratiwi A R, Zhao S, Mi X (2015). Quantifying the relationship between visitor satisfaction and perceived accessibility to pedestrian spaces on festival days. Frontiers of Architectural Research, 4, 285-295.

[446] PrayagG, Hosany S (2014). When Middle East meets West: Understanding the motives and perceptions of young tourists from United Arab Emirates. Tourism Management, 40, 35-45.

[447] Prayag G, Ryan C (2011). The relationship between the "push" and "pull" factors of a tourist destination: The role of nationality-an analytical qualitative research approach. Current Issues in Tourism, 14 (2), 121-143.

[448] Price M L, Clay D C (1980). Structural disturbance in rural communities: Some repercussions of the migration turnaround in Michigan. Rural Sociology, 45, 591-607.

［449］Qian H（2010）. Talent，creativity and regional economic performance：the case of China. The Annals of Regional Science，45（1），133-156.

［450］Quan S，Wang N（2004）. Towards a structural model of the tourist experience：An illustration from food experiences in tourism. Tourism Management，25（3），297-305.

［451］Raanan M G，Shoval N（2014）. Mental maps compared to actual spatial behavior using GPS data：A new method for investigating segregation in cities. Cities，36，28-40.

［452］Rainisto S K（2003）. Success factors of place marketing：A study of place marketing practices in northern Europe and the United States. Ph. D. Helsinki：Helsinki University of Technology，Institute of Strategy and International Business.

［453］Ranjbarian B，Pool J K（2015）. The impact of perceived quality and value on tourists' satisfaction and intention to revisit nowshahr city of Iran. Journal of Quality Assurance in Hospitality & Tourism，16（1），103-117.

［454］Ravenstein T（1989）. Optimal spacing of points on a circle. Fibonacci Quart，27（1），18-24.

［455］Raymond C M，Brown G，Weber D（2010）. The measurement of place attachment：Personal，community，and environmental connections. Journal of Environmental Psychology，30（4），422-434.

［456］Reed K，Goolsby J R，Johnston M K（2016）. Listening in and out：Listening to customers and employees to strengthen an integrated market-oriented system. Journal of Business Research，69（9），3591-3599.

［457］Reeves N（2000）. The condition of public urban parks and greenspace in Britain. J. CIWEM，14，157-163.

［458］Reisinger Y，Turner L W（2003）. Cross-cultural behaviour in tourism：Concepts and analysis. Oxford：Butterworth-Heinemann.

［459］Richards G，Wilson J（2004）. The impact of cultural events on city image：Rotterdam，cultural capital of Europe 2001. Urban Studies，41（10），1931-1951.

［460］ Richardson N （1989）. Land use planning and sustainable development in Canada.

［461］ Rindfleisch A, Moorman C （2003）. Interfirm cooperation and customer orientation. Journal of Marketing Research, 40 （4）, 421-436.

［462］ Ringel N B, Finkelstein J C （1991）. Differentiating neighborhood satisfaction and neighborhood attachment among urban residents. Basic and Applied Social Psychology, 12 （2）, 177-193.

［463］ Rita P, Brochado A, Dimova L （2019）. Millennials' travel motivations and desired activities within destinations: A comparative study of the US and the UK. Current Issues in Tourism, 22 （16）, 2034-2050.

［464］ Ritchie B W, Shiway R, Cleeve B （2009）. Resident perceptions of mega-sporting events: A non-host city perspective of the 2012 London Olympic games. Journal of Sport & Tourism, 14 （2-3）, 143-167.

［465］ Rize M, Doratli N, Fasli M （2012）. City branding and identity. Procedia-Social and Behavioral Sciences, 35 （1）, 293-300.

［466］ Robertson R, Buhari-Gulmez D （2017）. Global culture: Consciousness and connectivity. London and New York: Routledge.

［467］ Rojas C D, Camarero C （2008）. Visitors' experience, mood and satisfaction in a heritage context: Evidence from an interpretation center. Tourism Management, 29, 525-537.

［468］ Romer P M （1986）. Increasing returns and long-run growth. Journal of Political Economy, 94 （5）, 1002-1037.

［469］ Rorres C, Romano D G （1997）. Classroom note: Finding the center of a circular starting line in an Ancient Greek stadium. SIAM Review, 39 （4）, 745-754.

［470］ Ruano M （1999）. Eco-Urbanism: Sustainablehuman settlements, 60 case studies （arquitectura y diseno＋ ecologia）. In: Watson-Guptill Pubns.

［471］ Rubinstein R L （1989）. The home environments of older people: A description of psychosocial processes linking person to place. Journal of Gerontology, 44, 345-353.

[472] Russell J A, Pratt G (1980). A description of the affective quality attributed to environments. Journal of Personality and Social Psychology, 38 (2), 311.

[473] Rust R T, Oliver R L (1994). Service quality: insights and managerial implication from the frontier. In T. RolandRust, & Richard L. Oliver (Eds.), Service quality: New directions in theory and practice (pp. 1-19). Thousand Oaks, CA: Sage.

[474] Ryu K, Lee H R, Kim W G (2012). The influence of the quality of the physical environment, food, and service on restaurant image, customer perceived value, customer satisfaction, and behavioral intentions. International Journal of Contemporary Hospitality Management, 24, 200-223.

[475] Saarinen E (1943). The city. Its growth — Its decay — Its future. New York: Reinhold Publishing Corporation.

[476] Sargent F O (1972). Motives for outdoor recreation. Journal of the Northeastern Agricultural Economics Council, 1, 217-224.

[477] Sassen S (2016). Global networks, linked cities. London and New York: Routledge.

[478] Scannell L, Gifford R (2010). Defining place attachment: A tripartite organizing framework. Journal of Environmental Psychology, 30 (1), 1-10.

[479] Scannell L, Gifford R (2017). The experienced psychological benefits of place attachment. Journal of Environmental Psychology, 51, 256-269.

[480] Schultz T W (1962). Reflections on investment in man. Journal of Political Economy, 70 (1), 1-8.

[481] Schwartz S, Zamboanga B, Jarvis L H (2007). Rethinking the concept of acculturation: Implications for theory and research. American Psychologist, 65, 237-251.

[482] Scott W R (1912). The constitution and Finance of English, Scottish and Irish joint—stock companies to 1720. Cambridge: At the University Press.

[483] Scottham K M, Dias R H (2010). Acculturative strategies and the psychological adaptation of Brazilian migrants to Japan Identity.

An International Journal of Theory and Research, 10, 284-303.

[484] Shamsuddin S, Ujang N (2008). Making places: The role of attachment in creating the sense of place for traditional streets in Malaysia. Habitat International, 32 (3), 399-409.

[485] Shaykh-Baygloo R (2020). A multifaceted study of place attachment and its influences on civic involvement and place loyalty in Baharestan new town, Iran. Cities, 96, 1-17.

[486] Shergill G S, Sun W (2004). Tourists perceptions towards hotel services in New Zealand. International Journal of Hospitality & Tourism Administration, 5 (4), 1-29.

[487] Shevky E, Bell W (1955). Social area analysis. California: Stanford University Press.

[488] Shiba S, Graham A, Walden D, Lee T H, Stata R (1993). A new American TQM: Four practical revolutions in management. Portland, OR: Productivity Press.

[489] Sjoberg G (1960). The Pre-industrial City. Chicago: Free Press.

[490] Slater S F, Narver J C (1998). Customer-led and market-oriented: Let's not confuse the two. Strategic Management Journal, 19 (10), 1001-1006.

[491] Smas L, Schmitt P (2021). Positioning regional planning across Europe. Regional Studies, 55 (5), 778-790.

[492] Smirnova M M, Rebiazina V A, Frösén J (2018). Customer orientation as a multidimensional construct: Evidence from the Russian markets. Journal of Business Research, 86, 457-467.

[493] Smith A (2006). Assessing the contribution of flagship projects to city image change: A quasi-experimental technique. International Journal of Tourism Research, 8 (6), 391-404.

[494] Smith S L J, Godbey G C (1991). Leisure, recreation and tourism. Annals of Tourism Research, 18 (1), 85-100.

[495] Song H, Veen R V D, Li G (2012). The Hong Kong tourist satisfaction index. Annals of Tourism Research, 39 (1), 459-479.

[496] Spence K (2000). Ancient Egyptian chronology and the astronomical orientation of pyramids. Nature, 408 (6810), 320-324.

[497] Stebbins R A (1992). Amateurs, professionals, and serious leisure. Montreal, Quebec: McGill Queen's University Press.

[498] Stepaniuk K (2017). Quality of accommodation services-the memetic approach. Procedia Engineering, 182, 673-678.

[499] Stets J E (2005). Examining emotions in identity theory. Social Psychology Quarterly, 68 (1), 39-56.

[500] Stets J E, Burke P J (2000). Identity theory and social identity theory. Social Psychology Quarterly, 63 (3), 224-237.

[501] Stone G (2010). The British Coal Industry. New York: General Books.

[502] Stone P G, Bajjaly J F (2009). The Destruction of Cultural Heritage in Iraq. Woodbridge: Boydell.

[503] StorperM, Venables A J (2004). Buzz: Face-to-face contact and the urban economy. Journal of Economic Geography, 4 (4), 351-370.

[504] Strauss A, Corbin J (1990). Basics of qualitative research techniques and procedures for developing grounded theory. London: Sage Publications.

[505] Stryker S, Burke P J (2000). The past, present, and future of an identity theory. Social Psychology Quarterly, 63 (4), 284-297.

[506] Stylidis D, Shani A, Belhassen Y (2017). Testing an integrated destination image model acrossresidents and tourists. Tourism management, 58, 184-195.

[507] Su D N, Nguyen N A N, Nguyen Q N T, Tran T P (2020). The link between travel motivation and satisfaction towards a heritage destination: The role of visitor engagement, visitor experience and heritage destination image. Tourism Management Perspectives, 34, 1-11.

[508] Su D N, Johnson L W, O'Mahony B (2018). Analysis of push and pull factors in food travel motivation. Current Issues in Tourism, 23 (5), 1-15.

[509] Sun S, Fang D, Cao J (2020). Exploring the asymmetric influences of stop attributes on rider satisfaction with bus stops. Travel Behaviour and Society, 19, 162-169.

［510］ Sun Y, Shao Y (2020). Measuring visitor satisfaction toward peri-urban green and open spaces based on social media data. Urban Forestry & Urban Greening, 53, 1-9.

［511］ Sung Y K, Chang K C, Sung Y F (2016). Market segmentation of international tourists based on motivation to travel: A case study of Taiwan. Asia Pacific Journal of Tourism Research, 21 (8), 862-882.

［512］ Suni J, Pesonen J (2019). Hunters as tourists-an exploratory study of push-pull motivations. Scandinavian Journal of Hospitality and Tourism, 19 (2), 175-191.

［513］ Swanson K K, Timothy D J (2012). Souvenirs: Icons of meaning, commercialization and commoditization. Tourism Management, 33 (3), 489-499.

［514］ Swinyard W R (2003). The effects of salesperson mood, shopper behavior, and store type on customer service. Journal of Retailing and Consumer Service, 10 (6), 323-333.

［515］ Syed M, Mclean K C (2015). Understanding identity integration: Theoretical, methodological, and applied issues. Journal of Adolescence, 47, 109-118.

［516］ Taylor P J, Hoyler M, Pain K, Vinciguerra S (2014). Extensive and intensive globalizations: explicating the low connectivity puzzle of US cities using a city-dyad analysis. Journal of Urban Affairs, 36 (5), 876-890.

［517］ Taylor P, Hoyler M (2000). The spatial order of European cities under conditions of contemporary globalisation. Tijdschrift Voor Economische En Sociale Geografie, 91 (2), 176-189.

［518］ Thompson J D (2007). The development of secondary education from 1902 to 1970 in the Borough of Bedford. Vocational Aspect of Education, 24 (58), 105-112.

［519］ Tichy G (1998). Clusters: Less dispensable and more risky than ever. In M. Steiner (Ed.), Clusters and Regional Specialization (pp. 226-237). London: Pion Limited.

［520］ Tilson D, Stacks D W (1997). To know us is to love us: The public relations campaign to sell a "Business-tourist-friendly"

Miami. Public Relations Review, 23 (2), 95-115.

[521] Tong W, Zhang P, Lo K, Chen T, Gao R (2017). Age-differentiated impact of land appropriation and resettlement on landless farmers: A case study of Xinghua village, China. Geographical Research, 55 (3), 293-304.

[522] Trevaskes S (2007). The private/public security nexus in China. Social Justice, 34 (3/4), 38-55.

[523] Turnbull D R, Uysal M (1995). An exploratory study of German visitors to the Caribbean: Push and pull motivations. Journal of Travel and Tourism Marketing, 4 (2), 85-92.

[524] Turner L W, Reisinger Y (2001). Shopping satisfaction for domestic tourists. Journal of Retailing and Consumer Services, 8 (1), 15-27.

[525] Um S, Crompton J (1992). The role of perceived inhibitors and facilitators in pleasuretravel destination decisions. Journal of Travel Research, 30 (3), 18-25.

[526] Uysal M, Jurowski C (1994). Testing the push and pull factors. Annals of Tourism Research, 21 (4), 844-846.

[527] Uysal M, Li X, Sirakaya-Turk E (2008). Push-pull dynamics in travel decisions. In H. Oh and A. Pizam (Eds.), Handbook of Hospitality Marketing Management (pp. 412-439). Oxford: Butterworth-Heinemann.

[528] Vada S, Prentice C, Hsiao A (2019). The influence of tourism experience and well-being on place attachment. Journal of Retailing and Consumer Services, 47, 322-330.

[529] Vaske J J, Kobrin K C (2001). Place attachment and environmentally responsible behavior. Journal of Environmental Education, 32 (4), 16-21.

[530] Veenhove R (1995). The corss-national pattern of happiness: Test of predictions implied in three theories of happiness. Social Indicator Research, 34 (1), 33-68.

[531] Veenhoven R (1984). Conditions of happiness. Dordrecht: Kluwer Academic.

[532] Vignoles V L, Manzi C, Regalia C, Jemmolo S, Scabini E

(2008). Identity motives underlying desired and feared possible future selves. Journal of Personality, 76 (5), 1165-1200.

[533] Wald L, Baleynaud J M (1999). Observing air quality over the city of Nantes by means of landsat thermal infrared data. International Journal of Remote Sensing, 20 (5), 947-959.

[534] Wang D, Nicolau J L (2017). Price determinants of sharing economy based accommodation rental: A study of listings from 33 cities on Airbnb. com. International Journal of Hospitality Management, 62, 120-131.

[535] Wang H, Xie Y (2015). Analysis on the employment of landless farmers during the reconstruction of urban village: A cases study of S village in Shaanxi province. Asian Agriculture Research, 7 (7), 96-98.

[536] Wang P Y, Wang S H (2018). Motivations of adventure recreation pioneers-a study of Taiwanese white-water kayaking pioneers. Annals of Leisure Research, 21 (5), 592-604.

[537] Ward C (2013). Probing identity, integration and adaptation: Big questions, little answers. International Journal of Intercultural Relations, 37, 391-404.

[538] Watkins T (2010). New light on Neolithic revolution in south-west Asia. Antiquity, 84, 621-634.

[539] Watson A E, Williams D R, Daigle J J (1991). Sources of conflict between hikers and mountain bike riders in the Rattlesnake NRA. Journal of Park and Recreation Administration, 9 (3), 59-71.

[540] WCED (1987). Ourcommon future: World commission on environment and development. London: Oxford University Press.

[541] Wearing B, Wearing S (1996). Refocussing the tourist experience: The flaneur and the choraster. Leisure Studies, 15, 229-243.

[542] Weidemann S, Anderson J R (1985). A conceptual framework for citizen satisfaction. In I. Altman & C. H. Werner (Eds.), Home Environments. New York: Plenum Press.

[543] Weng Q, McElroy J C (2010). Vocational self-concept

crystallization as a mediator of the relationship between career self-management and job decision effectiveness. Jornal of Vocational Behavior, 76 (2), 234-243.

[544] Werner C M, Brown B B, Altman I (2002). Transactionally oriented research: Examples and strategies. In R. B. Betchtel & A. Churchman (Eds.), Handbook of environmental psychology (pp. 203-221). New York: John Wiley & Sons Inc..

[545] Whiting J W, Larson L R, Green G T, Kralowec C (2017). Outdoor recreation motivation and site preferences across diverse racial/ethnic groups: A case study of Georgia state parks. Journal of Outdoor Recreation and Tourism, 18, 10-21.

[546] Whyte L J (2017). Understanding the relationship between push and pull motivational factors in cruise tourism: A canonical correlation analysis. International Journal of Tourism Research, 19 (5), 557-568.

[547] Wiles J L, Allen R E S, Palmer A J, Hayman K J, Keeling S, Kerse N (2009). Older people and their social spaces: A study of well-being and attachment to place in Aotearoa New Zealand. Social Science & Medicine, 68, 664-671.

[548] Willcox G, Herveux F L (2008). Early Holocene cultivation before domestication in northern Syria. Vegetation History and Archaeobotany, 17 (3), 313-325.

[549] Williams D R, Stewart S I (1998). Sense of place: An elusive concept that is finding a home in ecosystem management. Journal of Forestry, 96 (5), 18-23.

[550] Williams D R, Vaske J J (2003). The measurement of place attachment: Validity and generalizability of a psychometric approach. Forest Science, 49 (6), 830-840.

[551] Wilson C E M (2010). An industrial revolution of the thirteenth century. Economic History Review, 11 (1), 39-60.

[552] Wirth L (1938). Urbanism as a Way of Life. American Journal of Sociology, 44 (1), 1-24.

[553] Wright P A, Kloos B (2007). Housing environment and mental health outcomes: A level of analysis perspective. Journal of

Environmental Psychology, 27 (1), 79-89.

[554] Wu B, Cai L A (2006). Spatial modeling: Suburban leisure in Shanghai. Annals of Tourism Research, 33 (1), 179-198.

[555] Wu J (2014). Urban ecology and sustainability: The state-of-the-science and future directions. Landscape and Urban Planning, 125, 209-221.

[556] Wu J, David J L (2002). A spatially explicit hierarchical approach to modeling complex ecological systems: Theory and applications. Ecological Modelling, 153 (1-2), 7-26.

[557] Wu J, Xu J, Erdogan E H (2009). Investigating the push and pull motivation of visiting domestic destinations in China: A means-end approach. Journal of China Tourism Research, 5 (3), 287-315.

[558] Wu Q, Cheng J, Chen G, Hammel D J, Wu X (2014). Socio-spatial differentiation and residential segregation in the Chinese city based on the 2000 community-level census data: A case study of the inner city of Nanjing. Cities, 39, 109-119.

[559] Wu W, Wang M, Zhu N, Zhang W, Sun H (2019). Residential satisfaction about urban greenness: Heterogeneous effects across social and spatial gradients. Urban Forestry & Urban Greening, 38, 133-144.

[560] Yarnal C M, Kerstetter D (2005). Casting off: An exploration of cruise ship space, group tour behavior, and social interaction. Journal of Travel Research, 43 (4), 368-379.

[561] Ye S, Wu J S, Zheng C J (2019). Are tourists with higher expectation more sensitive to service performance? Evidence from urban tourism. Journal of Destination Marketing & Management, 12, 64-73.

[562] Yeh C T, Huang S L (2009). Investigating spatiotemporal patterns of landscape diversity in response to urbanization. Landscape and Urban Planning, 93, 151-162.

[563] Yin C Y, Poon P, Su J L (2017). Yesterday once more? Autobiographical memory evocation effects on tourists' post-travel purchase intentions toward destination products. Tourism Management, 61, 263-274.

[564] Yoon Y S, Lee J S, Lee C K (2010). Measuring festival quality and value affecting visitors' satisfaction and loyalty using a structural approach. International Journal of Hospitality Management, 29 (2), 335-342.

[565] Yoon Y, Uysal M (2005). An examination of the effects of motivation and satisfaction on destination loyalty: A structural model. Tourism Management, 26 (1), 45-56.

[566] You X, O'Leary J T (1999). Destination behaviour of older UK travelers. Tourism Recreation Research, 24 (1), 23-34.

[567] Yuan S, McDonald C (1990). Motivational determinates of international pleasure time. Journal of Travel Research, 29 (1), 42-44.

[568] Zabel J E, Kiel K A (2000). Estimating the demand for air quality in four U. S. cities. Land Economics, 76 (2), 174-194.

[569] Žabkar V, Brenčič M M, Dmitrović T (2010). Modelling perceived quality, visitor satisfaction and behavioural intentions at the destination level. Tourism Management, 31 (4), 537-546.

[570] Zanon D, Curtis J, Lockstone-Binney L, Hall J (2019). Examining future park recreation activities and barriers relative to societal trends. Annals of Leisure Research, 22 (4), 506-531.

[571] Zeithaml V A (1988). Consumer perceptions of price, quality and value: A means-end model and synthesis of evidence. Journal of Marketing, 52, 2-22.

[572] Zenker S, Jacobsen B P (2015). Best Practices, challenges and solutions. New York: Springer.

[573] Zenker S, Petersen S, Aholt A (2013). The citizen satisfaction index (CSI): Evidence for a four basic factor model in a German sample. Cities, 31 (31), 156-164.

[574] Zenker S, Rütter N (2014). Is satisfaction the key? The role of citizen satisfaction, place attachment and place brand attitude on positive citizenship behavior. Cities, 38 (3), 11-17.

[575] Zhang A, Zhong L, Xu Y, Wang H, Dang L (2015). Tourists' perception of haze pollution and the potential impacts on travel: Reshaping the features of tourism seasonality in Beijing, China.

Sustainability，7（3），2397-2414.

［576］ Zhang Y，Dai X，Yu X，Gao N（2020）. Urban integration of land-deprived households in China：Quality of living and social welfare. Land Use Policy，96，104671.

［577］ Zhao W，Zou Y（2017）. Un-gating the gated community：The spatial restructuring of a resettlement neighborhood in Nanjing. Cities，62，78-87.